Steffen Kailitz

Politischer Extremismus in der Bundesrepublik Deutschland

Eine Einführung

VS VERLAG FÜR SOZIALWISSENSCHAFTEN

VS VERLAG FÜR SOZIALWISSENSCHAFTEN

VS Verlag für Sozialwissenschaften
Entstanden mit Beginn des Jahres 2004 aus den beiden Häusern
Leske+Budrich und Westdeutscher Verlag.
Die breite Basis für sozialwissenschaftliches Publizieren

Bibliografische Information Der Deutschen Bibliothek
Die Deutsche Bibliothek verzeichnet diese Publikation in der Deutschen Nationalbibliografie;
detaillierte bibliografische Daten sind im Internet über <http://dnb.ddb.de> abrufbar.

1. Auflage Oktober 2004

Der VS Verlag für Sozialwissenschaften ist ein Unternehmen von Springer Science+Business Media.
www.vs-verlag.de

Umschlaggestaltung: KünkelLopka Medienentwicklung, Heidelberg
Druck und buchbinderische Verarbeitung: MercedesDruck, Berlin
Gedruckt auf säurefreiem und chlorfrei gebleichtem Papier
Printed in Germany

ISBN 3-531-14193-7

Inhalt

Tabellenverzeichnis

Verzeichnis der Grafiken

Abkürzungsverzeichnis

ADF	Aktion Demokratischer Fortschritt
AN	Alleanza Nationale
ANS/NA	Aktionsfront Nationaler Sozialisten/Nationale Aktivisten
APO	Außerparlamentarische Opposition
ATTAC	Association pour une taxation des transactions financières pur l'aide aux citoyens (Vereinigung für eine Besteuerung von Finanztransaktionen zum Wohle der Bürger)
AUD	Aktionsgemeinschaft Unabhängiger Deutscher
BdD	Bund der Deutschen
BFB	Bund Freier Bürger
BfV	Bundesamt für Verfassungsschutz
BMI	Bundesministerium des Innern
BNP	British National Party (Britische Nationale Partei)
CDU	Christlich Demokratische Union Deutschlands
CIA	Central Intelligence Agency
CPB	Communist Party of Great Britain (Kommunistische Partei Großbritanniens)
CSU	Christlich Soziale Union
DDR	Deutsche Demokratische Republik
DFU	Deutsche Friedens-Union
DG	Deutsche Gemeinschaft
DGB	Deutscher Gewerkschaftsbund
DKP	Deutsche Kommunistische Partei
DKP-DRP	Deutsche Konservative Partei-Deutsche Rechtspartei
DLVH	Deutsche Liga für Volk und Heimat
DNVP	Deutschnationale Volkspartei
DRP	Deutsche Reichspartei
DVU	Deutsche Volksunion
ETA	Euzkadi Ta Azkatasuna (Das Baskenland und seine Freiheit, Frankreich und Spanien)
EU	Europäische Union
FAP	Freiheitliche Deutsche Arbeiterpartei

FDJ	Freien Deutschen Jugend
FDP	Freie Demokratische Partei
FIS	Front Islamique du Salut (Islamische Heilsfront, Algerien)
FLNC	Front de libération nationale de la Corse (Front zur nationalen Befreiung Korsikas)
FN	Front National (Nationale Front)
FPÖ	Freiheitliche Partei Österreichs
GG	Grundgesetz
GIA	Groupes Islamiques Armes (Bewaffnete Islamische Gruppen, Algerien)
GUS	Gemeinschaft Unabhängiger Staaten
Hamas	Harakat al-muqawamah al-Islamija (Islamische Widerstandsbewegung, Palästina)
IGMG	Islamische Gemeinschaft Mili Lörüş e.V.
IRA	Irish Republican Army
JN	Junge Nationaldemokraten
KB	Kommunistischer Bund
KBW	Kommunistischer Bund Westdeutschlands
KPD	Kommunistische Partei Deutschlands
KPD/ML	Kommunistische Partei Deutschlands Marxisten-Leninisten
KPdSU	Kommunistische Partei der Sowjetunion
KPF	Kommunistische Plattform
KZ	Konzentrationslager
MfS	Ministerium für Staatssicherheit
MLPD	Marxistisch-Leninistische Partei Deutschlands
MSI	Movimento Sociale Italiano
NAPO	Nationale Außerparlamentarische Opposition
NATO	North Atlantic Treaty Organization
NDP	Nationaldemokratische Partei
NF	National Front (Nationale Front)
NPD	Nationaldemokratische Partei Deutschlands
NS	Nationalsozialismus bzw. auch attributiv: der,
NSDAP	Nationalsozialistische Deutsche Arbeiterpartei
NSDAP/AO	Nationalsozialistische Deutsche Arbeiterpartei/Auslands- und Aufbauorganisation
OAS	Organisation de l'Armée Secrète
OPEC	Organization of Petroleum Exporting Countries (Organisation erdölexportierender Länder)
PCF	Parti Communiste Français (Kommunistische Partei Frankreichs)
PCI	Partito Comunista Italiano (Kommunistische Partei Italiens)
PDS	Partei des Demokratischen Sozialismus
PFN	Parti des forces nouvelles (Partei der neuen Kräfte)
PKK	Arbeiterpartei Kurdistans
RAF	Rote Armee Fraktion
REP	Die Republikaner
RZ	Revolutionäre Zellen

SAV	Sozialistische Alternative VORAN
SA	Sturm-Abteilung
SEW	Sozialistische Einheitspartei Westberlin
SBZ	Sowjetische Besatzungszone
SDAJ	Sozialistische Deutsche Arbeiterjugend
SDS	Sozialistischer Deutscher Studentenverbund
SED	Sozialistische Einheitspartei Deutschlands
SPD	Sozialdemokratische Partei Deutschlands
SRP	Sozialistische Reichspartei
SS	Schutz-Staffel
UDCA	Union de Défense des Commerçants et Artisans (Union zur Verteidigung der Kaufleute und Handwerker)
UdSSR	Union der Sozialistischen Sowjetrepubliken
WAV	Wirtschaftliche Aufbauvereinigung

1. Einleitung

Am Ende des letzten Jahrhunderts, nachdem die kommunistischen Diktaturen wie Dominosteine gefallen waren, prophezeite uns der amerikanische Wissenschaftler Francis Fukuyama das „Ende der Geschichte" (1992) in Form eines weltweiten Siegs der liberalen Demokratie. Die Voreiligkeit dieser Prognose verdeutlichten spätestens die opferreichen Terroranschläge durch islamistische Extremisten am 11. September 2001. Dem „heißen" Krieg der Demokratien gegen Nationalsozialismus und verbündete rechtsextremistische Diktaturen und dem „Kalten Krieg" gegen die kommunistischen Diktaturen unter der Führung der Sowjetunion folgt nun im 21. Jahrhundert ein vom amerikanischen Präsidenten ausgerufener „Krieg gegen den Terrorismus".

Auch wenn die Zahl der Diktaturen in den letzten 30 Jahren rapide abgenommen hat, stellen Diktatoren wie extremistische Strömungen noch immer eine große Herausforderung für die Demokratien dar. So sorgten seit den 80er Jahren in zahlreichen westlichen Demokratien rechtsextremistische Parteien mit ihren Wahlergebnissen und fremdenfeindliche Gewalttäter für Aufmerksamkeit. Auch linksextremistische Strömungen sind keineswegs in allen demokratischen Verfassungsstaaten in die Bedeutungslosigkeit versunken. Weit größere, vielfach nicht ausreichend beachtete Gefahren für die Demokratiestabilität bestehen dabei für die neuen Demokratien durch extremistische Strömungen von rechts und links.

Auf diese Einleitung folgt zunächst eine Antwort auf die Frage „Was ist politischer Extremismus?". Dabei unterscheide ich zwischen der Ebene extremistischer Ideen und der Anwendung extremer, illegaler Mittel in der politischen Auseinandersetzung. Ohne die Grundlage einer klaren Extremismusdefinition und einer Abgrenzung von Rechts- wie Linksextremismus hingen die Teile zu den extremistischen Organisationen in der Luft.

Unter den Staaten der Welt liegen auf keiner Nationalgeschichte die Schatten des politischen Extremismus dunkler als auf der deutschen. Die nationalsozialistische Diktatur, wohl die schlimmste seit Menschengedenken, brachte Schrecken und Tod über die Welt. Die Opfer der Angriffskriege und

Völkermorde zählen in Millionen. Während im westlichen Teil Deutschlands vor allem die US-Amerikaner und die Briten, aber auch die Franzosen den Weg für einen zweiten Anlauf der Deutschen zum demokratischen Verfassungsstaat ebneten, schickten die Moskauer Kommunisten mit dem östlichen Teil einen neuen Satelliten in die Umlaufbahn um ihr totalitäres Zentrum. Die Erfahrungen mit dem Dritten Reich und der SBZ, später der DDR, ermahnten die Regierenden der Bundesrepublik, besonders wachsam gegenüber den antidemokratischen politischen Extremen von rechts und links zu sein. Deutschland drängt sich somit als Fallbeispiel für eine Untersuchung des politischen Extremismus auf.

In den beiden folgenden Kapiteln stelle ich rechts- und linksextreme Parteien in Deutschland auf den Prüfstand. Die Betrachtung des Ausmaßes der Unterstützung extremistischer Parteien in einer Demokratie ist dabei auch als ein wesentlicher Indikator dafür anzusehen, wie umfassend in einer Gesellschaft demokratische Prozessregeln und Werte verankert sind (Almond/Verba 1963; Lipset/Raab 1978; Dahl 1989). Diese Einführung konzentriert sich bewusst nicht auf die deutsche Gegenwart, sondern nimmt die gesamte Geschichte der Bundesrepublik Deutschland in den Blick. Das demokratische und das extremistische Spektrum sind nicht durch einen Grenzposten voneinander geschieden. Die Einordnung mancher Partei ist umstritten. Das gilt in Deutschland gegenwärtig vor allem für die „Partei des Demokratischen Sozialismus", in der Vergangenheit auch für die „Republikaner". Diese Grenzfälle sind sachlich zu erörtern. Sie zu umgehen, hieße die wichtige Frage nach der Ein- und Abgrenzung des Extremismusbegriffs zu ignorieren. Es ist wichtig, im Blick zu behalten, dass bei Grenzfällen unterschiedliche Einordnungen auf unterschiedlichen Auslegungen des Begriffs und der Fakten beruhen können. Am Ende des dritten und vierten Kapitels stehen vergleichende Betrachtungen zur Entwicklung extremer Parteien von rechts und links.

Mit den intellektuellen Ausprägungen des politischen Extremismus, konkret den Strömungen der „Neuen Rechten" und „Neuen Linken", befasst sich der anschließende Abschnitt. Wer extremistisch denkt, muss keineswegs dumm sein. Für den Bereich des Linksextremismus zweifelt dies kaum jemand an, wohl aber für jenen des Rechtsextremismus. Am Ende des Kapitels findet sich eine extremismustheoretische Einordnung und ein Vergleich der beiden Phänomene. Die geistige Infragestellung des demokratischen Verfassungsstaats durch Intellektuelle muss dieser aushalten können, zumal auch von den politischen Extremen notwendige Impulse zur Lösung politischer

Probleme wie zur Weiterentwicklung der konstitutionellen Demokratie ausgehen können. Problematischer ist, dass Teile des extremistischen Spektrums politisch motivierte Gewalt verüben. Die systematische Anwendung politischer Gewalt ist Terrorismus. Für den Politikwissenschaftler Bruce Hoffman kennzeichnet den Terrorismus gegenüber politischen Attentaten geisteskranker Attentäter und anderen politisch motivierten Straftaten, dass er „darauf ausgerichtet ist, weitreichende psychologische Auswirkungen zu haben, die über das jeweilige unmittelbare Opfer oder Ziel hinausreichen". Die Taten müssten weiterhin „von einer Organisation mit einer erkennbaren Kommandokette oder konspirativen Zellenstruktur" (Hoffman 1999: S. 41) verübt werden. Das 6. Kapitel zeichnet die Entwicklung der Gewalttaten von Extremisten in der Geschichte der Bundesrepublik nach. Unterschieden wird dabei zwischen vier Varianten: Rechtsterrorismus und Neonationalsozialismus, fremdenfeindliche Gewalttaten, Linksterrorismus und schließlich Gewalttaten von Autonomen. Die Neonationalsozialisten nehmen bei diesen Betrachtungen eine Sonderstellung ein, weil sie mehrheitlich eher durch Propaganda- als durch Gewaltdelikte auffallen. Der Teil schließt mit vergleichenden Betrachtungen.

Der politische Extremismus ist keineswegs ein spezifisch deutsches Phänomen. Es folgt daher ein Vergleich des parteipolitisch organisierten wie des gewalttätigen Rechts- und Linksextremismus in Deutschland mit den westlichen Demokratien Frankreich, Großbritannien und Italien. Das 7. Kapitel gibt einen groben Überblick über das gesamte Feld des politischen Extremismus. Dabei ist manche Lücke in Kauf zu nehmen. So liegen z.B. keine Zahlen vor, die eine systematische Gegenüberstellung der politisch motivierten Gewalttaten ermöglichen. Der abschließende Vergleich dient vor allem dazu, Unterschiede und Gemeinsamkeiten des politischen Extremismus in Deutschland und den anderen drei Demokratien herauszuarbeiten.

Neben dem Rechts- und Linksextremismus gibt es eine weitere Spielart des politischen Extremismus, die sich nicht auf der politischen Rechts-Links-Achse verorten lässt: der religiöse Fundamentalismus. Das folgende Kapitel ist vor allem der Entwicklung des Islamismus in seiner schiitischen und sunnitischen Variante gewidmet. Der Blick richtet sich in erster Linie auf jene Länder, in denen der Islam die vorherrschende Religion darstellt. Am Ende des Kapitels stehen Ausführungen zu den Aktivitäten islamistischer Gruppierungen in Deutschland.

Ohne Nährboden kann die Saat politischer Extremisten nicht aufgehen. Es ist daher wichtig zu klären, welche Anhängerschaft der Extremismus von rechts und links hat. In dieser einführenden Darstellung beschränke ich den Blick auf die Bundesrepublik Deutschland und stelle die wichtigsten Ergebnisse von Bevölkerungsumfragen im Bereich des politischen Extremismus vor. Dabei ist auch auf die Messprobleme einzugehen, die bei der Erfassung extremistischer Einstellungen zwangsläufig auftreten.

Bei der Antwort auf die Frage „Wer oder was ist extremistisch?" will diese Studie nicht stehen bleiben. Ein Kapitel widmet sich daher der Untersuchung der Faktoren zur Erklärung extremistischer Einstellungen und Verhaltensweisen. Ich unterscheide zwischen sozioökonomischen, politischen und psychologischen Faktoren. Am Schluss des Kapitels folgt eine Gewichtung der Bedeutung der verschiedenen Faktoren zur Erklärung des politischen Extremismus. Dabei unterscheide ich zwischen der Ebene der Ideen und der Mittel.

Politische Extremisten sind eine normale Erscheinung in Demokratien. Soll aber die Demokratie überleben, dürfen sie nicht an die Schalthebel der Macht gelangen. Das achte Kapitel erläutert die Grundzüge des deutschen Konzepts des streitbaren Demokratieschutzes und die praktische Anwendung der Instrumente im Laufe der Geschichte. Am Rande wird auch ein Blick auf den Demokratieschutz in anderen westlichen Demokratien geworfen. Das Buch rundet schließlich eine kurze Zusammenfassung, eine kommentierte Literatur- wie Internetseitenauswahl und ein Literaturverzeichnis ab.

Gerade ein Einführungswerk bedarf der Kritik aus dem Kollegenkreis bevor es einem größeren Leserkreis zugänglich gemacht wird. Ich danke Dr. Kai Arzheimer, Prof. Dr. Eckhard Jesse, Susanne Kailitz und Dr. Jürgen Lang für Korrekturen des Manuskripts und wertvolle inhaltliche Anregungen. Frank Schindler und Bettina Endres vom VS Verlag für Sozialwissenschaften bin ich Dank dafür schuldig, dass sie mir sehr dabei halfen, der Arbeit den letzten Schliff zu geben. Ein Buch lebt nicht zuletzt von seinen Lesern. Fühlen Sie sich daher herzlich eingeladen, mir Kritik und Anregungen zukommen zu lassen. Meine e-mail-Adresse lautet: steffen.kailitz@ phil.tu-chemnitz.de.

2. Was ist politischer Extremismus?

Wer von Extremismus spricht, muss sich über eines im Klaren sein: Ebenso wie sich kaum ein Diktator von Adolf Hitler bis hin zu Saddam Hussein als solcher bezeichnete, nennt sich kein politischer Extremist selbst so. Während sich fast jede politische Strömung gern mit den Wörtern „Demokratie" und „demokratisch" schmückt, bezeichnen aus liberaldemokratischer Sicht „Diktatur" und „politischer Extremismus" den Gegenpol der eigenen Wertvorstellungen. Die grundlegende Unterscheidung der Staatsformenlehre zwischen Demokratien und Diktaturen und jene zwischen demokratischen und extremistischen Bestrebungen gehören zusammen wie das Kücken zur Henne. Demokratisch sind all jene Bestrebungen, die auf die Bewahrung oder Errichtung einer demokratischen Herrschaftsordnung zielen. Extremistisch sind dagegen all jene Bestrebungen, denen eine Identitätstheorie der Demokratie eigen ist und die auf die Bewahrung oder Errichtung einer autoritären oder totalitären Diktatur zielen. Die Unterteilung in Demokratien und Diktaturen wie in demokratisch und extremistisch erklärt die Unterscheidung zwischen politisch links und politisch rechts ausgerichteten politischen Systemen für nachrangig. Faschistische und kommunistische Systeme fallen gleichermaßen unter den Diktaturbegriff, die entsprechenden Parteien unter den Extremismusbegriff. Statt dieser positiven Begriffsbestimmung lässt sich Extremismus auch negativ definieren. Extremismus beschreibt demnach wesentlich die fundamentale Gegnerschaft zur Demokratie, konkret zu den Ideen des demokratischen Verfassungsstaats (Backes/Jesse 1996: S. 45; Klingemann/Pappi 1972: S. 108 f.; Lipset/Raab 1978: S. 428). Die Geschichte des politischen Extremismus ist in dieser Hinsicht kurz. Es ist wenig sinnvoll, den Ausdruck auf geistige Strömungen in der Zeit vor der Entstehung des modernen demokratischen Verfassungsstaats im 18. Jahrhundert anzuwenden. Extremistische Ideologien setzen die Existenz demokratischen Ideenguts voraus, weil sie zugleich antidemokratisch und mit ihrer Berufung auf das Volk pseudodemokratisch sind.

Von Giovanni Sartoris (1993) in der Parteiensystemlehre sehr einflussreicher Unterscheidung in System- und Antisystemparteien hebt sich die

Differenzierung in demokratische und extremistische Bewegungen gerade dadurch ab, dass der Extremismus nicht im Bezug zu der stets relativen i-deologischen (System-)Mitte bestimmt wird. Grundlage der Beurteilung ist nicht das Verhältnis zum herrschenden System, ob Demokratie oder Diktatur, sondern es sind die Ideen und die zu deren Verwirklichung eingesetzten Mittel der Bewegung selbst. Extremistische Parteien sind in demokratischen Verfassungsstaaten die Antisystemparteien, in extremistischen Diktaturen können sie dagegen die Systempartei sein. Weil Parteienforscher die Gegenüberstellung System-/Antisystempartei stets nur auf Demokratien anwandten, wäre es sinnvoll, diese Kategorisierung durch die Gegenüberstellung demokratisch versus antidemokratisch (extremistisch) zu ersetzen (Capoccia 2002).

Immer wieder bringen Kritiker des Extremismusbegriffs wie Christoph Butterwegge (2002: S.106-109) den Einwand vor, die Extremismusforschung setze Links- und Rechtsextremismus gleich (Butterwegge/Meier 2002: S. 106-109). Schon die Vorsilben „links" und „rechts" vor Extremismus zeigen jedoch die Anerkennung der entgegengesetzten ideologischen Ausrichtung der Phänomene an. Die folgende Aussage Erwin K. Scheuchs dürfte heute kein Extremismusforscher mehr unterschreiben: „Die Lokalisierung von politischen Organisationen auf einem Kontinuum ‚links – rechts' ist intellektuell für ein Land wie die Bundesrepublik kaum zu rechtfertigen. Im Inhalt lassen sich wesentliche Teile der von Führungsgruppen und Propagandisten der DKP und der NPD vorgetragenen Ideologien kaum unterscheiden" (Scheuch 1974: S. 457). Auch die Ablehnung einer solchen Einebnung ideologischer Unterschiede zwischen rechten und linken Strömungen ist damit inzwischen ein Unterschied des Extremismusansatzes zu der Systemsichtweise, die zumindest vom Begriff her nur darauf achtet, ob eine Bewegung für oder gegen ein herrschendes System ist. Der Extremismusansatz ist nämlich nicht staats- oder systemtreu, wie ihm ab und an vorgeworfen wird, sondern demokratietreu.

Eine einheitliche extremistische Ideologie existiert natürlich nicht. Nicht nur, dass Links- und Rechtsextremisten keine gemeinsame Ideologie haben. Sie sind einander sogar in aller Regel spinnefeind. Die unterschiedliche weltanschauliche Ausrichtung schließt allerdings strukturelle Ähnlichkeiten der Auffassungen und Handlungen nicht aus. Mit der gemeinsamen Bezeichnung „Extremismus" ist nicht mehr und nicht weniger gemeint, als dass die Bewegung auf die Errichtung oder Bewahrung einer Diktatur zielt. Angesichts der vielen Fälle der Errichtung von Diktaturen durch kommunistische Parteien ist es wenig überzeugend, vom Rechtsextremismus zu sprechen, ohne vom Linksextremismus reden zu wollen. Auch hier ist wiederum auf die noch größere Begriffsbreite des Diktaturbegriffs hinzuweisen. Nach Juan Linz zeichnet sich eine totalitäre Diktatur durch Monismus, eine keine konkurrierenden Ideologien duldende Ideologie und Massenmobilisierung aus. So lange eine Diktatur nicht auf einer umfassenden Weltanschauung basiere und keine Massenorganisationen zur Mobilisierung der Bevölkerung nutze, handelt es sich demnach nicht um ein totalitäres Regime (Linz 2000: S. 22). Neben den ideologisch entgegengesetzten links- und rechtstotalitären Diktaturen existiert eine Reihe ganz verschiedener autoritärer Diktaturen. Grundsätzlich sind nach Linz alle Staaten autoritäre Diktaturen, „die einen begrenzten, nicht verantwortlichen politischen Pluralismus haben; die keine ausgearbeitete und leitende Ideologie, dafür aber ausgeprägte Mentalitäten besitzen und in denen keine extensive oder intensive politische Mobilisierung, von einigen Momenten in ihrer Entwicklung abgesehen, stattfindet und in denen ein Führer oder manchmal eine kleine Gruppe die Macht innerhalb formal kaum definierter, aber tatsächlich recht vorhersagbarer Grenzen ausübt" (Linz 2000: S. 129). Auf der Achse demokratisch-extremistisch sind am schwierigsten die Vertreter des häufigsten Untertyps, der bürokratisch-militärischen Regime, einzuordnen. In diesen Staaten sind die Herrschenden zwar undemokratisch, aber sie haben keine ausgearbeitete extremistische Ideologie. An einer weltanschaulichen Missionierung der Bevölkerung haben sie im Unterschied zu politischen Extremisten kein Interesse.

Es ist sinnvoll, sich die Herrschaftsformen auf einem Kontinuum vorzustellen, das von einer idealen, nicht existenten vollkommenen Demokratie bis hin zu einer idealen, ebenfalls nicht existenten, alle Bereiche des Lebens kontrollierenden, totalitären Diktatur reicht. Auf diesem Kontinuum stellen totalitäre und autoritäre Diktaturen wie Demokratien die drei typologisch unterscheidbaren Grundformen dar. Herrschaftsformen zwischen einer totalitären und autoritären Demokratie lassen sich als semitotalitär, Herrschaftsformen zwischen einer autoritären Diktatur und einer Demokratie als semiautokratisch bezeichnen.

Tabelle 1: Unterscheidungsmerkmale politischer Systeme

Systemform	Totalitäre Diktatur	Autoritäre Diktatur	Demokratie
Herrschaftszugang	geschlossen	eingeschränkt	frei
Herrschaftsanspruch	unbegrenzt	umfangreich	eng begrenzt
Politische Freiheit	nicht vorhanden	eingeschränkt	vorhanden
Politische Gleichheit	nicht vorhanden	eingeschränkt	vorhanden
Politische und rechtliche Kontrolle	nicht vorhanden	eingeschränkt	vorhanden

Quellen: Lauth 2002: S. 117; Merkel 1999b: S. 28.

Um den Bereich des politischen Extremismus eingrenzen zu können, ist es notwendig, den Begriff des demokratischen Verfassungsstaats als Gegenpol zur totalitären Diktatur näher zu charakterisieren: Im demokratischen Verfassungsstaat haben sich unterschiedliche Grundgedanken miteinander verbunden, die zum Teil in einem Spannungsverhältnis zueinander stehen. Zu den Minimalanforderungen einer Demokratie gehören die regelmäßige Abhaltung freier, gleicher und allgemeiner Wahlen sowie das Recht auf eine oppositionelle Haltung zur Regierung. Zu den Grundelementen der Rechtsstaatlichkeit zählen die Einhaltung der Menschenrechte, die Gleichheit der Bürger vor dem Gesetz, die Gewährung von grundlegenden Freiheitsrechten wie Meinungs- und Versammlungsfreiheit sowie die Unabhängigkeit der Justiz. Selbst etablierte demokratische Verfassungsstaaten erfüll(t)en allerdings nicht durchweg in allen Punkten die Kriterien. So war in der Schweiz bis in die 70er Jahre die Allgemeinheit der Wahl wegen des fehlenden Frauenwahlrechts auf nationaler Ebene nicht gegeben. Die Todesstrafe in den USA steht wiederum in einem Spannungsverhältnis zum Prinzip der Rechtsstaatlichkeit. Ein bedeutender Teil der Staaten, die freie und kompetitive Wahlen abhalten, lässt sich bestenfalls als „defekte Demokratien" (Merkel 1999a: S. 361-381) bezeichnen.

Wer politische Extremisten als antidemokratisch beschreibt, muss im Blick behalten, dass auch sie sich die Demokratie auf ihre Fahnen schreiben. Allerdings unterscheidet sich das Demokratieverständnis der Anhänger des demokratischen Verfassungsstaats grundlegend von jenem politischer Extremisten. Nahezu alle Varianten des Extremismus stehen mehr oder weniger deutlich in der Tradition der Identitätstheorie der Demokratie, auch dann, wenn sie ansonsten mit dem Gedankengut Jean Jacques Rousseaus, dem Wegbereiter dieser Demokratievorstellung, nichts am Hut haben. Der Grundstein des Gedankengebäudes ist eine Interessenidentität zwischen Regierenden und Regierten. Das Streben nach ethnischer Homogenität von rechts und nach sozialer Homogenität von links steht ebenso wie die Bekämpfung Andersdenkender im Dienste dieser Interessenidentität. Eine echte Demokratie war in Rousseaus Augen nur eine direkte Demokratie, in der alle politischen Entscheidungen die Bürger selbst treffen. Nur aufgrund der Größe moderner Staatswesen akzeptierte Rousseau das Repräsentationsprinzip als notwendiges Übel. Gemäß der Identitätstheorie gehört es zur Aufgabe der gewählten Repräsentanten des Volkes, für die Umsetzung des feststehenden Volkswillens zu sorgen. Die Parlamentarier sollen demnach kein freies, sondern nur ein imperatives Mandat haben und den vorgegebenen Volkswillen ausführen. Da alle die gleichen Interessen haben, ist eine Auswahl zwischen verschiedenen politischen Richtungen bei Wahlen in diesem Modell nicht vorgesehen. Der Gemeinwille ergibt sich bei Rousseau aber nicht aus der Summe der Einzelwillen der Bürger, sondern er erschließt sich dem Gesetzgeber durch „höhere Einsicht". In dieser Tradition heißt es im „Wörterbuch der marxistisch-leninistischen Soziologie" (1971) beispielsweise, in der „sozialistischen Demokratie", werde „die Übereinstimmung zwischen den gesellschaftlichen Erfordernissen und den persönlichen Interessen der einzelnen Bürger verwirklicht". Die Neigung zur Identitätstheorie der Demokratie wird meist eher der extremen Linken zugeordnet, sie ist aber ebenso Allgemeingut der extremen Rechten. So definierte Carl Schmitt in seiner „Verfassungslehre": „Demokratie [...] ist Identität von Herrscher und Beherrschten, Regierenden und Regierten, Befehlenden und Gehorchenden [...]. Demokratie setzt im Ganzen und in jeder Einzelheit ihrer politischen Existenz ein in sich gleichartiges Volk voraus" (Schmitt 1928: S. 234 f.). Schmitt machte kaum einen Hehl daraus, dass seine Ausführungen letztlich eine Rechtfertigung für Diktatoren war: „Vor einer nicht nur technischen, sondern auch im vitalen Sinne unmittelbaren Demokratie erscheint das aus liberalen Gedankengängen entstandene Parlament als eine künstliche Maschinerie, während diktatorische und cäsaristische Methoden nicht nur von der acclamatio des Volkes getragen, sondern auch unmittelbare Äußerungen demokratischer Kraft und Substanz sein können" (Schmitt 1926: S. 21).

Auch die Nationalsozialisten huldigten dieser extremen Variante einer Identitätstheorie der Demokratie. Adolf Hitler fasste sein – diktatorisches – Demokratieverständnis in einer Geheimrede vom 23. November 1937 folgendermaßen zusammen: „Unsere Demokratie baut sich dann auf den Gedanken auf, dass 1. an jeder Stelle ein nicht von unten Gewählter, sondern ein von oben Auserlesener eine Verantwortung zu übernehmen hat, bis zur letzten Stelle hin; 2. dass er unbedingte Autorität nach unten und absolute Verantwortung nach oben hat, zum Unterschied von sonstigen Demokratien, die jeden von unten aussuchen, nach unten verantwortlich sein und nach oben mit Autorität ausgestattet sein lassen – eine vollkommen wahnsinnige Verkehrung jeder menschlichen Organisation" (zit. nach Picker 1981: S. 489). Aus der Homogenitätsparole „Ein Volk – ein Reich – ein Führer" folgte im nationalsozialistischen Verständnis somit automatisch eine bedingungslose Unterordnung der Regierten unter den Regierenden, die natürlich nichts mehr mit Demokratie im Sinne von Volksherrschaft zu tun hat. „Führer befiehl, wir folgen" sollte in diesem Sinne das Motto des Volks lauten.

Öffnete die Rousseausche Demokratietheorie ungewollt diktatorischen Bestrebungen Tür und Tor, ist die Konkurrenztheorie der Demokratie das ideologische Grundgerüst des demokratischen Verfassungsstaats. Deren Vordenker, Joseph Schumpeter, reduzierte in seinem Werk „Kapitalismus, Sozialismus und Demokratie" den demokratischen Anspruch auf die Methode der Herrschaftsbestellung. Seine klassische Definition lautet: „Die demokratische Methode ist diejenige Ordnung der Institution zur Erreichung politischer Entscheidungen, bei welcher einzelne die Entscheidungsbefugnis vermittels eines Konkurrenzkampfes um die Stimmen des Volkes erwerben" (1942: S. 428). Ein Kernbestandteil dieses Modells ist das Repräsentationsprinzip. Demokratie bedeutet nach diesem Ansatz nicht Herrschaft des Volkes, sondern Herrschaft mit Zustimmung des Volkes (Pitkin 1967). Im Unterschied zur Identitätstheorie gibt es nach der Ansicht der Konkurrenztheoretiker keinen feststehenden homogenen Volkswillen, sondern zahlreiche unterschiedliche, auch gegeneinander gerichtete Teilinteressen innerhalb einer Gesellschaft. Die politische Willensbildung und Entscheidungsfindung soll durch einen Prozess der Auseinandersetzung zwischen den verschiedenen Auffassungen erfolgen. Die Wahl zwischen Parteien mit alternativen Programmen hat in diesem Modell eine Schlüsselfunktion. Das Mehrheitsprinzip gilt als Grundlage für Entscheidungen. Von grundlegender Bedeutung ist dabei, dass die politische Minderheit stets die Chance hat, zur Mehrheit zu werden. Eine Gesellschaft, in der die Mehrheitsverhältnisse für alle Zeiten zementiert sind, ist nicht demokratisch. Zur Demokratie gehört der Wechsel wie Fische ins Wasser.

Tabelle 2: Identitäts- und Konkurrenztheorie der Demokratie

	Identitätstheorie	Konkurrenztheorie
Grundsatz	Identität von Regierenden und Regierten, es kann daher keine ideologisch unterschiedlichen Parteien geben	Konkurrierende Ideen werden im Parlament durch unterschiedliche Parteien vertreten
Menschenbild	tugendhafter, allein am Gemeinwohl orientierter Bürger	in der Mehrheit vorrangig nach dem eigenen Wohl strebende Bürger mit gewisser Gemeinwohlorientierung
Gesellschaftliche Teilinteressen	sind nicht statthaft	sind statthaft
Opposition gegen Regierende	ist nicht legitim	ist legitim
Gemeinwohl	steht a priori fest	wird von allen Parteien angestrebt, das Erreichen kann aber durch Mehrheitsentscheid nicht garantiert werden; keine politische Partei kann die Wahrheit für sich beanspruchen
Abgeordnete haben	imperatives Mandat	freies Mandat
Umsetzung in Staatsformen	totalitäre Diktatur: kommunistische „Volksdemokratien"; Führerstaat des Dritten Reiches (Stichwort: „Volksgemeinschaft")	demokratischer Verfassungsstaat

Quelle: Eigene Zusammenstellung

Alle Extremisten glauben an die Möglichkeit einer homogenen Gemeinschaft, in der eine Interessenidentität zwischen Regierenden und Regierten besteht. Anarchisten sind keine Ausnahme, in ihren Augen sind Regierende und Regierte theoretisch sogar personell identisch. Extremisten sind also antipluralistisch eingestellt. Sie wähnen sich im Besitz der absoluten Wahrheit und teilen die Welt in Gut und Böse auf. Selbst wenn nur eine verschwindend geringe Minderheit der Bevölkerung ihre Auffassungen teilt, rücken extremistische Strömungen nicht von dem überheblichen Glauben ab, sie verträten die wahren Interessen des Volkes. Je kleiner die Gruppe ist, desto stärker neigt sie gewöhnlich zu Dogmatismus und Verschwörungstheorien, die erklären sollen, wie es die „bösen" Mächte schaffen, zu verhindern, dass das „Gute" regiert. Keineswegs alle Extremisten sind gewalttätig, aber aus dem Glauben im Besitz der absoluten Wahrheit zu sein, kann sich ein Fanatismus entwickeln. Dieser richtet sich gegen Andersdenkende und jene Gruppen, die aus ideologischen Gründen nicht in das homogene Gemeinschaftsbild des Extremisten passen (Backes 1989: S. 298-311; Everts 2000: S. 180-191). Fanatismus entsteht unter politisch aktiven Menschen im Kern dann, wenn eine extremistische Ideologie mit einer Persönlichkeitsstruktur von Menschen zusammentrifft, die dialog- und kompromissunfähig sind (Hole 1995: S. 39).

Neben Gemeinsamkeiten gibt es auf dem Feld des politischen Extremismus fundamentale Unterschiede. Grundsätzlich lässt sich trennen zwischen Rechts- und Linksextremismus: Als linksextrem(istisch) bezeichnet man jene Gruppierungen und Personen, die den „Kapitalismus" (Kommunisten) oder jede Form der Herrschaft (Anarchisten, Autonome) ablehnen. Die einen wollen – zumindest theoretisch – alle Macht für die Arbeiterklasse, die anderen „keine Macht für Niemand". Allen Linksextremisten gemeinsam ist das Streben nach einer sozial homogenen Gemeinschaft. Politische Gewalttaten aus diesem Spektrum richten sich in erster Linie gegen Angehörige der wirtschaftlichen und politischen Elite des Staates.

Der überwiegende Teil des linksextremen Spektrums hängt Varianten der kommunistischen Ideologie an. Stets geht es dabei um eine solidarische Gütergemeinschaft und die Abschaffung des Privateigentums. Eine wesentliche ideologische Grundlage der Varianten des Kommunismus ist noch immer der „wissenschaftliche Sozialismus" von Karl Marx und vor allem das „Kommunistische Manifest" von Karl Marx und Friedrich Engels.

Während rechtsextreme Ideologien vor allem auf intellektuelle Beobachter durch ihren Nationalismus oder Rassismus abstoßend wirken, erscheint der Kommunismus mit seinem Beharren auf der Notwendigkeit einer sozialen Gleichheit aller Menschen auf den ersten Blick weniger problematisch. Aber das genaue Lesen kommunistischer Schriften, vor allem die Auseinandersetzung mit den Schlüsselbegriffen „Diktatur des Proletariats" und „Demokratischer Zentralismus", führt schnell zu der Erkenntnis, dass in den angestrebten kommunistischen Gesellschaften einige gleicher sein sollen als andere. Damit wird auch keineswegs „nur" die Diktatur einer immerhin breiten Schicht der Bevölkerung, der Arbeiterschaft, über die anderen sozialen Schichten angestrebt, sondern die Diktatur des kleinen Kreises der Avantgarde der kommunistischen Partei.

Als rechtsextrem(istisch) bezeichnet man jene Gruppierungen und Personen, die aus rassistischen (Nationalsozialisten) oder nationalistischen (Nationalisten, Neue Rechte) Gründen bestimmten Teilen der Bevölkerung, vor allem Ausländern und Staatsbürgern ausländischer Abstammung, keine oder nur stark eingeschränkte Rechte zubilligen und/oder diese aus dem Land treiben wollen. Bei den einen steht die „Volksgemeinschaft" im Mittelpunkt ihrer Gedankenwelt, bei den anderen die Nation. Allen Rechtsextremisten, den Nationalisten wie den Rassisten, ist das Streben nach einer ethnisch homogenen Gemeinschaft eigen. Politische Gewalttaten aus diesem Spektrum richten sich in erster Linie gegen Angehörige ethnischer Minderheiten. Im Vordergrund steht der Gegensatz zur Demokratie.

Im Bereich des Linksextremismus dominiert auf ideologischer Ebene der Kommunismus klar, allerdings in unterschiedlichen Varianten (Maoismus, Sowjetkommunismus, Trotzkismus). Im Bereich des Rechtsextremismus sind eine nationalistische und eine rassistische extreme Rechte zu unterscheiden. Ein zentrales Merkmal der nationalistischen Rechten ist ein aggressiver Nationalismus, der deutlich von einem legitimen Nationalbewusstsein abzugrenzen ist. Der aggressive Nationalist setzt die eigene Nation absolut, sieht sie somit als anderen Nationen grundlegend überlegen an. Nationalisten wollen die Interessen der eigenen Nation ohne jegliche Rücksicht auf die Interessen anderer Nationen durchsetzen. Die eigene Nation soll ethnisch homogen sein. Mit anderen Worten: Für Nationalisten sind Ausländer grundsätzlich unerwünscht. Parteien wie die DVU und die REP vertreten einen deutschen Nationalismus.

Vom Nationalismus lässt sich der Rassismus abgrenzen. Er zeichnet sich durch vier Merkmale aus: Erstens wird davon ausgegangen, dass die Menschheit aus genetisch zu unterscheidenden Rassen besteht, zweitens behaupten Rassisten, dass aus der genetischen Ungleichheit grundlegende Unterschiede in Verhalten, Intelligenz und Moral folgen. Drittens wird behauptet, bestimmte Rassen – dazu zählt immer jene des Rassisten – seien höherwertig als andere. Rassismus liefert innenpolitisch die Begründung für eine Unterdrückung ethnischer Minderheiten, die als Vertreter einer anderen Rasse bezeichnet werden. Außenpolitisch dient der Rassismus zur Rechtfertigung der Unterdrückung anderer Völker. Eine unter Rechtsextremisten verbreitete Unterform des Rassismus ist der Antisemitismus. Unter Antisemitismus ist die Abneigung und Feindseligkeit gegenüber den Juden gemeint. Der Begriff ist insofern irreführend, als sich der Antisemitismus nicht gegen alle Semiten richtet. Zu den Semiten zählen nämlich auch alle arabischen Völker.

Der Begriff „Extremismus der Mitte" ist im Unterschied zu Rechts- und Linksextremismus eine paradoxe Konstruktion. Wer unter Mitte den Mittelpunkt auf einer Strecke zwischen A und B versteht, für den ist „extrem" das genaue Gegenstück zu „Mitte". Auch in der Geistesgeschichte steht der Begriff meist für Mäßigung und bildet damit den Gegenpol zu extremen Bestrebungen. Die Wendung „Extremismus der Mitte" geht zurück auf den amerikanischen Soziologen Seymour Martin Lipset (1984: S. 401-444). Der Widerspruch der Begrifflichkeit wurde bei ihm allerdings dadurch aufgehoben, dass er auf die sozialen Trägerschichten extremistischer politischer Bewegungen abhob. Jede große soziale Schicht bringt demnach eine gemäßigte wie eine extreme Artikulationsform hervor. Als Extremismus der Arbeiterklasse gilt ihm der Kommunismus, als Extremismus der Oberklasse der traditionelle Konservatismus und als Extremismus des Mittelstandes der Faschismus.

Anfang der 90er Jahre löste sich die von Lipset gebrauchte Formel von ihrer sozial-ökonomischen Ursprungsbedeutung. Einige Autoren nutzten nun die Wendung „Extremismus der Mitte", um die Regierungsparteien für die fremdenfeindlich motivierten Gewalttaten verantwortlich zu machen. Der Politikwissenschaftler Wolf-Dieter Narr, ansonsten ein Gegner des Extremismusbegriffs, wandte den Begriff auf die gesamte politische Klasse der Bundesrepublik an, die sich gegen eine notwendige Demokratisierung der Gesellschaft sträube. Als extremistisch galt ihm demnach das repräsentative Demokratieverständnis. Zudem ging Narr von einer Alleinverantwortung der „Mitte" für den Extremismus an den Rändern aus (Narr 1992; 1994).

Der Hinweis auf die bedeutsame Rolle der Mittelschicht bei der Wahl bestimmter rechtsextremistischer Parteien ist ebenso berechtigt wie der Fingerzeig, dass ein bestimmtes Verhalten von Demokraten zu einer Stärkung extremistischer Positionen führen kann. Die von den Vertretern der Formel „Extremismus der Mitte" angesprochenen Problembereiche verdienen weitere Untersuchung. Eine Übernahme des Begriffs erscheint aber nicht sinnvoll, denn sie würde zu einer Entgrenzung des Extremismusbegriffs führen, die weit mehr Verwirrung als Klarheit stiftet. Das notwendige Kriterium, dass ein wissenschaftlicher Begriff seinen Anwendungsbereich trennscharf umreißen muss, wäre nicht mehr erfüllt. Zugleich bietet diese Begrifflichkeit ein Einfallstor für jene, die den Extremismusbegriff umdrehen wollen und nach einer Diskreditierung bestimmter demokratischer Positionen streben.

Das Hufeisenmodell bietet ein anschauliches Modell für eine Kombination der grundlegenden Gegenüberstellung von Extremismus und Demokratie mit der Rechts-Links-Unterscheidung:

Grafik 1: Hufeisen-Schema des politischen Extremismus

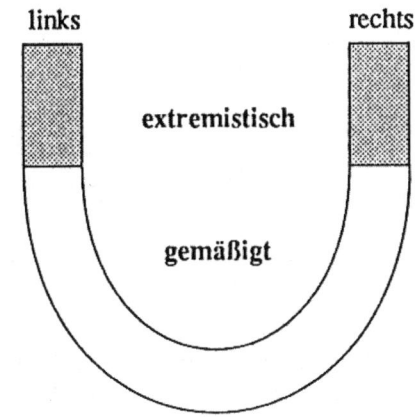

Quelle: Backes 1989: S. 252.

In diesem Modell berühren sich die Extreme von rechts und links nicht, auch wenn sie benachbart sind und gemeinsam der gemäßigten demokratischen Mitte gegenüberstehen. Sehr wohl gibt es in diesem Bild aber einen Übergangsbereich von der gemäßigten, demokratischen Rechten zur extremistischen Rechten und von der gemäßigten, demokratischen Linken zur extremistischen Linken. Auf der Grundlage dieses Modells sind Wechsel zwischen rechtsdemokratischen und rechtsextremistischen wie linksdemokratischen und linksextremistischen Positionen deutlich wahrscheinlicher als Frontwechsel zwischen links- und rechtsextremistischen Positionen.

In Anlehnung an Franz Urban Pappi und Hans Dieter Klingemann (1972: S. 29-32), Max Kaase (Infratest 1980: S. 27) sowie Cas Mudde (2003) unterscheide ich bei der Betrachtung des politischen Extremismus zwischen der Ebene der Ideen und der Mittel. Die Frage nach der Idee zielt vor allem auf das politische Hauptziel einer Bewegung, während mit Mittel alle verwendeten Methoden zur Erreichung des Hauptziels gemeint sind. Während Klingemann/Pappi und Kaase auf der Ebene der Ideen die Pole als radikal und konservativ bezeichnen, sind sie bei Cas Mudde und mir mit demokra-

tisch und extremistisch benannt. Vereinfacht ergibt sich daraus eine Kategorisierung in vier Felder:

Grafik 2:   Zweidimensionales Ideen-Mittel-Modell von Extremismus
            und Demokratie

Ideen		demokratisch	extremistisch
M I T	legal nicht-extrem	(1)	(2)
T E L	illegal extrem	(3)	(4)

Quelle: Cas Mudde (2003.

In der Kategorie 1 finden sich alle demokratischen Bewegungen. In die Kategorie 2 fallen Bewegungen mit einem extremistischen politischen Ziel, das
sie aber ausschließlich durch legitime politische Mittel wie Wahlteilnahme,
politische Veranstaltungen und Veröffentlichungen sowie die Organisation
von Demonstrationen zu erreichen suchen. In diese Kategorie gehören alle
extremistischen Wahlparteien, ob von rechts oder links.

Die Kategorie 3 umfasst Gruppen, die nicht auf die Errichtung einer
Diktatur zielen, aber aus welchen Gründen auch immer illegale, extreme
Mittel zur Umsetzung ihrer Ziele einsetzen. In diese Kategorie fallen etwa
separatistische Bewegungen, die in einem eigenen Staat eine demokratische
Herrschaftsordnung anstreben, aber glauben, ihr Ziel ohne Gewalt nicht erreichen zu können. Auch politische Interessengruppen, deren politische Ziele
mit der Demokratie vereinbar sind, wie etwa militante Tier- oder Umwelt-
schützer gehören in diese Kategorie. In diese Kategorie gehören auch solche
Bewegungen, die in einer Diktatur auf eine demokratische Herrschaftsordnung zielen und versuchen, dieses Mittel auch mit Gewalt zu erreichen.

Zum Bereich der Kategorie 4 gehören alle Bewegungen, die sowohl eine
extremistische Ideologie haben als auch den Einsatz illegaler Mittel propagieren, um dieses Ziel zu erreichen. Alle revolutionären Bewegungen und
Terrorgruppen mit einer Herrschaftsideologie fallen in diese Kategorie.
Schwerer ist die Zuordnung der Autonomen, die überwiegend anarchisti-
sches Ideengut vertreten. Sie haben kein klares Herrschaftsziel, weil sie die
Abschaffung der Herrschaft selbst fordern. Auch bei einem bedeutenden Teil

der fremdenfeindlichen Straftäter ist die Einordnung schwierig. Keineswegs alle hängen einer rechtsextremistischen Ideologie an.

Auf der Ebene der Mittel ist es vergleichsweise einfach abzuschätzen, ob eine Bewegung extreme, sprich gewaltsame Mittel zur Durchsetzung ihrer politischen Ziele nutzt. Jenen extremistischen Bewegungen die sich auf legale Mittel beschränken, sollte nicht unterstellt werden, sie täten dies nur, um ihre Umwelt zu täuschen, vielmehr gibt es extreme Strömungen, die aufrichtig das Mittel der Gewalt zur Herrschaftseroberung ablehnen.

Diskussionswürdig ist auf dem Feld der Mittel, ob eine Binnenunterteilung notwendig ist. So ließen sich jene Gruppen, die geplante Gewalt der Erreichung eines extremistischen Ziels einsetzen von jenen scheiden, bei denen eher spontaner Einsatz extremer Mittel zwar Ausfluss eines mehr oder weniger diffusen extremistischen Ideenguts ist, aber nicht direkt im Dienste der Erreichung eines extremistischen Herrschaftsziels steht. Es ist auch eine Abstufung gemäß der Intensität der extremen Mittel möglich. So wurde in der Infrateststudie von 1980, auf deren Anlage Max Kaase wesentlichen Einfluss hatte, die Mittel konkreter als bei Klingemann/Pappi als Formen politischer Partizipation gefasst. Die extremen Positionen reichten dabei vom zivilen Ungehorsam über Gewalt gegen Sachen bis hin zur Gewalt gegen Personen.

Auf der Ebene der Ideen, auf der es wesentlich auch um die Einschätzung des Herrschaftsziels geht, erscheint ein Abrücken von der bipolaren Betrachtungsweise geboten, nach der sich ein Phänomen nur als eindeutig extremistisch oder nur als eindeutig demokratisch klassifizieren lässt. Der Vorschlag zielt auf eine Verfeinerung der Analyseinstrumente der Extremismusforschung auf der Ideenebene. Die Grundidee ist, dass die Ideologie einer Bewegung mehr oder weniger extremistisch sein kann und es keinen klaren Fixpunkt gibt, der hundert Prozent demokratische von hundert Prozent extremistischen Bewegungen scheidet. Es gibt vielmehr einen Grenzbereich, in dem sich das Ideengut von Bewegungen als semidemokratisch oder semiextremistisch klassifizieren lässt.

Prinzipiell ist es möglich Maßstäbe zur „Messung" des extremistischen Grads einer Bewegung zur Diskussion zu stellen, die sich etwa an einer Prüfliste der Elemente totalitärer Systeme von Giovanni Sartori (1999) orientieren. Es ist dabei in Rechnung zu stellen, dass die Bewertung von Bewegungen, die nicht die Herrschaft ausüben, weit schwieriger ist als jene von diktatorischen Herrschaftsparteien. Allerdings lassen sich natürlich die Ergebnisse der Untersuchung von Herrschaftsparteien für die Erforschung ideologisch gleich gesinnter Nichtherrschaftsparteien nutzbar machen. In keinem Programm einer kommunistischen Partei stand etwa je, dass nach dem Machtgewinn eine Geheimpolizei zur Kontrolle der Bevölkerung aufgebaut werden soll. In der Praxis gab es aber keine kommunistische Diktatur ohne eine solche Geheimpolizei. Nur weil es eine lange Reihe kommunistischer Parteien an der Macht gab, können Extremismusforscher recht genau sagen, auf welche Herrschaftsstrukturen die Propagierung bestimmter kommunistischer Programmpunkte hinausläuft. Nur weil Extremismusforscher wiederum am Beispiel der Herrschaft der NSDAP zeigen können, wie die mörderischen Schattenseiten der nationalsozialistischen Doktrin der „Volksgemeinschaft" aussehen, lassen sich begründete Schlussfolgerungen über jene Parteien ziehen, die eine „Volksgemeinschaft" propagieren.

In Gestalt der Sowjetunion und der kommunistischen Satelliten existierte bis in die 90er Jahre des 20. Jahrhunderts ein Referenzmodell aller marxistisch-leninistischen Parteien. Auch bei den in Europa weniger, in Asien dagegen stärker bedeutsamen maoistischen Parteien gab es in Gestalt Chinas einen staatlichen Bezugspol, der sich allerdings inzwischen selbst stark gewandelt hat. Ähnliche staatliche Vorbilder kamen nach der Niederringung des Nationalsozialismus im Zweiten Weltkrieg im Bereich des Rechtsextremismus nicht mehr vor. Den bis in die 70er Jahre des 20. Jahrhunderts bestehenden Rechtsdiktaturen in Spanien und Portugal fehlte die Ausstrahlungskraft, um zu einem bedeutsamen ideologischen Bezugspunkt zu werden. Inzwischen befinden wir uns in einer Situation, in der die Beurteilung auch des Linksextremismus schwerer geworden ist. Das ist allerdings keineswegs betrüblich, weil die Situation wesentlich in der weitgehenden Abwesenheit extremistischer Diktaturen mit Ausstrahlungskraft wurzelt. Das gilt auch für das postmaoistische China wie die islamistischen Regime im Iran und Sudan.

Bei der Bewertung halte ich analog der Staatsformenlehre eine vierstufige Unterteilung in totalitäre, autoritäre, semidemokratische und demokratische Ideen für hinreichend. Auf der Ebene der Ideen bewerte ich dabei die Ideologien des Faschismus, des Nationalsozialismus wie der chinesischen und sowjetischen Variante des Kommunismus als totalitär bis semitotalitär. Als semitotalitär sind die Ideologien faschistischer, nationalsozialistischer und sowjetischer Parteien dann anzusehen, wenn sie glaubwürdig von Forderungen nach einer auch physischen Ausmerzung bestimmter gesellschaftlicher Gruppen abrücken und intern auf eine Vernichtung innerparteilicher Gegner verzichten. So erscheinen mir im Kern die sowjetkommunistischen Parteien, aber eben auch jene in den Staaten wie der Bundesrepublik, Italien, Frankreich, vor dem Tod Stalins als totalitär, nach dem Tod Stalins aber als semitotalitär. Als autoritäre Ideologien erscheinen mir die Varianten des Eurokommunismus wie des Nationalismus. Bewegungen des semidemokratischen bzw. semiextremistischen Typs befinden sich quasi in einer Grauzone zwischen Extremismus und Demokratie. Die Weltanschauung weist in solchen Fällen demokratische Elemente wie autoritäre Elemente auf. Beispiele für eine semidemokratische Herrschaft sind Russland und Weißrussland. Zahlreiche Bewegungen, die derzeit entweder als extremistisch oder als demokratisch bezeichnet werden, gehören in die semidemokratische Kategorie, etwa die PDS. Ebenso wie auf der Ebene der Regime die Zahl der Semiautokratien drastisch zugenommen hat, nahm auf der Ebene der Bewegungen die Zahl und Stärke der extremistischen, zugunsten der semidemokratischen ab.

Zwei Begriffe, die in der deutschen und internationalen Forschung neben dem Extremismusbegriff auftauchen, finden sich in dieser Arbeit nicht: Radikalismus und Populismus. Der Radikalismusbegriff, der häufig synonym zum Extremismusbegriff verwandt wird (Kitschelt 1995; Minkenberg 1998), erscheint mir für den wissenschaftlichen Sprachgebrauch weniger geeignet als jener. Vor allem in den romanischen Ländern ist der Radikalismusbegriff eng mit den liberalen Bewegungen des 18. und 19. Jahrhunderts verknüpft, die Forderungen nach Bürgerrechten und Volkssouveränität aufwarfen und damit den Weg für den demokratischen Verfassungsstaat ebneten (Böhme-Kuby 1991: S. 26-47). Die deutschen Verfassungsschutzämter nutzen den Radikalismusbegriff um linke und rechte Randpositionen zu kennzeichnen, die noch verfassungsgemäß sind, während sie den Extremismusbegriff nur auf Strömungen anwenden, die nach ihrer Auffassung gegen die demokratische Grundordnung zu Felde ziehen.

Der Populismusbegriff, den einige Forscher verwenden (Betz 1994; Betz/Immerfall 1998; Decker 2000; Taggart 1995), liegt auf einer anderen Ebene als der Extremismusbegriff. Die bislang bei Wahlen erfolgreichsten, als rechtspopulistisch klassifizierten Parteien waren die „Freiheitliche Partei Österreichs" und Silvio Berlusconis „Forza Italia". Die FPÖ ist nach den Kriterien dieser Untersuchung als semidemokratische rechte Flügelpartei, die „Forza Italia" als demokratisch anzusehen. Der ebenfalls stets in die Kategorie Rechtspopulismus eingeordnete französische „Front National" ist dagegen rechtsextremistisch. Umgekehrt ist sehr fraglich, ob die rechtsextremistische NPD und die linksextremistische DKP als populistisch angesehen werden können. Der Populismusbegriff sollte, um keine Verwirrung zu stiften, auf den Mobilisierungsstil von Bewegungen und Parteien beschränkt werden. Ein bestimmter ideologischer Inhalt ist mit diesem Begriff somit nicht verbunden. Auch demokratische Parteien wie die SPD oder die CDU können populistisch handeln. Auf dieser Grundlage sind aufschlussreiche Studien möglich, inwieweit sich z.b. der Rechts- und Linkspopulismus (Hartleb 2004) und der Populismus demokratischer und extremistischer Parteien unterscheidet. Empirisch ließe sich zeigen, dass Forscher den Radikalismus- und Populismusbegriff gegenwärtig häufig dann nutzen, wenn ihre Analyse Fälle im Grenzbereich zwischen Demokratie und Extremismus erfasst wie etwa die skandinavischen Fortschrittsparteien (Decker 2000: S. 127-139; Lorenz 2003; Svåsand 1998) oder die deutsche Schill-Partei (Decker 2003). In einigen Untersuchungen werden die Begriffe Rechtspopulismus und Rechtsradikalismus daher synonym verwendet (Loch/Heitmeyer 2001). Eine fruchtbare wissenschaftliche Auseinandersetzung um das Verhältnis der Begriffe Extremismus, Radikalismus und Populismus fand bislang nur in Ansätzen statt (Everts 2000: S. 43-74; Pfahl-Traughber 1992; Pfahl-Traughber 1998: S. 13-28).

3. Rechtsextreme Parteien

3.1 „Deutsche Konservative Partei-Deutsche Rechtspartei" und „Sozialistische Reichspartei"

In der Zeit zwischen Kriegsende und Gründung der Bundesrepublik konnten einige rechtsextreme Vereinigungen beachtliche Erfolge erzielen. Die „Wirtschaftliche Aufbau-Vereinigung" (WAV) erlangte 1946 5,1 Prozent der Stimmen und acht Mandate für die bayerische verfassunggebende Landesversammlung. Bei den bayerischen Landtagswahlen 1948 kam sie auf 7,4 Prozent. Die Partei sprach sich gegen die Einführung einer parlamentarischen Demokratie in der Bundesrepublik aus, vielmehr sollte der „wirkliche Volkswille direkt und unverfälscht ununterbrochen zum Ausdruck kommen". Sie wollte „völlig neue Wege" jenseits von Sozialismus und Kapitalismus einschlagen. Ein starker Staat sollte über den Parteiinteressen thronen (WAV-Programm von 1945). Ausgerechnet der Parteigründer und Vorsitzende der WAV, Alfred Loritz, wurde im Bayern der ersten Nachkriegsjahre der für die Entnazifizierung zuständige Sonderminister, der Bock somit zum Gärtner gemacht.

In den ersten Deutschen Bundestag konnten 1949 auch rechtsextreme Parteien einziehen. Die WAV bekam trotz innerparteilicher Streitigkeiten 2,9 Prozent der Stimmen. Weil sie in Bayern mit 14,4 Prozent deutlich über 5 Prozent lag, nahm sie mit zwölf Abgeordneten im ersten Bundestag Platz. Die DKP-DRP, die im März 1946 in der britischen Besatzungszone entstand, erreichte 1,8 Prozent der Stimmen. Weil die Fünf-Prozent-Hürde damals noch auf der Länder-, nicht auf der Bundesebene aufgestellt war und die Partei in Niedersachsen 8,1 Prozent bekam, zog sie dennoch mit fünf Abgeordneten, darunter den späteren NPD-Vorsitzenden Adolf von Thadden, in den Bundestag ein. Die Partei stand in der Tradition des deutschtümelnden Nationalismus der „Deutschnationalen Volkspartei" (DNVP). So war der Gründer der „Deutschen Konservativen Partei", Wolfgang Jäger, ein ehemaliger Landtagsabgeordneter der DNVP.

Durch ein Wahlabkommen mit der FDP zog zudem Heinrich Leuchtgens, der Parteivorsitzende der durch die Alliierten nicht lizenzierten „Nationaldemokratischen Partei" (NDP), über die hessische Landesliste der FDP in
den Bundestag ein. Die NDP sprach sich gegen das Modell des demokratischen Verfassungsstaats und für eine ständische Gesellschaftsordnung aus.
Zugleich befürwortete sie im Unterschied zu anderen rechtsextremen Organisationen aber die Marktwirtschaft und die sich anbahnende Westbindung
Deutschlands. Leuchtgens, die Abgeordneten der DKP-DRP und einige andere fanden sich im Parlament zur Gruppe der „Nationalen Rechten" zusammen.

Als radikales Spaltprodukt der DKP-DRP entstand 1949 die SRP. Grün-
der und erster Parteivorsitzender war der fraktionslose Bundestagsabgeord-
nete Fritz Dorls. Ihr territorialer Schwerpunkt lag wie jener der DKP-DRP in
Niedersachsen. Bei den dortigen Landtagswahlen verbuchte sie im Mai 1951
elf Prozent der Stimmen auf ihrem Konto. Auch bei den Oktoberwahlen in
Bremen konnte die Partei immerhin 7,7 Prozent der Wähler erreichen. Die
Hochburgen der NSDAP im Norden waren auch jene der rechtsextremen
Parteien in der Anfangsphase der Bundesrepublik. Die SRP berief sich in
ihrem Aktionsprogramm auf den Reichsgedanken und propagierte als Ziel
einen „Volkssozialismus aller Deutschen". Das knüpfte deutlich an das Herrschaftsziel der NSDAP, die nationalsozialistische Volksgemeinschaft, an.

Weiterhin ging die SRP von einer Fortexistenz des Deutschen Reiches
unter einer unrechtmäßig durch die Besatzer von ihren Aufgaben ferngehal-
tenen Regierung Dönitz aus. Die Bundesrepublik und ihre Staatsordnung
lehnte die Partei scharf ab, auch wenn sie sich formal zum Grundgesetz bekannte. So hieß es in dem Parteiorgan „Deutsche Opposition" am 21. Oktober 1951: „Wie eine frisch gestrichene Coca-Cola-Bude neben einem ausge-
brannten, aber immer noch riesigen, im Grunde unverwüstlichen Bau aus
zwölfhundertjähriger deutscher Reichsgeschichte – so steht im deutschen
Volksbewusstsein das Bonner Staatsgebilde neben dem von Übermacht zu
Boden gedrückten Reiche" (zit. nach Schmollinger 1983: S. 2281).

Noch mehr als die bundesdeutsche Demokratie hasste die SRP den Bolschewismus. Ihr Mitgliederpotential rekrutierte sich vorrangig aus ehemaligen NSDAP-Mitgliedern, auch wenn sie nur einen Bruchteil der ehemaligen
„Parteigenossen" erreichte. So wird der Höchststand ihrer Mitgliederzahl auf
10.300 im Jahr 1951 geschätzt. Die Angaben der SRP von rund 40.000 gelten in der Forschung jedenfalls als weit übertrieben. Einerseits war die Integrationskraft der demokratischen Parteien bereits in den Anfangsjahren der
Republik stark genug, andererseits war die Anziehungskraft der Kombination

von Nationalismus und Sozialismus inzwischen so schwach, dass die SRP weder hinsichtlich der Höhe der Wahlergebnisse noch der Mitgliederzahlen an die NSDAP anknüpfen konnte. Von innerparteilicher Demokratie konnte bei der SRP keine Rede sein. In der Tradition der faschistischen und nationalsozialistischen Parteien herrschte kaum verschleiert das Führerprinzip.

Im Rampenlicht stand bei der SRP Otto Ernst Remer, der sich bei der Verfolgung der Widerstandskämpfer des 20. Juli hervorgetan hatte und für die Nationalsozialisten ein Held war. Nach 1945 ließ sich Remer willig vor den Karren rechtsextremistischer Parteien spannen. So diente er bereits der DKP-DRP als Wahlhelfer. Mehrfach musste er sich wegen der Beleidigung von Widerstandskämpfern gegen die nationalsozialistische Diktatur verantworten. Gegen Remer wurde beim Bundesverfassungsgericht 1952 ein (erfolgloser) Antrag auf Aberkennung der Grundrechte eingereicht (Jesse 1993: S. 207-221).

Der Extremisten-Beschluss des Bundeskabinetts von 1950 charakterisierte die SRP bereits als „staatsfeindlich" und es wurde eine Entlassung sämtlicher Mitglieder aus dem öffentlichen Dienst angekündigt. Kurz nach der Schaffung des Bundesverfassungsgerichts im September 1951 reichte die Bundesregierung einen Verbotsantrag ein, der bereits ein Jahr später Erfolg hatte. Die Abgrenzung der rechtsdemokratischen Parteien gegenüber der SRP war aber keineswegs konsequent. So verhandelten in Niedersachsen noch im Mai 1951 Vertreter der CDU und der „Deutschen Partei" mit der SRP wegen einer möglichen Koalitionsbildung oder gegebenenfalls der Tolerierung eines Minderheitenkabinetts der beiden Bonner Regierungsparteien. Sie stellten den demokratischen Konsens aus opportunistischen Gründen hintan, weil nur durch eine Einbeziehung der klar verfassungsfeindlichen SRP eine Ablösung der von der SPD geführten Landesregierung möglich erschien. Die SRP kam schließlich dem Verbot durch eine Selbstauflösung zuvor. Es ist umstritten, ob der Verbotsantrag die Partei noch im Aufstieg oder schon im Abstieg traf.

August Haußleiter gründete 1949 die „Deutsche Gemeinschaft" (DG), die im Unterschied zur SRP ihre Hochburgen im Süden hatte. Auch auf der Ebene der Ideen unterschied sie sich deutlich von der SRP. Sie stand in den Fußstapfen der „Konservativen Revolution" der Weimarer Republik. Als Alternative zur Bindung an die westlichen Demokratien propagierte die Partei ein neutrales, aber vereintes Deutschland. Erfolge feierte sie bei den Landtagswahlen in Württemberg-Baden im Alleingang mit 14,7 Prozent und in Bayern im Wahlbündnis mit dem „Block der Heimatvertriebenen und Entrechteten" mit 12,6 Prozent. In den anderen Ländern und auf Bundesebe-

ne blieb sie dagegen im Promillebereich. Weil die DG sich 1953 als Auffangbecken der ehemaligen Mitglieder der SRP anbot, ereilte sie das Verbot
in Hessen, Niedersachsen und zwei rheinland-pfälzischen Regierungsbezir-
ken. Schleppte sich die Partei bis 1965 allein durch, wurde sie anschließend
Kern des nationalneutralistischen Bündnisses „Aktionsgemeinschaft Unabhängiger Deutscher" (AUD). Die Demokratie war weder für die DG noch für
die AUD eine „überzeugende Volksordnung". Das bei Wahlen erfolglose
Bündnis wandte sich Ende der 60er Jahre immer stärker der „Außerparlamentarischen Opposition" und der aufkommenden Umweltschutzbewegung
zu. Ausgerechnet Haußleiter setzte den „Linkskurs" gegen seine Wegge-
fährten aus der Zeit in der DG durch und die AUD konnte sich in den 70er
Jahren als Teil der grünen Wahlbewegung etablieren.

Der allgemeine Niedergang des Rechtsextremismus zeigte sich nach
dem SRP-Verbot auch in der Auflösung der WAV. Die Vereinigung war in
Bayern innerhalb eines Jahres von 14,4 Prozent (Bundestagswahl 1949) auf
2,8 (Bayrische Landtagswahl 1950) abgestürzt. Die von dem Parteigründer
und Vorsitzenden Alfred Loritz ab 1951 betriebene Vereinigung mit der SRP
zur Vaterländischen Opposition scheiterte. Zwar organisierten Dorls und
Loritz im Vorfeld der Bundestagswahl 1953 eine gemeinsame Gruppe unter
dem Namen „Deutsche Aufbau-Vereinigung", diese trat jedoch nicht an.

3.2 „Deutsche Reichspartei" und „Nationaldemokratische Partei Deutschlands"

Zur bedeutendsten rechtsextremen Kraft nach der Auflösung der SRP wurde
die DRP. Die Partei bildete sich aus der NDP und dem niedersächsischen Landesverband der DKP-DRP. Auch viele Aktivisten der SRP sammelten sich nun
in dieser Partei. Wie die SRP vertrat auch die DRP eine am Ziel der Volksgemeinschaft orientierte autoritäre Ideologie. So lautete eine Schlüsselpassage im
Programm: „Dienst an der Gemeinschaft und Selbstzucht in der Volksgemeinschaft sollen unser Zusammenleben beherrschen. Ansprüche des Einzelnen
und Macht der Gruppen sind dort zu beschränken, wo sie das Ganze gefährden. Der Wert des Einzelnen ergibt sich aus seiner Haltung und Leistung in der
Gemeinschaft" (Art. V des Parteiprogramms der DRP von 1958). In der Wirtschaftspolitik strebte die DRP einen „dritten Weg" zwischen Markt- und
Planwirtschaft an. Der Staat sollte demnach wesentliche Bereiche der Wirtschaft lenken (Schmollinger 1983b: S. 1129). Im Vorfeld der Bundestagswahl
1953 beantragte die Bundesregierung ein Verbot der DRP beim Bundesverfas-

sungsgericht. Gehandicapt durch die Verbotsdrohung und eine Nichtzulassung der Landeslisten in Nordrhein-Westfalen und Baden-Württemberg wegen fehlender Wählerunterschriften erreichte die Partei nur 1,1 Prozent der Stimmen. Der bedeutendste Grund für den recht geringen Wähleranteil der DRP dürfte aber der wirtschaftliche Aufschwung gewesen sein. Nach dem schlechten Abschneiden der DRP verliefen die Verbotsbemühungen der Regierung im Sande. Bei der Bundestagswahl 1957 trat die DRP mit einem nationalneutralistischen Programm an. Dem „Sturz der CDU/DP-Regierung" sollte die „Bildung einer von West und Ost unabhängigen Bundesregierung in der Reichshauptstadt Berlin" (Wahlprogramm der DRP von 1957) folgen. Bei den Bundestagswahlen blieb sie stets bei Werten zwischen 0,8 Prozent (1961) und 1,1 Prozent (1953). Bei Landtagswahlen konnte sie zweimal, wenn auch knapp, die Fünf-Prozent-Hürde überspringen und in Rheinland-Pfalz 1959 (5,1 Prozent) und in Bremen 1963 (5,2 Prozent) Abgeordnetenstühle besetzen. Über die Zahl ihrer Mitglieder liegen nur wenige Daten vor. So verfügte sie laut Adolf von Thadden 1953 über rund 1.000 Mitglieder, bis 1955 stieg die Zahl auf 4.000 und bis 1964 auf 4.500.

Weit größere Bedeutung als die DRP erlangte die im November 1964 gegründete NPD. Der Partei gelang es anders als der DRP, den Platz einer Sammelbewegung des zersplitterten Lagers rechts von der CDU/CSU einzunehmen. Erster Vorsitzender der Partei wurde Friedrich Thielen. 1967 folgte ihm nach einem heftigen innerparteilichen Konflikt Adolf von Thadden (Hoffmann 1999: S. 84-96). Mitte der 60er Jahre konnte die NPD in sieben Landesparlamente einziehen:

Tabelle 3: Wahlerfolge NPD und Parlamentsvertretungen der NPD

Land	Wahlergebnis (in Prozent)	Sitze (von Gesamtzahl der Parlamentssitze)	Wahldatum
Baden-Württemberg	9,8	12 (von 127)	20.4.1968
Bayern	7,4	14 (von 204)	20.11.1966
Bremen	8,8	8 (von 100)	1.10.1967
Hessen	7,9	8 (von 96)	6.11.1966
Niedersachsen	7,0	10 (von 149)	4.6.1967
Rheinland-Pfalz	6,9	4 (von 100)	23.4.1967
Schleswig-Holstein	5,8	4 (von 73)	23.4.1967

Programmatisch versuchte sich die Partei einen demokratischen Anstrich zu geben, ihr Programm ließ sich aber klar der deutsch-nationalen Richtung des Rechtsextremismus zuordnen. Zu den höchsten Werten der Partei zählten Nation, Staat und Volk. Der Einzelne hatte sich gemäß dem Willen der NPD in den Staat einzuordnen, erst in dieser Hingabe an die Gemeinschaft erfülle sich „das Leben des Einzelnen mit Sinn und Wert" (zit. nach Flechtheim 1963, Bd. 6: S. 542). Diese Zeilen offenbaren die Anhängerschaft zu einem kollektivistischen Denken, einem identitären Demokratieverständnis.

Fixpunkt des Denkens der NPD war die „nationale Idee". Die deutsche Teilung beklagte die Partei in ihrem Programm von 1973 aus dieser Perspektive bitter. Die Westbindung der Bundesrepublik war ihr ebenso ein Dorn im Auge wie die Ostpolitik: „Wir Nationaldemokraten nehmen die Teilung des deutschen Volkes nicht hin. Wir wehren uns gegen die Bereitschaft, auf unveräußerliche Rechte unseres Volkes zu verzichten. Wir wenden uns gegen jene, die das Vaterland der Deutschen aufgegeben haben, Deutschland westlichem Materialismus öffneten und nun das ganze deutsche Volk unter die Herrschaft des Sowjetimperialismus bringen" (NPD 1973).

Zudem machte sich die NDP stark für ein härteres Durchgreifen im Strafvollzug und die „Eindämmung der Gastarbeiterinvasion" (Wertheimer Manifest der NPD von 1970). Der Antikommunismus war bei der NPD ausgeprägt. Sie strebte ein Bündnis der Deutschen „mit den antikommunistischen Völkern unseres Kontinents" an. Die repräsentative Demokratie erschien den Nationaldemokraten als Übel. Sie wandten sich „gegen den verfassungswidrigen Machtanspruch gesellschaftlicher Gruppen, der den Staat zur Beute pluralistischer Gruppeninteressen werden" lasse. Die deutschen Parlamente charakterisierte die NPD als bestechlich und innerlich verfallen. Demgegenüber forderte die NPD einen starken Staat, „der alle Teilbestrebungen als Wahrer des Ganzen zusammenfasst [...] und vom Volk als seinem alleinigen Souverän getragen wird". Dem Nationalsozialismus wurde im „Politischen Lexikon der NPD" zugute gehalten, dass er aus der Überzeugung heraus, dass jedes Volk „seine eigene Form des Sozialismus" zu finden habe, der „marxistische Klassenkampf tatsächlich überwunden und – vorübergehend – durch einen Wohlstand und Berufsstolz schaffenden Arbeitsfrieden abgelöst" worden sei.

Der Einzug der NPD in den Bundestag schien 1969 wahrscheinlich. Dem Ansehen der Partei schadete jedoch wesentlich, dass der „Bundesbeauftragte" für den Ordnerdienst der NPD, Klaus Kolle, im Wahlkampf 1969 zwei Demonstranten gegen die Partei niederschoss. Bei den Wahlen scheiterte die NPD mit 4,3 Prozent der Stimmen. Gleichwohl sollte dies das beste

Ergebnis einer rechtsextremistischen Partei bei Bundestagswahlen bleiben. Nach der Enttäuschung ihrer hohen Erwartungen geriet die NPD in eine Krise. Im gleichen Maße wie die Zahl der Mitglieder und Anhänger schmolz, radikalisierte sich der politische Kurs. So machte die wesentlich von der NPD getragene „Aktion Widerstand" und vor allem ihr Umfeld nicht nur durch Hetzparolen wie „Brandt an die Wand" und „Deutsches Land wird nicht verschenkt, eher wird der Brandt gehenkt", sondern auch durch militante Aktionen gegen die sowjetische Botschaft, eine DKP-Redaktion in Hamburg und ein DGB-Büro in Berlin Front gegen die Ostpolitik der sozial-liberalen Koalition.

In den 70er Jahren verbreitete sich in den Reihen der NPD zunehmend Resignation. Die Mitgliederzahl sank von 1969 bis 1979 von 28.000 auf 8.000 Mitglieder. 1971, nach der Wahl Martin Mußgnugs zum Nachfolger Thaddens als Parteivorsitzender, spaltete sich unter der Führung des bayerischen Landesvorsitzenden Siegfried Pöhlmann die „Aktion Neue Rechte" ab.

Tabelle 4: Mitgliederentwicklung der NPD 1965-1979

Jahr	Mitglieder	Jahr	Mitglieder	Jahr	Mitglieder
1965	13.700	1970	21.000	1975	10.800
1966	25.000	1971	18.300	1976	9.700
1967	28.000	1972	14.500	1977	9.000
1968	27.000	1973	12.000	1978	8.500
1969	28.000	1974	11.500	1979	8.000

Quelle: Greß/Jaschke 1982: S. 20.

In den 80er Jahren gelang es der Partei, ab und an lokale Achtungserfolge zu erringen. So vereinigte Mußgnug bei den Oberbürgermeisterwahlen im baden-württembergischen Tuttlingen 15,1 Prozent der Stimmen auf sich. Bei Wahlen blieb die Partei in den 80er und 90er Jahren dennoch deutlich hinter den Ergebnissen der „Republikaner" und der „Deutschen Volksunion" zurück. Ihre besten Ergebnisse erreichte sie mit Unterstützung der rechtsextremen Zeitungen Gerhard Freys, des Parteivorsitzenden der DVU, bei den baden-württembergischen Landtagswahlen 1988 mit 2,1 Prozent und bei den schleswig-holsteinischen mit 1,2 Prozent. Im März 1989 gewann die Partei bei den Wahlen zur Frankfurter Stadtverordnetenversammlung 6,6 Prozent der Stimmen. Nicht zuletzt die Parteifinanzen erholten sich nun aufgrund staatlicher Wahlkampfkostenzuschüsse.

Anfang der 90er Jahre brodelte es dennoch in der Partei. Auf dem Bundesparteitag 1991 plädierten Martin Mußgnug und sein Stellvertreter Jürgen Schützinger für eine Auflösung der „abgewirtschafteten" Partei und ihr Aufgehen in der von ihnen gegründeten „Deutschen Allianz – Vereinigte Rechte". Günter Deckert und seine Getreuen, Anhänger einer „national-revolutionären" Linie, wehrten sich erfolgreich gegen dieses Vorhaben. Die Kampfabstimmung über das Amt des Vorsitzenden zwischen Mußgnug und Deckert war auch eine Wahl des künftigen Kurses. Deckert gewann, Mußgnug und Schützinger verloren. Sie und ihre Anhänger verließen die NPD (Wagner 1992). Der Verein „Deutsche Allianz" wurde noch 1991 zur Wahlpartei „Deutsche Liga für Volk und Heimat" (DLVH) umfunktioniert. Zu den Fürsprechern der Liga zählten zudem prominente Rechtsextremisten wie der Ex-NPD-Vorsitzende Adolf von Thadden, Wolfgang Strauss und der Herausgeber der rechtsextremen Publikation „Nation Europa", Peter Dehoust. Durch Parteiübertritte aus den Reihen der NPD und der REP verfügte die Partei noch vor ihrem ersten Wahlkampf über einige Mandate in kommunalen Parlamenten. Zu gleichberechtigten Vorsitzenden der Partei wurden Harald Neubauer, Jürgen Schützinger und Rudolf Kendzia gewählt. Bei den Landtagswahlen in Baden-Württemberg 1992 blieb sie im Schatten des Erfolgs der REP und musste sich mit 0,5 Prozent der Stimmen begnügen. Im Oktober 1996 verlor die DLVH gar ihren Parteistatus. Die anhaltenden Versuche, sich als Sammlungsbewegung des „nationalen Lagers" zu etablieren, waren alles andere als Erfolg versprechend. Lediglich durch die personelle Verflechtung mit der Redaktion der bedeutendsten rechtsextremistischen Zeitschrift, „Nation Europa", kann die Vereinigung im rechtsextremen Spektrum konnte einen gewissen Einfluss ausüben.

An der Spitze der NPD machte derweil Günter Deckert die Verbreitung des „Revisionismus" zu einem programmatischen Schwerpunkt. Den Begriff „Revisionist" verwenden Rechtsextremisten selbst zur Bezeichnung von Personen, die NS-Verbrechen verharmlosen oder leugnen. Die Wissenschaft hat, was problematisch ist, diesen Begriff übernommen. Die Bagatellisierung oder Leugnung von NS-Verbrechen ist bei den meisten Strömungen des Rechtsextremismus zu finden. Sie unterscheiden sich jedoch bedeutend im Ausmaß der Verharmlosung.

Unter Deckert begannen Teile der NPD die NS-Verbrechen zu leugnen. Zugleich läutete er eine Radikalisierung der NPD in Richtung Neonationalsozialismus ein. Die vorherige demonstrative Abgrenzung wurde zunehmend unterlaufen, vor allem von den „Jungen Nationaldemokraten" (JN), der 1969 entstandenen Jugendorganisation der NPD. So beteiligten sich Mitglieder der JN seit 1992 im August an der „Rudolf-Heß-Aktionswoche".

Inzwischen gehör(t)en Neonationalsozialisten wie Steffen Hupka, Jens Pühse und Frank Schwerdt zum Bundesvorstand der NPD. Hupka ist seit 1983 in neonationalsozialistischen Kreisen aktiv, zunächst in Michael Kühnens „Aktionsfront Nationaler Sozialisten/Nationale Aktivisten" (ANS/NA), später in der „Nationalistischen Front" und der „Direkten Aktion/Mitteldeutschland". Vorsitzender des Bundesschiedsgerichts ist Wolfram Narath, der ehemalige „Bundesführer" der verbotenen „Wiking-Jugend". Im neuen Parteiprogramm vom Dezember 1996 bekennt sich die NPD zum nationalsozialistischen Prinzip der Volksgemeinschaft: „Volksherrschaft setzt die Volksgemeinschaft voraus. Politische Ordnungsformen müssen so geordnet sein, dass sie handlungsfähige Organe ermöglichen, die in Übereinstimmung mit den Grundzielen des Volkes handeln". Ein häufig verwendetes Transparent der NPD bei Demonstrationen trägt die Aufschrift: „Volksgemeinschaft statt EU-Diktatur". Im Miteilungsblatt des nordrhein-westfälischen Landesverbandes, „Deutsche Zukunft", hetzte die Partei 1996 gegen die „Pflege alles Minderwertigen und Hässlichen", gegen die „Verführung zum mosaischen (kapitalistischen und sozialistischen) Materialismus", gegen die „Unterwanderung durch andersrassige Volksfremde" und gegen die „Verharmlosung der Bastardisierung".

Das Etikett „Verfassungsfeindlichkeit", gegen das sich REP und DVU wehren, heftete sich die NPD mit Stolz an die Brust. So erklärte der damalige JN-Bundesvorsitzende Holger Apfel in seiner Eröffnungsrede auf dem NPD-Wahlkongress im Februar 1998: „Ja, liebe Freunde, wir sind stolz darauf, dass wir alljährlich in den bundesdeutschen Verfassungsberichten stehen und dort als feindlich, verfassungsfeindlich, gegen dieses System gerichtet genannt sind. Jawohl, wir sind verfassungsfeindlich! (zit. nach BMI 1999: S.55)" Drohend verkündete Udo Voigt zum 35jährigen Jubiläum der Partei: „Unser revolutionärer Kampf fängt jetzt erst richtig an" (Voigt 1999: S. 475).

Gesellschaftlich ist die NPD mit ihrer neonationalsozialistischen Programmatik isoliert. So erreichte sie in den westlichen Bundesländern bei den Landtagswahlen zwischen 1996 und 2000 zwischen 0,1 und 1,0 Prozent bei den Bundes- und Europawahlen zwischen 1998 und 2002 zwischen 0,3 und 0,4 Prozent der Stimmen. In den östlichen Bundesländern sind die Ergebnisse der NPD etwas höher als im Westen (Mecklenburg-Vorpommern 1998: 1,1 Prozent; Sachsen 1999: 1,4 Prozent). Die NPD verzeichnete zwischen 1996 und 1998 einen beachtlichen Zuwachs von 3.500 auf 6.000 Mitglieder.

Seither stagniert die Zahl. Neue, vor allem junge männliche Mitglieder liefen der NPD nur in den östlichen, nicht in den westlichen Bundesländern zu. Der stärkste Landesverband findet sich inzwischen in Sachsen mit rund 1.400 Mitgliedern.

Tabelle 5: Mitgliederentwicklung der NPD 1980-2003

Jahr	Mitglieder	Jahr	Mitglieder	Jahr	Mitglieder
1980	7.200	1988	6.400	1996	3.500
1981	6.500	1989	7.000	1997	4.300
1982	6.000	1990	6.500	1998	6.000
1983	6.000	1991	6.100	1999	6.000
1984	6.100	1992	5.000	2000	6.500
1985	6.100	1993	5.000	2001	6.500
1986	6.100	1994	4.500	2002	6.100
1987	6.200	1995	4.000	2003	5000

Quelle: Verfassungsschutzberichte des Bundes

Die NPD vertritt strategisch ein „Drei-Säulen-Konzept", das den „Kampf um die Straße", den „Kampf um die Köpfe" und den „Kampf um Parlamente" umfasst (NPD 1999: S. 356-360). Aufmerksamkeit erregt die NPD dabei nicht durch ihre mageren Wahlergebnisse oder durch intellektuell anspruchsvolle Schriften, sondern durch martialische Demonstrationen als Speerspitze einer „Nationalen Außerparlamentarischen Opposition" (NAPO). Ihren öffentlichkeitswirksamsten Auftritt hatten die NPD und ihr Umfeld mit einer Demonstration im März 1997 gegen die Ausstellung „Vernichtungskrieg – Die Verbrechen der Wehrmacht" mit rund 5.000 Teilnehmern. Seit den 70er Jahren war es Rechtsextremisten nicht mehr gelungen, so viele Menschen auf die Straßen zu bringen. Im Januar 1998 marschierten in Dresden 1.200, am 30. Januar 1999 in Kiel 1.000 Teilnehmer gegen die Wehrmachtausstellung. Am so genannten „Tag des nationalen Widerstands" am 7. Februar 1998 nahmen sogar rund 6.000 Rechtsextremisten teil. Am 29. Januar 2000 organisierte die von der NPD mitgetragene „Bürgerinitiative gegen das Holocaustdenkmal" eine Demonstration mit rund 500 Teilnehmern. Auf der Abschlusskundgebung hetzte neben Udo Voigt und dem Berliner NPD-

Funktionär Andreas Storr auch Christian Worch, der frühere stellvertretende
Vorsitzende der verbotenen neonationalsozialistischen „Nationalen Liste",
gegen das Mahnmal. Als Erfolg wurde die Aktion im neonationalsozialistischen Spektrum um die NPD gewertet, weil die „Nationalen" nur wenige
Tage vor dem Jahrestag der „Machtergreifung" durch die NSDAP im Jahr
1933 durch das Brandenburger Tor marschierten.

Udo Voigt förderte die national-„sozialistischen" Forderungen der NPD.
Weit stärker noch als die westlichen Landesverbände betonten sie die östlichen. Der sächsische Landesverband distanzierte sich auf einem Flugblatt
sogar ausdrücklich von REP und DVU, die sich mit den „Systemparteien" in
einem „bösartigen Antikommunismus" einig seien und forderte „ehemalige
Hoheitsträger und Funktionäre der DDR" auf, sich in der NPD zu engagieren. Die nationalbolschewistische Ausrichtung, besonders die Sympathiebe-
kundungen für DDR und PDS, der ostdeutschen Landesverbände der NPD
durch den stellvertretenden Parteivorsitzenden Hans-Günter Eisenecker,
stießen bei der antikommunistisch ausgerichteten Mehrheit in den westlichen
Landesverbänden auf harte Kritik. Im Zuge innerparteilicher Auseinandersetzungen spaltete sich im März 1999 der Landesverband Mecklenburg-
Vorpommerns. Ungefähr die Hälfte der 600 Mitglieder gründete die an
Nordkorea und China orientierte Sozialistische Volkspartei. In Thüringen
trennte sich eine Gruppierung „Bund deutscher Patrioten" von der NPD.

Als neues Thema hat die NPD in den letzten Jahren, wie andere extre-
mistische Gruppierungen, die Globalisierung entdeckt. Im Leitantrag des
NPD-Parteivorstands beim Sonderparteitag im März 2001 hieß es dazu:
„[Das] politische Modell der [NPD kann] nur die Volksgemeinschaft sein,
also die sozial und kulturell begründete enge Zusammengehörigkeit und
Solidarität zwischen Menschen gleicher Volkszugehörigkeit und Nation im
Gegensatz zur globalen Gleichschaltung von Kulturen, Völkern und Staaten.
Mit anderen Worten: Gegen Globalisierung/Internationalisierung hilft nur
eine nationale Opposition."

Die Mehrheit des nicht-nationalsozialistischen rechtsextremen Spektrums reagierte mit Unverständnis auf die Radikalisierung der NPD. In den
ersten Monaten nachdem die Verbotsdiskussion begonnen hatte, bemühte
sich der Bundesvorstand der NPD, nicht noch Öl ins Feuer zu gießen. Viele
Aktivisten weigerten sich jedoch Kreide zu fressen. Der schleswig-
holsteinische Landesverband wählte im Oktober 2000 zunächst den Neonationalsozialisten Jürgen Gerg zum Vorsitzenden. Nachdem der Bundesverband
einen „organisatorischen Notstand" über den Landesverband verhängt hatte,
war eine Neuwahl erforderlich. Die Radikalisierung wurde nun aber noch

deutlicher. Ans Ruder sollte nun der ehemalige, wegen Gewalttaten vorbe-
strafte Skinhead und bekennende Neonationalsozialist Peter Borchert. Allein
im Jahr 2000 nahm die Polizei Borchert wegen illegalen Waffenbesitzes und
der Teilnahme an einer verbotenen „Rudolf-Heß-Gedenkveranstaltung" fest.
2001 reichten Bundesregierung, Bundesrat und Bundestag Verbotsanträge gegen die NPD beim Bundesverfassungsgericht ein. Zu ihrem Anwalt
machte die Partei ausgerechnet den inzwischen zum Rechtsextremisten ge-
wendeten ehemaligen RAF-Terroristen Horst Mahler. Im August 2000 trat er
in die NPD ein. Wortgewaltig, aber inhaltlich wegen der rechtsextremistischen Ausrichtung die Position der Anklage, nicht der Verteidigung stärkend
legte Mahler eine Erwiderung auf den Verbotsantrag von 388 Seiten vor
(Mahler 2001). Paradoxerweise finden sich in keinem offiziellen Parteitext
derart viele aggressiv antisemitische Äußerungen wie in dieser Schrift. So
heißt es in der Stellungnahme beispielsweise: „Die Zerstörung der Völker
durch das jüdische Prinzip ist notwendig begleitet von der gewaltfundierten
Bildung von Mikro-Ethnien (Banden, mafiotischen Verbrecherorganisatio-
nen, milizionäre Strukturen im politischen Parteienkampf, parastaatliche religiöse Sekten usw."
　　Unter diesen Vorzeichen war für die NPD die Diskussion um die Ver-
trauensmänner des Verfassungsschutzes in ihren Reihen zwiespältig. So
wirkte die Partei erschüttert angesichts der Erkenntnis, dass einige ihrer Spit-
zenfunktionäre wie der nordrhein-westfälische Landesvorsitzenden Udo
Holtmann zumindest zeitweilig ihre Parteigenossen bespitzelten. Für den
Parteitag 2002 kündigten die rund 700 militanten NPD-Anhänger um den im
Dezember 2001 aus der Partei ausgeschlossenen Steffen Hupka einen Sturz
von Udo Voigt an, der ihnen als zu lasch galt. Die „Revolutionäre Plattform"
konnte aber keinen Gegenkandidaten aufstellen. Im Januar 2002 löste sie
sich auf. Eine Abwanderung des militanten Flügels aus der NPD ist wahrscheinlich geworden.
　　Am 18. März 2003 stellte das Bundesverfassungsgericht das Verbotsverfahren gegen die NPD ein, weil nicht die zur Fortführung notwendige
Zweidrittelmehrheit der Richter des zuständigen Zweiten Senats zustande
kam. Drei der sieben Richter des Senats hielten den Einsatz von V-Leuten
auf Vorstandsebene vor und sogar noch während des Verfahrens für unvereinbar mit den Anforderungen an ein rechtsstaatliches Verfahren. Vier
Richter waren dagegen der Meinung, dass die Beobachtung kein Verfahrens-
hindernis darstelle und die anderen drei Richter die Belange eines präventiven Verfassungsschutzes nicht hinreichend berücksichtigten. Vieles spricht
dafür, dass die NPD mit der Einstellung des Verfahrens nur einen Pyrrhus-

sieg errungen hat. Weder konnten die Anhänger nun den „Märtyrertod" der Partei beklagen, noch wurde ihr Verfassungskonformität bescheinigt (Flemming 2003: S. 176).

3.3 „Deutsche Volksunion"

Gerhard Frey, der finanzkräftige Verleger der „Deutschen National-Zeitung" und der „Deutschen Wochen-Zeitung", gründete am 18. Januar 1971 die DVU als überparteiliche, „national-freiheitliche" Sammlungsbewegung. Sie vertritt seither einen traditionellen Deutsch-Nationalismus, dessen höchster Wert die deutsche Nation ist. Im Umfeld der DVU installierte der Vorsitzende ab 1979 so genannte Aktionsgemeinschaften: „Aktion Oder-Neiße", „Aktion deutsches Radio und Fernsehen", „Deutscher Schutzbund für Volk und Kultur", „Ehrenbund Rudel – Gemeinschaft zum Schutz der Frontsoldaten", „Initiative für Ausländerbegrenzung", „Volksbewegung gegen antideutsche Propaganda"

Frey war zunächst parallel in der NPD engagiert und kandidierte 1975 erfolglos für das Amt eines stellvertretenden Parteivorsitzenden. Weil Frey der Weg an die Spitze der NPD versagt blieb, strebte er eine eigene Parteigründung an. Im März 1987 trat die Partei „DVU-Liste D" an die Seite des Vereins DVU. Sie forderte in ihrem knappen, zunächst nur einseitigen Programm von 1987 „Begrenzung des Ausländeranteils, Stopp dem zunehmenden Ausländerzustrom, Beschleunigung der Asylverfahren, Ausweisung von kriminellen Ausländern" (DVU 1987). Als Motto diente die Parole „Deutschland zuerst". Ein programmatischer Schwerpunkt war zudem die Verfemung der Aufarbeitung der NS-Vergangenheit und die Einebnung des Genozids an den Juden mit tatsächlichen und vermeintlichen alliierten Kriegsverbrechen an den Deutschen. Modifikationen des Programms im Laufe der Parteigeschichte – zuletzt 1993 – änderten nichts an seinem Kern. Stärker als zuvor polemisierte die Partei in der Version von 1993 gegen die „Auflösung" Deutschlands „in einem Vielvölkerstaat beziehungsweise einer Europäischen Union". Die programmatische Ausrichtung konterkarierte das demonstrative, formale Bekenntnis der Partei zum Grundgesetz. Deutlicher noch als im Parteiprogramm der DVU zeigt sich die rechtsextremistische Ausrichtung in den inoffiziellen Parteiorganen, der „Deutschen National-Zeitung" und der „Deutschen Wochen-Zeitung". Heftig und häufig hetzen die Artikelschreiber gegen Ausländer und Vergangenheitsbewältigung.

Die Partei arbeitete zunächst eng mit der NPD zusammen. Auf Anhieb erreichte die DVU 1987 in einem Wahlbündnis mit der NPD bei der Bremer Bürgerschaftswahl 3,4 Prozent der Stimmen. Dies leitete eine neue Welle rechtsextremer Achtungserfolge ein. Trotz eines enormen finanziellen Aufwands für den Europawahlkampf 1989 blieb die DVU mit 1,6 Prozent jedoch im Schatten des Erfolgs der REP (7,1 Prozent). Erfolgreicher war die DVU demgegenüber bei den Landtagswahlen 1991 in Bremen (6,2 Prozent) und 1992 in Schleswig-Holstein (6,3 Prozent). 1996 scheiterte sie in Schleswig-Holstein mit 4,3 Prozent knapp und 1997 in Hamburg mit 4,97 Prozent haarscharf an der Fünf-Prozent-Hürde.

Bis zum Jahr 1998 hatte die DVU die östlichen Bundesländer links liegen lassen und war dort nicht zu Wahlen angetreten. Nun schien Frey die Zeit günstig, um an den Landtagswahlen in Sachsen-Anhalt teilzunehmen. Die Parolen der Partei richteten sich in erster Linie gegen die demokratischen Politiker: „Nicht das Volk – die Politbonzen sollen stempeln gehen!" und „Deutsche lasst euch nicht zur Sau machen. DVU – Der Protest bei der Wahl gegen Schweinereien von oben". Unverhohlen buhlte sie mit dem Slogan „Protest wählen – Deutsch wählen" um die Gunst politisch Unzufriedener. Die DVU säte damit auf fruchtbarem Boden und erntete mit 12,9 Prozent das höchste Wahlergebnis einer rechtsextremen Partei in der deutschen Nachkriegsgeschichte. Zudem war die DVU damit die erste rechtsextreme Partei, die in ein ostdeutsches Parlament einziehen konnte. In der Wählergruppe der 18- bis 20jährigen konnte die DVU bei den Wahlen im Magdeburg sogar alle anderen Parteien hinter sich lassen. Der Erfolg in Sachsen-Anhalt zog neue Mitglieder an. Selbst Franz Schönhuber ließ sich nun von seinem früheren Intimfeind Frey für die DVU anwerben. Bei den Bundestagswahlen 1998 wie bei der Europawahl 1999 sollte er auf einem Spitzenplatz der DVU-Liste stehen. Schönhuber verzichtete auf weitere Kandidaturen nach dem Scheitern der DVU bei den Bundestagswahlen mit 1,2 Prozent und dem deutlich niedriger als erwarteten Wahlergebnis in Mecklenburg-Vorpommern (2,9 Prozent). Wegen des vorübergehenden Wahlglücks der DVU kandidierten auch weitere ehemalige REP-Funktionäre, die mit dem Abgrenzungskurs Rolf Schlierers haderten, für die DVU. So wechselten die ehemaligen stellvertretenden Bundesvorsitzenden der REP, Rudolf Krause und Otmar Wallner sowie der ehemalige Vorsitzende des Schiedsgerichts der REP, Hartmut Koch, ihr Parteiticket. Bei den Landtagswahlen in Brandenburg konnte die DVU 1999 mit 5,3 Prozent der Stimmen ins Parlament einziehen und in Bremen gelangte sie mit landesweiten 3 Prozent aufgrund ihres Wahlergebnisses in Bremerhaven (6 Prozent) zum dritten Mal in die Bürgerschaft.

Beim Thüringer Urnengang im September 1999 erlitt die Partei dagegen mit 3,1 Prozent der Stimmen einen Rückschlag, hatte sie doch viel Geld eingesetzt und mit einem Einzug in den Landtag gerechnet. Die DVU ist im rechtsextremen Spektrum die mitgliederstärkste Partei, wenn auch seit 1992 mit stark abnehmender Tendenz. Der Erfolg in Sachsen-Anhalt drehte den Trend nur kurzzeitig um. Inzwischen sinken die Zahlen weiter. Die Mehrzahl der Mitglieder sind außerdem „Karteileichen". Der schnelle Mitgliederzuwachs der DVU nach der Parteigründung war nicht zuletzt darauf zurückzuführen, dass der Beitrag unabhängig vom Einkommen lediglich drei DM betrug.

Tabelle 6: Mitgliederentwicklung der DVU 1987-2003

Jahr	Mitglieder	Jahr	Mitglieder	Jahr	Mitglieder
1987	14.500	1993	26.000	1999	17.000
1988	18.500	1994	20.000	2000	17.000
1989	25.000	1995	15.000	2001	15.000
1990	22.000	1996	15.000	2002	13.000
1991	24.000	1997	15.000	2003	11.500
1992	26.000	1998	18.000		

Quelle: Verfassungsschutzberichte des Bundes

Das kaum vorhandene Parteileben ist nicht demokratisch organisiert. Entscheidungen trifft der Vorsitzende Frey im Alleingang. Auch finanziell hängt die Partei am Tropf Freys, dem sie ständig mehrere Millionen Euro schuldet. Die Kandidaten für die Wahllisten der Partei werden in der Regel nicht gewählt, sondern durch den Parteivorsitzenden Frey bestimmt. Die 15 Landesverbände (Berlin und Brandenburg bilden gemeinsam einen Verband) können trotz der hohen Mitgliederzahl nur auf wenige politische Aktivisten zurückgreifen. Die Münchner Parteizentrale informiert die Landesvorstände dabei in der Regel nicht über Zu- und Abgänge der Partei. Es lässt sich darüber streiten, ob die DVU überhaupt die Kriterien einer Partei im Sinne des Parteiengesetzes erfüllt. Fast ausschließlich bei Wahlen erscheint das „Phantom" mit Wahlplakaten und Flugblättern, fast nie mit Personen. Das einzig nennenswerte Zeichen eines Parteilebens war die seit 1982 jährlich in Passau organisierte „Großkundgebung der Nationalfreiheitlichen". Im Jahr

2002 verzichtete die Partei auf dieses stets von Frey dominierte Treffen, nachdem die Teilnehmerzahl von 2.200 im Jahr 2000 auf 1.200 im Jahr 2001 eingebrochen war.

Die Landtagswahlkämpfe plant die Münchner Parteizentrale, nicht der jeweilige Landesverband. Das fehlende Reservoir an attraktiven Kandidaten und an Organisationskraft zur Durchführung lokaler Veranstaltungen gleicht Frey durch Materialschlachten mittels Postwurfsendungen und flächendeckender Plakatierung aus. Die Partei verzichtet auf das Aufstellen von Direktkandidaten und konzentriert sich auf die Wahlwerbung für ihre Landeslisten. Der finanzielle Aufwand der DVU im Wahlkampf ist ungewöhnlich hoch. Häufig gibt die DVU mehr für ihren Wahlkampf aus als alle demokratischen Parteien zusammen. Die Aktionen in Brandenburg wie Sachsen-Anhalt kosteten beispielsweise jeweils ca. 1,5 Millionen Euro. Die DVU tritt nur dann zu Wahlen an, wenn sich Frey große Chancen auf einen Einzug ins Parlament ausrechnet. Im Jahr 2000 trat die DVU weder zu den Landtagswahlen in Nordrhein-Westfalen noch überraschenderweise zu jenen in Schleswig-Holstein an. Ein Jahr später konzentrierte die Partei ihre Kräfte erfolglos auf Hamburg. Frey und der Hamburger Landesverband ärgerten sich dabei sehr über die Kandidatur der REP, die damit eine Absprache mit der DVU aufkündigten, sich bei Landtagswahlen keine Konkurrenz zu machen. Die 4,97 Prozent des Jahres 1997 schmolzen trotz des Einsatzes von rund einer Million Euro auf magere 0,7 Prozent zusammen.

In den Parlamenten fielen Angehörige der DVU durch rechtsextremistische Propaganda auf. Im Landtag Schleswig-Holsteins forderte der Fraktionsvorsitzende Ingo Stawitz eine Art Apartheid an deutschen Schulen: „Getrennte Klassen deswegen, weil die ausländischen Kinder nicht einfach vermengt werden dürfen oder sollen mit unseren Kindern" (zit. nach Hoffmann/Lepszy 1988: S. 32). An anderer Stelle skandierte er: „Wir müssen die Scheinasylanten loswerden. [...] Rasch wird sich beim Asylganoventum in der ganzen Welt herumsprechen, dass Deutschland nicht mehr das Schlaraffenland ist, wo man Reibach machen kann." (zit. nach Schmidt 1997: S. 107)

Alle Probleme Deutschlands entstehen aus der Perspektive der DVU-Parlamentarier aus der Anwesenheit von Ausländern in Deutschland. Mediale Aufmerksamkeit erregte die DVU in Schleswig-Holstein mit einem Antrag, der die „Reinigung der Schulbücher von antideutschem Schmutz und Schund" forderte, besonders sollten „Erkenntnisse" berücksichtigt werden, die Deutschland „von der Kriegsschuld entlasten" (DVU-Antrag im schleswig-holsteinischen Landtag zit. nach Hoffmann/Lepszy 1998: S. 33)

Mit den Vertretern der demokratischen „Altparteien" steht die DVU auf Kriegsfuß. Ihre Propaganda gegen deren „Arbeitsverweigerung" konterkarierte aber stets die von Inaktivität, Inkompetenz und Zerstrittenheit gekennzeichnete Arbeit ihrer parlamentarischen Mandatsträger (Hoffmann/Lepszy 1998; Lepszy/Veen 1994; Schmidt 1997). In Kiel wie in Bremen führten Auseinandersetzungen von Frey mit Landtagsabgeordneten, die auf eine größere Unabhängigkeit zielten, zur Auflösung der Fraktionen. Das gleiche Spiel setzte sich im Parlament von Sachsen-Anhalt fort. Bereits im Frühjahr 1999 verließen vier Mitglieder die DVU-Fraktion, die Streitereien ließen dadurch kaum nach. Ende 1999 mochten zwei weitere Parlamentarier nicht länger der DVU angehören. Im Januar spaltete die Fraktion sich schließlich. Aus ihren Trümmern entstand im Februar die Fraktion der neu gegründeten „Freiheitlichen Deutschen Volkspartei" und die Fraktion „Deutsche Volksunion – Freiheitliche Liste". Auch in diesem Fall klagten die Abtrünnigen heftig über die Zustände in der DVU.

Von den vier bisherigen Landtagsfraktionen der DVU zerbrachen drei, nur die Fraktion in Brandenburg hat Bestand. Die Funktionäre der DVU in den Ländern scheinen immer weniger gewillt, Frey absoluten Gehorsam zu leisten. Noch sitzt Frey jedoch fest im Sattel. Zuletzt ließ er sich am 12. Januar 2002 mit 98,5 Prozent der Stimmen auf dem Bundesparteitag der DVU als Parteivorsitzender bestätigen. Einen Gegenkandidaten gab es traditionell nicht. Ebenso wie die REP befindet sich die DVU in einer tiefen Krise. Im Jahr 2002 trat die Partei nicht zur Bundestagswahl an. Sogar auf eine Teilnahme an den Landtagswahlen in Sachsen-Anhalt im April 2002 verzichtete die DVU, weil nach den Skandalen und Spaltungen ihrer Landtagsfraktion eine Wiederholung des Erfolgs von 1998 aussichtslos schien. Zudem fehlen der Partei inzwischen schlicht die Mittel, um umfangreiche Materialschlachten zu führen. Ein weiteres Symptom für die Krise der Partei ist, dass sie zwischen 2000 und 2002 einen Einbruch der Mitgliederzahlen von 17.000 auf 13.000 erlebte. Am 25. Mai 2003 errang die DVU im Bremer Senat zwar erneut mittels eines Wahlanteils von 7,1 Prozent in Bremerhaven ein Mandat. Dies dürfte ihren Abstieg aber kaum aufhalten, zumal ihr Stimmenanteil bei diesen Landtagswahlen insgesamt nur 2,3 Prozent betrug.

3.4 „Die Republikaner"

Die von ihrer Partei enttäuschten CSU-Mitglieder Ekkehard Voigt und Franz Handlos gründeten am 26. November 1983 zusammen mit dem in Bayern bekannten Fernsehmoderator Franz Schönhuber die REP. Das Hauptmotiv war das Entsetzen über die Gewährung eines Milliardenkredits an die DDR durch die Fürsprache des CSU-Vorsitzenden und bayerischen Ministerpräsidenten Franz Josef Strauß. Im Unterschied zu SRP, NPD und DVU handelt es sich bei den REP nicht um eine genuin rechtsextremistische Partei. Der erste Vorsitzende, Handlos, strebte eine bundesweit organisierte Partei an, die sich programmatisch kaum von der CSU unterscheiden sollte. Schönhuber, der 1981 vom Bayerischen Rundfunk wegen beschönigender Äußerungen zur Waffen-SS (Schönhuber 1981) entlassen wurde, schwebte dagegen ein radikalerer Rechtskurs vor. Er förderte den Übertritt von NPD-Funktionären wie Harald Neubauer, den er ins Amt des Generalsekretärs der Partei hievte. Nachdem Handlos im internen Ringen um die Macht unterlegen war, trat er 1985 aus der Partei aus. Den Vorsitz hatte nun Schönhuber, der zweite Mann war Neubauer. Aus dem Jahr 1985 stammt auch die erste programmatische Äußerung der Partei, das nur fünf Seiten umfassende „Siegburger Manifest". In moderatem Ton griffen die „Republikaner" klassische Argumentationsmuster des deutschen Nachkriegsrechtsextremismus auf. Im Bremerhavener Programm von 1987 fanden sich Forderungen nach einem Ende der „Umerziehung der Deutschen" und einer „Entkriminalisierung" der deutschen Geschichte.

1989 sorgten die REP durch ihren ausländerfeindlichen Wahlkampf in Berlin für reges Medieninteresse. Ein Fernsehspot enthielt Szenen spielender türkischer Kinder, unterlegt mit der Melodie „Spiel mir das Lied vom Tod". Die Aufregung um den Beitrag schadete den REP nicht, nützte ihnen sogar durch die Erhöhung des Bekanntheitsgrads der Partei. Von keinem Wahlforscher vorhergesagt, vereinte die Partei 7,5 Prozent der Stimmen auf sich. Bei den Europawahlen im gleichen Jahr konnten die REP 7,1 Prozent erringen und ließen damit die DVU weit hinter sich. Erstmals in Parlamenten vertreten, liefen der Partei neue Mitglieder zu. Der Fall der Mauer im Herbst 1989 schien die Partei zu begünstigen, hatte sie doch offensiv die deutsche Einheit gefordert, allerdings unter Einschluss der ehemaligen deutschen Ostgebiete. Wie andere rechtsextremistische Parteien und Vereinigungen verbreiteten die REP ihre Parolen nun auch in der DDR. Der damalige Sprecher der DDR-REP, Hans Rudolf Gutbrodtz, ging 1990 euphorisch davon aus, 20 bis 30 Prozent könnten bei den ersten und letzten freien Volkskammerwahlen seine Partei wählen. Zur Probe aufs Exempel kam es nicht. Die Volkskammer verbot die REP vor dem Urnengang.

Tatsächlich nahm die deutsche Vereinigung den REP Wind aus den Segeln, weil ihnen ein Kernthema abhanden kam. Selbst der Einzug in den bayerischen Landtag blieb der Partei verwehrt, wenn auch mit 4,9 Prozent haarscharf. Bei den Europawahlen 1989 hatte dagegen noch fast jeder achte bayerische Wähler sein Kreuz bei den REP gemacht. Auch bei der Bundestagswahl 1990 blieben die REP mit 2,1 Prozent der Stimmen hinter ihren Erwartungen zurück. Im Osten war die durchschnittliche Zahl der Wähler noch geringer als im Westen. Der Anteil schwankte bei den Landtagswahlen im Osten 1990 zwischen 0,7 und 1,0 Prozent der Stimmen.

In der Flaute geriet die Partei auch innerparteilich ins Trudeln. Wollte Schönhuber angesichts der wachsenden Medienkritik und der drohenden Aufnahme in den Verfassungsschutzbericht die Partei in rechtskonservative Gewässer führen, sperrte sich Neubauer und ein bedeutender Teil der REP gegen den Versuch der Neuorientierung. Schönhuber musste daher Mitte 1990 kurzzeitig als Vorsitzender zurücktreten. Der bayerische Landesverband beschloss sogar, ihn aus der Partei zu verbannen. Auf dem Parteitag konnte er sich jedoch gegen die Gruppe um Neubauer durchsetzen und wurde erneut an die Spitze der REP gewählt. Die „Palastrevolte" war gescheitert, die Rebellen verließen die Partei.

Schienen die REP nun im Niedergang, so standen ihre größten Erfolge noch bevor. Bei den Wahlen 1992 in Baden-Württemberg erreichte die Partei 10,9 Prozent der Stimmen und zog als drittstärkste Fraktion in den Landtag ein. Auf dem neuen Gipfel des Erfolgs legten die REP 1993 ein neues Programm vor, bei dem schon 1996 einige Kapitel wieder überarbeitet wurden. Programmatisch blieb sich die Partei treu. So lautete eine an eher versteckter Stelle des Parteiprogramms von 1993 präsentierte rechtsextreme Kernvorstellung: „Solidarität über alle Grenzen hinweg verliert ihren Sinngehalt und ihre Akzeptanz. Nur eine homogene Gesellschaft ist in der Lage, solidarisches Verhalten als Norm praktisch zu verwirklichen." (Parteiprogramm REP 1996: S. 74).

Mit Kreide im Mund übten die REP harte Kritik am westlichen Demokratiemodell: „Als bedenklich muss eine soziale Entwicklung angesehen werden, die entgegen allen eigenen positiven Traditionen die Annäherung an westliche Gesellschaftsmodelle begünstigt, in denen die Verelendung ganzer Bevölkerungsschichten billigend in Kauf genommen wird." Das Gebiet der neuen Bundesländer figuriert im Programm als „Mitteldeutschland". Ausdrücklich beklagen die REP die Ausklammerung „Ostdeutschlands" im Rahmen der „Wiedervereinigung". Die Rechtmäßigkeit der Anerkennung der Oder-Neiße-Grenze durch die deutsche Regierung im Rahmen des Zwei-Plus-Vier-Vertrags wird bestritten. Die REP streben daher eine „friedliche Vollendung der deutschen Einheit unter Einbezug Ostdeutschlands" (S. 8) an. Zugleich lehnen sie die EU ab: Besonders die Maastrichter Verträge stellen nach Ansicht der REP einen „Staatsstreich von oben dar" (S. 13). Verbal legte Schönhuber stets großen Wert auf die Abgrenzung zu DVU und NPD. Noch im Mai 1994 wies er ein Angebot Freys zur Zusammenarbeit zurück. Im Zuge des Abwärtstrends der Partei im „Superwahljahr" ließ sich Schönhuber auf eine gemeinsame Presseerklärung mit Frey ein, die gemeinsame Positionen in der Ausländerpolitik formulierte und ankündigte, bei Wahlen nicht gegeneinander zu kandidieren (Deutsche National-Zeitung vom 26. August 1994). Ein wesentlicher Teil der Parteispitze der REP sprach sich gegen Schönhubers Verstoß gegen Abgrenzungsbeschlüsse aus. Nach den Stimmenverlusten bei den bayerischen Landtagswahlen verschärfte sich die Kritik an Schönhuber. Im Osten der Republik gelang es den REP mit Wahlergebnissen zwischen 1,0 und 1,4 Prozent noch immer nicht Fuß zu fassen. Der stellvertretende REP-Vorsitzende Alexander Hausmann rief den Bundesvorstand zusammen, der die Amtsenthebung Schönhubers beschloss. Im Oktober 1994 erklärte das Landgericht Berlin diese für ungültig, daraufhin enthob das bayerische Landesschiedsgericht Schönhuber erneut seines Amtes. Dieser trat dennoch beim Bundesparteitag in Sindelfingen als Vorsitzender auf, verzichtete jedoch auf eine weitere Kandidatur. Sein Nachfolger wurde Rolf Schlierer. Die Glaubwürdigkeit des Strebens, mit dem Führungswechsel von rechtsextremen in demokratische Gewässer zu schippern, stellte die Wahl zweier rechtsextremistischer Hardliner, Rudolf Krause und Otmar Wallner, zu stellvertretenden Parteivorsitzenden in Frage. Beide plädierten nicht nur für Bündnisse mit der DVU, sondern auch mit der in neonationalsozialistische Gefilde abdriftenden NPD. Unter diesen chaotischen Bedingungen musste sich die Partei bei den Bundestagswahlen mit 1,9 Prozent begnügen.

Der ehemalige Vorsitzende Schönhuber schoss derweil immer wieder mit Artikeln in der rechtsextremen Zeitschrift „Nation Europa" gegen seinen Nachfolger. Im Juni 1995 verließ er schließlich die Partei. Der Austritt brachte die REP ins Schlingern. Besonders in Bayern kehrten zahlreiche Mitglieder der Partei den Rücken, nachdem Wolfgang Hüttl, ein Gefolgsmann Schönhubers, das Amt des Landesvorsitzenden an Alexander Hausmann abgeben musste. Dieser gab seinen Posten dann wiederum bereits im November 1995 aus Protest gegen die Duldung rechtsextremistischer Parteiströmungen durch Schlierer auf.

Der Kampf um die letzte parlamentarische Bastion in Baden-Württemberg war für Schlierer entscheidend, um sein politisches Überleben als Fraktionsvorsitzender im dortigen Landtag, aber auch als Parteivorsitzender zu sichern. Überraschend gelang es mit 9,1 Prozent, an den Erfolg von 1992 anzuknüpfen. Die REP waren somit die erste rechtsextreme Partei, die zweimal hintereinander die Fünf-Prozent-Hürde bei Wahlen in einem Flächenbundesland überwinden konnte. Bereits 1997 gab es jedoch wieder einen heftigen Dämpfer. In Hamburg verlor die Partei mit 1,8 Prozent mehr als drei Prozentpunkte gegenüber den vorherigen Wahlen. Zugleich mussten die REP zusehen, wie die DVU ihr Wählerpotential an sich zog und mehr als 4,9 Prozent der Stimmen errang. Im Osten Deutschlands standen die REP nach den Erfolgen der DVU ohnehin in deren Schatten. Während die DVU in Sachsen-Anhalt 1998 mit 12,9 Prozent der Stimmen für Furore sorgte, mussten sich die REP mit 0,7 Prozent begnügen.

Der Abgrenzungskurs Schlierers gegenüber der rechtsextremistischen Konkurrenz erwies sich nun als ebenso wenig konsequent wie der seines Vorgängers. Schlierer und Frey verabredeten im November 1998, einander keine „unnötige Konkurrenz" (Pressemitteilung des Bundesverbandes der REP vom 23.11.98) zu machen. Beide Seiten hielten sich an die Abmachung. In der Folge verzichtete die DVU auf eine Wahlteilnahme in Berlin und Hessen, die REP traten in Bremen und Brandenburg nicht an. Diese Kooperation ging einigen Mitgliedern der Parteispitze nicht weit genug. So befürwortete das Präsidium der REP 1999 den Vorschlag der DVU, bei den Europawahlen eine gemeinsame Kandidatenliste vorzulegen. Der Bundesvorstand schob dem jedoch mehrheitlich einen Riegel vor. Der Druck in Richtung einer intensiveren Zusammenarbeit mit anderen rechtsextremen Parteien war an der Parteibasis noch stärker. Ende 1999 forderten die hessischen Kreisvorsitzenden der REP wegen des Abgrenzungskurses gemeinsam den Rücktritt Schlierers und mit ihm des Bundesvorstandes. Schlierers innerparteilicher Gegner, Christian Käs, zog jedoch seine angekündigte Kandidatur für den Parteivorsitz zurück.

Im Frühjahr 2000 legte Schlierer der Parteispitze ein Papier vor, das sich wie eine Bankrotterklärung liest. So forderte der Vorsitzende eine Umbenennung der Partei und einen programmatischen Neuanfang. Als Verbündeten hatte er vor allem den nationalliberalen „Bund Freier Bürger" (BFB) um Heiner Kappel im Auge. Schlierers Planspiele erledigten sich durch die Auflösung des BFB Ende 2000. Angesichts der CDU-Spendenaffäre träumte Schlierer nun verstärkt vom Zulauf unzufriedener Unionswähler. Bei der Landtagswahl in Schleswig-Holstein konnten die REP indes wegen des Fehlens geeigneter Kandidaten nicht einmal antreten. Auch das dürftige Ergebnis von 1,1 Prozent bei den nordrhein-westfälischen Wahlen brachte keine Trendwende. Trotz des heftigen Rumorens an der Basis wählten die Delegierten Schlierer auf dem Bundesparteitag 2000 mit 82 Prozent der Delegiertenstimmen zum dritten Mal zum Vorsitzenden. Christian Käs hatte erneut nicht gewagt, das Amt zu beanspruchen und bewarb sich nun nicht einmal mehr um einen Stellvertreterposten.

Anfang 2001 gingen die REP von einem Wiedereinzug in das badenwürttembergische Parlament und damit von einer Etablierung im dortigen
Parteiensystem aus. Die Partei setzte auf Anraten einer österreichischen
Werbeagentur, die auch für die „Freiheitliche Partei Österreichs" arbeitet,
nicht auf die Protestwirkung negativer Aussagen gegen die deutsche Demokratie und ihre Vertreter, sondern auf eine sympathieorientierte Wahlwerbung. In Rheinland-Pfalz plakatierten die REP dagegen rechtspopulistische
Parolen wie „Ausbildung statt Zuwanderung". Der Wahltag am 25. März
endete im Desaster. Lediglich 4,4 Prozent der Stimmen konnte die Partei in
Baden-Württemberg noch erreichen, weniger als die Hälfte des Stimmenanteils von 1996. Die letzte parlamentarische Bastion der REP war verloren.
Nach ersten Wahlanalysen kamen die Verluste der baden-württembergischen
REP in erster Linie der CDU zugute, die ihr Ergebnis von 1996 noch verbessern konnte. Anscheinend hatten die REP mit dem Versuch des Trittbrettfahrens auf CDU-Wahlkampfthemen wie Leitkultur und Nationalstolz keine
eigenständige Kontur und damit Wählerstimmen gewinnen können. Der
stärker auf Protestwähler zielende Wahlkampf der REP in Rheinland-Pfalz
führte allerdings ebenso wenig zum Erfolg.

Am Tag nach den beiden Landtagswahlen sprach das Bundespräsidium
Schlierer einstimmig das Vertrauen aus. Ein Teil der bisherigen badenwürttembergischen Landtagsabgeordneten wandte sich demgegenüber offensiv gegen Schlierer und seinen Kurs. Christian Käs traute sich aber erneut
nicht aus der Deckung und musste als baden-württembergischer Landesvorsitzender kaum weniger Kritik einstecken als Schlierer. In den Monaten nach
der Wahl war es überraschend ruhig in den Reihen der REP. Im Februar
2002 leitete der Bundesvorstand auf Betreiben Schlierers ein Verfahren gegen Käs in die Wege, weil eine Parteikommission bei der Überprüfung der
Finanzen des baden-württembergischen Landesverbands erhebliche Unregelmäßigkeiten festgestellt hatte. Schließlich wurde Käs aller Parteiämter
enthoben.

Der von Schlierer seit langem angekündigte programmatische Neuanfang als konservative, demokratische Partei ist ausgeblieben. Das am 11./12.
Mai 2002 auf dem Bundesparteitag der REP in Fulda beschlossene neue
Grundsatzprogramm unterscheidet sich inhaltlich wenig von den Vorgängern. Die Orientierung am Zielbild einer „homogenen Gesellschaft" fällt

allerdings insofern schwächer aus, als nun von einem „gerechten Ausgleich zwischen Einzelinteressen und Gemeinwohl" die Rede ist. Nach wie vor wird aber eine „Pflicht zum solidarischen Verhalten gegenüber dem Gemeinwesen" (Bundesparteiprogramm REP 2002) eingefordert. Der „Dienst an der Gemeinschaft" dürfe sich nicht aufs Steuerzahlen beschränken. Noch immer ist die Fremdenfeindlichkeit ein Teil des nationalistischen Weltbildes der REP. Die Fremdenfeindlichkeit wurzelt dabei erkennbar im Streben nach einer ethnisch homogenen Gemeinschaft: „In einem Sammelsurium von Menschen unterschiedlichster Herkunft (multikulturelle Gesellschaft) wird es weder ein Zusammengehörigkeitsgefühl geben noch die Bereitschaft zu gegenseitiger Hilfe und Rücksichtnahme". Einem bedeutenden Teil der REP war das neue Programm zu weich formuliert. So traten Käs und einige namhafte Gefolgsleute demonstrativ nach der Verabschiedung des Programms aus der Partei aus.

Die Entwicklung der Mitgliederzahl der REP hing stark von ihren Erfolgen bei Wahlen ab. Seit 1993 zeigt sich ein Abwärtstrend, der durch den letzten Wahlerfolg von 1996 nur kurzzeitig aufgehalten werden konnte. Besonders im Osten sind die Parteistrukturen ausgesprochen schwach.

Tabelle 7: Mitgliederentwicklung der REP 1983-2003

Jahr	Mitglieder	Jahr	Mitglieder	Jahr	Mitglieder
1983	150	1990	20.100	1997	15.500
1984	k.A.	1991	16.800	1998	15.500
1985	2.500	1992	19.900	1999	14.000
1986	4.000	1993	23.000	2000	13.000
1987	5.000	1994	20.000	2001	11.500
1988	8.000	1995	16.000	2002	9.000
1989	25.000	1996	15.000	2003	8000

Quelle: Gerundete Parteiangaben; ab 1992 Verfassungsschutzberichte

Ein Zerfall der REP in den nächsten Jahren ist möglich. Bei den Bundestagswahlen 2002 erreichten sie nach Misserfolgen bei den Landtagswahlen in Hamburg und Berlin 2001 nur noch 0,6 Prozent der Stimmen. Die Partei befindet sich damit auf Bundesebene inzwischen auf dem äußerst niedrigen

Wählerniveau der NPD. Der Antritt bei den Landtagswahlen in Hamburg kündigte zudem den Burgfrieden mit der DVU auf. Wegen der äußerst schlechten finanziellen Lage musste die Partei 2001 sogar ihren Bundesparteitag absagen. Ein Teil der Mitglieder dürfte nach einem Zerfall zu den Unionsparteien abwandern, ein anderer Teil zur DVU.

3.5 Vergleichende Betrachtungen

Es lässt sich grob zwischen drei Wellen des bundesdeutschen Rechtsextremismus unterscheiden. Anfang der 50er Jahre sorgte die SRP für Furore, in der zweiten Hälfte der 60er Jahre die NPD. Die dritte Welle ist weniger hoch, aber andauernder. Sie reicht von Mitte der 80er Jahre bis über die Jahrtausendwende hinaus. Auf ihrem Gipfel reiten REP und DVU. Die „Wahlerfolge" rechtsextremistischer Parteien in Deutschland waren dabei nie mehr als Achtungserfolge. Keine der Parteien konnte ein annähernd so großes Wählerklientel an sich binden wie die NSDAP in der Weimar Republik. Eine wesentliche Triebfeder für die Wahl der SRP war die Unzufriedenheit mit der „Umerziehung" der Deutschen zur Demokratie durch die Alliierten. Die Wählerschaft der SRP rekrutierte sich in hohem Maße noch aus ehemaligen Anhängern der NSDAP. Mancher glaubte angesichts dessen, der Rechtsextremismus sei ein Problem, das sich eines Tages durch das Aussterben der ehemaligen NSDAP-Mitglieder erledige.

Den Aufstieg der NPD begünstigten verschiedene Faktoren. Der wirtschaftliche Abschwung trug ebenso zu ihrem Erfolg bei wie die große Koalition zwischen CDU/CSU und SPD auf Bundesebene und die „Außerparlamentarische Opposition" (APO) auf den Straßen. Wirtschaftliche Gründe spielten wiederum beim Aufstieg der REP, im Unterschied zu jenem der NPD Ende der 60er Jahre, kaum eine Rolle. Baden-Württemberg und Bayern zählen zu den wirtschaftlich erfolgreichsten Bundesländern. Die ökonomischen Daten in den Abstiegsphasen der REP wie der DVU unterscheiden sich kaum von jenen der Hochphasen. Wichtiger war die Unzufriedenheit eines Teils der Wählerschaft mit der Asylpolitik von CDU/CSU und SPD. Die Asyldebatte begünstigte 1991 und 1992 Erfolge der REP wie der DVU. 1993 besänftigte die Änderung des Asylrechts einen bedeutenden Teil der Unzufriedenen. Externe Gründe spielen damit eine größere Rolle für das Auf und Ab rechtsextremer Parteien als deren eigenes Verhalten. Es ist wahrscheinlich, dass die Zuwanderungsthematik auch künftig ab und an rechtsextreme Wahlerfolge fördert. In welchem Maße es rechtsextremen Parteien gelingt, Wasser auf ihre Mühlen zu leiten, hängt davon ab, ob die mit der Zuwanderung Unzufriedenen ihnen die Fähigkeit zu „besseren" Lösungen in der Asylpolitik zuschreiben. Wähler mit rechtsextremen Einstellungen fühlen sich dann nicht zur Wahl einer rechtsextremen Partei motiviert, wenn diese innerlich zerstritten ist und darunter der Glauben an eine Problemlösungsfähigkeit der Partei leidet (Klein/Falter 1996: S. 310 f).

Die Achtungserfolge rechtsextremistischer Parteien in den 50er, 60er, 80er und 90er Jahren fielen durchweg in Zeiten einer unionsgeführten Regierung auf Bundesebene. Weil die Unionsparteien in der Opposition stärker auf die programmatische Abgrenzung zur SPD bedacht sind, wirkte sich der Regierungswechsel 1998 negativ auf die Erfolgschancen rechtsextremer Parteien aus. Gegenwärtig befinden sich diese in einer Tiefphase.

Tabelle 8: Ergebnisse rechter Flügelparteien bei den Bundestagswahlen 1949-2002 (in Prozent)

	49	53	57	61	65	69	72	76	80	83	87	90	94	98	02
AUD	-	-	-	-	0,2	-	-	0,1	-	-	-	-	-	-	-
DG	-	-	0,1	0,1	-	-	-	-	-	-	-	-	-	-	-
DKP-DRP	1,8	-	-	-	-	-	-	-	-	-	-	-	-	-	-
DRP	-	1,1	1,0	0,8	-	-	-	-	-	-	-	-	-	-	-
DVU	-	-	-	-	-	-	-	-	-	-	-	-	-	1,2	-
NPD	-	-	-	-	2,0	4,3	0,6	0,3	0,2	0,2	0,6	0,3	-	0,3	0,4
REP	-	-	-	-	-	-	-	-	-	-	-	2,1	1,9	1,8	0,6
UAP	-	-	-	-	0,0	0,1	-	0,0	0,0	-	-	-	-	-	-
WAV	2,9	-	-	-	-	-	-	-	-	-	-	-	-	-	-
Gesamt	4,7	1,1	1,1	0,9	2,2	4,4	0,6	0,4	0,2	0,2	0,6	2,4	1,9	3,3	1,0

Quelle: Zusammenstellung nach den amtlichen Wahlstatistiken

Das gemeinsame ideologische Kernelement aller rechtsextremen Parteien ist die Fremdenfeindlichkeit (Backes 1996; Karapin 2002; Westle/Niedermeyer 1992). Sie hat den früher dominanten Antisemitismus abgelöst, der bei den REP im Rahmen der Programmatik nahezu keine und bei der DVU eine

vergleichsweise geringe Rolle spielt. Bei der NPD der 60er bis 90er Jahre
hatte der Antisemitismus ebenfalls keinen hohen programmatischen Rang
inne. So wie in der Zeit zwischen Erstem und Zweitem Weltkrieg die meisten rechtsextremen Parteien die Schuld an allen Übeln der Welt dem „Judentum" in die Schube schoben, beschuldigen die rechtsextremen Parteien
Ausländer und alle ihnen fremd erscheinenden Bürger, dass alle Probleme
der Gesellschaft wie Arbeitslosigkeit, Kriminalität, Wohnungsnot und steigende Sozialkosten auf ihre Anwesenheit zurückzuführen sei. Dabei unterscheiden Rechtsextremisten zwischen Ausländern aus westeuropäischen
Ländern, gegen deren Anwesenheit meist nur wenige Einwände bestehen,
und solchen aus anderen Ländern. Grob lässt sich sagen, dass der Grad der
Fremdenfeindlichkeit gegenüber einer bestimmten Gruppe von Ausländern
umso größer ist, je eher sie durch äußere Merkmale wie Hauptfarbe und
Kleidung als „fremd" wahrgenommen wird. An oberster Stelle der Unbe-
liebtheitsskala stehen bei den rechtsextremen Parteien die Asylbewerber.
DVU, REP und NPD eint daher die Forderung nach einer Abschaffung des
so genannten „Asylparagraphen" 16 a. Die fundamentale Gegnerschaft gegen
eine weitere Zuwanderung ist der Programmpunkt, der den rechtsextremistischen Parteien am ehesten Wählerstimmen einbringt. Die gemeinsame
Wunschvorstellung rechtsextremer Parteien ist eine ethnisch homogene Gemeinschaft, in der die als fremd und störend wahrgenommen Menschen keinen Platz finden sollen. Diese Orientierung ist bei REP und DVU allerdings
schwächer ausgeprägt als bei SRP oder der heutigen NPD, die wie die
NSDAP eine homogene „Volksgemeinschaft" anstreb(t)en.

Rechtsextreme Parteien hängen einem identitären Demokratieverständnis an. Sie glauben daran, die „wahren" Interessen des deutschen Volkes zu
kennen. Dieser Dass ihre Anhängerschaft nur gering ist, sehen die rechtsextremen Parteien als eine Folge von Manipulationen durch die Herrschenden.
Die Gemeinschaft gilt im Sinne der Identitätstheorie der Demokratie alles,
der Einzelne wenig bis nichts. In typischer Weise kommt dies zum Ausdruck
im Punkt 3 des NPD-Programms von 1997: „Volksherrschaft setzt die
Volksgemeinschaft voraus. [...] Der Staat hat dabei über den Egoismen der
einzelnen Gruppen zu stehen." Aus der Perspektive eines solchen Demokra-
tieverständnisses fordern REP und NPD in ihren Programmen die Einführung von Volksentscheiden und einer Direktwahl des Bundespräsidenten.
Dahinter steht auch die vage Hoffnung, bei direktdemokratischen Entscheidungen durch ein Schüren von Emotionen mehr Anhänger gewinnen zu können.

Ein nach wie vor bedeutsamer Programmpunkt bei rechtsextremen Parteien Deutschlands ist das Geschichtsbild. Bei der NPD und ihrem Umfeld herrschen extreme Verharmlosung bis hin zur Leugnung der NS-Verbrechen vor. Die REP leugnen den Völkermord an den Juden nicht, relativieren ihn aber durch den stetigen Verweis auf Verbrechen anderer Nationen an den Deutschen. Inhaltlich zwischen NPD und REP siedelt der Grad der Verharmlosung der NS-Verbrechen durch die DVU. Dabei nimmt das Thema in den Zeitungen des Parteivorsitzenden der DVU, Gerhard Frey, einen auffallend großen Raum ein.

Unter den bestehenden rechtsextremen Parteien ist die NPD auf der Ideenebene die extremste. Ihre ideologische Ausrichtung ist als autoritär bis totalitär anzusehen. Sie macht im Unterschied zu REP und DVU aus ihrer kämpferisch antidemokratischen Haltung keinen Hehl. Während die REP auf ein seriöses konservatives Erscheinungsbild bedacht sind und – erfolglos – den Schulterschluss mit rechtsdemokratischen Parteien suchen, grenzt sich die NPD strikt von den „bürgerlichen" Parteien ab und paktiert mit dem neonationalsozialistischen Spektrum. Zwischen NPD und REP siedelt die DVU. Die Äußerungen der Parteipresse wie das Auftreten der Parlamentsabgeordneten sprechen dabei eine deutlichere Sprache als die programmatischen Schriften. Stehen für die DVU wie für die REP der Kampf um Parlamentssitze im Mittelpunkt ihrer Anstrengungen, so führt die NPD vorrangig einen „Kampf um die Straße". Die REP lassen im Unterschied zur NPD keine aggressiv kämpferische Haltung gegen die Demokratie der Bundesrepublik erkennen.

Am erfolgreichsten bei Wahlen war in den letzten Jahren die DVU. In zwei Landtagen (Brandenburg und Bremen) ist sie vertreten, REP wie NPD in keinem. Aus der Vertretung in Parlamenten gelang es der DVU allerdings aufgrund der Unfähigkeit und Zerstrittenheit ihrer Parlamentarier kaum, politisches Kapital zu schlagen. Die DVU ist in ihrer Propaganda weniger kämpferisch als die verbotene SRP (1952) und die NPD, aber etwas aggressiver als die REP. Die Einstellungen der Wählerschaft beider Parteien unterscheidet sich jedoch kaum: „Die Wähler der Republikaner und der DVU sind zwar ganz überwiegend Protestwähler; zugleich aber sind sie nach unserer Definition in ihrer großen Mehrheit Menschen mit einem relativ geschlossenen rechtsextremistischen Weltbild" (Falter 1994: S. 156). Ebenso wie die REP befindet sich die DVU derzeit in einer Krise. Ein Wiedereinzug in den Landtag Brandenburgs ist höchst unwahrscheinlich.

Tabelle 9: Extremismustheoretische Bewertung von SRP, NPD, DVU und
REP auf der Ebene der Ideen

	SRP	NPD 1965	NPD 2000	DVU	REP
Ideologie	autoritär-totalitär	autoritär	autoritär-totalitär	autoritär	semidemokratisch-autoritär

4. Linksextreme Parteien

4.1 „Kommunistische Partei Deutschlands"

Auf dem gemeinsamen Parteitag vom 30. Dezember 1918 bis zum 1. Januar 1919 schlossen sich der „Spartakusbund" und die Bremer Linksradikalen zusammen. Die Novemberrevolution sollte nach Meinung der Kommunisten weitergeführt werden. Ihr Ziel war eben nicht die bereits erreichte parlamentarische Demokratie, sondern eine Räterepublik nach dem Vorbild der Sowjetunion. 1920 formierte sich im Ruhrgebiet eine „Rote Armee", die Teile des industriellen Kerngebiets der Weimarer Republik zeitweilig unter ihre Gewalt brachte und sich erbitterte Gefechte mit den von der Regierung entsandten Truppen der Reichswehr lieferte. Die Aufstände wurden niedergeschlagen. Ab Ende 1920 erhielten die kommunistischen Parteireihen Verstärkung durch den ehemals linken Flügel der SPD, der „Unabhängigen Sozialdemokratischen Partei Deutschlands" (USPD). In den folgenden Jahren vergrößerte sich die Abhängigkeit der deutschen Kommunisten von der sowjetischen „Bruderpartei". Die dominante Gestalt der KPD in der Weimarer Republik war Ernst Thälmann, der 1925 und 1932 für das Amt des Reichspräsidenten kandidierte.

Nach dem Beginn der Kanzlerschaft Adolf Hitlers zerschlugen Nationalsozialisten die organisatorischen Strukturen der KPD rasch und inhaftierten zahlreiche ihrer führenden Funktionäre in Konzentrationslagern. Den Parteiführer Thälmann ermordete die SS 1944 nach elfjähriger Haft. Der Blutzoll der Kommunisten im Dritten Reich war hoch. Allerdings zeigte das historische Zwischenspiel des deutsch-sowjetischen Nichtangriffspakts von 1939 bis zum deutschen Überfall auf die Sowjetunion, der die Teilung Polens zwischen beiden Staaten besiegelte, dass die kommunistischen Parteien keineswegs so konsequent „antifaschistisch" waren, wie es ihre Legenden später vorgaben.

Nach den Jahren des Verbots und der Verfolgung ihrer Anhänger durch die Nationalsozialisten kehrte die KPD im Juni 1945 mit einem gemäßigt wirkenden Aufruf an das deutsche Volk zurück. Ausdrücklich erklärte sie

darin, dass „der Weg, Deutschland ein Sowjetsystem aufzuzwingen, falsch
wäre". Die Politik der KPD in Ost und West war einheitlich. Auch im Zuge
der Zwangsvereinigung der SPD mit der KPD in der sowjetischen Besatzungszone sowie des zunehmenden Auseinanderdriftens der Ostzone und der
westlichen Zonen verstand sich die westdeutsche KPD als Teil der SED und
setzte deren Vorstandsbeschlüsse in den westlichen Landesverbänden um. In
das 80-köpfige Führungsgremium der SED wurden daher auf dem Vereini-
gungsparteitag 1946 auch 20 Funktionäre der KPD aus den Westzonen gewählt. Die amerikanische und die britische Besatzungsmacht verboten ihnen
aber, die Mandate wahrzunehmen sowie künftig an Parteitagen der SED
teilzunehmen.

Die Ausgangsbedingungen für die KPD waren nach dem Zweiten Weltkrieg günstig. An allen Übergangsregierungen der Jahre 1945/46 war mit
Ausnahme Württemberg-Hohenzollerns die KPD beteiligt. Der Grund für die
Einbeziehung der Kommunisten war der Wunsch der Besatzungsmächte
nach politisch breit gefächerten Regierungen. Schwerpunktmäßig besetzte
die KPD Ministerämter in den Bereichen Arbeit, Infrastruktur (zum Beispiel
Verkehr, Wiederaufbau) und Soziales (Klocksin 1994). Auch an der Erar-
beitung des Grundgesetzes wie aller Länderverfassungen war die KPD beteiligt. Bei den ersten Landtagswahlen errang die KPD unter ihrem Vorsitzenden Max Reimann bedeutende Erfolge. In Nordrhein-Westfalen vereinte sie
1946 14 Prozent der Stimmen auf sich und wurde drittstärkste Kraft im Lan-
de. Im Rahmen der Proteste in der Bevölkerung gegen die Wiederbewaff-
nung und die Westintegration gelang es der KPD, zeitweilig größere Zustimmung zu einem Teil ihrer Positionen zu finden. Dies schlug sich auch in
den Mitgliederzahlen nieder. Scharten die Kommunisten bereits im Juli 1945
in den Westzonen 40.000 Mitglieder unter ihrem Banner, so wuchs die Zahl
bis zum September 1947 auf mehr als 324.000 an.

Tabelle 10: Mitgliederentwicklung der KPD 1947-1956

Jahr	Mitglieder	Jahr	Mitglieder	Jahr	Mitglieder
1945	40.000	1948	300.000	1951	148.000
1946	205.000	1949	216.000	1952	120.000
1947	324.000	1950	173.000	1956	78.000

Quelle: Gerundete Parteiangaben

1949 zog die KPD als erste und für lange Zeit einzige linksextreme Partei
mit 5,7 Prozent und 16 Abgeordneten in den Bundestag ein. Sie wehrte sich
heftig gegen das Entstehen eines „separaten Weststaats". Als dieser nicht
mehr zu verhindern war, galt die Solidarität der Diktatur in Ostdeutschland,
nicht der Demokratie in Westdeutschland. In ihrem Änderungsantrag zum
Entwurf eines Grundgesetzes für das Land Nordrhein-Westfalen forderte die
KPD 1950 konsequenterweise, das Land zu einem „unlösbare[n] Bestandteil
der Deutschen Demokratischen Republik" zu erklären.

Im Wahlprogramm von 1952 klagte sie weitgehende Enteignungen ein,
die nicht zuletzt als Strafe für eine Unterstützung der Regierung Adenauer
gedacht waren: „Die Betriebe der Großkonzerne, des Bergbaus, der Eisen-
und Stahlgewinnung, der Groß-Chemie, die Großbanken und die großen
Versicherungsgesellschaften, deren Besitzer den nationalen Verrat des Ade-
nauer-Regimes unterstützten, werden der Verfügungsgewalt dieser Mono-
polherren entzogen und in Eigentum des Volkes umgewandelt. Zur Siche-
rung der Volksernährung und zur höchstmöglichen Entwicklung der deutschen Landwirtschaft wird der Großgrundbesitz über 100 ha den landarmen
und landlosen Bauern, Flüchtlingen und Lohnarbeitern übergeben." (zit. nach
Treue 1968: S. 323).

Zwischen 1946 und 1956 saß die KPD mit Ausnahme Schleswig-
Holsteins und Bayerns in allen deutschen Landesparlamenten. Der Vorsitzende Reimann propagierte dabei offen, im Sinne von Lenins Schrift „Der
‚linke Radikalismus'. Die Kinderkrankheit des Kommunismus" (1920), den
Parlamentarismus zur Verwirklichung der eigenen Ziele ausnutzen zu wollen. Von einer Akzeptanz der parlamentarischen Demokratie war die KPD
weit entfernt, ihr Vorbild blieb das Staats- und Gesellschaftsmodell der
Sowjetunion. Von 1948 bis 1953 verschärfte sich der Kurs der KPD wesentlich. Auf der Agenda stand nun der Umbau zu einer bolschewistischen Partei
nach dem Vorbild der KPdSU unter der Führung Stalins. Der Prozess ging
einher mit innerparteilichen „Säuberungen", vor allem gegen den „Titois-
mus", die nur aufgrund des demokratischen Umfelds relativ glimpflich ab-
gingen. Nach ihrer organisatorischen und programmatischen Radikalisierung
forderte die KPD offen einen „revolutionären Sturz" des „Adenauer-
Regimes". Die junge deutsche Demokratie sah dem nicht untätig zu. 1951
begann das Verbotsverfahren vor dem Bundesverfassungsgericht.

Die Propaganda einer „Verelendung" breiter Volksschichten stieß aufgrund des einsetzenden „Wirtschaftswunders" auf immer geringere Resonanz. Bei den Wahlen 1953 schrumpfte der Wähleranteil der Kommunisten
auf 2,2 Prozent. Dem Buhlen um die Beteiligung an einer „Koalitionsregie-

rung, die sich aus verständigungsbereiten, national gesinnten, demokratischen Kräften zusammensetzt" (Zentralkomitee der KPD 1956: S. 375 f.) war damit der Boden entzogen. Der Niedergang setzte bereits vor dem staatlichen Verbot 1956 ein. Der Grund lag in der Moskau- und DDR-Hörigkeit der von der DDR mitfinanzierten Partei. Pluralismus und „Kapitalismus" lehnte die KPD ab und strebte die Diktatur des Proletariats an. Im Parlamentarischen Rat hatte die KPD daher gegen das Grundgesetz gestimmt.

Nach dem Verbot existierte die Partei illegal weiter. Bereits ab September 1956 zog das Zentralkomitee der KPD nach Ost-Berlin. Ein rapider Mitgliederschwund setzte ein. Mitte der 60er Jahre blieben nur noch rund 7.000 Mitglieder. Die KPD war noch stärker als zuvor ein finanziell und organisatorisch abhängiges Anhängsel der SED. Viele ehemalige Mitglieder schlossen sich nun der 1960 gegründeten „Deutschen Friedens-Union" (DFU) an, einem von der SED gesteuerten Zusammenschluss unterschiedlicher linker Gruppierungen. Sie erreichte bei den Bundestagswahlen 1963 mit 1,9 Prozent ihr bestes Ergebnis. Bei der Bundestagswahl 1969 bildete die Partei, deren Mitglieder keineswegs durchweg Kommunisten waren, mit der „Deutschen Kommunistischen Partei" das „Wahlbündnis Aktion Demokratischer Fortschritt".

Nachdem das Saarland ab 1. Januar 1957 zum Geltungsbereich des Grundgesetzes gehörte, konnte die „Kommunistische Partei Saar" (KPS) sich für kurze Zeit Hoffnung machen, in die Fußstapfen der KPD zu treten. Die Partei hatte bei den Landtagswahlen besser als die KPD abgeschnitten (1947: 8,4 Prozent; 1952: 9,5 Prozent; 1956: 5,4 Prozent). Der Grund lag vor allem darin, dass die KPS die einzige im Saarland zugelassene Partei war, die sich stets für einen Beitritt zur Bundesrepublik aussprach. Bereits im März 1957 erklärte das Bundesverfassungsgericht die KPS auf Antrag des Bundesinnenministers zu einer Ersatzorganisation der KPD und einen Monat später verbot das saarländische Innenministerium die Partei.

4.2 K-Gruppen

Die autoritären K-Gruppen gingen aus Teilen der antiautoritären Studentenbewegung hervor. Die sektiererischen Grüppchen eint der Kommunismus als Ziel und bis auf die die MLPD das K im Kürzel. Heftig umstritten war der Weg zum „Heil". Klar war nur, dass eine „Diktatur des Proletariats" erforderlich sein würde. Sowjetkommunistische, maoistische und trotzkistische Gruppen und Grüppchen bekämpften einander erbittert – vornehmlich allerdings auf geduldigem Papier. Die 70er Jahre waren die Hochphase der K-Gruppen.

Der Begriff „Maoismus" ist keine Selbstbezeichnung des chinesischen Kommunismus. Der Bruch zwischen Moskau und Peking war von Mao nicht gewollt. Von seiner Machtübernahme bis zum Tod Stalins 1953 pries er stets das sowjetische Vorbild. Von der Sowjetunion sagte er sich erst im Zuge der „Entstalinisierung" im Zuge des XX. Parteitags der KPdSU im Jahre 1956 los. Huldigten die chinesischen Kommunisten Stalin und seiner aggressiven Politik, so verachteten sie Nikita Chruschtschow und seinen Aufruf zur „friedlichen Koexistenz" mit den westlichen Demokratien. Ohne Kriege war nach Auffassung Maos und seiner Anhänger die Weltrevolution nicht zu haben.

Zwischen Stalinisten und Maoisten gibt es auf der Ideenebene kaum Differenzen. Die ersten maoistischen Grüppchen in westlichen Demokratien rekrutierten sich folglich in erster Linie aus Anhängern Stalins, die sich im Zuge der zögerlichen „Entstalinisierung" der kommunistischen Parteien in diesen nicht mehr heimisch fühlten. Die Maoisten kritisierten den Sowjetkommunismus somit keineswegs aus humanistischer Perspektive, weil er diktatorisch und menschenverachtend regierte, sondern gerade umgekehrt, weil er ihrer Meinung nach mit den verhaltenen Reformen seit dem Machtantritt Chruschtschows und der Einschränkung des offenen Terrors vom rechten Weg Lenins, Stalins und Maos abgewichen sei. Große ideologische Probleme bereiteten den maoistischen K-Gruppen indes die Verständigungsbemühungen zwischen USA und der Volksrepublik China ab 1972 (Frank 1976).

Mit dem KPD-Verbot 1956 wurde der in der linksextremistischen Szene begehrte Name frei. Die im Februar 1970 gegründete KPD orientierte sich an den „Maotsetungideen" (Mao Tse Tung 1966). Die Anführer Christian Semler und Jürgen Horlemann stammten aus den Reihen des „Sozialistischen Deutschen Studentenverbunds" (SDS) und wollten nach dem Verebben der Studentenbewegung mittels einer Avantgardepartei die Revolution auslösen, obgleich sie kaum Anhänger auf die Beine bringen konnten. Dem Sowjetkommunismus der Zeit nach Stalin wie der DKP waren sie spinnefeind und erklärten: „Wir Kommunisten, die dem Marxismus, dem Leninismus und den Maotsetungideen verpflichtet sind, erklären, dass die Sowjetunion von heute nur noch in Worten sozialistisch ist – in Taten aber faschistisch" (Rote Fahne vom 29. September 1976). Der einzige Auftritt der maoistischen KPD bei Bundestagswahlen brachte 1976 klägliche 0,1 Prozent der Stimmen. Nach der Auflösung 1980 betätigten sich einige Aktivisten bei den Grünen, die das genaue Gegenbild der autoritär strukturierten KPD waren. Das Projekt war eine „Kopfgeburt" ohne nennenswerte Anhängerschaft.

Das Gleiche gilt für die im Dezember 1968 durch den alles andere als charismatisch auftretenden Ernst Aust gegründete „Kommunistische Partei Deutschlands/Marxisten-Leninisten" (KPD/ML). Sie orientierte sich zunächst am kommunistischen China, später erkoren sich die Sektierer das unterentwickelte Albanien als Vorbild. Mit dieser ideologischen Ausrichtung war das Scheitern in einem hoch entwickelten Industrieland programmiert. Verschleiernde Worte hielt die Kleingruppierung nicht für nötig. Offen wiederholte die Partei stetig ihr Weg sei „die gewaltsame Zerschlagung des bürgerlichen Staatsapparates und die Errichtung der Diktatur des Proletariats" (Roter Morgen 1971, Nr. 3: S. 2). Letztlich konnte sich die Minipartei weder eine Revolution noch Wahlerfolge auf ihre rote Fahne schreiben. Nur 1980 trat sie zu einer Bundestagswahl an und erreichte magere 0,1 Prozent.

Nachdem der Name KPD 1980 erneut frei wurde, benannte sich die Splittergruppe um, ohne dass ihr dies Auftrieb gab. 1986 schlossen sich die KPD/ML und die trotzkistische „Gruppe internationaler Marxisten" (GIM) unter dem Motto „Vereinigen statt spalten" zur „Vereinigten Sozialistischen Partei" (VSP) zusammen. Die Parole entfaltete keine Sogkraft im sektiererisch gelaunten Spektrum der K-Gruppen, zog nie mehr als wenige hundert Mitglieder an.

Der „Kommunistische Bund Westdeutschlands" (KBW) wurde 1973 gegründet. An der Spitze stand Hans-Gerhart („Joscha") Schmierer, der 1968 zum Vorstand des SDS gehörte. In ihren Hochzeiten verfügte die Gruppe über rund 2.000 Mitglieder, blieb bei Wahlen aber ebenfalls im Promillebereich (Bundestagswahl 1976: 0,1 Prozent; 1980: 0,0 Prozent). Unverhohlen forderte die wenige Hundert Mitglieder zählende Gruppierung die Eroberung politischer Macht „mit Waffengewalt" (Programm und Statut des KBW: S. 16). Vom KBW spaltete sich 1980 der „Bund westdeutscher Kommunisten" (BWK) ab. Nach 1990 orientierte sich die Gruppierung an der PDS und diente dieser Partei als Plattform für den Aufbau von Parteistrukturen in den westlichen Bundesländern. 1995 wurden die Landesverbände des BWK umgewandelt in „Arbeitsgemeinschaften BWK in und bei der PDS".

Der 1971 entstandene „Kommunistische Bund" (KB) orientierte sich vor allem an Lenin und Mao. Er strebte zunächst keine parlamentarische Vertretung an, beabsichtigte vielmehr die Beeinflussung der Umwelt- und Friedensbewegung. Zu ihrer besten Zeit erreichte die KB-Publikation „Arbeiterkampf" 24.000 Exemplare (1977). Ende der 70er Jahre spaltete die Frage der Einstellung zu den „Grünen" den KB. Die Mehrheitsfraktion wollte die „Grünen" von außen beeinflussen, während die „Gruppe Z" ihre 150 Anhänger aufforderte, der Partei beizutreten. Diese Abspaltung konnte es sich in den 80er Jahren auf ihre Fahnen schreiben, die einzige kommunistische Gruppierung zu sein, der es nach dem KPD-Verbot gelungen war, über die Infiltration der Grünen in Parlamente einzuziehen. Ihre größte politische Bedeutung entfalteten führende Angehörige der K-Gruppen wie Thomas Ebermann, Jürgen Reents, Rainer Trampert bei ihren Aktivitäten innerhalb der „Grünen". Thomas Ebermann führte die Fraktion der „Grün-Alternativen" Liste in der Hamburger Bürgerschaft, Rainer Trampert wurde gar im November 1982 zu einem von drei Sprechern des Bundesvorstands der „Grünen" gewählt. Die Motive für sein Wirken bei den „Grünen" erläuterte Ebermann 1979 auf einer Fraktionskonferenz des KB folgendermaßen: „Es geht um das Wahrnehmen einer möglichst umfassenden Einflussnahme und Bündnispolitik gegenüber der grünen Wahlbewegung, um das Überleben der Kommunisten in dieser Situation zu sichern. [...] Wir vertreten das Konzept der Blockbildung, um die Möglichkeit der ‚Erpressung' und Einflussnahme auf die „Grünen" zu erhöhen und vertreten eine Politik, die den Entrismus offen hält" (zit. nach Langguth 1984: S. 122).

Das Konzept des „Entrismus" ist eine vorwiegend von Trotzkisten angewandte Strategie. Eine kleine, selbst relativ schwache revolutionäre Gruppierung soll demnach in eine größere Organisation eindringen und diese von innen heraus auf ihren Kurs bringen. Das Ziel ist erreicht, wenn die Vertreter der kleinen Gruppierung an die Spitze der größeren Organisation gelangen und deren Programm bestimmen. Erreichte die abgespaltene Minderheit auf Umwegen politische Erfolge, so löste sich der KB selbst im April 1991 mit nunmehr 180 Mitgliedern auf. Ein Teil bildete die spärliche Parteibasis der PDS im Westen, ein anderer Teil gründete in der Tradition des KB die „Gruppe K".

Von den K-Gruppen besteht einzig die „Marxistisch-Leninistische Partei Deutschlands" (MLPD) fort. Sie war 1982 aus dem „Kommunistischen Arbeiterbund Deutschlands" hervorgegangen. Auch ihre Idole sind Stalin und Mao. Das „Proletariat" sollte im Zuge des „Anwachsens des Klassenkampfes" und der „Entwicklung der MLPD zur revolutionären Partei der Massen" versuchen, „immer mehr Einfluss auf die kleinbürgerlichen Zwischenschichten zu gewinnen" (Grundsatzprogramm der MLPD von 1982). Der nachstalinistischen Sowjetunion warf die MLPD „Verrat am Sozialismus" vor. Die „Grünen", zu denen andere K-Gruppen rege Kontakte pflegten, galten ihnen als Hilfstruppen des „verfaulenden Kapitalismus". Ihr Aufruf zum Bundestagswahlboykott 1983 verhallte ungehört, bei den folgenden

Wahlen blieb sie im Promillebereich. Ihre Mitgliederzahl stieg auf niedrigem Niveau von 1.500 (1990) auf 2.000 (1993), dann fror sie auf diesem Stand ein. Die an den Ideen Maos und Stalins ausgerichtete MLPD hat im Unterschied zu anderen K-Gruppen mit der PDS ideologisch wenig am Hut, obgleich sie sich zum Beispiel an der Linken Liste Niedersachsen der PDS beteiligte. Die internationalen Kontakte der Partei beschränken sich auf maoistisch ausgerichtete „Bruderorganisationen".

Politisch ebenso bedeutungslos wie die Maoisten sind die Trotzkisten. Der Trotzkismus ist im Grunde keine eigenständige Variante des Marxismus-Leninismus. Trotzki sah sich selbst in Theorie wie Praxis in den Fußstapfen Lenins wandeln. Trotzki und Stalin warfen sich vor allem wegen ihrer Rivalität um die Führerschaft in der kommunistischen Partei der Sowjetunion wechselseitig die Abweichung vom wahren Kommunismus vor. Trotzki war ein Mann der Tat. Mit den theoretischen Grundlagen des Marxismus hatte er sich bis zu seinem Ausschluss aus der KPdSU und seiner Verbannung ins Ausland kaum befasst. Vom Exil aus versuchte er, eine „linke Opposition" in der KPdSU zum Sturz Stalins und eine Kurskorrektur unter seiner Führung zu organisieren. Er musste im Laufe der Jahre einsehen, dass seine Hoffnungen auf eine Machtübernahme in der Sowjetunion illusorisch waren. Der Kampf endete schließlich mit der Ermordung Trotzkis auf Veranlassung Stalins, nachdem bereits Trotzkis Kinder Opfer dieser Fehde geworden waren. Trotzki kritisierte vor allem die Bürokratisierung der kommunistischen Partei unter Stalin. Diese hatte freilich schon unter Lenin begonnen und sie war keineswegs das schlimmste Element der sowjetischen Herrschaft. An den kommunistischen Verbrechen unter Lenin sowie der Unterwerfung u.a. Armeniens, des Baltikums, Georgiens unter das Diktat der Sowjetmacht hatte Trotzki, der Gründer der Roten Armee, bedeutenden Anteil.

Auf der so genannten IV. Internationalen trafen sich Trotzki und seine Anhänger 1938 in Paris. Bereits damals entzweiten sich die Gefolgsleute Trotzkis. Seither ist die Geschichte des Trotzkismus eine Geschichte des Sektierertums. Als kleinster gemeinsamer ideologischer Nenner ist die Wendung gegen den Nationalstaat anzusehen. Wegen des internationalen Charakters des Kapitalismus müsse dieser auch Nationen übergreifend überwunden werden. Eine Umsetzung des Sozialismus oder gar des Endziels Kommunismus auf nationalstaatlicher Ebene gilt Trotzkisten als unmöglich; vielmehr müsse das Ziel der Revolution ein Nationen überspannender, sozialistischer Rätestaat sein, der einem herrschaftslosen Kommunismus weiche.

Die 25 deutschen, untereinander zerstrittenen trotzkistischen Kleingruppen brachten es 2001 insgesamt auf 2.350 Mitglieder. Die Zahl der Aktivisten schwankt seit Jahren nur geringfügig. Für Aufsehen sorgte in der zweiten Hälfte der 90er Jahre die „Sozialistische Arbeitergruppe", die deutsche Sektion der „International Socialists". Sie infiltrierte zeitweilig mit Hilfe des von ihr gegründeten „Linksruck-Netzwerks" die „Jungsozialisten" (Jusos), den Jugendverband der SPD. Die Leute des „Linksrucks" folgten dabei dem in den 30er Jahren von Trotzkisten entwickelten Konzept des Entrismus. Mittels des Eintritts in die Jusos sollte diesen die eigene politische Linie aufgedrückt werden. Als sich dies als nicht praktikabel erwies, versuchten die Leute vom „Linksruck" möglichst viele Mitglieder der Jusos für trotzkistische Ziele zu begeistern und wollten diese zum gemeinsamen Austritt bewegen. Mit rund 1.200 Anhängern, hauptsächlich Jugendliche, handelt es sich beim „Linksruck" um die größte und aktivste trotzkistische Organisation in Deutschland. Seit Sommer 2001 konzentriert sich „Linksruck" auf Aktivitäten im Netzwerk der Globalisierungsgegner, ATTAC, und beteiligte sich an den Antiglobalisierungsprotesten in Göteborg, Genua und Brüssel. Andere trotzkistische Gruppierungen wie die „Sozialistische Alternative VORAN" (SAV), die deutsche Abteilung der „Committee for a Workers International", schlossen wie auch maoistische Vereinigungen Zweckbündnisse mit der PDS. Um Kandidaten auf die „offenen Listen" zu bekommen, rief die SAV bei den Bundestagswahlen 1998 zur Wahl der PDS auf. Wie „Linksruck" wandte sich die SAV der Antiglobalisierungsbewegung ATTAC zu und verkündete 2001 den kollektiven Beitritt der. Bei den internationalen Antiglobalisierungsprotesten trat die Gruppierung mit der Parole „Widerstand International – gegen die Diktatur der Banken und Konzerne" an.

Zum Spektrum der K-Gruppen ist nach 1990 erneut eine KPD hinzugekommen. Einem Teil der ehemaligen SED-Genossen fuhr die SED/PDS und selbst die DKP nämlich eine zu weiche Linie. Besonders die ausgeschlossenen Führungskader der SED engagierten sich daher für die Gründung einer neuen KPD. Erich Honecker war bis zu seinem Tod ein Aushängeschild dieser Kleinstpartei. In der Tradition der KPdSU soll sich die KPD zu einer „bolschewistischen Partei" entwickeln. Wie alle anderen K-Gruppen blieb auch diese KPD bei Wahlen bedeutungslos, obwohl sie in ihrer Programmatik stärker als alle anderen der ursprünglichen KPD ähnelt.

4.3 „Deutsche Kommunistische Partei"

Mitte der 60er Jahre war die Bundesrepublik der einzige demokratische Staat Europas, in dem die parteipolitische Betätigung von Kommunisten verboten war. Vor allem angesichts des Aufschwungs der rechtsextremistischen NPD und der schlechten Aussichten eines Verbotsantrags gegen diese schien es den demokratischen Parteien nun sinnvoll, über die Neuzulassung einer moskautreuen kommunistischen Partei nachzusinnen. Da der Weg über eine Aufhebung des KPD-Verbots rechtlich nicht zu beschreiten war, legten demokratische Politiker den Kommunisten eine Neugründung nahe. Die DKP betrat 1968 die Bühne. Zwei Drittel ihrer Führungskader waren noch aus KPD-Zeiten bekannte Gesichter. Es handelte sich weniger um eine neue Partei als um eine Nachfolgeorganisation der verbotenen KPD. Deren ehemaliger Vorsitzender, Max Reimann, wurde 1971 zum Ehrenvorsitzenden gewählt. Der Vorsitzende der DKP war ab 1968 Kurt Bachmann, ein enger Weggefährte Reimanns und ehemaliger Herausgeber der KPD-Tageszeitung „Die Volksstimme". Das Programm der DKP basierte auf dem der KPD. Es war lediglich bereinigt um jene Stellen, die zur Begründung des KPD-Verbots gedient hatten. Statt von einer „Diktatur des Proletariats" war nun die Rede von einer „demokratischen Erneuerung von Staat und Gesellschaft". Dies war dünne Tünche über altem Putz. Bei der Diffamierung der Bundesrepublik nahm die DKP ohnehin kein Blatt vor dem Mund. Westdeutschland firmierte im Parteiprogramm als ein „von kapitalistischen Monopolen beherrschtes Land, dessen Machtapparat mit alten und neuen Nazis durchsetzt ist" (Parteiprogramm der DKP). Die bundesdeutsche Außenpolitik sei „wie vor den beiden Weltkriegen vom imperialistischen Großmachtstreben bestimmt" (Grundsatzerklärung der DKP von 1969).

Wie die KPD hing die DKP am finanziellen und ideologischen Tropf der SED. Wer zahlt, bestimmt die Musik. Kritische Klänge zur kommunistischen Praxis in der DDR und der Sowjetunion waren in der DKP daher verpönt. Der Einmarsch der Warschauer Paktstaaten in der Tschechoslowakei wurde begrüßt; ein „Sozialismus" mit menschlichem Antlitz" war nicht im Sinne der DKP. Ihr Ziel war vielmehr stets ein Staatsaufbau des gesamten Deutschlands nach dem Muster der Sowjetunion. Das verfemte „spätkapitalistische System" der Bundesrepublik wollte sie gewaltlos durch eine sozialistische Gesellschaftsordnung ersetzen.

Die DKP machte durch den Verzicht auf die Vokabel „Diktatur des Proletariats" nur verbal Zugeständnisse. Die inhaltlich unveränderte kommunistische Heilslehre verbreitete sie nun unter dem Etikett der „antimonopolistischen Demokratie". Diese werde durch zwei Grundzüge charakterisiert: „Da sind zunächst die politischen Machtverhältnisse. Sie werden dadurch gekennzeichnet sein, dass die Arbeiterklasse die führende Kraft im antimonopolistischen Kampf ist. Folglich muss sie auch im Bündnis mit anderen antiimperialistischen Kräften die führende Rolle ausüben, die führende Klasse sein. [...] Es wäre natürlich völlig wirklichkeitsfremd, zu vergessen, dass sich das Monopolkapital einer solchen Entwicklung mit aller Macht widersetzt. [...] Eben die Brechung der politischen und ökonomischen Macht des Monopolkapitals bedeutet, dem Kapitalismus das Rückgrat zu brechen" (Parteivorstand der DKP o.J.: S. 9 f.).

Während die Partei in ihrem Statut den Anschein erweckte, sie erfülle die vom Parteiengesetz aufgestellte Pflicht zur innerparteilichen Demokratie, machten Funktionäre der DKP wie Robert Steigerwald, der in der Partei für die „Marxistische Arbeiterbildung" verantwortlich zeichnete, kein Hehl aus dem Bekenntnis zum „demokratischen Zentralismus": „Die Kampfkraft und Kampffähigkeit der Partei beruht auf der dialektischen Verknüpfung des demokratischen und zentralen Prinzips. In ihrer konkreten Anwendung bedeuten diese Organisationsprinzipien zunächst die Verwirklichung des Grundsatzes: Es gibt in der Partei nur eine Disziplin für alle" (Marxistische Blätter 1971, Heft 4: S. 48).

Die Wahlergebnisse der DKP blieben stets mager. Bei den Bundestagswahlen in den 70er und 80er Jahren erreichte sie nur zwischen 0,2 und 0,3 Prozent der Stimmen. Auf Bundesebene kamen auf ein Mitglied nicht mehr als zwei Wähler.

Tabelle 11: Mitgliederentwicklung der DKP 1968-1989

Jahr	Mitglieder	Jahr	Mitglieder	Jahr	Mitglieder
1968	9.000	1975	40.000	1982	40.000
1969	23.000	1976	40.000	1983	40.000
1970	30.000	1977	42.000	1984	40.000
1971	33.000	1978	42.000	1985	40.000
1972	36.000	1979	40.000	1986	40.000
1973	39.000	1980	40.000	1987	38.000
1974	40.000	1981	40.000	1988	35.000

Quelle: Gerundete Angaben nach Verfassungsschutzberichten des Bundes

Auch auf lokaler Ebene konnte die DKP nur vereinzelt Erfolge erringen. So zog sie in die Stadträte von Ahlen, Bottrop und Marburg ein. Mangels parlamentarischer Vertretung lag der Schwerpunkt der Aktionen der DKP auf dem Versuch, die neuen sozialen Bewegungen, besonders die Friedensbewegung und den DGB in ihrem Sinne zu beeinflussen. Die Arbeit in den Gewerkschaften sollte dazu dienen, eine „Aktionseinheit der Arbeiterklasse" zu schaffen. Der Einfluss war jedoch auch in diesem Bereich recht niedrig. Die durchschnittlichen Ergebnisse der DKP bei den Betriebsratswahlen lagen 1972, 1975, 1978 und 1981 mit 0,3 Prozent kaum höher als die Ergebnisse bei Bundestagswahlen.

Ein wesentlicher Faktor zur Verbreitung der DKP-Ansichten war das umfangreiche Publikationswesen der Partei, zu dem u.a. die Tageszeitung „Unsere Zeit" (Auflage bis zu 30.000), die Theoriezeitschrift „Marxistische Blätter" und die Studentenzeitung „Rote Blätter" zählten. Auch den Vorfeldorganisationen wie der „Deutschen Friedens-Gesellschaft/Vereinigung der Kriegsdienstgegner", der „Sozialistischen Deutschen Arbeiterjugend" und der „Vereinigung der Verfolgten des Nazi-Regimes" kam bei dem Versuch der Gewinnung neuer Anhänger für kommunistische Ideen wesentliche Bedeutung zu. An Universitäten gelang es den DKP-Hochschulgruppen und dem „Marxistische Studentenbund Spartakus" in den 70er und 80er Jahren, durchschnittlich rund die Hälfte der Sitze in den Studentenparlamenten zu besetzen. In der Folgezeit nahm der Einfluss rapide ab. Nach der Reaktorkatastrophe in Tschernobyl gewann die Thematik des Umweltschutzes an Gewicht in den innerparteilichen Diskussionen. Ab Mitte der 80er Jahre versuchte die DKP durch von ihr dominierte Wahlbündnisse wie die Friedensliste Oberwasser zu bekommen.

Formal eigenständig, tatsächlich aber Teil der DKP war die rund 4.-5.000 Mitglieder zählende „Sozialistische Einheitspartei Westberlins" (SEW). Sie entstand aus Westberliner Gliederungen der SED. Aufgrund eines Beschlusses aller vier Mächte in der „Alliierten Kommandantur" war die SED nämlich in ganz Berlin als Partei zugelassen. Bei den Wahlen zur Berliner Stadtverordnetenversammlung erreichte die SED in Westberlin 1946 beachtliche 13,7 Prozent (Ostteil: 19,8 Prozent). Nach 1963 wollte aber die SED die Mitgliedschaft Bürgern der DDR vorbehalten. So wurden die Organisationen des SEW abgetrennt, wenn sie auch weiterhin programmatisch und finanziell von der Mutterpartei abhängig blieben. Die Prozentanteile bei Wahlen lagen etwas über jenen der DKP, blieben aber stets mit Ergebnissen zwischen 1,1 und 2,3 Prozent deutlich unter der Fünf-Prozent-Marke. Der Einzug ins West-Berliner Abgeordnetenhaus und die Bezirksparlamente blieb der Partei so verwehrt.

Als Michail Gorbatschow in der Sowjetunion das Ruder auf Reformkurs stellte, wollten in der DKP die Parteiintellektuellen, ein Teil der Parteiführung, die SDAJ und der MSB Spartakus mitsteuern. Dem Anspruch der SED auf die ideologische Führung wollten sie eine Absage erteilen und die Partei in Richtung grüne Szene öffnen. Die meisten Parteifunktionäre um den Parteivorsitzenden Herbert Mies und die Parteizentrale in Düsseldorf hielten jedoch dem starren Kurs Erich Honeckers die Treue.

Der innerparteiliche Kampf zwischen den Reformkommunisten und den traditionellen Kommunisten wurde hart geführt. Am Ende konnte sich die Reformströmung um Wolfgang Gehrcke nicht durchsetzen. Auch in der SEW behielten bis zuletzt die Getreuen des DDR-Regimes die Oberhand, Perestroika und Glasnost wurden mehrheitlich abgelehnt. Als die DDR unterging, riss sie auch die um sie kreisenden Satelliten DKP und SEW mit in den Strudel. So mussten alle hauptamtlichen Funktionäre entlassen werden. Die üppig sprudelnden östlichen Finanzquellen waren plötzlich versiegt.

Zogen sich die meisten Reformer nun aus der Politik zurück, driftete der verbliebene Rest unter einer dogmatischen Führung in immer einsamere Gewässer. Einzig ein Häuflein orthodoxer Kommunisten aus der SEW füllte die licht gewordenen Reihen der DKP etwas auf. Programmatisch machte die Partei Front für eine „Widerstandsfront" aller Linkskräfte und gegen eine „kapitalistische Restauration" und „deutschnationalen Größenwahn". Im Osten konnte sie nach dem Umbruch angesichts der organisatorisch und finanziell ungleich stärkeren PDS nur wenige Mitglieder gewinnen. Im Westen verlor sie rapide.

Tabelle 12: Mitgliederentwicklung der DKP 1989-2003

Jahr	Mitglieder	Jahr	Mitglieder	Jahr	Mitglieder
1989	35.000	1994	6.000	1999	5.500
1990	22.000	1995	6.000	2000	5.000
1991	11.000	1996	6.000	2001	4.500
1992	8.000	1997	6.200	2002	4.500-4.700
1993	7.000	1998	6.500	2003	4.700

Quelle: Gerundete Angaben nach Verfassungsschutzberichten des Bundes

Auf ihrem Parteitag 1996 erneuerte die DKP ihre Forderung nach einem „revolutionären Bruch" (zit. nach BfV 1997: S. 64) mit der Gesellschaftsordnung der Bundesrepublik. Mitgliedern der Kommission, die derzeit an einem neuen DKP-Programm schreibt, gilt die DDR als „sozialistische Alternative zum Imperialismus" als „größte Errungenschaft der deutschen Arbeiterklasse". Der Text wirkt merkwürdig verstaubt. So heißt es weiter: „Aus dem Aufstieg der Sowjetunion zur zweiten Weltmacht und aus der Entwicklung der sozialistischen Staaten nach 1945 gewannen wir die Überzeugung von der Morgenröte eines neuen Zeitalters" (zit. nach Verfassungsschutzbericht Nordrhein-Westfalen 2003: S. 146 f). Aus dem Untergang der Sowjetunion gewannen die DKP-Mitglieder offenkundig keine neuen Überzeugungen. Von einer Reform der Ideologie nach dem Zusammenbruch der kommunistischen Diktaturen Osteuropas kann, zumal die DKP-„Reformer" inzwischen zur PDS abgewandert sind, keine Rede sein.

4.4 „Partei des Demokratischen Sozialismus"

Dem Untergang der DDR folgte nicht der Untergang der Staatspartei SED. Im Dezember 1989 benannte sie sich vielmehr lediglich in SED-PDS um. Man könne nur durch den Fortbestand der Partei die Existenz einer unabhängigen DDR gewährleisten, lautete im Dezember 1989 das zentrale Argument für ein bloßes Umbenennen. Die Rettungsaktion scheiterte bekanntlich. Daraufhin führte die Nachfolgeorganisation der SED ihre Notwendigkeit und besondere Verantwortung für die Aufarbeitung und Überwindung der DDR-Vergangenheit ins Feld. Vor einer Auflösung der PDS und einer folgenden Parteineugründung schreckten die Parteifunktionäre der SED nicht zuletzt wegen des damit verbundenen Verlusts des Parteivermögens zurück.

Die Vertreter der obersten Führungsriege der SED wie Kurt Hager, Erich Honecker, Heinz Kessler, Egon Krenz, Günter Mittag, Günter Schabowski und Willi Stoph wurden Ende 1989, Anfang 1990 aus der SED-PDS ausgeschlossen. An die Spitze wählte die Partei den bis dahin kaum bekannten Juristen Gregor Gysi. An seine Seite traten als Stellvertreter – neben dem ebenfalls unbekannten Wolfgang Pohl – die bereits in der SED führenden, aber als reformorientiert geltenden Funktionäre Hans Modrow und Wolfgang Berghofer. In der Umbruchphase saßen Gysi und Berghofer den Organisationen der Opposition am „Zentralen Runden Tisch" gegenüber.

In den ersten Monaten des Jahres 1990 sank die Mitgliederzahl der SED-PDS schlagartig. Von 2,3 Millionen Mitgliedern im Oktober 1989 waren im Mai 1990 noch 450.000 verblieben. Entgegen dem Image, das die Parteispitze zeichnete, blieben vor allem jene, die der DDR nachtrauerten. Schon die Altersstruktur der Partei spiegelte das Problem: Nur 8,9 Prozent der Mitglieder waren unter 30 Jahre, fast die Hälfte bezog dagegen schon Rente. Trotz des Aderlasses blieb die PDS mitgliederstärkste Partei im Osten. Im Wahlkampf erwies sich der Nachteil einer überalterten Mitglied-schaft gar als Vorteil. Die Rentner hatten genügend Zeit und häufig auch den Willen, für ihre Partei Reklame zu machen.

Im Februar 1990 verabschiedete sich die Partei verbal von den SED-Zeiten und hieß fortan nur noch PDS. Bei den Volkskammerwahlen im März 1990 erreichte sie 16,4 Prozent der Stimmen. Zwar hatten sich somit fast 84 Prozent der DDR-Bürger gegen ihre ehemalige Staatspartei entschieden, aber die PDS bewies zugleich, dass sie auch bei demokratischen Wahlen im Osten Deutschlands auf eine beträchtliche Anhängerschaft zählen konnte. Der Par-teivorsitzende Gysi, der sich in der Öffentlichkeit inzwischen einen Namen gemacht hatte, führte die drittstärkste Volkskammerfraktion an. Im Sommer 1990 versuchte die Partei, sich auf zwei Konferenzen über die Punkte „De-mokratischer Sozialismus" und „Erneuerung" zu verständigen. Es wurde viel geredet und wenig geklärt. Die PDS war auf dem absteigenden Ast, wie die ostdeutschen Landtagswahlen am 14. Oktober 1990 zeigten. Zwischen zwei und sieben Prozent verlor die Partei gegenüber ihrem Ergebnis bei den Volkskammerwahlen. Eine bedeutsame politische Größe, die drittstärkste Partei im Osten, war sie mit Prozentanteilen zwischen 9,7 Prozent in Thürin-gen und 15,7 Prozent in Mecklenburg-Vorpommern allerdings noch immer.

Mitverantwortlich für den Niedergang im Ansehen war ein Finanzskan-dal, der die Partei an den Rand der Auflösung brachte. Nachdem im Juni 1990 die „Unabhängige Kommission zur Überprüfung des Vermögens der Parteien und Massenorganisationen der DDR" 107 Millionen DM der PDS auf dem Konto der Firma Putnik entdeckte, wurde der Betrag gesperrt, die PDS-Zentrale sowie die Büros von Gregor Gysi und Hans Modrow aufgrund der illegalen Transaktion durchsucht. Die PDS-Führung stand mit dem Rücken zur Wand und verzichtete nicht nur auf die Auslandskonten der SED, von denen sie nach ihren Angaben zu einem bedeutenden Teil gar nichts wusste, sondern auch auf den Hauptteil des Immobilienbesitzes der ehemaligen Staatspartei.

Bei den Bundestagswahlen 1990 erreichte die PDS 2,4 Prozent der Stimmen. Wegen der einmaligen Teilung in die Wahlgebiete West und Ost reichte der Partei die Überwindung der Fünf-Prozent-Hürde im Osten, um 17 Mandate zu erringen. Zum ersten Mal nach 1949 war damit eine linksextre-me Partei im Bundestag vertreten. Für die PDS war das Ergebnis dennoch alarmierend. Im Westen blieb ihr Wähleranteil im Promillebereich und selbst im Osten war ihr Anteil inzwischen auf 11,1 Prozent zusammengeschmol-zen. Aufgrund der Mitgliederentwicklung und des schrumpfenden Wähler-anteils prophezeite mancher der PDS den nahenden Untergang. Zudem beu-telten die Partei Enthüllungen über die informellen Tätigkeiten führender

Parteifunktionäre wie André Brie für das „Ministerium für Staatssicherheit". Gysi war über Bries Arbeit für das Ministerium informiert, verschwieg es aber. Auch auf ihm selbst lastete bald der Verdacht, Zuträgerdienste für die „Staatssicherheit" geleistet zu haben. Der Fall Brie führte zu Gysis Rücktritt als Parteivorsitzender. Nachfolger wurde 1992 Lothar Bisky, der aus politischer Überzeugung 1959 von der Bundesrepublik in die DDR übergesiedelt war. Gysi blieb aber Vorsitzender der PDS-Gruppe im Bundestag.

Ein besseres Image versuchte die PDS zeitweilig durch die Gründung der so genannten „Komitees für Gerechtigkeit" zu gewinnen, an denen sich auch der CDU-Politiker Peter-Michael Diestel beteiligte. Die Westausdehnung der PDS machte Fortschritte, allerdings im Schneckentempo. Hatten bis 1991 im Westen nur 600 Mitglieder zur PDS gefunden, so waren es bis 1994 1.400. Die wenigen Neuzugänge im Westen konnten freilich die immensen Mitgliederverluste im Osten nicht ausgleichen.

Tabelle 13: Mitgliederentwicklung der SED, SED-PDS, PDS 1989-2002

Jahr	Mitglieder	Jahr	Mitglieder	Jahr	Mitglieder
1989 (Aug.)	2.300.000	1993	131.000	1999	94.000
1989 (Okt.)	1.800.000	1994	124.000	2000	88.600
1990 (Jan.)	700.000	1995	121.000	2001	83.000
1990 (Dez.)	285.000	1996	110.000	2002	78.000
1991	172.000	1997	105.000	2003	71.000
1992	147.000	1998	96.500		

Quelle: Gerundete Parteiangaben, Bundesamt für Verfassungsschutz

Obwohl der PDS bis Ende 1993 nur rund 131.000 Mitglieder blieben, befand sie sich in der Wählergunst im „Superwahljahr" 1994 im Aufwind. Bei den Europawahlen im Juni blieben ihr mit 4,7 Prozent der Stimmen die Parlamentstüren noch verschlossen, bei den Bundestagswahlen konnte die PDS sie dagegen mit 4,4 Prozent wegen des Gewinns von vier Direktmandaten im Osten Berlins (durch Gregor Gysi, Stefan Heym, Christa Luft und Manfred Müller) aufstoßen und 30 Parlamentssitze besetzen. Im Osten Deutschlands trumpfte sie mit Werten zwischen 16,7 Prozent (Sachsen) und 23,6 (Mecklenburg-Vorpommern) auf. Im Osten Berlins erreichte die PDS gar 34,7 Prozent der Stimmen. Die Gunst der westdeutschen Wählerschaft blieb der Partei jedoch weiterhin verwehrt. Ein Landtagsmandat im niedersächsischen

Landtag konnte die PDS nur durch den Übertritt eines Abgeordneten von Bündnis 90/die Grünen zur PDS erreichen.

Die Bastionen der PDS liegen im Osten. Aufsehen in der Öffentlichkeit erregte das Nachspiel zur Landtagswahl in Sachsen-Anhalt. Die SPD und die Grünen entschlossen sich, eine Minderheitenregierung zu bilden und sich von der PDS tolerieren zu lassen („Magdeburger Modell"). Nach den Wahlen in Mecklenburg-Vorpommern führte die SPD mit der PDS gar Koalitionsgespräche. Schließlich entschied sie sich aber für eine große Koalition mit der CDU. Der SPD-Parteichef Rudolf Scharping trat wiederholt vehement für eine Abgrenzung zur PDS ein. Ende 1994 schloss der Parteivorstand der SPD Koalitionen auf Landes- oder Bundesebene mit der PDS aus.

Bei der Bundestagswahl 1998 konnte die PDS mit 5,1 Prozent die Sperrklauselknapp überwinden. Anschließend war sie in Fraktionsstärke im Bundestag vertreten. Einen weiteren bedeutenden Schritt hin zu ihrer Etablierung im deutschen Parteiensystem machte die PDS nach den Landtagswahlen 1998 in Mecklenburg-Vorpommern. Die SPD entschloss sich unter Führung ihres Landesvorsitzenden Harald Ringstorff, keine „Große Koalition", sondern eine „rote" Koalition mit der PDS einzugehen. Am 3. November 1998 traten somit zum ersten Mal seit der Übergangsphase 1945 bis 1949 extreme Linke in eine Landesregierung ein. Der Landeschef der PDS, Helmut Holter, wurde stellvertretender Ministerpräsident.

Auch bei der Europawahl im Juni 1999 war die PDS auf Erfolgskurs und konnte mit 5,8 Prozent erstmals ins Europäische Parlament einziehen. Die sechs Parlamentarier der PDS schlossen sich dem europäischen Zusammenschluss linksextremer Parteien der „Konföderalen Fraktion der Vereinigten Europäischen Linken/Nordisch Grün-Linke" an. Neben der PDS gehören zu dieser Fraktion Vertreter von elf Parteien, u.a. den kommunistischen Parteien Frankreichs, Griechenlands, Italiens und Portugals. Als zweitstärkste Gruppierung in der Fraktion stellt die PDS mit Sylvia-Yvonne Kaufmann die stellvertretende Vorsitzende.

Im Osten etablierte sich die Partei dagegen über der 20-Prozent-Marke. Ging sie aus den Wahlen am 5. September 1999 in Brandenburg mit 23,3 Prozent der Stimmen „nur" als drittstärkste Kraft hervor, verdrängte sie am 12. September im Thüringen mit 21,3 Prozent und eine Woche später in Sachsen mit 22,2 Prozent die SPD vom zweiten Platz. Selbst bei den Landtagswahlen in Berlin kam das PDS-Ergebnis mit 17,7 Prozent jenem der SPD mit 22,4 Prozent bereits recht nahe.

Charakteristisch für die PDS ist, dass sie im Osten antiwestliche Ressentiments bedient, während sie sich im Westen als gesamtdeutsche sozialistische Partei präsentiert. Kühn wagte die PDS den programmatischen Spagat zwischen den miteinander unvereinbaren Ideen des Sozialdemokraten Eduard Bernstein und des Kommunisten Lenin. Ein wichtiger Bezugspunkt bildete für die PDS auch das Konzept zur Gewinnung der „kulturellen Hegemonie" des italienischen Kommunisten Antonio Gramsci. Voraussetzung für die Erringung der politischen Macht ist demnach die Verbreitung des eigenen Ideenguts in den Köpfen der Menschen. Das von einer Fortexistenz der DDR ausgehende Programm von 1990 erledigte sich umgehend. Im Parteiprogramm von 1993 heißt es, bei allen Verschiedenheiten eine die Mitglieder der PDS der Wille zur Überwindung der Vorherrschaft des Privateigentums an Produktionsmitteln.

Die Rhetorik der PDS ist verglichen mit der DKP oder gar der KPD milde, gleichwohl bleibt ihr Ziel eine Überwindung des „Kapitalismus" und die Errichtung des „Sozialismus". So erklärt die Partei in ihrem Programm von 1993: „Die Existenzkrise der Zivilisation macht die Umwälzung der herrschenden kapitalistischen Produktions- und Lebensweise zu einer Frage menschlichen Überlebens." Um Missverständnissen entgegenzuwirken, bekräftigen PDS-Funktionäre wie der Sprecher des PDS-Parteirats Dietmar Bartsch immer wieder, es gehe nicht um eine Reform, sondern um die Überwindung der „in den Eigentumsverhältnissen wurzelnden kapitalistisch geprägten Machtstrukturen" (Junge Welt vom 30. März 2000).

In ihrem bis Herbst 2003 gültigen Programm bezeichnete die PDS den „außerparlamentarische[n] Kampf um gesellschaftliche Veränderungen" als entscheidend, sie kündigte jedoch an, auch „um parlamentarische Stärke" zu ringen und dann auch parlamentarische Arbeit zu leisten. Der Zuspruch des Vorrangs für den „Kampf" außerhalb der Parlamente beinhaltet Vorbehalte gegen den Charakter der repräsentativen Demokratie.

Ebenso wie die Mitglieder der KPF agitieren die Anhänger des „Marxistischen Forums der PDS" (MF) gegen den demokratischen Verfassungsstaat. Die DDR war in den Augen der überwiegenden Mehrheit der „Orthodoxen" in der PDS keine Diktatur, die Bundesrepublik keine Demokratie. Aus dieser Sicht dient die parlamentarische Demokratie den „Kapitalisten" und verschleiert deren Interessen. Die KPF bezeichnete in ihren programmatischen Erklärungen daher eine „revolutionäre Überwindung" des „Kapitalismus" und damit auch der „bürgerlichen Demokratie" als „unumgänglich" (KPF 1997: S. 5). Im Sprachrohr der Strömung, dem „Marxistischen Forum", erklärte ein Mitglied: „Ein anderer Irrtum ist es, den Sozialismus auf demokratische Weise erreichen zu wollen" (Marxistisches Forum vom Januar 2000). Die Mitarbeit in Parlamenten oder gar Regierungen der „bürgerlichen Demokratie" beurteilten KPF und MF äußerst skeptisch. KPF und MF huldigen einem identitären Demokratieverständnis (Lang 2003: S. 65). Sie unterstellen, dass ihr Ziel einer „sozialistischen Demokratie", sprich einer kommunistischen Diktatur, den Interessen einer breiten Bevölkerungsmehrheit entspreche.

Die Mehrheit der Parteibasis im Osten dürfte eine Mittelposition zwischen den Ansichten der „Reformer" und der „Orthodoxen" vertreten. In der Beurteilung der Aktivisten der westlichen Landesverbände unterscheiden sie sich allerdings mehrheitlich kaum von jenem der demokratietheoretischen Außenbetrachtung. 75 Prozent der Ost-Mitglieder stimmten der Aussage zu, in den westlichen Landesverbänden gebe es „zu viele ideologische Wirrköpfe" (Chrapa/Wittich 2001: S. 18). Für wirr dürfte die Mehrheit der Parteibasis im Osten auch die Autonomen und ihre Aktionen halten. Dennoch schlägt die PDS vor allem im Westen Brücken zu den Autonomen, die meist unter dem Stern eines Zweckbündnisses gegen „Faschisten" stehen. Die PDS-Bundestagsabgeordnete Angela Marquardt ist mit ihrer Nähe zu autonomen Ansichten allerdings nicht repräsentativ für die PDS.

Ende 2000 ging die Ära von Bisky und Gysi zu Ende. An die Spitze der PDS trat Gabriele Zimmer, die bis dahin wenig von sich reden gemacht hatte. Zimmer, ehemalige Mitarbeiterin der SED-Parteileitung im Fahrzeug- und Jagdwaffenwerk Suhl, war für „Reformer" wie „Orthodoxe" akzeptabel. Nachfolger Gysis als Vorsitzender der PDS-Bundestagsfraktion wurde der frühere Funktionär der „Freien Deutschen Jugend" (FDJ), Roland Claus. Unter der neuen Führung gewann der Richtungswechsel hin zur Demokratie zunächst Konturen. Anlässlich des 55. Jahrestags der SED-Gründung erklärte Gabriele Zimmer im April 2001 zusammen mit Petra Pau, der Zusammenschluss von KPD und SPD habe sich „auch mit politischen Täuschungen, Zwängen und Repressionen vollzogen" (PDS-Pressedienst vom 20. April 2001). Beide wussten, dass diese Erklärung keineswegs als Parteitagsbeschluß durchsetzbar war. Für den Vorstoß mussten sie von ihren Genossen viel Prügel einstecken, vor allem von KPF und MF. Zu Zwistigkeiten führte eine Woche später auch der von Gabriele Zimmer zusammen mit Dieter Klein, André und Michael Brie am 27. April vorgestellte Entwurf eines neuen Parteiprogramms. Vor allem die Erklärung, dass „Unternehmertum" und „Gewinninteresse" wichtige „Bedingungen für Innovation und Effizienz" seien, sorgte für heftigen widerstand von KPF und MF.

Bemerkenswert ist die Erklärung der PDS zum 40. Jahrestag des Beginns des Mauerbaus in Berlin am 13. August 1961. Sie enthielt eine klare Absage an das diktatorische Motto „Der Zweck heiligt die Mittel". Umfassend erfolgte die Distanzierung von Lothar Bisky und Gabriele Zimmer dann anlässlich der Vorstellung des neuen Programmentwurfs der PDS-Parteiführung im August 2003: „Menschenrechtsverletzungen, begangen im Namen des Sozialismus, sind nicht zu rechtfertigen und als das zu charakterisieren, was sie sind: Verbrechen an Menschen und am Sozialismus. Der Zweck heiligt keine Mittel". Diese Erklärungen sind wichtige Indizien einer Hinwendung der Parteiführung zur Demokratie. Sie siedeln weit näher an der Sichtweise der demokratischen Bundestagsparteien als an jener der DKP. Der DKP-Parteivorstand erklärte etwa zum Mauerbau im Jahr 2002: „Der ‚Antifaschistische Schutzwall' trug seine Bezeichnung zu Recht." Er diente dazu, den „kapitalistischen" Gegner, in seine „Schranken zu weisen". Das Fazit lautete: „Dafür brauchen wir uns nicht zu entschuldigen".

Einen ihrer größten Erfolge erlangte die PDS bei den Wahlen zum Berliner Senat im Oktober 2001. Mit 22,6 Prozent lag der Stimmenanteil der PDS kaum hinter jenem der CDU (23,8 Prozent). Im Osten Berlins war die PDS mit 47,6 Prozent doppelt so stark wie der Wahlgewinner SPD und fast vier Mal so stark wie die CDU. Im Westen Berlins konnte die Partei immerhin 6,9 Prozent der Stimmen auf sich vereinen. Sah es nach den Wahlen zunächst nach einer „Ampelkoalition" (SPD/FDP/Grüne) aus, so kam es schließlich zur Regierungsbeteiligung der Postkommunisten in der deutschen Hauptstadt Berlin.

Die PDS-Führung unter Bisky wie Zimmer setzte immer stärker auf eine Zusammenarbeit mit der SPD, nicht mit der DKP. Die normative Kraft des Faktischen, die eine solche Annäherung an die Sozialdemokratie entfaltet, ist nicht zu unterschätzen. In der Präambel des Berliner Koalitionsvertrags akzeptiert die PDS die Verantwortung der SED – und damit eben auch der aus ihr hervorgegangenen PDS – für den Bau der Berliner Mauer und die Menschenrechtsverletzungen in der DDR.

Fiel nach den Berliner Senatswahlen der Startschuss für eine rot-rote Koalition, so wurde im April 2002 das „Magdeburger Modell", die Tolerierung einer SPD-Regierung durch die PDS, abgewählt. Den Schaden trug die SPD davon, die von 35,9 auf 20 Prozent der Stimmen fiel. Die PDS konnte demgegenüber ihren Stimmanteil sogar von 19,6 auf 20,4 Prozent leicht verbessern. Erfolg und Misserfolg lagen für die PDS nahe beieinander.

Die Bundestagswahl 2002 brachte ein Desaster für die PDS. Ihr Stimmanteil sank auf vier Prozent. Im Unterschied zu 1994 und 1998 gelang es ihr auch nicht, drei Direktmandate zu erringen. Lediglich Petra Pau und Gesine Lötzsch gewannen ihre Berliner Wahlkreise und erheben als weitgehend einflusslose fraktionslose Abgeordnete im Namen der PDS in neuen Bun-

destag ihre Stimme. Der Einbruch ist auch auf den Rücktritt des Aushänge-
schilds Gysi als Berliner Wirtschaftssenator aufgrund der privaten Verwendung von dienstlich erworbenen Bonusmeilen bei der Lufthansa zurückzuführen. Als Folge des Wahlergebnisses brachen Streitereien an der Füh-
rungsspitze der PDS aus. Im Kern ging es um die Frage, wie der Anspruch
der „Systemüberwindung" mit der Mitwirkung in Landesregierungen vereinbar ist. Im Juni 2003 wurde Lothar Bisky, der mit seiner Kandidatur lange
gezögert hatte, auf einem Sonderparteitag ein zweites Mal zum Vorsitzenden
gewählt, um die PDS aus der Krise zu führen. Ihm gelang es in den folgenden Monaten, die seit Jahren andauernde Debatte um ein neues Programm zu
Ende zu führen. Ideologisch bleibt nach wie vor offen, wofür die PDS eigentlich steht. Nach den Worten ihrer Ex-Vorsitzenden will die PDS „weder
sozialdemokratische noch kommunistische Partei" (Disput vom Oktober
2002) sein. Auf der Pressekonferenz am 25. August 2003 machten Lothar
Bisky und Gabriele Zimmer anlässlich der Vorstellung des neuen Programmentwurfs klar, dass die PDS nicht auf die Verstaatlichung oder Abschaffung des Privateigentums ziele. Es gehe ihr vielmehr um eine „Durchsetzung der Sozialpflichtigkeit des Eigentums (Art. 14 GG) und um politische Eingriffe in die Verfügungsgewalt über Eigentum, dort, wo das Allgemeinwohl bedroht oder verletzt" werde. Das Spannungsverhältnis dieser
Vorstellung zur Demokratie lässt sich mittels zwei Nachfragen verdeutlichen: Wer definiert das Allgemeinwohl und wer, wann es verletzt ist? Welche „politischen Eingriffe" in die Rechte der Eigentümer erscheinen der PDS
gerechtfertigt? Trotz solcher offener Fragen wurde das im Oktober 2003 in
Chemnitz verabschiedete neue Grundsatzprogramm der PDS von der Presse
weithin als erstmaliges Bekenntnis der Partei zu Marktwirtschaft und Ge-
winnstreben gelesen. Der Dreh- und Angelpunkt des Programms ist allerdings noch immer folgende Parole: „Wir kämpfen für die Überwindung des
Kapitalismus" (PDS 2003: S. 39). In der kommunistischen Terminologie war
dabei stets mit Kapitalismus nicht nur das Wirtschaftssystem, sondern auch
die „bürgerliche Demokratie" gemeint. Die inhaltliche Ausführung der martialischen Parole gibt jedoch Anlass zu einer weitgehenden Entwarnung. Es
soll nicht so heiß gegessen werden, wie es im Rezept steht. Die konkreten
politischen Forderungen im Programm (z.B. die Erhöhung von Vermögens-
und Erbschaftssteuer) sind eher auf eine Reform des „Kapitalismus" als auf
dessen revolutionäre Überwindung angelegt. Verstaatlichungsforderungen
der PDS richten sich gegen das „Großkapital", nicht gegen den Mittelstand.
Die erstmalige Bejahung von Militäreinsätzen mit UN-Mandat milderte zudem die bisherige Radikalität des außenpolitischen Profils deutlich. Klarer

als bisher fällt auch die Distanzierung von der kommunistischen Praxis in DDR und Sowjetunion aus. So ist nicht mehr nur von Fehlern und Versäumnissen, sondern auch von Verbrechen der SED die Rede (Ebd.: S. 13).

Die PDS hat sich ideologisch von ihrem kommunistischen Ursprung entfernt. Wenn sich eine Partei auch danach beurteilen lässt, wer ihre internationale Bundesgenossen sind, dann scheint sich die PDS im weitesten Sinne aber noch immer zum kommunistischen Lager zu rechnen. Strategie- und Ideologiediskussionen führt die PDS mit den kommunistischen Parteien Italiens, Spaniens und Tschechiens, nicht aber mit exkommunistischen, sozialdemokratischen Parteien wie der italienischen PDS. Aufschlussreich für das Herrschaftsziel der PDS ist auch, dass auf dem Parteitag 2002 zu einer Verstärkung der Unterstützung der gesamten Partei mit der sozialistischen Diktatur Kuba aufgerufen wurde und dies trotz (Reformer) oder auch gerade wegen (KPF) der ideologischen Halsstarrigkeit Fidel Castros und seiner Getreuen, die zuletzt 2003 die Schatten des Kriegs gegen das Regime Saddam Husseins im Irak nutzten, um handstreichartig gegen kubanische Oppositionelle vorzugehen.

Im Unterschied zu den Reformern in der PDS weiß der in KPF und MF organisierte kommunistische Teil der Partei genau, wohin nach ihrer Ansicht die Reise der PDS gehen soll. So heißt es in einem Antrag des MF Sachsens sowie der KPF aus Mecklenburg-Vorpommern, Niedersachsen und Sachsen: „Die PDS erstrebt die Umwälzung der kapitalistischen Lebens- und Produktionsweise in der Bundesrepublik und den Aufbau einer sozialistischen Politik […] Das strategische Ziel der PDS ergibt sich aus der wissenschaftlichen Analyse der kapitalistischen Gesellschaft vor allem durch Marx, Engels, Lenin und viele andere Theoretiker der Arbeiterbewegung" (Antragsheft zum 7. Parteitag der PDS am 16./17. März 2002 in Rostock).

4.5 Vergleichende Betrachtungen

Anders als beim Bereich des Rechtsextremismus lässt sich eher von zwei als von drei Wellen des Linksextremismus sprechen. In der ersten Phase konnte die KPD mit ihren zahlreichen Regierungsbeteiligungen, dem nahezu flächendeckenden Einzug in die ersten Landtage sowie in den Bundestag für Furore sorgen. Nach dem Verbot der KPD gab es keine politisch bedeutsame linksextreme Kraft mehr. Der DKP und noch weniger den K-Gruppen gelang es in den 60er, 70er und 80er Jahren nennenswerte politische Erfolge zu erringen. Bereits vor dem Verbot der KPD stießen deren antikapitalistische

Parolen angesichts des „Wirtschaftswunders" der 50er Jahre auf immer geringere Zustimmung. Ein Grundproblem von KPD und DKP war, dass sie durch ihre Unterwürfigkeit gegenüber der KPdSU und der SED für deren Fehler und Verbrechen mitverantwortlich gemacht wurden. Im Falle eines Falles hätten sie ja auch genauso wie diese geherrscht. Diese Einbindung und die dogmatische Ausrichtung am Marxismus-Leninismus führten dazu, dass KPD und DKP nur sehr träge auf politische Probleme reagierten. Lösungsvorschläge bedurften nach einer langwierigen innerparteilichen theoretischen Grundsatzdebatte der Absprache mit Moskau (Stöss 1983b: S. 263). Schädlich für die Wahlchancen der kommunistischen Parteien wirkte sich zudem aus, dass die Verhältnisse in der DDR auf die westdeutsche Bevölkerung nicht anziehend, sondern in einem zunehmenden Maße abstoßend wirkten.

Die zweite Welle linksextremer Erfolge in der Bundesrepublik löste paradoxerweise der Untergang der kommunistischen Diktaturen Osteuropas aus. Dreimal gelang es der PDS in den Bundestag einzuziehen, wenn auch zweimal nur aufgrund wahlrechtlicher Besonderheiten. Im Osten Deutschlands ist die PDS mit Wähleranteilen von rund 20 Prozent eine Partei, an der ihre Konkurrenten kaum vorbeikommen. War ab Anfang der 50er Jahre eine Regierungsbeteiligung von KPD und DKP undenkbar, so konnte in Berlin und Mecklenburg-Vorpommern die PDS inzwischen auf den Regierungsbänken Platz nehmen. Die PDS ist damit mit Abstand die erfolgreichste linke Flügelpartei in der Geschichte der Bundesrepublik Deutschlands. Der Grund für diesen Erfolg lag nicht in einer Veränderung der ideologischen Neigungen der Bürger Westdeutschlands, sondern im Beitritt des ehemals kommunistisch regierten Ostdeutschlands zum Bundesgebiet. Während die PDS in den ostdeutschen Parlamenten die zweit- oder drittstärkste Fraktion stellt, gelang es ihr nicht in ein westdeutsches Parlament einzuziehen. Die Konzentration der Anhängerschaft in Ostdeutschland wurzelt in erster Linie in der spezifisch ostdeutschen Prägung der PDS. Es wäre jedoch falsch anzunehmen, die Partei würde nur als Vertreter gegenwärtiger ostdeutscher Interessen gewählt. Der Grund für den großen Zuspruch für eine linke Flügelpartei liegt vielmehr nicht zuletztdarin, dass aufgrund der Prägung durch die DDR Sympathien für antikapitalistische, sozialistische Ideen in Ostdeutschland in der Bevölkerung auf weit mehr Zuneigung stoßen als in Westdeutschland (Gerth 2003). Die PDS ist mithin ein „ostalgischer Schutzpatron" (Stöss/ Neugebauer 1996: S. 162).

Wer KPD und DKP vergleicht, kann programmatisch und organisatorisch nur geringe Unterschiede feststellen. Die größere Aggressivität der KPD zwischen 1948 und 1953 wurzelt im Einfluss Stalins. Zum Zeitpunkt der Entstehung der DKP war die Abkehr von Stalin in der Sowjetunion bereits erfolgt. Wäre die KPD ab 1956 nicht verboten gewesen, hätte sie 1968 wohl kaum anders ausgesehen als die DKP. Wie in allen kommunistischen Parteien galt in KPD und DKP als Organisationsprinzip der „demokratische Zentralismus". Dies beinhaltete stets das Verbot der Herausbildung von innerparteilichen Fraktionen, die der Parteiführung widersprechen. Noch nach dem Untergang der kommunistischen Diktaturen hielt die DKP an diesen Prinzipien fest. Am extremistischen Charakter von DKP und KPD kann es keinen Zweifel geben.

Tabelle 14:   Ergebnisse linker Flügelparteien bei den Bundestagswahlen 1949-2002 (in Prozent)

	49	53	57	61	65	69	72	76	80	83	87	90	94	98	02
ADF	-	-	-	-	-	0,6	-	-	-	-	-	-	-	-	-
BdD	-	-	0,2	-	-	-	-	-	-	-	-	-	-	-	-
DFU	-	-	.-	1,9	1,3	-	-	-	-	-	-	-	-	-	-
DKP	-	-	-	-	-	-	0,3	0,3	0,2	0,2	-	-	-	-	0,0
KBW	-	-	-	-	-	-	-	0,1	0,0	-	-	-	-	-	-
KPD (1)	5,7	2,2	-	-	-	-	-	-	-	-	-	-	-	-	-
KPD (2)	-	-	-	-	-	-	-	0,1	-	-	-	-	-	-	-
MLPD	-	-	-	-	-	-	-	-	-	-	0,0	-	0,0	0,0	-
PDS	-	-	-	-	-	-	-	-	-	-	-	2,4	4,4	5,1	4,0
Gesamt	5,7	2,2	0,2	1,9	1,3	0,6	0,3	0,5	0,2	0,2	0,0	2,4	4,4	5,1	4,0

Quelle: Zusammenstellung nach den amtlichen Wahlstatistiken. Hinter dem Namen KPD verbergen sich zwei verschiedene Parteien. Erstens die an der Sowjetunion und der DDR orientierte und 1952 verbotene KPD; zweitens die 1976 zur Bundestagswahl kandidierende maoistische KPD.

In Politik wie Politikwissenschaft ist dagegen die Einordnung der PDS umstritten. Die deutsche Demokratie hat die PDS stärker verändert als die PDS diese. Die PDS ist die umbenannte SED und doch hat sie sich – die Parteiführung stärker als die Parteibasis – programmatisch weit von ihren kommunistischen Wurzeln entfernt. Nach ihrer Umbenennung von SED in PDS hatte die Partei bewusst das Ansinnen der DKP nach einer Vereinigung zum

Zweck der Rekonstruktion der KPD abgelehnt (Wilke 1991: S. 155). Auf der Suche nach dem Gral des Sozialismus rezipiert die Partei von KPD wie DKP verpönte Denker wie den italienischen Kommunisten Antonio Gramsci. Selbst Sozialdemokraten wie Eduard Bernstein rechnet mancher in der PDS zu seinen Vordenkern. Gero Neugebauer kam 2001 zu folgendem Urteil: „Die PDS ist keine extremistische Partei: sie ruft zum Gewaltverzicht auf und propagiert friedliche Konfliktlösungsstrategien: eine gewisse verbale Militanz in randständigen Parteikreisen bestimmt nicht die Parteipolitik" (Neugebauer 2001). Eine Kernthese des Buchs „Linksextremismus. Eine unterschätzte Gefahr" von Jürgen Lang und Patrick Moureau war dagegen: „Die PDS stellt eine Gefahr für den demokratischen Verfassungsstaat dar, zumal sie erhebliche Anziehungskraft auf die linksextreme ‚Szene' ausübt" (Lang/Moreau 1996: S. 23). 2002 kam Patrick Moreau zu dem Ergebnis, die PDS stehe „immer noch in klarem Widerspruch zu der freiheitlich-demokratischen Grundordnung" (Moreau 2002). Ähnlich sahen dies auch Jürgen Lang und Viola Neu (Lang/Neu 2002: S. 56).

Die Wahrheit liegt wohl zwischen den beiden Polen. Die PDS ist keine Gefahr für den Bestand der bundesdeutschen Demokratie, aber eine ihrer Stützen ist sie ebenso wenig. Die PDS ist eine Partei des „dritten Weges" (Gysi 1990). Sie ist geistig vom sowjetischen Weg abgekommen, aber noch immer deutlich entfernt vom Weg der westlichen Demokratien. Der Wunschkurs geht auch 2003 noch in Richtung der „Systemüberwindung" in einem „langfristigen Entwicklungsprozess" (PDS-Pressedienst vom 10. Mai 2002). Wäre das nicht ein Widerspruch in sich, ließe sich diese Strategie der PDS als ein Konzept der evolutionären Revolution bezeichnen. Das diffuse Mit- und Gegeneinander der Parteiströmungen schlägt sich auch in der Bewertung dieser Partei in der folgenden Tabelle nieder. Den derzeit den Parteikurs bestimmenden Reformerflügel bewerte ich als semidemokratisch, KPF(KPF und MF dagegen als autoritäre Varianten linksextremer Strömungen.

Tabelle 15: Extremismustheoretische Bewertung von KPD, DKP, PDS (Reformer) und PDS (KPF, MF)

	KPD	**DKP**	**PDS (Reformer)**	**PDS (KPF, MF)**
Ideologie	autoritär-totalitär	autoritär	semidemokratisch	autoritär

5. Intellektuelle Ausprägungen der politischen Extreme

5.1 „Neue Rechte"

Die „Neue Rechte" kam in Deutschland in den 60er Jahren auf. Wenn auch bereits in den 50er Jahren in rechtsextremen Zirkeln Ideen eines „neuen Nationalismus" kreisten, so war die Gründung der Zeitschrift „Junges Forum" doch ein wichtiger intellektueller Impuls für die Szene. Ab 1967 begann in diesen Kreisen analog zum Etikett „Neue Linke" die Selbstbezeichnung „Neue Rechte" zu kursieren. Eine Art verspäteter Gründungsaufruf stammte von Wolfgang Günther (Pseudonym: Gert Waldmann): „Wir müssen von der Neuen Linken lernen. Lernen etwa, dass die Gesellschaft revolutioniert werden muss, dass in der Gesellschaft keine Tradition heilig ist, dass Staat niemals von vornherein gut ist, dass das Establishment auch unser Gegner ist. Lernen auch, dass Unruhe die erste Bürgerpflicht ist, dass nur Aktionen Erfolg bringen" (Waldmann 1969: S. 23 f). Die „Neue Rechte" kam aber über die Bildung intellektueller Zirkel nicht hinaus. Zeitgleich entwickelte sich in Frankreich eine erfolgreichere „Neue Rechte" um Alain de Benoist. Sie ist der geistige Nachfahre der „Konservativen Revolution", die in der „Weimarer Republik" um Anhängerschaft buhlte.

Edgar Julius Jung, ein führender Kopf unter den rechtsextremen Intellektuellen, später von den Nationalsozialisten umgebracht, definierte den Leitbegriff folgendermaßen: „Konservative Revolution nennen wir die Wiederinachtsetzung aller jener elementaren Gesetze und Werte, ohne welche der Mensch den Zusammenhang mit der Natur und mit Gott verliert und keine wahre Ordnung aufbauen kann. An die Stelle der Gleichheit tritt die innere Wertigkeit, an die Stelle der mechanischen Wahl das organische Führerwachstum, an Stelle bürokratischen Zwangs die innere Verantwortung echter Selbstverwaltung, an die Stelle des Massenglücks das Recht der Volksgemeinschaft" (Jung 1932: S. 380).

Die „Konservative Revolution" wie die „Neue Rechte" umfassen die Strömungen der „Nationalrevolutionäre" und „Jungkonservativen". Die

„Neue Rechte" unterscheidet sich von ihrem Vorbild einzig durch eine weitgehende Überwindung romantischer Irrationalismen. Als wesentlich neues Element der „Neuen Rechten" gilt gemeinhin, dass sie sich auf den italienischen Kommunisten Antonio Gramsci beruft und danach strebt, die „kulturelle Hegemonie" zu erringen, um auf dieser Grundlage die politischen Verhältnisse umzuwälzen. Aber auch das Konzept der „Metapolitik" propagierten rechtsextreme Intellektuelle bereits in den 30er Jahren. Arthur Moeller van den Bruck nannte es sogar das entscheidende Merkmal, durch das sich die „Konservativen Revolutionäre" von den Reaktionären unterscheiden, die an das Kaiserreich anknüpfen wollten. Neben van den Bruck sind als „jungkonservative" Denker Edgar Julius Jung, Oswald Spengler, Othmar Spann und Carl Schmitt zu nennen, während Ernst von Salomon, Karl Otto Paetel, Ernst Niekisch, Georg Friedrich und Ernst Jünger den „Nationalrevolutionären" zuzurechnen sind. Die beiden Geistesströmungen weisen deutliche Unterschiede auf. Bei den „Jungkonservativen" kreist das Denken um den Staat, bei den „Nationalrevolutionären" um das Volk. Die „Nationalrevolutionäre" setzen auf eine Verwischung der bisherigen politischen Unterscheidung in rechts und links. Charakteristisch sind sozialrevolutionäre Parolen und die strikte Ablehnung des „Kapitalismus". Für diese Geistesströmung hat das revolutionäre Element wesentliche Bedeutung, während es bei den „Jungkonservativen" kaum in Erscheinung tritt. Letztere sind daher als diejenige Gruppierung der „Konservativen Revolution" und analog der „Neuen Rechten" anzusehen, die dem gemäßigten Konservatismus am nächsten steht. Auch das Bekenntnis zum Christentum zeigt eine enge Verwandtschaft, während die „Nationalrevolutionäre" mit ihren neuheidnischen Ideen scharf davon abstechen.

Setzten die „konservativen Revolutionäre" noch eher auf das Führerprinzip, das keine demokratischen Wahlen vorsieht, ist der „Neuen Rechten" wie fast allen extremen Denkströmungen ein identitäres, aber mit Wahlen verbundenes Demokratieverständnis eigen. Typisch sind folgende Kernaussagen des französischen Vordenkers der „Neuen Rechten", Alain de Benoist: „In einem System echter Volkssouveränität erhält [im Unterschied zur repräsentativen Demokratie] der gewählte Kandidat den Auftrag, den Willen des Volkes und der Nation zum Ausdruck zu bringen". „Der Pluralismus hat Grenzen. Er muss dem Gemeinwohl untergeordnet sein" (Benoist 1986: S. 119, 121).

In Deutschland schien es zunächst, als bestünde die „Neue Rechte" ausschließlich aus „Nationalrevolutionären". 1971 spaltete sich unter Führung von Siegfried Pöhlmann die „Aktion Neue Rechte" von der NPD ab, nachdem es

Pöhlmann nicht gelungen war, die Partei auf seinen „nationalrevolutionären" Kurs einzustimmen. In einer Grundsatzerklärung definierte er die Ideologie der Bewegung als einen „antimarxistischen", „europäischen Sozialismus" und einen „antiimperialistischen Befreiungsnationalismus". Der theoretische Kopf der „Nationalrevolutionäre" Deutschlands wurde Henning Eichberg, der enge Verbindungen zur französischen „Neuen Rechten" pflegte.

Nach Ansicht der „Neuen Rechten" führt die moderne Massengesellschaft in den Verfall. Als Hauptursachen der Dekadenz gelten Christentum, Liberalismus, Judentum und Marxismus. Aus dieser Sicht untergraben Gleichheitslehren das kulturelle Erbe des Abendlandes. Distanzieren sich die Vertreter der „Neuen Rechten" von einem wertenden Rassismus, der eine Rangfolge der „Rassen" beinhaltet, so propagieren sie einen „Ethnopluralismus". Die gemeinsame Grundlage dieses Konzepts mit jenem des klassischen Rassismus ist der Glaube, dass Völker ethnisch homogen sein müssen. Die Vermischung von Völkern führe zu Sittenverfall und in letzter Konsequenz zum „Ethnozid". Nur im Rahmen seines Volkes könne der Mensch kulturschöpferisch wirken. Wie klassische Rassisten wollen deshalb „Neue Rechte" Zuwanderung verhindern und schon anwesende Ausländer möglichst zum Verlassen des Landes bewegen.

Als „Hauptfeind" gilt „Neuen Rechten" der Liberalismus. Dem „ungerechten Wesen der liberalen Herrschaft" wirft etwa der auch in Deutschland einflussreiche Alain de Benoist in seinem Text „Die Nouvelle Droite des Jahres 2000" vor, verantwortlich zu sein für „Ausrottung der kollektiven Identitäten und der traditionellen Kulturen, Entzauberung der Welt, Vereinheitlichung des Produktionssystems" (Benoist 2001: S. 406).

Prägten in der Bundesrepublik bis 1989 die „Nationalrevolutionäre" wesentlich das Bild der „Neuen Rechten", so tauchte die Selbstbezeichnung „Jungkonservative" selbst bei jenen Intellektuellen am rechten Rand nicht auf, die das Gedankengut dieser Strömung mehr oder weniger verinnerlicht hatten wie Armin Mohler und Hans-Dietrich Sander. Erst in der Zeitschrift „Phoenix", die von 1981 bis 1986 erschien, nannten sich einige Autoren „jungkonservativ". Das Theorieorgan war wesentlich geprägt von den Beiträgen des Göttinger Historikers Karlheinz Weißmann. Vor allem im Umfeld der 1986 entstandenen Zeitung „Junge Freiheit" erfuhren Begriff und Gedankengut des „Jungkonservatismus" eine Wiederbelebung. Zentrale Rollen spielten dabei der Chefredakteur Dieter Stein und der – inzwischen nicht mehr aktive – Redakteur für „Zeitgeist und Lebensart", Roland Bubik, den Kritiker schmeichelhaft den „Chefideologen" der „Jungen Freiheit" nannten. Einen zeitweiligen Bundesgenossen fanden die „Jungkonservativen" in Rainer Zitelmann. Auch nach seinem Ausscheiden als Cheflektor beim renommierten Ullstein-Propyläen-Verlag (1992-1993) hatte er noch einige Zeit als Berater Einfluss auf das Programm. Alle Werke, die mit den „89ern" in Verbindung stehen, sind durch sein Einwirken von diesem Verlag auf den Markt gebracht worden. Die Funktion des integrierenden Koordinators kam dabei Zitelmann zu. Um ihn und Weißmann scharten sich unter dem schwammigen Etikett „89er" einige Nationalkonservative, Nationalliberale und „Neue Rechte".

Parteipolitische Aktivitäten spielen für die „89er" auf dieser Grundlage eine zweitrangige Rolle. Größeres Interesse widmeten sie dem Einfluss auf die politischen Diskurse. Dokument der Zusammenarbeit der beiden Vordenker der „89er", Zitelmann und Weißmann, ist der Band „Westbindung. Chancen und Risiken" (1993). Das Werk wirbelte viel Staub auf, weil vermeintlich die Orientierung an den Wertvorstellungen westlicher Demokratien in Frage gestellt wurde. Bei nüchterner Lektüre finden sich aber nur in der Einleitung der Herausgeber einige problematische Aussagen. Anders verhält es sich mit dem Sammelband „Die selbstbewusste Nation" (1994). Die Beiträge kreisen um klassische „neu-rechte" Themen: Religion und Mythos, Heimat und Identität, Begabung und Elite, „Mitteleuropa" und geopolitische Situation. Das Werk ist ein merkwürdiges Sammelsurium aus nüchternen Positionsbeschreibungen, weinerlichem Selbstmitleid und nationalistischer Romantik.

Ob die gesamte „Neuen Rechte" oder nur Teile von ihr als extremistisch einzustufen sind, ist umstritten. Bei den „Nationalrevolutionären", die ihren revolutionären Anspruch schon im Namen tragen, kann an der Einordnung als rechtsextrem kaum ein Zweifel bestehen. Etwas anders sieht es mit den „Jungkonservativen" aus, die auf einem schmalen Grat zwischen Demokratie und Extremismus bald in die eine, bald in die andere Richtung taumeln.

Die „Neue Rechte" hatte stets wenig Breitenwirkung. Die Verbreitung des Ideenguts beschränkte sich bis Ende der 80er Jahre im Kern auf sektiererische Gruppen. Erst in den 80er Jahren machte die Gruppierung der „89er" von sich reden, die sich an einem Brückenschlag zwischen Nationalkonservativen und Rechtsextremisten versuchte (Kailitz 1996; Pfahl-Treughber 1994b). Das Projekt scheiterte und es ist ruhig um die „Neue Rechte" in Deutschland geworden.

5.2 „Neue Linke"

Die „Neue Linke" wollte sich mit dem Adjektiv „neu" gleichermaßen vom Marxismus-Leninismus wie von der Sozialdemokratie absetzen. Zugleich griff die „Neue Linke" auf alte Vorbilder zurück. In ihrem Ideengut vermengten sich radikaldemokratische, maoistische, anarchistische und trotzkistische Vorstellungen. Das Neue an den Gedankengängen der „Neuen Linken" stammt wesentlich aus dem Ideenreservoir der „Frankfurter Schule". Diese war zwar Gedankensteinbruch der „Neuen Linken", ist aber keineswegs als deren Teil anzusehen. Die Köpfe der Schule, Max Horkeimer und Theodor Adorno, distanzierten sich im Gegensatz zu Herbert Marcuse zunehmend von der Studentenbewegung. Horkheimer kam gar zu dem Urteil: „Die Affinität zur Geisteshaltung der nach Macht strebenden Nazis ist unverkennbar" (zit. nach Kraushaar 1998: S. 531).

Vordenker der „Neuen Linken" wie der Sozialwissenschaftler Johannes Agnoli ebneten demgegenüber die Unterscheidung zwischen faschistischen Diktaturen und demokratischen Verfassungsstaaten ein: „Die angedeuteten ‚Masken' oder ‚Gesichter' des Faschismus [...] eignen sich dazu [...], die scharfe Gegenüberstellung von Faschismus und liberal-demokratischem Staat aufzulösen" (Agnoli 1968: S. 38). Den demokratischen Verfassungsstaat lehnt die „Neue Linke" ab. Johannes Agnoli und Peter Brückner brachten dies in dem einflussreichen Band „Die Transformation der Demokratie" (1968) folgendermaßen auf den Punkt: „Marxistische Klassenparteien streben keine Kooperation gesellschaftlich sich entgegenstehender Gruppen und keinen sozialen Ausgleich an. Vielmehr fordern sie die Anerkennung des Totalitätsanspruchs der Proletarierklasse durch die anderen oder sie zielen auf die gewaltsame Durchsetzung dieses Anspruchs im Klassenkampf" (S. 40).

Die „Neue Linke" inspirierte und trug wesentlich die Studentenbewegung in den westlichen Demokratien Ende der 60er Jahre. Bedeutende Vertreter sind Daniel Cohn-Bendit, Rudi Dutschke, Hans-Jürgen Krahl und Bernd Rabehl. Ihren größten ideellen Einfluss hatte die „Neue Linke" Ende der 60er, Anfang der 70er Jahre. Sie verwickelte sich ideologisch jedoch in zahlreiche Widersprüche. So schrieb sie einerseits eine antiautoritäre Ausrichtung auf ihr Banner, huldigte aber zugleich autoritären Herrschern wie dem kubanischen Revolutionsführer Fidel Castro, dem vietnamesischen Kommunistenführer Ho Chi Minh und dem chinesischen Revolutionär und Ideologen Mao Tse-Tung. Besonders ein idealisiertes Bild von Ernesto „Che" Guevara, dem charismatischen Sprecher der kubanischen Revolution, diente der „Neuen Linken" und ihrem Umfeld als Ikone. Ein Kernsatz der von den Studentenführern in allen westlichen Industriestaaten gelesenen Schrift „Guerilla – Theorie und Methode" Guevaras lautete, „dass der Weg zur Befreiung der Völker, der nur der Weg des Sozialismus sein kann, in fast allen Ländern durch die Kugel erkämpft werden wird" (Guevara 1968: S. 7).

Die organisatorische Basis der „Neuen Linken" war der „Sozialistische Deutsche Studentenbund" (SDS), den die SPD nach seiner ideologischen Unterwanderung durch die 1964 beigetretene „Subversive Aktion" um Rudi Dutschke, Dieter Kunzelmann und Bernd Rabehl verstieß. Das Klima unter den Studenten wurde empfänglich für linksextreme Ideen, als bei einer Demonstration gegen den Staatsbesuch des persischen Schahs am 2. Juni 1967 ein Polizist den Studenten Benno Ohnesorg erschoss. Der linksextreme SDS übernahm nun die zentrale Rolle in der Studentenbewegung. Die Hauptkonfliktlinie im SDS und in der gesamten Studentenbewegung verlief zwischen den moskaukritischen „Antiautoritären" und „Traditionalisten": Kommunisten, die uneins waren, ob das Zentrum der Weltrevolution nun in Moskau oder Peking lag. Das nur vage umschriebene, beide Strömungen verbindende politische Ziel war eine sozialistische Rätedemokratie. Während die antiautoritäre Linke im SDS mit dem Begriff eher anarchistische Vorstellungen verband, sympathisierte ein Teil der Organisation mit der marxistisch-leninistischen Auslegung des Begriffs „Rat" (russisch: Sowjet). Eigen war der Bewegung auch ein Antiamerikanismus, der sich zunächst vornehmlich aus der Kritik an den Militäraktionen der USA in Vietnam speiste. Der Vietnam-Kongress im Februar 1968 brachte auf diese Weise 5.000 Teilnehmer auf die Beine. War die „Neue Linke" antiamerikanisch, so konnte sie damit die Einstellungen der Generation von 1968 nicht durchschlagend prägen. Keine Generation zuvor orientierte sich derart eng an den USA, nicht nur hinsichtlich Kleidungs- und Musikgeschmack. Selbst die Proteste gegen den Einsatz in Vietnam hatten ihre Wurzeln in den Protesten amerikanischer Studenten.

Kaum umstrittene Autorität der antiautoritären Bewegung in Deutschland war Rudi Dutschke. Seine Ausstrahlungskraft zielte und wirkte auf das studentisch geprägte Publikum, demgegenüber war sein umständliches Revolutionärsdeutsch ungeeignet, die Massen der Arbeiter in seinen Bann zu ziehen. Für ihn wie die gesamte „Neue Linke" galten die demokratischen Spielregeln des so genannten „Systems" als Verschleierung der wahren Machtverhältnisse. Die Kluft, die sich daraus ergab, dass der Einsatz von Gewalt in Deutschland angeklagt, in den Entwicklungsländern jedoch befürwortet wurde, versuchte die „Neue Linke", durch eine Unterscheidung zwischen „unterdrückender" und „befreiender Gewalt" zu überbrücken. Gewalt war demnach dann ein legitimes Mittel der Politik, wenn sie den von der „Neuen Linken" befürworteten Zielen diente. Distanzierte sich die „Neue Linke" überwiegend von der Herrschaftspraxis des Sowjetkommunismus, so wurden die Taten und Untaten kommunistischer Bewegungen in den Entwicklungsländern glorifiziert.

Die politische Situation in den 60er Jahren interpretierte die „Neue Linke" so: „Genossen, Antiautoritäre, Menschen! Wir haben nicht mehr viel Zeit. In Vietnam werden auch wir tagtäglich zerschlagen, und das ist nicht ein Bild und ist keine Phrase. Wenn in Vietnam der US-Imperialismus überzeugend nachweisen kann, dass er fähig ist, den revolutionären Volkskrieg erfolgreich zu zerschlagen, so beginnt erneut eine lange Periode autoritärer Weltherrschaft von Washington bis Wladiwostok" (Dutschke 1968a: S. 92).

Aus dieser Perspektive sollte sich an die Seite des Vietcong „ein amerikanischer, europäischer und asiatischer Cong" stellen. Dutschke forderte die „Solidarisierung mit den lohnabhängigen Massen" und „Auseinandersetzungen mit der autoritär-militaristischen Polizei". Seine Agitation mündete in einem Aufruf zur Revolution: „Die wirkliche revolutionäre Solidarität mit der vietnamesischen Revolution besteht in der aktuellen Schwächung und der prozessualen Umwälzung der Zentren des Imperialismus. Unsere bisherige Ineffektivität und Resignation lag mit in der Theorie. Die Revolutionierung der Revolutionäre ist so die entscheidende Voraussetzung für die Revolutionierung der Massen."

Daniel und Gabriel Cohn-Bendit (1968) riefen ebenfalls zum Umsturz der „kapitalistischen" Verhältnisse auf, auch wenn sie offen ließen, was sie an die Stelle des Umgestürzten setzen wollten: „Wir wollen nicht die Organisation der revolutionären Bewegung sein, sondern wir wollen eine Vielzahl von Aufstandsherden schaffen, seien es ideologische Gruppen, Gruppen in bestimmten Institutionen oder Banden von ‚Lederjacken', die durch eine radikale Infragestellung des atomisierten Lebens ihre Handlungen politisieren. Schluss mit dem revolutionären Sektierertum! Jede Gruppe muss ihre eigene Ausdrucks- und Informationsweise haben, alles was an sie herangetragen wird, integrieren und die selbständigen Aktivitäten der verschiedenen Kollektive koordinieren können. [...] Beginne nicht für die anderen, sondern mit den anderen, für dich selbst, hier und jetzt mit der Revolution" (S. 272 f).

Studenten in Deutschland, Frankreich und Italien verbreiteten solche Forderungen. Vorbilder auf einem Weg zum Umsturz waren die Guerillas (spanisch: kleine Kriege) in Lateinamerika. Der Guerillakampf unterscheidet sich von anderen Kriegen dadurch, dass die nach Kämpfern und Waffen extrem unterlegene Gruppe keine offenen Feldschlachten führt, sondern den übermächtigen Gegner durch Terrorakte zu schwächen sucht. Die Solidarisierung mit dem Vietcong und anderen kommunistischen Guerilla-Truppen beinhaltete auf theoretischer Ebene ein hohes Maß an Gewaltbereitschaft, das in der Praxis der Studentenführer kaum zutage trat. Allerdings gebar die aufgeheizte Atmosphäre zahlreiche Gewalttaten von Studenten im Umfeld von Demonstrationen, die zu einem Teil wiederum auf ein eskalierend wirkendes Vorgehen der Polizei zurückgingen. Die Staatsorgane überreagierten anfangs wegen ihrer Unerfahrenheit mit Protesten dieser Art.

Die Absage des SDS an terroristische Aktionen war eher taktischen als prinzipiellen Motiven geschuldet. So führte Bernd Rabehl folgende Argumente gegen politische Anschläge durch den SDS an: „Ein unverzügliches und unmittelbares Eingreifen in den Krieg zugunsten der Befreiungsbewegungen würde zum Beispiel den SDS zu einer Kampfeinheit formieren, die in ihrer Struktur einen Gegen-CIA oder Gegen-Verfassungsschutz darstellen müsste, um überhaupt wirksame Sabotageakte gegen die amerikanischen Militärbasen in Europa durchführen zu können. Das kann ein Studentenverband, der eher ein Diskussionsforum für die verschiedensten Auffassungen darstellt, nicht leisten, und Aktionen in dieser Richtung würden die Auflösung der gesamten Opposition vorantreiben" (Rabehl 1968: S. 177). Es konnte jedoch kein Zweifel daran bestehen, dass führende Aktivisten wie Dutschke und Rabehl den Umsturz und nicht die Reform der Demokratie mittels eines „Marsches durch die Institutionen" im Sinn hatten. Für Rabehl konnte es am „faschistoiden Gewaltcharakter" der Bundesrepublik keinen Zweifel geben und er hetzte daher gegen jene, die den Studenten rieten, „durch geschickte Politik in diesen Institutionen [...] die eine oder andere Härte des Systems zu glätten" (Ebd.: S. 166).

Im April 1968 verübte der rechtsextreme Einzeltäter Josef Bachmann ein Attentat auf Dutschke, der schwer verletzt überlebte, aber als Bannerträger der Bewegung nun ausfiel. Nach dem Mordanschlag ging die bis dahin größte Welle von Protesten und Demonstrationen durch das Land. Bei den „Osterunruhen" wurden zwei Menschen – ein Student und ein Journalist – durch Wurfgeschosse aus den Reihen der Demonstranten getötet. Mehr als 400 Demonstranten und 50 Polizisten trugen bei den Auseinandersetzungen schwere Verletzungen davon. Im Mittelpunkt der Angriffe der APO stand der Springer-Konzern, der heftig gegen die Studentenbewegung gehetzt hatte und daher für den Anschlag auf Dutschke verantwortlich gemacht wurde.

Für Dutschke war die Gewaltdiskussion innerhalb der Studentenbewegung nach den Todesopfern „lächerlich", seine Marschansage lautete: „Unsere Alternative zu der herrschenden Gewalt ist die sich steigernde Gegengewalt" (Dutschke 1968b: S. IV). Der unter den Folgen des Attentats leidende Dutschke schickte einen Brief an die Frankfurter Delegiertenkonferenz des SDS, in dem er eine Ablösung der „alten Garde", zu der er Krahl und Rabehl zählte, durch junge, kampfentschlossenere Aktivisten forderte, die den Weg in die Illegalität mittels eines Aufbaus „klandestiner Vierer- oder höchstens Sechsergruppen" (zit. nach Koenen 2001: S. 131) einschlagen sollten. Ziel war dabei keineswegs eine Reform der Institutionen von innen heraus, sondern deren Sabotage. Die Führung des SDS quittierte den Brief mit Kopfschütteln, die Delegierten erreichte er nicht. Die Organisation war ohnehin bereits vom Zerfall gezeichnet, der sich noch bis zur formalen Auflösung im März 1970 hinziehen sollte.

Aus extremismustheoretischer Sicht lässt sich darüber streiten, ob die gesamte „Neue Linke" als extremistisch einzustufen ist oder nur Teile. Das Urteil hängt wesentlich von der Begriffsabgrenzung ab. Auch wenn der Hauptstrom der Studentenbewegung den Sturz der „kapitalistischen" Demokratie wollte, mündete sie paradoxerweise in der notwendigen Liberalisierung der Bundesrepublik. Maoisten und Trotzkisten in den Reihen der 68er sind dem extremistischen Spektrum zuzuordnen. Ein Teil der Studentenbewegung stellte aber die demokratische Grundordnung der Bundesrepublik nicht in Frage und wandte sich einzig gegen „verkrustete Strukturen" der Demokratie. Dennoch lassen im kritischen Rückblick gerade zahlreiche ehemalige Aktivisten des SDS wie Gerd Koenen heute keinen Zweifel daran, dass „schon die Ideologeme der originären 68er-Bewegung – und keineswegs erst die neokommunistischen Plattformen der 70er Jahre – einen entschieden antiliberalen, antidemokratischen (jedenfalls antiparlamentarischen) und antiwestlichen Charakter getragen haben" (Koenen 2001: S. 24). Aus dem „Flirt mit dem Totalitarismus" (Kraushaar 1998: S. 320) wurde glücklicherweise keine feste Verbindung. Die Fähigkeit zur Wandlung hin zur Demokratie zeigte sich bei zahlreichen Vertretern der „Neuen Linken" wie Daniel Cohn-Bendit, Rudi Dutschke, Joschka Fischer und Bernd Rabehl.

5.3 Vergleichende Betrachtungen

Die Begriffe „Neue Linke" und „Neue Rechte" sind nicht als wissenschaftliche Etiketten entstanden, sondern als Selbstbezeichnungen intellektueller

Gruppierungen. „Neue Linke" und „Neue Rechte" grenzen sich von älteren Formen rechts- und linksextremen Denkens ab. Gilt die Abgrenzung der „Neuen Linken" vor allem dem Sowjetkommunismus, so jene der „Neuen Rechten" dem Nationalsozialismus. Der Anspruch der Neuartigkeit beider Bewegungen war indes fragwürdig, knüpften sie doch an alte Ideen an. Auf der einen Seite an den frühen Marx, an Trotzki und Mao, auf der anderen Seite an die „Konservative Revolution" der Weimarer Republik.

Antikapitalistische Denkmuster finden sich nicht nur in der „Neuen Linken", sondern auch in der „Neuen Rechten". Die Kritik beider Strömungen an der industriellen Massendemokratie ähnelt sich auch inhaltlich. So verfemen beide Seiten den Massenkonsum. „Neue Linke" wie „Neue Rechte" stellten die Gemeinschaft, nicht den Einzelnen in den Mittelpunkt des Denkens. Beide Bewegungen zogen die Identitäts- der Konkurrenztheorie der Demokratie vor. Auf das Alltagsleben der Studentenbewegten hatte das antiautoritäre „Ausleben" größeren Einfluss als das missionarische Kollektivdenken der „Neuen Linken".

„Neue Rechte" wie „Neue Linke" bezeichneten die Bundesrepublik als „besetztes" Land mit fehlender Souveränität. In beiden Spektren war die Idee eines „dritten Weges" zwischen Ost und West verbreitet. Auch auf strategischer Ebene zeigen sich wesentliche Gemeinsamkeiten. Die „Neue Linke" wie die „Neue Rechte" beruft sich auf Antonio Gramscis Konzept der „kulturellen Hegemonie". Ein wesentlicher Unterschied der ideologischen Vorstellungen von „Neuer Linker" und „Neuer Rechter" liegt aber darin: Die „Neue Linke" hält den Grundsatz der menschlichen Gleichheit hoch, während die „Neue Rechte" vor einer „Gleichmacherei" warnt. Die „Neue Rechte" ist national bis völkisch eingestellt, die „Neue Linke" dagegen internationalistisch.

Ein grundlegender Unterschied besteht vor allem in der Breitenwirkung der „Neuen Linken" und der „Neuen Rechten". Während die „Neue Linke" in den 60er und 70er Jahren die Meinungsführerschaft an den Hochschulen errang, gelang es der „Neuen Rechten" kaum, Intellektuelle für ihre Ziele zu gewinnen. Auch das Zeitungsprojekt „Junge Freiheit" erzielte keineswegs den erhofften Erfolg. Die „Neue Linke" ist zudem ein Paradebeispiel dafür, dass Extremisten, sofern sie ihre eigentlichen Ziele des Umsturzes nicht erreichen, die Geschicke eines demokratischen Verfassungsstaats durchaus positiv beeinflussen können.

6. Gewalttätige Ausprägungen der politischen Extreme

6.1 Neonationalsozialismus und Rechtsterrorismus

Politisch motivierte Straftaten von Rechtsextremisten gibt es seit der Geburtsstunde der Bundesrepublik. Ende der 50er Jahre erregte eine Vielzahl von antisemitischen Schmierereien die Öffentlichkeit. So wurde von zwei Mitgliedern der DRP am Heiligabend 1959 die Kölner Synagoge mit Hakenkreuzen und der Parole „Juden raus" besudelt. Die Tat führte zu einer erneuten Verbotsdiskussion um die DRP. Die polizeilichen Untersuchungen ergaben jedoch, dass die Urheber der meisten Schmierereien jugendliche Einzeltäter waren. Ein Teil der Straftaten war außerdem, wie sich nach der Öffnung der Akten des MfS der DDR zeigte, von der DDR inszeniert worden, um die Bundesrepublik in Misskredit zu bringen.

Der Neonationalsozialismus pflegt die Weltanschauung des Nationalsozialismus. Grundlage aller Politik ist demnach das Streben nach dem Wohle der „Volksgemeinschaft". Die Kehrseite dieser Medaille ist die rassistische Abwertung aller anderen Völker. Ebenso wie für sein historisches Vorbild hat der Antisemitismus für den (Neo-)Nationalsozialismus Identität stiftende Bedeutung. Der Parlamentarismus wird abgelehnt und ein neuer „Führer" gesucht, der mittels einer „Zweiten Revolution" den Weg ins „Vierte Reich" ebnet. Michael Kühnen mit den folgenden Worten an: „Wir Nationalsozialisten wollen die Ordnung der nächsten Jahrtausende gestalten! Wir können nicht ahnen, wie diese Neue Ordnung einmal endgültig aussehen wird. [...] Und nicht nur diese arische Weltordnung ist unser Ziel. Dahinter steht noch ein geheimer Traum, das letzte, verborgene Ziel: Der Neue Mensch!" (zit. nach Dudek 1985: S. 174).

Innerhalb der Neonationalsozialisten-Szene lässt sich bei allen Gemeinsamkeiten zwischen Gruppierungen unterscheiden, deren Ikone Adolf Hitler ist und jenen, die sich stärker am sozialrevolutionären Kurs der Brüder Gregor und Otto Straßer orientieren. Der Aufstieg Gregor Straßers in der NSDAP fiel in die Zeit der Festungshaft Adolf Hitlers . Straßer wollte sich dem unbedingten Führungsanspruch Hitlers nicht beugen und das „Sozialistische" im Nationalsozialismus betonen. In Norddeutschland konnten Gregor und Otto Straßer einen bedeutsamen Teil der Parteimitglieder auf ihren Kurs bringen. Zu den engen Gefolgsleuten Gregor Straßers zählte lange auch seine „Entdeckung", das Propagandatalent Joseph Goebbels. Im Juli 1930 verließ die die Gruppe um Otto Straßer die NSDAP wegen einer „zunehmenden Verbürgerlichung" (Straßer 1980: S. 123) der NSDAP die Partei.

Nach dem Zweiten Weltkrieg gab es in der rechtsextremen SRP zwar bedeutsame Anknüpfungen an die NS-Ideologie, aber es handelte sich dennoch nicht um eine Neuformierung der NSDAP. Erst über 20 Jahre nach Kriegsende bezeichneten sich Kleinstgruppierungen in Deutschland wieder als nationalsozialistisch. Der Wurzelgrund war die am Ende der 60er Jahre innerparteilich zerrüttete NPD. Im Rahmen der von der NPD mitgetragenen „Aktion Widerstand" begingen Rechtsextremisten immer wieder Straftaten. Die Täter stammten meist aus den Reihen des Ordnerdienstes der NPD und der „Jungen Nationaldemokraten". Auch die wenigen Mitglieder der militärisch organisierten „Europäischen Befreiungsfront", die propagierte, den Vormarsch des Kommunismus aufhalten zu wollen, stammten aus dem NPD-Ordnerdienst.

Im Jahr 1971 entstanden fast zeitgleich drei neonationalsozialistische Organisationen, die „Bürger- und Bauerninitiative" des ehemaligen „Sonderführers für Pflanzenzucht" in Auschwitz, Thies Christophersen, die „Deutsche Bürgerinitiative" des Rechtsanwalts Manfred Roeder, der noch in nationalsozialistischen Erziehungsanstalten geschult worden war, sowie die „Partei der Arbeit" von Friedhelm Busse, der vor allem wegen seiner Beteiligung an Straftaten der rechtsextremen „Deutsch-Sozialen Aktion" 1971 aus den Reihen der NPD verbannt worden war. Der Zusammenhalt zwischen den Organisationen war zu diesem Zeitpunkt noch recht groß. So steuerte Roeder ein Vorwort zu Christophersens Kampfschrift „Die Auschwitz-Lüge" (1978) bei, in dem dieser den Genozid an den europäischen Juden leugnet.

Die Versorgung der deutschen Neonationalsozialisten mit Propagandamaterial übernahm der US-Amerikaner Gary Rex Lauck, der Vorsitzende der „Nationalsozialistischen Deutschen Arbeiterpartei/Auslands- und Aufbauorganisation" (NSDAP/AO). 1995 wurde Lauck beim Versuch der Einführung des „NS-Kampfrufs" nach Deutschland verhaftet und ein Jahr später wegen Volksverhetzung, Aufstachelung zum Rassenhass und der Propaganda für verfassungswidrige Organisationen zu einer Freiheitsstrafe von vier Jahren verurteilt. Die Verbreitung von Propagandamaterial in Papierform durch diese Vereinigung ließ seither deutlich nach und stieg auch nach der Haftentlassung Laucks nicht erheblich an. Die Aktivitäten der NSDAP/AO konzentrieren sich nun weitgehend auf die Streuung nationalsozialistischer Parolen via Internet. Ihr ideologischer Einfluss auf die deutsche Neonaziszene ist gering.

Eine Schlüsselfigur im NS-Spektrum war Michael Kühnen. Er gründete 1977 die „Aktionsfront Nationaler Sozialisten" (ANS), nachdem er wegen rechtsextremistischer Aktivitäten aus der Bundeswehr ausgeschlossen worden war. Trotz spärlichen Zulaufs machte die Gruppe durch medienwirksame Aktionen von sich reden. So organisierte Kühnen 1978 einen Aufmarsch von Aktivisten, die Plakate mit der Aufschrift „Ich Esel glaube noch, dass in deutschen KZs Juden ,vergast' wurden" trugen. Dem neonationalsozialistischen Spektrum gelang es jedoch stets nur eine im Verhältnis zur Gesamtbevölkerung verschwindend kleine Minderheit für ihre Ziele zu begeistern.

Tabelle 16: Zahl der Neonationalsozialisten 1980-2003

Jahr	1975	1976	1977	1978	1979	1980	1981	1982	1983	1984
Zahl	400	600	900	1.000	1.400	1.200	1.250	1.050	1.130	1.500
Jahr	**1985**	**1986**	**1987**	**1988**	**1989**	**1990**	**1991**	**1992**	**1993**	**1994**
Zahl	1.400	1.500	2.100	1.900	1.500	1.400	2.100	2.200	2.450	3.740
Jahr	**1995**	**1996**	**1997**	**1998**	**1999**	**2000**	**2001**	**2002**	**2003**	
Zahl	2.480	2.690	2.400	2.400	2.200	2.200	2.800	2.600	3.000	

Quelle: Verfassungsschutzberichte des Bundes. Bis 1994 wurden nur organisierte Neonationalsozialisten aufgeführt, seither auch unorganisierte.

Der Hauptstrom des NS-Spektrums folgt der Legalitätstaktik der NSDAP in der Weimarer Republik. Neonationalsozialisten verstoßen vor allem durch das Verbreiten von Propagandamitteln und das Verwenden von Kennzeichen verfassungswidriger Organisationen gegen das Gesetz (Paragraph 86, 86 a, 130 des Strafgesetzbuches), weniger durch den Einsatz von Gewalt. Es entstanden jedoch auch aus dem neonationalsozialistischen Spektrum heraus gewaltbereite und gewalttätige Gruppierungen. Mitte der 70er Jahre baute der Nürnberger Graphiker Karl-Heinz Hoffmann die mit rund 500 Mitgliedern bedeutsamste militante neonationalsozialistische Gruppe in der Geschichte der Bundesrepublik auf, die Wehrsportgruppe Hoffmann. Mit ausgemusterten Waffen der Bundeswehr übten die Mitglieder im Gelände für den Guerillakampf. Der eitle Hoffmann sonnte sich bis zum Verbot der

„Wehrsportgruppe" im Januar 1980 im Blitzlicht der Reporter. Einen Gönner fand er zeitweilig in Gerhard Frey, der ihm publizistische und auch finanzielle Schützenhilfe gewährte. Während einige von Hoffmanns Anhängern weniger an Politik als an den militärischen Übungen interessiert waren, propagierte der Anführer auf intellektuell niedrigem Niveau eine „radikale Veränderung der Gesamtstruktur in allen Bereichen", eine „nach dem Leistungs- und Selektionsprinzip ausgerichtete Führerstruktur" (zit. nach BMI 1975: S. 32). Die „Führer" in diesem Regierungsmodell sollten dabei merkwürdigerweise anonym bleiben. Die Gefährlichkeit der Gruppierung wurde vom Staat anscheinend unterschätzt, ließ sich das Bundesinnenministerium doch bis 1980 Zeit mit dem Verbot.

Die „Wehrsportgruppe Hoffmann" war die Keimzelle des deutschen Rechtsterrorismus. Gundolf Köhler, der eine Weile an Übungen der „Wehrsportgruppe" teilgenommen hatte, legte beim Münchner Oktoberfest 1981 eine Bombe, die 13 Menschen tötete und 219 schwer verletzte. Der Mord an dem jüdischen Verleger Shlomo Lewin und seiner Ehefrau im Dezember 1980 ging ebenfalls auf das Konto eines Gefolgsmanns von Hoffmann. Eine Tatbeteiligung Hoffmanns und seiner „Wehrsportgruppe" konnte allerdings nicht nachgewiesen werden. Wegen zahlreicher anderer Straftaten wie Freiheitsberaubung, Körperverletzung und illegalem Waffenbesitz wurde er jedoch 1986 zu neuneinhalb Jahren Haft verurteilt. In den Jahren zwischen dem Verbot seiner Gruppierung und dem Haftantritt hatte Hoffmann mit palästinensischer Unterstützung eine „Wehrsportgruppe Ausland" gebildet.

Auch die Rechtsterroristen um Odfried Hepp und Walther Kexel entstammen in erster Linie der „Wehrsportgruppe Hoffmann". So wurde Hepp 1980/81 in einem Palästinenser-Lager im Libanon zusammen mit anderen Mitgliedern der „Wehrsportgruppe Hoffmann" terroristisch geschult. Programmatisch warben Hepp und Kexel Mitte 1982 in ihrer Schrift „Abschied vom Hitlerismus" für eine Orientierung der neonationalsozialistischen Szene an den Brüdern Straßer. Die politischen Ziele sollten mittels eines „undogmatischen Befreiungskampfes" vor allem gegen die als Besatzer angesehenen, in Deutschland stationierten amerikanischen Streitkräfte geführt werden. Methodisch orientierte sich die Gruppe am Vorbild der RAF. Durch fünf Banküberfälle schaufelte sie Geld in ihre Kassen, das sie teilweise zur Finanzierung dreier Sprengstoffanschläge gegen amerikanische Soldaten im Jahr 1982 nutzte. Vor Mord schreckte die Gruppe nicht zurück. So überlebte der amerikanische Soldat Ricky Lee Seuis im Dezember 1982 nur knapp die Explosion einer Bombe unter seinem Fahrersitz. Bereits 1983 konnten Polizisten die Terroristen mit Ausnahme von Hepp fassen. Das MfS der DDR kannte keine ideologischen Skrupel, Hepp bei seiner Flucht in den Nahen Osten zu unterstützen und ihn in seine Dienste zu nehmen. Erst 1987 wurde er in Frankreich festgenommen und an Deutschland ausgeliefert.

Von Februar bis August 1980 machten auch die „Deutschen Aktionsgruppen" um den Ex-Rechtsanwalt Manfred Roeder mit sieben Brand- und Sprengstoffanschlägen von sich reden. Roeder, der zu den Pionieren der neonationalsozialistischen Szene der Bundesrepublik gehört, wurde wie nahezu alle Aktivisten wiederholte Male wegen verschiedener Propagandadelikte wie Volksverhetzung verurteilt. 1980 floh er vor der Verhaftung ins Ausland. In einem Rundbrief an die Szene erläuterte er seine Gründe für den Weg in den Terrorismus: „Der Kampf muss jetzt auf einer anderen Ebene mit noch größerer Entschlossenheit fortgeführt werden, denn wir werden niemals tatenlos zusehen, wenn Deutschland zerstört wird. Entweder siegen oder untergehen!" (zit. nach Dudek 1985: S. 188). Roeders „Karriere" als Terrorist war intensiv, aber kurz. Noch 1980 geriet er in die Fänge der Polizei und wanderte für 13 Jahre hinter Gitter. Roeders Mittäter waren bis dahin unbescholtene Bürger, denen niemand solche Taten zugetraut hätte: ein Handwerker (52), ein Hals-Nasen-Ohrenarzt (52) und eine Radiologieassistentin (26).

Setzten die rechtsterroristischen Gruppierungen auf Gewalt, so versuchte die 1979 von Martin Pape ins Leben gerufene „Freiheitliche Deutsche Arbeiterpartei" (FAP) mittels Wahlen Einfluss zu erringen. Erst ab 1984 driftete diese politische Kleingruppierung durch die Aufnahme von Mitgliedern der 1983 verbotenen ANS/NA ins neonationalsozialistische Lager. Vorsitzender war ab 1988 Friedhelm Busse. Programmatisches Ziel der FAP ist ein nebulöser „deutscher Sozialismus". Sind die Anklänge an die NSDAP in der Parteiprogrammatik eher zurückhaltend formuliert, macht die Parteipresse keinen Hehl daraus, wer ihre Idole sind. So gedachte die „FAP-Intern" 1989 auf der Titelseite dem 100. Geburtstag Adolf Hitlers. Hätte die FAP die Macht, so Busse, würde sie „Arbeitslager" errichten, „wo die Feinde des deutschen Volkes und vor allem die Ausländer nutzbringende Arbeit verrichten" (zit. nach BMI 1994: S. 106). „Feinden" der Partei, wie „beispielsweise Polizeipräsidenten", drohte Busse den Tod durch Erschießen an. Eine aggressive Fremdenfeindlichkeit gehörte zum „guten Ton" in diesen Kreisen. Immer wieder wurden Personen aus dem Umfeld der FAP wegen fremdenfeindlicher Straftaten festgenommen (Christians 1990).

Auf einem „Kampfblatt" verkündet die FAP inhaltlich wie stilistisch in der Tradition der NSDAP, die Zeit der „Duldung" von Ausländern sei abgelaufen: „Der Volkszorn erwacht! Asylantenlager werden mehr und mehr

‚abgefackelt'. Wir als nationale Sozialisten sehen als einzige Kraft den kommenden Bürger- und Rassenkrieg voraus und fordern deshalb: Deutschland muss leben – Ausländer raus. Deutsche – Wehrt euch!" (zit. nach Bölting 1997: S. 11).

Innerhalb der neonationalsozialistischen Szene, besonders in der ANS/ NA-Nachfolgeorganisation „Bewegung", kam es 1987 zu scharfen Auseinandersetzungen um die Einschätzung der Frage der Homosexualität. Während der selbst homosexuelle Michael Kühnen und seine Anhänger Homosexualität als eine normale Form der Sexualität verstanden wissen wollten, erklärte sie eine Gruppierung um Jürgen Mosler zur „krankhaften Abnormalität". Neben der persönlichen Rivalität von Mosler und Kühnen spielten auch ideologische Differenzen eine Rolle. So sah sich Kühnen eher in der Tradition der SA unter Ernst Röhm, während Mosler die von Heinrich Himmler geführte SS als Vorbild vorschwebte. Mosler gelang es in den folgenden Jahren, mehr Getreue zu sammeln als Kühnen.

Nach der deutschen Vereinigung entstanden in Ostdeutschland neonationalsozialistische Gruppierungen wie die „Nationale Alternative". Michael Kühnen verlagerte mit der 1989 in Bremen gegründeten „Deutschen Alternative" (DA) seine Aktivitäten in die neuen Bundesländer. Mit bis zu 350 Mitgliedern erreichte die DA eine für das NS-Spektrum recht große Anhängerschaft. 1991 lähmte der Tod Kühnens nicht nur die DA, sondern zeitweilig das gesamte Spektrum. In den 90er Jahren versuchten die staatlichen Institutionen, ausgelöst vor allem durch die fremdenfeindlichen Straftaten, die NS-Szene trocken zu legen. Eine ganze Reihe führender Funktionäre wie Christian Worch, ehemals stellvertretender Vorsitzender der verbotenen „Nationalen Liste", Ewald Bela Althans, und der Holocaustleugner Germar Rudolf wurden zu mehrjährigen Gefängnisstrafen verurteilt. Der staatliche Bannstrahl traf zwischen 1992 und 2001 17 rechtsextremistische Gruppierungen.

Die Verbote führten organisatorisch zur Auflösung fester Strukturen zugunsten von „Kameradschaften" ohne formelle Mitgliedschaft. Das Konzept der „autonomen Kameradschaften" skizzierten die Neonationalsozialisten André Goertz, ehemaliger Vorsitzender der verbotenen FAP, und Michael Swierczek, ehemaliger Vorsitzender der verbotenen „Nationalen Offensive", in ihrem Text „Die nationale Bewegung" 1994 folgendermaßen: „Kleinste Einheit der nationalen Bewegung ist der örtliche Stützpunkt. Jeder Ortsverband sollte etwa aus 10-15 Personen bestehen [...] Zum informellen Netz gehört die Schaffung einer technischen Infrastruktur [Faxanschluss, Mobiltelefon etc.]. Regional sollte eine Mailbox und ein nationales Infotelefon existieren [...] Die Regionen geben sich einen Namen (z.B. Norddeutsche Bewegung) [...] bleiben jedoch ohne Satzung, ohne Finanzstatut und ohne Vorstand. Eine Mitgliedschaft im herkömmlichen Sinne gibt es nicht."

Das Ziel dieser Entwicklung brachten die „Nachrichten" der „Hilfsorganisation für nationale politische Gefangene und deren Angehörige e.V." (HNG) so auf den Punkt: „Wo keine erkennbare Organisation vorhanden ist, kann man diese auch nicht zerschlagen!" (Vorderste Front 1991, Nr. 2: S. 17). Zwischen 1998 und 2003 verdoppelte sich laut den Verfassungsschutzberichten die Zahl der „Kameradschaften" von 80 auf 160. Angesichts eines ständigen Prozesses des Zerfalls und der Neugründung solcher losen Zusammenschlüsse sind die Zahlen aber mit einiger Vorsicht zu genießen. War theoretisch zu erwarten, dass die Auflösung organisatorischer Strukturen die Zersplitterung des Spektrums vergrößerte, so führte sie in der Praxis zunächst zu einer verstärkten Kooperation der zerstrittenen „Führer" der Szene. Einigkeit stiftete vorrangig ein gemeinsames Feindbild. Die „Anti-Antifa-Aktivitäten" nahmen bis 1993 zu, um danach langsam wieder zurückzugehen. Typisch ist dabei die Veröffentlichung „schwarzer Listen" mit den Namen und Adressen missliebiger Personen. Vor diesem Hintergrund kursieren auch zunehmend Anleitungen zur gewaltsamen Bekämpfung des politischen Gegners in der Szene, etwa durch die Verwendung von Buttersäure. Meist blieb es jedoch bei Drohgebärden, Taten folgten eher selten. Der verhasste Gegner sollte zugleich kopiert werden. So verkündete die „NS-Bewegung Rheinland-Pfalz": „Die Anarchos müssen erkennen, dass in uns noch ein anderes Potential steckt, nämlich eines, das bereit ist, Terror mit noch viel härterem Terror zu bekämpfen." (zit. nach Verfassungsschutzbericht Berlin 2001: S. 52).

Vollmundig kündigten Neonationalsozialisten in der Skinhead-Zeitschrift „Blood & Honour" angesichts der staatlichen Verbotswelle ihre „Gegenwehr" an: „Wir wehren uns! Wo Unrecht zu Recht wird, wird Widerstand zur Pflicht!" Im „NS-Kampfruf" der NSDAP/AO wurde zu Anschlägen auf Generalbundesanwalt Kay Nehm aufgerufen. Die Leitparole lautete: „Eines Tages werden diese Politbonzen ihrer absolut notwendigen Beseitigung hinzugeführt werden! *Für das System keinen Millimeter Boden, sondern neun MM.*" Blieb es vielfach bei Hasstiraden gegen den Staat, verletzte Kay Diesner im Februar 1997 in Berlin-Marzahn den Buchhändler Klaus Baltruschat schwer und tötete dann in Schleswig-Holstein beim Versuch der Festnahme den Polizisten Stefan Grage.

Diesner gehörte Anfang der 90er Jahre zur „Nationalen Alternative" um Ingo Hasselbach und war zeitweilig Schiedsgerichtsvorsitzender der rund

600 Mann starken Gruppe. Nach der Selbstauflösung der Gruppierung 1991 führte der harte Kern seine Arbeit bei den „Sozialrevolutionären Nationalisten" fort. Vage planten die Fanatiker Anschläge gegen Linke und Juden, die beiden Hauptfeindgruppen der Neonationalsozialisten, sowie gegen das Personal der verhassten Demokratie: Richter, Staatsanwälte, Polizisten. Zur Umsetzung der Pläne durch die Gruppe kam es nicht, zumal Hasselbach aus der NS-Szene ausstieg. Diesner sollte die Vorhaben jedoch im Hinterkopf behalten. Als Gegner in seinem Kampf bezeichnete er im Mordprozess den „rassistischen, faschistischen und imperialistischen Staat BRD". Bei der „Nationalen Alternative" sei er nur gewesen, solange er „noch doof und nicht ausgereift war". Als Vorbilder nannte er nun die RAF und die IRA. Sympathien zeigte er auch für die rituellen Ausschreitungen der Autonomen am 1. Mai.

Die Tat des ideologischen Wirrkopfs Diesner sieht ein Teil des Spektrums dennoch als Vorbild an. So bezeichnete das Szeneblatt „Hamburger Sturm" den Polizistenmord als einen „Akt der Befreiung". Es dürfe nicht vergessen werden, „dass man im Krieg mit dem System sei und da gingen nun mal einige Bullen oder sonstige Feinde drauf". Die Schreiber des Artikels gaben sich als NPD-Mitglieder zu erkennen, die sich vom Kurs der Parteiführung absetzen und den Weg in den Untergrund einschlagen wollten. In der gleichen Ausgabe des „Hamburger Sturm" fand sich ein Leserbrief Diesners, in dem er Andersdenkenden den Tod wünschte. Diesner ist somit keineswegs isoliert. Weitere Taten nach seinem Vorbild sind nicht auszuschließen.

Aufsehen erregten im Dezember 1998 zwei Sprengstoffanschläge auf das Grab von Heinz Galinski, dem ehemaligen Vorsitzenden des Zentralrats der Juden in Deutschland, und im März 1999 auf die Wehrmacht-Ausstellung in Saarbrücken. Bei keiner der drei Taten konnte die Polizei bislang einen Täter ermitteln. In den letzten Jahren häufte sich die Zahl der Waffenfunde. So verurteilte ein Gericht den Neonationalsozialisten Anton Pfahler 1999 zu einer Gefängnisstrafe von drei Jahren und acht Monaten, weil die Polizei bei einer Hausdurchsuchung Mitte 1998 neben verbotenem Propagandamaterial auch Handgranaten, Maschinenpistolen und Munition fand. Im Juni 2000 entdeckte die Polizei bei einem Großeinsatz gegen die Organisation „Skinheads Sächsische Schweiz" bei zwei Mitgliedern u.a. zwei Kilogramm Sprengstoff, Sprenggranaten, scharfe Zündvorrichtungen, Raketenteile, jede Menge Patronen unterschiedlichen Kalibers, Waffenteile von Langwaffen, Faustfeuerwaffen, Panzerfäuste und Vorderlader. 2001 beging die Gruppierung „Nationale Bewegung" in Brandenburg mehrere

Brandanschläge. Viele Aktivisten sind durch den Dienst bei der Bundeswehr geschult und einige gewaltbereite Rechtsextremisten sammelten als Söldner auf dem Balkan Kampferfahrung. Anzeichen für die Existenz einer rechtsterroristischen Bewegung gab es bislang kaum. Die Aufdeckung der Vorbereitung von Anschlagsplänen und der Fund des Waffenarsenals (u.a. Schusswaffen, Handgranaten, 14 kg Sprengstoff, 1,7 kg des hochexplosiven TNT) der „Kameradschaft Süd" um Martin Wiese im September 2003 legt allerdings nahe, dass nicht nur diese Gruppe am Wiederaufbau rechtsterroristischer Strukturen arbeitet. Anschlagsziele der Gruppierung sollten jüdische und muslimische Einrichtungen sein.

Seit Mitte der 90er Jahre spielen antikapitalistische, sozialrevolutionäre Parolen eine zunehmende Rolle in der Propaganda der Neonationalsozialisten. Das organisatorische Herz des Spektrums bildete zeitweilig die 1991 gegründete, 1997 zu einer „autonomen Kameradschaft" umstrukturierte Vereinigung „Die Nationalen e.V.". Sie entwickelte sich im Zuge der Verbotswelle neben der NPD zu einem Sammelbecken. Die Führung übernahm Frank Schwerdt, der später in den Bundesvorstand der NPD einzog. Sein Auftreten ist militant und er überschreitet häufig die Grenzen des Strafrechts. So war er 1999/2000 – während seiner Zeit als Mitglied im Bundesvorstand der NPD – ein halbes Jahr wegen der Produktion und Verbreitung Gewalt verherrlichender CDs inhaftiert. Während seiner Haftzeit betreute ihn die HNG. Diese Organisation hat eine verbindende Funktion für das zersplitterte NS-Spektrum. Zu den Betreuten zählen u.a. der Polizistenmörder Kay Diesner, der Holocaustleugner Udo Walendy, der Solinger Brandstifter und Mörder Christian Reher sowie gewalttätige neonationalsozialistische Skinheads wie Christian Hehl und Thorsten Heise. Der „Aufruf an alle nationalen Gefangenen" vom Oktober 1999 bringt die Funktion der HNG auf den Punkt: Der politische Kampf muss auch im Knast organisiert werden."

Die „Kameradschaft Germania" erreichte mittels der regelmäßigen Teilnahmen an großen Demonstrationen und nicht zuletzt durch ihr Internetangebot eine vergleichsweise große Bedeutung für die NS-Szene. Die Aktivitäten der übrigen Kameradschaften mit durchschnittlich zehn bis 15 Mitgliedern konzentrieren sich auf die Teilnahme an Demonstrationen und Parteiveranstaltungen der NPD. Für das relativ kleine neonationalsozialistische Spektrum stellt der zunehmende Einfluss auf den Kurs der JN und der NPD einen bedeutenden Erfolg dar. Über die Parteistrukturen und die Finanzen der NPD erfahren neonationalsozialistische Parolen inzwischen eine größere Verbreitung als über die „kameradschaftlichen" Kleinstgruppen. Das im NS-Spektrum erörterte Konzept der „befreiten Zonen" heckte bezeichnenderweise der „Nationaldemokratische Hochschulbund", die Studentenorganisation der NPD, aus: „Wir betrachten die befreiten Zonen aus *militanter* Sicht, also aus der Sicht des politischen Aktivisten. [...] Wir müssen Freiräume schaffen, in denen *wir* faktisch die Macht ausüben, in denen *wir* sanktionsfähig sind, d.h. *wir* bestrafen Abweichler und Feinde." (Vorderste Front 1991, Nr. 2). Seither verfeinerten zahlreiche Rechtsextremisten im Umfeld der NPD wie Michael Fuchs, Uwe Hiekisch, Steffen Hupka und Jürgen Schwab (Deutsche Stimme 3/2000; 4/2000; 10/1999; 11/1999) die Konzeption. Neigten einige Journalisten in den letzten Jahren zur Überschätzung des Phänomens der „national befreiten Zonen", so war die Beherrschung der Straßen durch rechtsextreme Jugendliche in einigen ostdeutschen Städten wie Dresden in der Umbruchphase traurige Realität.

6.2 Skinhead-Szene und fremdenfeindliche Gewalttaten

Ein großer Teil der fremdenfeindlichen Straftaten geht auf das Konto von Skinheads, deren Szene allerdings keineswegs pauschal dem rechtsextremistischen Spektrum zugeordnet werden kann. Die Bewegung der Skinheads kam in Großbritannien Ende der 60er Jahre auf. Die überwiegend aus Arbeiterhaushalten stammenden Jugendlichen wollten sich von der als bürgerlich wahrgenommenen Hippie-Bewegung abgrenzen. Den langen Haaren der Hippies reckten die Skinheads ihre kurzgeschorenen Häupter entgegen. Im Gegensatz zum androgynen Look der Hippies setzen die Skinheads auf eine betont männliche, geradezu martialische Erscheinungsweise. Die „Uniform" des Skinheads besteht idealtypisch aus einer Bomberjacke, Jeans, einem karierten Hemd und Doc-Martens- oder Springer-Stiefeln. Bis in die 80er Jahre spielten politische Motive in der Szene allerdings eine untergeordnete Rolle. Zu den martialischen Ritualen der Skinheads gehören Schlägereien nach Fußballspielen, ausschweifende Alkoholfeten und Konzertbesuche bei Ska-Bands. Skinheads stammen häufig aus sozialen Randgruppen; sie sind hauptsächlich in schlechten Wohngegenden von Städten anzutreffen. Ungeordnete Familienverhältnisse, Misserfolge in Schule und Ausbildung, Perspektivlosigkeit und mangelnde Anerkennung durch die Gesellschaft sind Gründe dafür, dass sie sich zusammenschließen, um Defizite des einzelnen auszugleichen und Stärke in der Gruppe zu finden. Im Zuge der Radikalisierung eines Teils der Szene nach rechts reagierte ein anderer Teil unter der Flagge „Skinheads against racial prejudice" (Sharp) mit demonstrativer Gegnerschaft zu den rechtsextremen „Boneheads", ein Teil gar unter dem Banner

„Redskins" mit der Hinwendung zu den militanten Autonomen. Die Skinheadszene besteht im Kern aus jungen Männern unter 25. Weniger als 15
Prozent der Skinheads sind Frauen. Die Gewalt erfolgt überwiegend spontan,
von langer Hand geplante Anschläge finden sich in diesem Spektrum nur
selten.

Skin-„Fanzines" und rechtsextremistische Skinhead-Bands verbreiten
Gewalt verherrlichende Hetzparolen gegen Ausländer. So textete die Skin-
head-Band „Zillertaler Türkenjäger" den bekannten Schlager „Kreuzberger
Nächte" auf dem Album „12 Doitsche Stimmungshits" folgendermaßen um:
„kommen zwei Zecken auf mich zu, zwei Tritte in die Schnauze, dann ist
Ruh. Sie liegen da in ihrem Blut, ich muss euch sagen, dieser Anblick tut mir
gut." Die Gruppe „Die Härte" sang 1999 zur Melodie des „Extrabreit"-Hits,
„Hurra, hurra die Schule brennt": „Das ist geil, das ist geil, hurra, hurra, ein
Nigger brennt." Zahlreiche Verurteilungen von Schreibern und Musikern
wegen Volksverhetzung und Gewaltverherrlichung Mitte der 90er Jahre
führten kaum zur Mäßigung.

Gewalttaten gegen Ausländer und fremdländisch aussehende Deutsche
sind kein Phänomen, das erst nach der Vereinigung auftrat. Ein Fanal für die
Skinszene waren 1985 zwei Morde an Hamburger Türken. Ein bedeutender
Teil der unpolitischen Skins wandte sich von der Szene ab, für rechtsextreme
Skins hatten die Taten von Hamburg dagegen Vorbildfunktion. So sang
„Commando Pernod", die zeitweilig beliebteste Band der Szene: „Wir lösen
das Kanakenproblem, das ist doch klar, genauso wie es damals '85 geschah".
Nicht nur aus der Skinheadszene, sondern auch aus der Neonaziszene heraus,
kam es zu Morden. Josef Saller, seit 1986 Mitglied der neonationalsozialisti-
schen „Nationalen Front", verübte im Dezember 1988 einen Brandanschlag
auf ein überwiegend von Ausländern bewohntes Haus in Schwandorf. Seine
Opfer waren eine dreiköpfige türkische Familie und ein Deutscher.

Das Jahr 1991 brachte mit 849 rechtsextremistisch motivierten Gewalttaten (ohne Sachbeschädigungen) dann allerdings eine dramatische Steigerung um fast das Fünffache gegenüber 1990 (178 Delikte). Das Hauptan-
griffsziel der Gewalttäter waren Asylbewerberheime. Einen ersten Höhepunkt erreichte die Gewaltwelle mit dem Anschlag auf das Asylbewerber-
heim in Hoyerswerda im September 1991. Das Vorgehen in Hoyerswerda
diente als Blaupause zahlreicher Nachahmungstaten, wohl auch weil der
Abtransport der Asylbewerber aus der Stadt den Anschein erweckte, das
gewalttätige Vorgehen führe zum Erfolg. Die Medien gossen mit ihrer sen-
sationsheischenden Berichterstattung Öl ins Feuer. 1992 stieg die Zahl der
rechtsextremistischen Gewalttaten auf den historischen Höchststand von

1.489 Delikten an – fast das Neunfache der Delikte des Jahres 1990 (BfV 1997b: S.8). Im August 1992 endeten die ausländerfeindlichen Krawalle in Rostock-Lichtenhagen wiederum mit der Verlagerung der Asylbewerber. Ein weiterer Schub der Gewalt folgte. Im November ermordeten zwei Skinheads unter Beihilfe weiterer Skins einen 51jährigen bestialisch, indem sie ihn mit Benzin übergossen und anzündeten.

Fanden die Anschläge von Hoyerswerda und Rostock im Osten Deutschlands statt, markierte im November 1992 der Brandanschlag im nordrhein-westfälischen Mölln, bei dem eine Türkin (51) und zwei Kinder starben, einen neuen dramatischen und traumatischen Höhepunkt der fremdenfeindlichen Gewalt. Im Unterschied zu 1990 und 1991 richtete sich die menschenverachtende Gewalt nicht mehr in erster Linie gegen Asylbewerber, sondern gegen Türken, die größte ausländische Bevölkerungsgruppe in Deutschland. Nur ein halbes Jahr nach Mölln töteten am 29. Mai 1993 in Solingen vier Jugendliche durch einen Brandanschlag auf ein Wohnhaus zwei türkische Frauen und drei Kinder, sieben weitere Bewohner des Hauses verletzten sie zum Teil schwer. Die Tat begingen ohne größere Planungen zwei Hauptschüler (16), ein Wehrpflichtiger (20) und ein Arbeitsloser (23). Als Brandbeschleuniger besorgten sie sich Benzin an einer Tankstelle. Von den Möllner Tätern war einer Mitglied einer rechtsextremistischen Skinhead-Gruppierung, die anderen gehörten lose zur Skinheadszene.

Der Staat reagierte nun effektiver. Die Polizei fasste die Täter von Mölln und Solingen rasch. Auch die Bürger handelten nun. Mit Kerzen in der Hand protestierten Hunderttausende gegen die rechtsextremistischen Verbrecher und zeigten diesen so ihre gesellschaftliche Isolation. Kein fremdenfeindlicher Gewalttäter konnte sich nunmehr in die Tasche lügen, im Sinne der schweigenden Mehrheit zu handeln. Im Jahr 1993 ging die Zahl der Gewalttaten jedoch nur geringfügig auf 2.232 zurück. Für Aufsehen sorgte neben den Morden von Mölln u.a. der Anschlag auf die Lübecker Synagoge und Ausschreitungen auf dem Gelände der Gedenkstätte Buchenwald. In den folgenden Jahren sank die Zahl der rechtsextremistischen Gewalttaten bis 1997, danach stieg sie wieder leicht an. Fremdenfeindliche Taten sorgten in den letzten Jahren immer wieder für Entsetzen. So starb der Algerier Farid Guendoul 1999 an den Folgen einer Verletzung, die er sich, gehetzt von Rechtsextemisten, zugezogen hatte. Im August 1999 traten Rechtsextremisten im bayerischen Rosenheim auf einen Mosambikaner ein, der einige Wochen später seinen Verletzungen erlag. Im gleichen Monat erschlugen zwei rechtsextremistische Skinheads einen 44jährigen Deutschen, der gegen die Fremdenfeindlichkeit eines der Täter Stellung bezogen hatte.

Vier Rechtsextremisten töteten im Juli 2000 auf Usedom einen Obdachlosen. Einer der Gewalttäter war Mitglied des „Kameradschaftsbund Pommern – Nationaler Widerstand Pommern". Besondere Aufmerksamkeit erregte der brutale Überfall dreier alkoholisierter rechtsextremistischer Skinheads (zwei 16jährig, einer 24jährig) in Dessau auf den Mosambikaner Alberto Adriano. Parolen wie „Hier kommt der nationale Widerstand" grölend, traten und schlugen die Jugendlichen auf ihn ein, selbst nachdem er bereits leblos dalag. Wenige Tage später starb Adriano.

Tabelle 17: Gewalttaten von Rechtsextremisten 1980-2003

Jahr	1980	1981	1982	1983	1984	1985	1986	1987
Taten	113	92	88	76	91	124	189	192
Jahr	**1988**	**1989**	**1990**	**1991**	**1992**	**1993**	**1994**	**1995**
Taten	193	255	309	1.492	2.639	2.232	1.489	837
			(178)	(849)	(1.485)	(1.322)	(784)	(612)
Jahr	**1996**	**1997**	**1998**	**1999**	**2000**	**2001**	**2002**	**2003**
Taten	781	1.091	1.224	1.119	1.702	960	950	984
	(624)	(790)	(708)	(746)	(998)	(709)	(772)	(725)

Quelle: Verfassungsschutzberichte des Bundes. Ab 1997 sind Sachbeschädigungen im Verfassungsschutzbericht nicht mehr in der Zahl rechtsextremistischer Gewalttaten enthalten. Für die Jahre 1980 bis 2003 sind in der Tabelle die Gewalttaten inklusive Sachbeschädigungen aufgeführt, in Klammern für die Jahre ab 1990 die Zahl der Delikte ohne Sachbeschädigungen.

Der Anteil der fremdenfeindlichen Aktionen an den rechtsextremistischen Gewalttaten ging laut den Verfassungsschutzberichten des Bundesministeriums des Innern von 86 Prozent (1992) über 75 Prozent (1993) auf 58 Prozent (1994) zurück, danach stagnierte er auf diesem hohen Niveau (2002: 56,9 Prozent). Mit Blick auf die regionale Verteilung zeigte sich Anfang der 90er Jahre kein Ost-West-Gefälle, sondern ein Nord-Süd-Gefälle. Je 100.000 Einwohner kam es in Hamburg zu 9,1, in Schleswig-Holstein zu 7,8 in Mecklenburg-Vorpommern zu 6,3 Vorfällen. Am friedlichsten ging es noch in Bayern mit 2,1 Vorfällen je 100.000 Einwohner, im Saarland mit 2,1 und in Sachsen mit 1,5 zu. Ab Mitte der 90er Jahre zeigten sich demgegenüber deutliche Unterschiede zwischen den östlichen und westlichen Bundesländern. Besonders deutlich fiel der Trend 1999 aus. Sachsen-Anhalt lag mit

3,04 Gewalttaten je 100.000 Einwohner an der Spitze, gefolgt von Mecklenburg-Vorpommern (2,84), Brandenburg (2,39), Thüringen (2,04) und Sachsen (1,92). Während damit in den östlichen Ländern je 100.000 Einwohner im Schnitt 2,19 rechtsextremistische Gewalttaten begangen wurden, waren es in den westlichen 0,68. 2002 und 2003 war unter den fünf Staaten mit dem höchsten Anteil rechtsextremer Gewalttaten je 100.000 Einwohner dagegen wieder ein westdeutsches Land (Schleswig-Holstein). Dennoch standen 2003 noch immer 2,08 rechtsextremer Gewalttaten im Osten pro 100.000 Einwohner, 0,62 Gewalttaten im Westen gegenüber (BMI 2004: S. 35 f).

Bei der Betrachtung der Zahlen der Gewalttaten in den Bundesländern ist in Rechnung zu stellen, dass die Erfassung der Gewalttaten durch die Kriminalpolizei nie perfekt klappte. Obwohl die Zählung der rechts- und linksextremen Straftaten in den Bundesländern stets nach einem vorgegebenen Kriteriensystem erfolgte, gab es immer wieder Unstimmigkeiten, etwa zwischen den Angaben im Bundesverfassungsschutzbericht und der Summe der Angaben der Länderverfassungsschutzberichte. Im Jahr 2002 führten die Innenminister der Länder und des Bundes mit dem Ziel der Vermeidung künftiger Unklarheiten das „Definitionssystem Politisch motivierter Kriminalität" ein. Als politisch motiviert gilt eine Tat demnach, wenn die Einstellung des Täters und/oder die Form der Tat darauf schließen lassen, dass sie sich gegen einen anderen Menschen wegen dessen politischer Einstellung, Weltanschauung, Nationalität, Rasse, Hautfarbe oder Religion richtete (BMI 2004: S. 28f). Ob diese Definition in der Praxis wirklich dazu beiträgt, Unklarheiten bei der Erfassung zu vermeiden, muss sich erst noch erweisen.

Auf der Grundlage von 1.398 Ermittlungsakten der Polizei aus den Jahren 1991/92 kam ein sozialwissenschaftliches Forschungsteam um Helmut Willems zu dem Ergebnis, dass fremdenfeindliche Gewalt zu über 95 Prozent von Männern ausgeht und zwar meist von sehr jungen. 70 Prozent der Tatverdächtigen sind jünger als 20 und über 35 Prozent sogar jünger als 18 Jahre. 37,9 Prozent der Täter stammten aus polizeilich bekannten Skinhead-Gruppierungen, 25,2 Prozent aus rechtsextremen Vereinigungen und 19,1 Prozent aus sonstigen fremdenfeindlichen Gruppierungen. 93,5 Prozent der fremdenfeindlichen Gewalttaten gingen von einer Personengruppe aus, nur 6,2 Prozent von Einzeltätern. Die fremdenfeindliche Gewalt trifft meist das Umfeld der Täter in der eigenen Stadt oder der Nachbargemeinde. Nur zu 6,2 Prozent finden die Gewalttaten an entfernteren Orten statt.

Neben den politischen Motiven spielen nach Ansicht der Forschergruppe um Willems (1993: S. 31) auch „unpolitische (expressive) Gewaltmotive und Actionorientierungen sowie Protestmotive eine wichtige Rolle". Die

Ergebnisse der Studie bestätigten weitere Untersuchungen etwa des Kriminologen Frank Neubacher (1999). Probleme in der Statistik ergeben sich zum Teil dadurch, dass nicht jede Gewalttat gegen einen Fremden fremdenfeindlich motiviert sein muss. Zum Teil fließt Alltagskriminalität wie Gewalt aus Eifersucht in die Zahlen ein. Andererseits scheint ein Teil der deutschen Richter Schwierigkeiten zu haben, rechtsextremistische Gruppierungen zu verorten. So heißt es in einer Urteilsschrift gegen einen Skinhead unsicher: „Der Angeklagte war in der Vergangenheit politisch aktiv und kandidierte bei der Bürgerschaftswahl [...] für die [neonationalsozialistische] Nationale Front. Sich selbst bezeichnet der Angeklagte allerdings nicht als Rechtsradikalen, sondern als so genannten ‚Nationalrevolutionär'" (zit. nach Willems u.a. 1993: S. 175). Es bleibt im Dunkeln, in wie vielen Fällen Angeklagte ihr rechtsextremes politisches Engagement erfolgreich unter den Teppich gekehrt haben. Die in den Verfassungsschutzberichten angegebene Zahl der gewaltbereiten Rechtsextremisten hat umgekehrt das Manko, dass auch Personen einbezogen werden, „bei denen lediglich Anhaltspunkte für Gewaltbereitschaft gegeben sind" (BMI 2000: S. 18).

Tabelle 18: Gewaltbereite Rechtsextremisten 1992-2003

Jahr	1992	1993	1994	1995	1996	1997	1998	1999	2000	2001	2002	2003
Zahl	6.400	5.600	5.400	6.200	6.400	7.600	8.200	9.000	9.700	10.400	10.700	10.000

Quelle: Verfassungsschutzberichte des Bundes. Anmerkung: Vor 1992 wurde die Zahl gewaltbereiter Rechtsextremisten in den Berichten nicht ausgewiesen.

Die Zahl der gewaltbereiten Personen steigerte sich nach der kurzzeitigen Verringerung durch die Verbotswelle seit 1994 auf fast das Doppelte. Den Anteil rechtsextremistischer Skinheads an der gewaltbereiten Szene beziffert der Verfassungsschutz im Jahr 2000 mit rund 85 Prozent. Der Organisationsgrad der gewaltbereiten rechtsextremen Skinheads ist niedrig. Ihre Vordenker dienen aber als Brücke zu rechtsextremistischen Organisationen, besonders zur JN und zur NPD. So war der 1995 aus der Band „Noie Werte" ausgeschiedene Gitarrist bis Ende 1997 Landesvorsitzender der JN in Baden-Württemberg. Die meisten rechtsextremistischen Skinheads sympathisieren stärker mit neonationalsozialistischem Gedankengut als mit dem Deutsch-Nationalismus von REP und DVU. Die Neigung zur Verherrlichung des Nationalsozialismus zeigt sich bereits in der Namensgebung zahlreicher einschlägiger Skinhead-Bands: „Endsieg", „Heimatfront", „Herrenrasse", „Kraft durch Froide", „Sturmtruppen", „Wehrwolf". Die meisten rechtsextremistischen Skinheads sind in keiner Organisation. Ab und an gibt es in der Szene Versuche, dies zu ändern. So gründeten Allgäuer Skinheads 1995 den Verein „Skinheads Allgäu e.V.". Dessen Ziel war die Pflege der „Skinheadkultur" durch Vortragsveranstaltungen, Versammlungen und Konzerte sowie die Übernahme von Anwaltskosten und Gewährung von Darlehen für bedürftige Skinheads. Der bayerische Innenminister verbot den Verein bereits nach einem Jahr wegen verfassungswidriger Ausrichtung. Besonders stark sind Skinheads in Ostdeutschland verbreitet. Mehr als die Hälfte der gewaltbereiten Rechtsextremisten lebt in den neuen Bundesländern, aber nur rund 20 Prozent der deutschen Bürger. Vor allem im Osten der Republik ist die Abgrenzung der rechtsextremen Skinheads zu NS-Vereinigungen und zur NPD aufgeweicht. Besonders bei Demonstrationen stellen Skinheads ein beliebtes Rekrutierungspotential der „Nationalen Opposition" dar.

Impulse zur Strukturierung der Skinhead-Bewegung gingen auf internationaler Ebene von den 1986 in den USA gegründeten neonationalsozialistischen „Hammerskins" aus, die u.a. in Frankreich, Italien, Tschechien und der Schweiz eine Vereinigung aller „weißen, nationalen" Kräfte in einer homogenen „Hammerskin-Nation" propagierten. Deutsche Filialen existieren in Berlin und Brandenburg. Während die „Hammerskins" kaum Einfluss auf die deutsche Skinhead-Szene haben, verbreitet die ebenfalls neonationalsozialistische Vereinigung „Blood & Honour" seit 1995 ihre Parolen mit wachsendem Erfolg in Deutschland. Ian Stuart Donaldson, der Sänger der neonationalsozialistischen Skinhead-Band „Skrewdriver", gründete die Bewegung in Großbritannien. Inzwischen zählt die kleine Armee in Deutschland immerhin 200 Kahlköpfe, die fest an die Überlegenheit der weißen Rasse glauben. Ihre Hauptstützpunkte hat die Bewegung in Sachsen und Berlin. Beschränkte sich „Blood & Honour" lange Zeit auf die Vermarktung rechtsextremer Skinhead-Musik und die Teilnahme an Demonstrationen, rief ein Aktivist unter dem Pseudonym „Max Hammer" seine Gesinnungsgenossen auf der Internetseite der Bewegung im Juli 2000 zum bewaffneten Kampf auf: „Unsere revolutionäre Bewegung sollte sich auf die Rekrutierung politischer Soldaten konzentrieren, die bereit zur Schlacht sind." Angestrebt wurde dabei die Zusammenarbeit mit dem „bewaffnete[n] Arm der ‚Blut und Ehre'-Bewegung", der englischen Terrorgruppe „Combat 18". Die 18 in deren Namen steht dabei im Szenejargon, gemäß der Platzierung der Buchstaben A und H im Alphabet, für Adolf Hitler. 88 bedeutet analog „Heil Hitler". Mitte September 2000 verbot Bundesinnenminister Schily schließlich die deutsche Sektion von „Blood & Honour" und deren Jugendorganisation „White Youth". Mit Blick auf das deutsche Parteienspektrum wird von rechtsextremen Skinheads einzig die NPD als „national" angesehen, REP und DVU gelten als zu lasch.

6.3 Linksterrorismus

In den ersten Jahrzehnten der Bundesrepublik griffen Linksextremisten so gut wie nie zur Waffe. Ein Einschnitt war das Jahr 1968. Als Spaltprodukt der studentischen Protestbewegung bildeten sich linksterroristische Gruppierungen. Für einige Protestler waren Gewalttätigkeiten wie Steine werfen bei Demonstrationen, das Einwerfen von Scheiben und sonstige Sachbeschädigungen nur der Einstieg in eine Gewaltspirale. Motive für Gewalt waren neben revolutionstheoretischen, ideologischen Gründen die Wut über die Tötung des Demonstranten Benno Ohnesorg durch einen Polizisten und das Attentat auf Rudi Dutschke durch einen rechtsextremistischen Jugendlichen. Die führenden Vertreter der Protestbewegung hatten zudem zeitweilig zur Gewalt aufgerufen. Vom revolutionären Anspruch der „Neuen Linken" sollte zur revolutionären Tat geschritten werden. Für „Bommi" Baumann, Mitbewohner der „Kommune I" um Rainer Langhans, Dieter Kunzelmann und Fritz Teufel, war „sowieso klar, Revolution is 'ne Gewaltgeschichte und irgendwann fängst du damit sowieso an" (Baumann 1982: S. 25). Baumann und Kunzelmann schritten daher Anfang der 70er Jahre selbst zur Tat.

Zwischen 1967 und 1970 begingen die „Tupamaros München" und die „Tupamaros" West-Berlin in beiden Städten Brand- und Sprengstoffanschläge auf Polizei- und Gerichtsgebäude. Die Gruppen hatten ihren Namen und das militante Konzept von südamerikanischen Guerillabewegungen übernommen. Die Bezeichnung geht zurück auf den peruanischen Indianerführer Tupac Amaru II., der im 18. Jahrhundert erfolglos einen Aufstand gegen die spanische Kolonialmacht wagte. Die Berliner Gruppe der „Tupamaros" firmierte zugleich unter dem Namen „Zentralrat der umherschweifenden Haschrebellen". Die Gewalttaten beschränkten sich nun nicht mehr auf das Umfeld von Demonstrationen; der Schritt zu geplanten Taten, die den Staat erschüttern sollten, war von einem kleinen Teil des linksextremen Spektrums getan. Einige Vordenker der „Neuen Linken" gingen diesen Weg mit. So führte Dieter Kunzelmann, der inzwischen in einem Lager der von Yassir Arafat geführten „Al Fatah" in Palästina militärisch geschult worden war, die Berliner „Tupamaros" an.

Trotz mancher Vorläufer kann als Geburtsstunde des deutschen Linksterrorismus die Brandstiftung in den Frankfurter Warenhäusern „Schneider" und „Kaufhof" im April 1968 gelten. Die Tätern waren Andreas Baader, Gudrun Ensslin, Thorwald Proll und Horst Söhnlein. Drei Jahre Haft standen auf der Rechnung. Kurzzeitig wegen eines – schließlich abgelehnten – Revisionsantrags auf freiem Fuß, nutzten Baader und Ensslin im Juni 1969 die Gelegenheit zur Flucht. Baader geriet aber schon weniger als ein Jahr später wieder in die Fänge der Polizei. Die linksextreme Journalistin Ulrike Meinhof, von 1958 bis 1964 Mitglied der verbotenen KPD, befreite mit zwei Komplizen Baader aus der Haft, wobei ein Institutsangestellter verletzt wurde. Der Weg in den Untergrund war nun unausweichlich. Horst Mahler, Anwalt Baaders im Kaufhaus-Prozess, schloss sich der Truppe an, die bald unter dem Namen „Rote Armee Fraktion" (RAF) ihre blutige Spur durch die Republik zog. Militärische Kenntnisse erwarb sich die Organisation in Jordanien. Das Geld zur Durchführung ihrer Anschläge erbeutete sie bei Banküberfällen. Falsche Identitäten konnte sie durch in Behörden geraubte Blankoausweise und Stempel für die Anfertigung von falschen Pässen fingieren. Das Leben im Untergrund erhöhte die Gewaltbereitschaft stetig.

Ulrike Meinhof schwelgte in einem „Spiegel"-Interview 1970 in Gewaltphantasien: „Wir sagen, natürlich, die Bullen sind Schweine, wir sagen, der Typ in der Uniform, das ist kein Mensch, und so haben wir uns mit ihm auseinanderzusetzen. Das heißt, wir haben nicht mit ihm zu reden, und natürlich kann geschossen werden." (Spiegel vom 15. Juni 1970). Meinhof lieferte 1971 mit der Schrift „Das Konzept Stadtguerilla" auch den theoretischen Überbau für die Gewaltaktionen: „Wir behaupten, dass die Organisierung von bewaffneten Widerstandsgruppen zu diesem Zeitpunkt in der Bundesrepublik und Westberlin richtig ist, möglich ist, gerechtfertigt ist" (RAF 1997: S. 31) In den Fußstapfen von Mao Tse-Tung galt der RAF der bewaffnete Kampf dabei als „die höchste Form des Marxismus-Leninismus" (S. 31). Meinhof übertrug das 1969 von Carlos Marighella, dem wohl wichtigsten Theoretiker des lateinamerikanischen Terrorismus, im „Minihandbuch des Stadtguerilla" (Alves/Detrez/Marighella) entwickelte Terrorkonzept auf die deutsche Situation (S. 42). Wesentliche Inspirationsquellen waren auch die Schriften Maos und Lenins. Die RAF steht somit in der Tradition des Kommunismus, nicht des Anarchismus. Ideologisch geht die Gruppe in dieser Tradition davon aus, dass „es im Kapitalismus nichts gibt [...], das einen bedrückt, quält, hindert, belastet, was seinen Ursprung nicht in den kapitalistischen Produktionsverhältnissen hätte" (S. 44). Daher sind aus der Sicht der RAF zur Zerstörung der kapitalistischen Verhältnisse alle Mittel gerechtfertigt.

Kurze Zeit nach Meinhof schob Horst Mahler, der bereits seit Oktober 1970 im Gefängnis saß, seine Schrift mit dem Titel „Die Lücken der revolutionären Theorie schließen" nach. Im ihrem Schlussteil erläuterte er die notwendigen künftigen Schritte der RAF und ihres Umfelds: „Kommandogruppen bilden (3er-, 5er-, 10er-Gruppen mit Genossen, die man sowohl in persönlicher als auch in politischer Beziehung gut kennen muss, um beurteilen zu können, ob sie den Anforderungen und Belastungen des bewaffneten Kampfes (insbesondere im Knast) standhalten und unter allen Umständen (auch im Bett!) den Mund halten können." (Kollektiv RAF 1971: S. 65).

Die erste Offensive der RAF gegen den Staat fand im Mai 1972 statt. Ein Bombenanschlag traf das Hauptquartier der US-Streitkräfte in Frankfurt a.M., ein Oberst starb und 13 Personen wurden verletzt. Weitere Bomben explodierten im Münchner Landeskriminalamt, im Augsburger Polizeipräsidium und im Hamburger Springer-Verlagshaus. Eine Autobombe verletzte die Frau Wolfgang Buddenbergs, des für die Ermittlungen gegen die RAF zuständigen Bundesrichters. Die Anschlagserie endete mit einer Sprengstoffexplosion im Heidelberger Hauptquartier der amerikanischen Streitkräfte in Europa.

Noch versuchte die RAF, ihre Anschläge der linken Szene zu vermitteln, und konnte dabei auf ein Umfeld von Sympathisanten, den „Multiplikatoren" ihrer Ideen, zählen. Auf einer Frankfurter Uni-Versammlung Ende 1972 erreichte Meinhofs vom Tonband abgespielter Aufruf, sich dem bewaffneten Kampf der RAF anzuschließen: „Habt Mut zu kämpfen, habt Mut zu siegen." (zit. nach Koenen 2001: S. 335) rund 2.000 Zuhörer. Die Frankfurter Szenegrößen Daniel Cohn-Bendit und Joschka Fischer waren zwar in jenen Jahren keine grundsätzlichen Gegner der Gewalt gegen das „System", aber sie warnten als Antwort auf die Rede Meinhofs heftig vor dem Weg in den terroristischen Untergrund.

Der Staat konterte die Aktionen der RAF schnell und effektiv. Im Juni 1972 nahm die Polizei die führenden RAF-Mitglieder fest, die aber aus der Haft heraus ihren Kampf gegen die bundesdeutsche Gesellschaft fortsetzen wollten. Mittels Hungerstreiks stilisierten sie sich zu politischen Märtyrern und buhlten um solidarische Aktionen ihres Umfelds.

Die RAF blieb nicht ohne Nachahmer. Aus der linken Berliner Szene heraus entstand die „Bewegung 2. Juni"", benannt nach dem Todestag Benno Ohnesorgs. Die Gruppierung brachte kein eigenes ideologisches Konzept zustande, sondern orientierte sich an den Schriften der RAF. Nachdem der Anführer Georg von Rauch bei einem Schusswechsel mit der Polizei getötet wurde, radikalisierte sich die Gruppe weiter. Andere stiegen wie Bommi

Baumann nun aus. Das erste Opfer der Gruppe war der Bootsbauer Erwin Beelitz, der bei einem Anschlag auf einen britischen Yachtclub umkam, den die Gruppe aus Solidarität mit der „Irish Republican Army" beging. Mitte 1974 richtete die „Bewegung 2. Juni" aus ihren Reihen den (vermeintlichen) Verräter Ulrich Schmücker hin. Im gleichen Jahr ermordete die Bewegung den Berliner Kammergerichtspräsidenten Günther von Drenkmann, als dieser sich gegen seine Entführung wehrte. Die Tat war eine Reaktion auf den Tod des inhaftierten RAF-Terroristen Holger Meins am 9. November 1974, der bei einem Hungerstreik trotz Zwangsernährung starb. Aufmerksamkeit erregte die Terrorgruppe vor allem mit der Entführung des Berliner CDU-Vorsitzenden und Spitzenkandidaten für die Wahl zum Berliner Abgeordnetenhaus, Peter Lorenz, im Februar 1975. Der von Bundeskanzler Helmut Schmidt geleitete Krisenstab beschloss, der Forderung der Terroristen nach der Freilassung von fünf Gesinnungsgenossen nachzugeben. Beide Seiten erfüllten ihre Versprechungen.

Im April 1975 überfiel ein „Kommando Holger Meins" der RAF die deutsche Botschaft in Stockholm. Die Terroristen, u.a. Karl-Heinz Dellwo, forderten die Freilassung ihrer Gesinnungsgenossen. Die Bundesregierung konnte und wollte dem nicht nachgeben. Daraufhin erschoss das Kommando den Militärattaché Andreas von Mirbach und den Botschaftsrat Heinz Hillegart. Bei der anschließenden Stürmung der Botschaft wurde ein Terrorist getötet. Die Reihen der Aktivisten und der Inhaftierten waren in jenen Jahren geschlossen, kaum einer wandte sich offen ab oder wurde wie Horst Mahler ausgeschlossen.

Weil Anfang 1997 die Haftentlassung Brigitte Mohnhaupts als nächstes bevorstand, wurde sie von Ensslin und Baader mehr als ihr Sprachrohr in der Freiheit, denn als Nachfolgerin an der Spitze der Terrororganisation ausgewählt. Die Inhaftierten rügten eine Untätigkeit der freien Terroristen und wiesen Mohnhaupt zu einer tief greifenden Reorganisation der RAF an. Der Staat hatte aus humanitären Gründen den Fehler gemacht, in Stammheim mehrstündige Zusammentreffen der RAF-Gefangenen zuzulassen. Von der in der Unterstützerszene beklagten „Isolationsfolter" konnte kaum die Rede sein. Isoliert waren die Terroristen von anderen Strafgefangenen, nicht aber von der Außenwelt. Durchschnittlich empfing jeder Terrorist zwei Besucher am Tag und erhielt zehn Postsendungen.

Vor den Toren der Gefängnismauern bestritt kein RAF-Genosse den von Baader und Ensslin gedeckten Führungsanspruch Mohnhaupts. Zusammen mit Christian Klar stand sie nun an der Spitze der RAF. Das Führungsduo startete eine umfangreiche Offensive, die vor allem der Befreiung der Inhaftierten dienen sollte. Die deutsche Terrorwelle erreichte in den Morden des Jahres 1977 ihren blutigen Gipfel. Dem Mordanschlag auf den Generalbundesanwalt Siegfried Buback durch die Terroristen Knut Folkerts, Christian Klar und Günter Sonnenberg auf offener Straße in Karlsruhe am 7. April 1977 fielen auch zwei seiner Begleiter zum Opfer. Niederträchtig war nicht zuletzt, wie die Erschießung des Vorstandssprechers der Dresdner Bank, Jürgen Ponto, am 30. Juli 1977 in seiner Wohnung in die Wege geleitet wurde. Die Terroristin Susanne Albrecht sorgte hier für offene Türen. Ponto war seit seiner Studienzeit mit ihrem Vater befreundet und Patenonkel von einem ihrer Geschwister. Am 5. September 1977 folgte die Entführung des Arbeitgeberpräsidenten Hanns-Martin Schleyer, dessen vier Begleiter bei dem Überfall in Köln erschossen wurden. Erneut versuchten die Terroristen, alle RAF-Häftlinge freizupressen und als Bonus einige Millionen Dollar zu bekommen. Der große Krisenstab, dem unter Leitung des Bundeskanzlers auch Oppositionsvertreter angehörten, versuchte Schleyers Leben zu retten, ohne der Forderung der Terroristen nachgeben zu müssen, hätte dies doch eine nachhaltige Erschütterung der Autorität des Staats bedeutet. Die schon zuvor bekannten internationalen Verflechtungen des Terrorismus wurden erneut deutlich, als am 13. Oktober 1977 palästinensische Luftpiraten der „Volksfront für die Befreiung Palästinas" die Lufthansamaschine „Landshut" mit 91 Insassen entführten und die Freilassung von elf deutschen und zwei türkischen Terroristen forderten. Am 18. Oktober stürmte das Sonderkommando GSG 9 des Bundesgrenzschutzes das Flugzeug auf dem Flughafen von Mogadischu in Somalia und befreite die Geiseln. Angesichts des Scheiterns ihrer Freipressung begingen die in Stuttgart-Stammheim inhaftierten RAF-Anführer Andreas Baader, Gudrun Ensslin und Jan Carl Raspe Selbstmord durch Pistolenschüsse. Die Waffen waren durch Anwälte der Terroristen in deren Hände gelangt. Einen Tag später fand man die Leiche des ermordeten Arbeitgeberpräsidenten Schleyer im Elsass im Kofferraum eines Autos. Die „Bewegung 2. Juni" stand 1977 im Schatten der RAF, obgleich sie keineswegs inaktiv war. Sie entführte den österreichischen Industriellen Michael Palmers und ließ ihn gegen die Zahlung eines Lösegelds von 4,3 Millionen DM wieder frei.

Nach 1977 hatte die RAF durch zahlreiche Festnahmen und Verurteilungen wie die Abwanderung von RAF-Mitgliedern, die ihre terroristische Karriere beenden wollten, in die DDR einen bedeutenden Aderlass zu bewältigen. Die terroristische Bedrohung war aber nicht gebannt. Die zweite Generation verlagerte nur den Schwerpunkt des Handelns. Im Mittelpunkt standen nicht mehr inzwischen als aussichtslos erkannte Versuche der Freipressung von Gesinnungsgenossen, sondern der „antiimperialistische" Kampf gegen den „militärisch-industriellen Komplex", vor allem die NATO. 1979 misslang ein Attentat auf den NATO-Oberbefehlshaber in Europa, Alexander Haig, im September 1981 eines auf den Oberbefehlshaber der US-Streitkräfte in Europa, Frederick Kroesen. Relativ erfolgreich aus der Sicht der Terroristen war demgegenüber ein Anschlag auf das Hauptquartier der US-Luftwaffe in Ramstein.

In ihrer Programmschrift „Guerilla, Widerstand und antiimperialistische Front" von 1982 nahm die RAF mehr verbal als real Abschied von ihrem Avantgardedenken. Sie gab nun vor, für die Interessen der unterdrückten Kontinente Afrika, Asien und Lateinamerika zu kämpfen und buhlte damit um mehr Rückhalt in der linksextremen Szene. Mit der Verhaftung von Christian Klar, Brigitte Mohnhaupt und Adelheid Schulz gelang dem Staat noch im gleichen Jahr ein entscheidender Schlag gegen die zweite Generation der RAF. Die Ruhe der folgenden Jahre war trügerisch, denn die RAF verfügte noch über genügend Aktivisten. 1980 hatten zum Beispiel die Terroristen der Bewegung 2. Juni die Reihen der RAF aufgefüllt.

Von einer dritten Generation der RAF war erstmals beim Bombenattentat auf die NATO-Shape-School im Oberammergau 1984 die Rede. Die dritte Generation entstand aus einer "Gemengelage aus Friedensbewegung, Widerstand gegen den NATO-Doppelbeschluß und demjenigen verbliebenen RAF-Potential" (Straßner 2003: S. 401), das nach den Verhaftungen von 1977 noch frei war. Neben dem fortbestehenden Avantgardeanspruch führte vor allem ein hohes Maß an Menschenverachtung zu einer weitgehenden Isolation. So tötete 1985 ein weiblicher RAF-Kader den amerikanischen Marinesoldaten Edward Pimental mit einem Genickschuss, um an dessen Ausweis zu kommen. Mit dem Dokument gelang es der RAF, einen Wagen mit Sprengstoff auf das Gelände der Rhein-Main-Airbase in Frankfurt zu bringen. Bei der Explosion starben zwei weitere Menschen. Selbst inhaftierte RAF-Kader und ein bedeutender Teil des Umfelds distanzierten sich von dieser Aktion. Die Entfremdung zwischen der dritten RAF-Generation und ihrem Sympathisantenumfeld keimte seither weiter. Auch innerhalb der Kommandoebene der dritten Generation scheint es bereits damals gegärt zu haben. So drückte Birgit Hogefeld nach ihrer Verhaftung ihre Abscheu vor dieser Tat aus. Weit weniger umstritten waren demgegenüber in der RAF und ihrem Umfeld die Taten der „Offensive 85/86". So ermordete die RAF Ernst Zimmermann, den Vorstandsvorsitzenden der „Maschinen- und Turbinenunion", den Siemens-Manager Karl-Heinz Beckurts und seinen Fahrer sowie Gerold von Braunmühl, einen hohen Beamten des Auswärtigen Amtes.

Der Mordanschlag auf Alfred Herrhausen, den Vorstandssprecher der Deutschen Bank und wohl einflussreichsten deutschen Wirtschaftsmanager am 30. November 1989 zeigte, dass die RAF noch immer planungsaufwändige Taten ausführen konnte. Das letzte Mordopfer der RAF war Detlev Karsten Rohwedder, der Vorsitzende der „Deutschen Treuhandanstalt". Der Mord durch Schüsse in den Rücken taugte nicht zur Glorifizierung und stieß auf das Unverständnis der Sympathisantenszene.Über die Terroristen der „dritten Generation" der RAF ist weit weniger bekannt als über ihre Vorgänger. Die meisten RAF-Mordfälle der 80er und 90er Jahre sind bis heute im Kern ungelöst. Mittels neuartiger Ermittlungsmethoden wie DNS-Tests konnten in den letzten Jahren aber einige Taten Personen zugeordnet werden. So ist beispielsweise aufgrund eines DNS-Tests eine Beteiligung von Wolfgang Grams am Mordanschlag auf den Treuhandchef Detlev Karsten Rohwedder nahezu sicher. Weitere Terroristen der dritten Generation, die an größeren Anschlägen beteiligt waren, sind Andrea Klump und die noch flüchtige Daniela Klette. Im Unterschied zur ersten und zweiten Generation gab es bei der dritten Generation eine hierarchische Organisationsstruktur.

Nach Ansicht des Bundeskriminalamts schwankte die Zahl der Angehörigen der Kommandoebene zwischen 15 und 30. Einigen mutmaßlichen Aktivisten konnte die Mitgliedschaft nicht nachgewiesen werden. Ein bedeutender Teil der Kommandoebene blieb schlicht unbekannt. Gelang der dritten Generation kein zweiter „deutscher Herbst", so konnte sie es als Erfolg ansehen, dass es ihr weit besser als der ersten und zweiten Generation gelang, ihre Verluste durch Verhaftungen und Tötungen bei Schusswechseln mit der Polizei in Grenzen zu halten. Die illegalen Militanten, die wie die Angehörigen der Kommandoebene im Untergrund lebten, waren auf Anschläge gegen Gebäude spezialisiert, bei denen keine Personen zu Schaden kommen sollten. Ihre Anschläge standen in einem engen Zusammenhang mit jenen der Kommandoebene. So flankierten die illegalen Militanten den Mord an Karl-Heinz Beckurts mit Anschlägen auf das Fraunhofer-Institut in Aachen und die Firma Dornier. Zunehmend verschwand jedoch die – vom Bundeskriminalamt ohnehin etwas künstlich gezogene – Grenze zwischen der Kommandoebene und den illegalen Militanten. Die größere Gruppe der rund 200 legalen Militanten hatte vor allem die Aufgabe, die Angriffsziele der Kommandoebene und der illegalen Militanten auszukundschaften, konspirative Wohnungen für die Kommandos anzumieten sowie Geld, Waffen und Ausweise zu verstecken. Während die oberen beiden RAF-Ebenen in der Illegalität lebten und sich mit Haut und Haaren dem Terrorismus verschrieben, ging die Mehrzahl der legalen Militanten einem relativ geregelten Studenten- oder Berufsleben nach. Das Umfeld warb in der linksextremen Szene für die Ziele der RAF, betreute die Gefangenen und stellte Kontakte zwischen den aktiven Terroristen und den Inhaftierten her.

Nach dem Ende der DDR zeigte sich, dass einige RAF-Terroristen dort Zuflucht gefunden hatten. Nach Hinweisen von Bürgern und Mitarbeitern des MfS konnten 1990 zehn ehemalige Mitglieder der Kommandoebene der zweiten Generation der RAF (Susanne Albrecht, Henning Beer, Christine Dümlein, Ralf Baptist Friedrich, Monika Helbing, Werner Lotze, Silke Maier-Witt, Eckehard Freiherr von Seckendorff-Gudent, Sigrid Sternebeck und Inge Viett) verhaftet werden. Zeitweilig verhandelten u.a. Christian Klar und Inge Viett mit der DDR-Führung über die Lieferung von Sprengstoff und Waffen an die RAF. Dies war der SED aber anscheinend zu gewagt. Unterlagen des MfS belegen jedoch eine paramilitärische Schulung aktiver Terroristen wie Ingrid Jakobsmeier, Christian Klar, Adelheid Schulz und Inge Viett in der DDR durch Spezialisten des MfS. Die DDR verschaffte den Terroristen einen Rückzugsraum, der dazu dienen sollte, den Terroristen nach ihrer aktiven Zeit ein neues Leben zu ermöglichen. Die Staatssicherheit half den Terroristen bei der Einbürgerung, Arbeits- und Wohnungssuche. Danach führten die Ex-Terroristen in der DDR ein unauffälliges Leben.

Die Festgenommen, Angehörige der zweiten Generation, bestätigten, es habe nach dem Scheitern der „Offensive 1977" einen Plan mit Namen „Suicide Action" gegeben. Wegen der mangelhaften Kommunikation zwischen den Generationen war dies anscheinend ein Schock für die aktiven RAF-Terroristen, waren doch viele von ihnen aus Entsetzen über die „Stammheimer Mordnacht" zur RAF gestoßen. Das avantgardistische Selbstbewusstsein der RAF war nun gebrochen, zumal offenbar wurde, dass ein bedeutender Teil der Aktivisten der zweiten Generation eine kleinbürgerliche Existenz in der DDR dem revolutionären Untergrundleben vorgezogen hatte.

Einen weiteren Einschnitt stellten für die RAF die Ereignisse in Bad Kleinen dar. Erstmals gelang es dem Staat, RAF-Terroristen der dritten Generation, Wolfgang Grams und Birgit Hogefeld, zu stellen. Bei dem Schusswechsel zwischen Polizisten und Terroristen starb ein Polizeibeamter. Wolfgang Grams beging, in die Enge getrieben, mit einem Kopfschuss Selbstmord. Nicht nur in der linksextremen Szene kursierte jedoch bald nach dem Muster der Reden von der „Stammheimer Mordnacht" die Theorie einer „Hinrichtung" von Grams durch GSG 9-Beamte. Es genügte den Zweiflern nicht, dass die Mordtheorie nach umfassender Untersuchung der Schweriner

Staatsanwaltschaft ausgeschlossen wurde. Die RAF schlachtete das Ereignis propagandistisch aus. Die Ereignisse von Bad Kleinen stärkten sie jedoch keineswegs. Die Verunsicherung saß tief. Dem Staat war es erstmals gelungen, einen Informanten anzuwerben, der persönliche Kontakte zur Kommandoebene hatte. Die folgenden Erklärungen der RAF klangen resigniert. Der letzte Anschlag war für die Terrorgruppe schon untypisch. Vor der Sprengung des Gefängnisneubaus in Weiterstadt im März 1993 warnte die RAF, so dass keine Personen verletzt wurden.

Die RAF begann sich zu zerfleischen. Die inhaftierten Hardliner um Brigitte Mohnhaupt und Christian Klar lieferten sich eine heftige Fehde mit den „Freunden der Vernunft" um Karl-Heinz Dellwo sowie Birgit Hogefeld und der Kommandoebene der aktiven Terroristen. Die Hardliner warfen ihren Gegnern vor allem vor, hinter ihrem Rücken ab Mai 1993 geheime Verhandlungen mit dem Staat begonnen zu haben, in denen sie die Bereitschaft zur Aufgabe von Terroraktionen signalisiert hätten. Am 20. April 1998 wandte sich die RAF schließlich mit einer achtseitigen Erklärung an die Öffentlichkeit. Die Anfangs- und Kernsätze lauten: „Vor fast 28 Jahren am 14. Mai 1970 entstand in einer Befreiungsaktion die RAF. Heute beenden wir dieses Projekt." Als Fehler der RAF sehen die Terroristen rückblickend nicht Mord und Totschlag zur Erreichung politischer Ziele an, sondern dass sie neben der illegalen, bewaffneten keine legale politische Organisation aufgebaut hatten. Die Auflösung war eine Absage an die bisherige „Überschätzung der Wirkung politisch-militärischer Aktionen", mithin an deren politischer Unwirksamkeit, nicht an deren Unmenschlichkeit. Von einem ideologischen Friedensschluss mit der als „rassistischer Frontstaat" bezeichneten Bundesrepublik konnte keine Rede sein, vielmehr war der Grund für die Auflösung die zunehmende Isolation der personell recht winzigen RAF in linksextremistischen Kreisen.

Die dritte bedeutende linksterroristische Gruppierung der Bundesrepublik sind die 1973 entstandenen „Revolutionären Zellen" (RZ). Anschläge der RZ richteten sich u.a. gegen das Bundesverfassungsgericht, die Bundesärztekammer und Firmen wie ITT und MAN. Die Aktivisten stammten ebenfalls aus dem gewaltbereiten Teil der 68er-Bewegung. Das Konzept der RZ unterschied sich grundsätzlich von jenem der RAF. Die RZ glaubte anders als die RAF nie, dass sie mit ihren Anschlägen kurzfristig einen Umsturz in der Bundesrepublik herbeiführen könne. Ihr Ziel war es, eine „populäre Guerilla" mit der „Sympathie des Volkes" (RZ 1981: S. 259) zu sein. Die Aktionen der RZ knüpften daher im Unterschied zur RAF direkt an die thematischen Schwerpunkte der neuen sozialen Bewegungen (u.a. Asylrecht, Atomenergie, Frauenfrage) an. Keine andere deutsche Terrorgruppe verfasste ähnlich detaillierte Schilderungen und Begründungen ihres Vorgehens. So füllte das Papier „Die Bewegung gegen die Startbahn West" (RZ 1983) 52 Buchseiten. Ein wesentlicher Teil war dabei einer Analyse der wirtschaftlichen und militärischen Bedeutung der Startbahn West aus Sicht der RZ gewidmet. Auch das Verhältnis zwischen den militanten Linksextremisten, den Bürgerinitiativen gegen die Startbahn und der Bevölkerung in der Region erläuterten die Terroristen ausführlich. Die Mitglieder tauchten nicht in den Untergrund ab, sondern versuchten die terroristische Tätigkeit in ihr Alltagsleben zu integrieren. Etwas flapsig wurde dies zuweilen als „Feierabendterrorismus" bezeichnet. Dennoch beging die Gruppe auch Anschläge mit hohem Planungsaufwand. So waren die RZ an der langwierigen Vorbereitung und Durchführung des Anschlags auf die Konferenz der Ölminister der OPEC im Frühjahr 1975 beteiligt, bei der drei Sicherheitsbeamte ermordet und die Ölminister als Geiseln genommen wurden. Das Kommando bei dem Anschlag führte der lange Zeit meistgesuchte Terrorist der Welt, Iljitsch Rámirez Sanchez (genannt Carlos), ein glühender Verehrer Lenins, der seine drei Söhne Wladimir, Iljitsch und Uljanow nannte. Ihm zur Seite stand Johannes Weinrich, der Anführer der RZ. Er war eine Art Adjudant von Carlos und vermittelte auch Kontakte zwischen der Gruppe um Carlos und dem ostdeutschen MfS. Die Motive warum die Geheimdienste der Staaten des „Warschauer Pakts" Verbindungen zur Terrorgruppe um Carlos unterhielten, liegen noch immer im Dunkeln.

Thematisch knüpfte die RZ mit ihren thematischen Schwerpunkten (u.a. Asylrecht, Frauenfragen) stets stärker an die neuen sozialen Bewegungen an als die RAF. 1986 verübten die RZ 14 Anschläge, die den Umgang von deutschen Behörden mit Ausländern angriffen. So schossen die Terroristen dem Leiter des Berliner Ausländeramts sowie dem Vorsitzenden Richter des für Asylangelegenheiten zuständigen Senats am Berliner Bundesverwaltungsgericht in die Beine. Mordanschläge gehörten im Unterschied zur RAF nicht zum Konzept der RZ, weil sie diese gegenüber dem eigenen Umfeld für schwer vermittelbar und für kontraproduktiv hielten. Die Tötung des FDP-Politikers und hessischen Ministers für Wirtschaft und Technik, Herbert Karry, im Mai 1981 stellten die RZ als „Unfall" dar. Lahm gelegt wurden sie durch die Festnahme eines ihrer Rädelsführer, Tarek Mousli, der als Kronzeuge der Staatsanwaltschaft zahlreiche Informationen preisgab, die zur Festnahme mutmaßlicher Mitglieder RZ führten.

Eine autonom agierende Abspaltung der RZ ist die terroristische Frauengruppe „Rote Zora". Sie sorgte 1987 mit Sprengstoffanschlägen auf die

Bundesärztekammer und die kassenärztliche Bundesvereinigung in Köln sowie mit zahlreichen Brandanschlägen auf Filialen der Firma „Adler" für Aufmerksamkeit. Ab 1988 wurde es ruhig um die Gruppe und erst 1993 dokumentierte sie ihre Grundeinstellungen in dem Papier „Milis Tanz auf dem Eis". Die Schwerpunktthemen waren der Kampf gegen Sexismus und Rassismus. Wie die RZ beging auch die „Rote Zora" Mitte der 90er Jahre Anschläge gegen die als rassistisch geltende staatliche Ausländer- und Flüchtlingspolitik.

Vom Selbstverständnis her siedelten die „Antiimperialistischen Zellen" (AIZ) noch näher am autonomen Spektrum als die RZ. Sie lassen sich dieser Szene jedoch selbst nicht zuordnen. Die AIZ gerieten im September 1993 durch ein Bekennerschreiben ins Visier von Medien und Staatsschutz. In diesem bezeichneten sie sich als „militante Autonome", die sich der Tradition der ursprünglich starken, sich nun aber im Zerfall befindenden RAF sahen. Zu den Taten der AIZ zählten der Brandanschlag auf die Juristische Fakultät der Hamburger Universität im November 1992 und ein Schusswaffenanschlag auf das Gebäude des Arbeitgeberverbandes „Gesamtmetall" in Köln. Der Terror richtete sich gegen „patriarchale, rassistische und kapitalistische Unterdrückungs- Ausbeutungsverhältnisse". Polizei und Verfassungsschutz waren in Sorge, dass sich die lang gehegten Befürchtungen eines Abdriftens beträchtlicher Teile der militanten Autonomen in den Linksterrorismus nun bewahrheiteten. 1994 war der Höhepunkt der Aktivitäten der AIZ. Gegen die CDU als „Deutschnationale Partei des Brd-Imperialismus der 90er-Jahre" richteten sich Sprengstoffanschläge gegen die Kreisgeschäftsstelle in Düsseldorf und ein Büro in Siegburg. Ein Sprengstoffanschlag auf den Bremer Landesverband der FDP im September 1994 misslang. 1995 ging die Anschlagsserie weiter. Erstes Ziel war im Januar das Haus des ehemaligen parlamentarischen Staatssekretärs im Bundesministerium für wirtschaftliche Zusammenarbeit, Volkmar Köhler. Im September folgte ein Anschlag auf das Haus des weithin unbekannten CDU-Bundestagsabgeordneten Paul Breuer, der von der AIZ für den Export von Waffen der „Nationalen Volksarmee" an die Türkei mitverantwortlich gemacht wurde. Geplant war weiterhin ein Anschlag auf den SPD-Politiker Freimut Duve.

Im Unterschied zur RAF hatten die AIZ nur das Potential Politiker aus der zweiten Reihe ohne Personenschutz anzugreifen. Der überwiegende Teil der autonomen Szene sah keinen Sinn in solchen Anschlägen. Der AIZ mangelte es daher an Rückhalt. Ein weiterer Grund der Entfremdung der autonomen Szene von der AIZ lag in der zunehmenden Hinwendung der Bekennertexte zum Islamismus. So hieß es an einer Stelle: „wir haben den Islam als revolutionäre Waffe in voller Schärfe und Schönheit kennenlernen dürfen." Als die Polizei im Februar 1996 die beiden zum Islam konvertierten, zeitweilig im militant autonomen Milieu verkehrenden Deutschen Bernhard Falk und Michael Stein verhaftete, endete die Geschichte der AIZ ebenso abrupt wie sie angefangen hatte. Gingen die Behörden zum Zeitpunkt der Festnahme von einer Größe der Gruppe von 25 bis 50 Personen aus, ergab der Prozess 1997 keine klaren Spuren zu weiteren Tätern. Vielleicht bestand die AIZ also nur aus zwei Mann.

6.4 Autonomes Spektrum

Ebenso wie die K-Gruppen wurzelt das autonome Spektrum in der Studentenbewegung der 60er Jahre. Organisatorisch sind die von anarchistischem und anarcho-kommunistischen Ideengut inspirierten Autonomen das Gegenstück zu den autoritär geführten K-Gruppen. Im Unterschied zu den Sowjetkommunisten und den Maoisten haben sie kein staatliches Vorbild. Vielmehr wollen sie eine Auflösung jeglicher Staatlichkeit. Eine Wurzel der Autonomen ist die italienische Autonomiebewegung, eine andere die deutsche Sponti-Bewegung.

Mitte der 70er Jahre tauchten an den deutschen Hochschulen erstmals Gruppen auf, die sich selbst als Spontis bezeichneten. Nomen est omen: Spontanität war das Leitmotiv dieser Jugendlichen. Sie wollten, müde von den endlosen Diskussionen zur Zeit der 68er-Bewegung, ohne großes Nachdenken aus dem Bauch heraus handeln. Trotz ihrer Vorbehalte gegen Organisationen bildeten sich zahlreiche Hochschulgruppen wie etwa die „Gruppe Unabhängiger Individual-Chaoten" an der Universität Bremen. Besonders stark waren die Spontis in Frankfurt mit Daniel Cohn-Bendit und Joschka Fischer in ihren Reihen. An der dortigen Universität besetzten sie die Hälfte der Sitze im Studentenparlament und dominierten folglich den „Allgemeinen Studentenausschuss" (Asta). Aber auch in der „Vereinigten Deutschen Studentenschaft" stellten sie die stärkste Einzelfraktion und waren im Vorstand vertreten. Hoben die Autonomen später stärker auf gesellschaftspolitische Themen ab, legten die Spontis einen extremen Individualismus an den Tag. Das Prinzip Lust ging ihnen über alles. Der Staat galt als Feind, weil er der Entfaltung des Einzelnen im Wege stünde. Von dieser Warte aus war es konsequent, staatsfreie Räume zu schaffen, in dem Häuser besetzt wurden und neue Lebensformen ausprobiert werden sollten. Gewalt verübten Spontis vor allem im Umfeld von Demonstrationen. Steine und Molotowcocktails zu werfen, galt den meisten Spontis als legitim. Während die Linksterroristen jedoch glaubten, durch ihre Aktionen etwas zu verändern, war den Spontis klar, dass Gewalt kaum eine Veränderung in ihrem Sinne bringen würde: „Steine schmeißen alleine ist auch keine Alternative! Obwohl sie für unsere Ohnmacht bezeichnend ist und ihr Ausdruck verleiht, Ausdruck dafür, dass es in einer uns feindlich gegenüberstehenden Gesellschaft, [...] unmöglich ist, so zu leben, wie wir es uns vorstellen und wollen, d.h. nach unseren Gefühlen und Bedürfnissen. [...] Die Verwirklichung unserer Gefühle und Bedürfnisse muss sich also zwangsläufig gegen die Gesellschaft und gegen unsere eigene Sozialisation wenden, wir müssen sie kaputtschlagen, auf das wir leben können" (zit. nach Langguth 1984: S. 239.)

Den Übergang von der Sponti-Bewegung zur autonomen Bewegung markiert der „nationale Widerstandskongress: Reise nach TUNIX" im Jahre 1978 mit rund 6.000 Teilnehmern. Die Abgrenzung gegenüber der DKP, den K-Gruppen und auch der kommunistischen Theorie war deutlich: „Die Begriffe Marxismus, Sozialismus und Kommunismus beinhalten für uns nach allen ihren Theorien und Praktiken den Staat und können somit von uns, auch als ‚Zwischenstufe', nicht akzeptiert werden. Wir glauben auch nicht, dass es eine ‚Eigentlichkeit' der obigen Begriffe gibt, die immer nur verfälscht worden sind." (Stand der autonomen Bewegung 1995: S. 275.)

Der grundlegende Unterschied zwischen Kommunisten und anarchistisch inspirierten Autonomen ist, dass bei den einen das Wir im Mittelpunkt steht, bei den anderen dagegen das Ich. Die schwammige Ideologie der Autonomen zielt auf „Eigenverantwortung und Selbstbestimmung als gesellschaftspolitisches Ziel und Mittel zu deren Durchsetzung" (Ebd). Typisch für die autonome Szene sind die zum Teil gewaltsamen Auseinandersetzungen um die Hamburger Hafenstraße. Die Autonomen zielten auch mittels Gewalt auf die Gewinnung von Raum für die Verwirklichung ihrer individuellen Lebenspläne. Die Schwerpunkte autonomer Aktivität sind neben Großstädten wie Hamburg und Berlin kleinere Universitätsstädte wie Göttingen. Trotz der ausgeprägten Antistaatlichkeit lebt ein großer Teil der Autonomen von „Staatsknete", das heißt Sozialhilfe. Die Verweigerung einer regulären Arbeit gilt dabei als Protestverhalten, als individuelles Überwinden „kapitalistischer" Strukturen.

Klarer als das Herrschaftsziel der Autonomen ist ihr Feindbild. Im Mittelpunkt autonomer Aktionen steht der Kampf gegen den „Faschismus". Zur ideologischen Minimalausrüstung gehört zudem eine antiimperialistische, vorrangig antiamerikanische und antideutsche, sowie eine antipatriarchale Haltung. Auf diffuse Weise dient Autonomen das Konzept der „strukturellen

Gewalt" des norwegischen Friedensforschers Johan Galtung als Legitimationsgrundlage. Laut Galtung (1975) ist die Gewalt „in das System eingebaut und äußert sich in ungleichen Machtverhältnissen und folglich in ungleichen Lebenschancen" (S. 62). Der „strukturellen", potentiell „faschistischen" Gewalt des Staates wollen sich Autonome nun mittels „Gegengewalt" erwehren. Im Unterschied zu anderen extremistischen Strömungen glauben die Autonomen nicht, im Sinne der Bevölkerungsmehrheit zu sprechen und zu handeln, vielmehr definieren sie sich gerade über die Abgrenzung zu den „Spießbürgern".

Einen Schwerpunkt bilden neben der Häuserbesetzung die Angriffe auf Rechtsextremisten und martialische Auftritte bei Demonstrationen. Die Konfrontation mit der Polizei ist Teil des autonomen Rituals, auf zurückhaltende Polizei wird mit Enttäuschung reagiert. Meist provoziert der harte Kern der Autonomen so lange, bis es zur offenen Konfrontation kommt. Gewalt gegen Polizisten im Rahmen von Demonstrationen wird in der autonomen Szene allgemein als unumgängliche „Gegengewalt" akzeptiert.

Während sich bereits vor der Vereinigung in der DDR eine Skinhead-Szene herausbildete, traten Autonome dort politisch nicht in Erscheinung. Nach der deutschen Einheit fanden dann auch im Osten Jugendliche Gefallen an der Lebensweise und dem Ideengut der Autonomen und das Szenepotential verdreifachte sich zwischen 1991 und 1995 nahezu. Im gesamten Bundesgebiet nahm zugleich mit dem Anwachsen der Zahl fremdenfeindlicher Gewalttaten die Bedeutung der Auseinandersetzung mit Rechtsextremisten zu.

Gewalt gegen Sachen gilt in der autonomen Szene als legitim. Die meisten Straftaten verüben Autonome bei Demonstrationen. Die eigentlich individualistisch eingestellten militanten Autonomen treten häufig uniform in schwarzer Kleidung auf, vermummen sich mit „Hasskappen" (Sturmhauben) und bilden einen „Schwarzen Block". Besonders in Berlin wird der Kampf gegen so genannte „Luxuskarossen", „Luxusrestaurants" und „Luxuswohnungen" mit Leidenschaft und Systematik betrieben. Viele Taten begehen Autonome dabei keineswegs so spontan wie es der Tathergang vermuten lässt.

So finden sich in Szenezeitschriften wie „INTERIM" und „radikal" immer wieder Blaupausen autonomer Aktion, deren Umsetzung in der Szene Renommee verspricht: „durch unauffällige vierer- oder fünfer-Gruppen lassen sich Banken und große Läden schnell einwerfen. bis die Bullen das mitkriegen, ist der Ort des Geschehens längst verlassen. Wir empfehlen deshalb an dieser Stelle ausdrücklich das Kleingruppenkonzept und ein durchdachtes Vorgehen (INTERIM vom 14. Mai 1998: S. 10 f). Die Autonomen sind ein kleiner, aber integraler Bestandteil der Antiatomkraftbewegung. Sie fühlen sich als Speerspitze der Bewegung. Im Rahmen der breit angelegten Aktion „Stop die Bahn – Stop den Castor!" legten autonome Gruppen 1996 ein Kommuniqué vor, das die Bedeutung des militanten Widerstands erläutert: „Wir denken, dass militante Aktionen ein notwendiges Mittel sind, um in diesem Staat grundsätzliche Veränderungen zu erkämpfen. Mehr noch, die Bereitschaft zu militanter Aktion ist Voraussetzung, die eigene Würde zu bewahren." (zit. nach Jesse 1997: S. 153). Die Parole lautet: „Gesellschaftliche Gegenmacht wird ohne die militante Macht der illegalen Aktionen keine ernstzunehmende sein." Jeder Castor-Transport zog neben friedlichen Demonstranten auch gewalttätige Autonome an. Zu den Ritualen zählten Steinwürfe und Schüsse mit Signalmunition und sogar Stahlkugeln auf Polizisten. Stets kam es wie zuletzt im März 2001 anlässlich eines Transports vom französischen La Hague nach Gorleben zu Anschlägen auf die „Deutsche Bahn AG". Mittels Hakenkrallen behinderten Autonome den Schienenverkehr und gefährdeten das Leben von Bahnpassagieren. Weiterhin beschädigten sie zahlreiche Gebäude und Fahrzeuge der Bahn.

Die Legitimität von Gewalt gegen Personen wird in der autonomen Szene unterschiedlich bewertet. Für Diskussionen sorgte vor allem die Ermordung zweier Polizisten bei einer Demonstration gegen die Frankfurter „Startbahn West" am 2. November 1987 aus einer Gruppe vermummter Autonomer („Schwarzer Block") heraus. Besonders mit Blick auf Aktionen im Rahmen des „Antifaschismus" gilt jedoch Gewalt als unabdingbares Mittel der Auseinandersetzung. Die „Autonome Antifa (M)" aus Göttingen erklärte 1996: Militanz ist kein blindes Umsichschlagen, sondern richtet sich gegen VerursacherInnen von Unterdrückung und ihre Strukturen. Also entweder gegen FaschistInnen, deren Strukturen oder gegen staatliche und wirtschaftliche Einrichtungen, die verantwortlich sind für Völkermord, Kriegseinsätze, Waffenlieferungen, Abschiebungen oder den Bau von Atomkraftwerken." (zit. nach BfV 1997: S. 7.)

Bei Aufmärschen Rechtsextremer suchen militante Autonome die direkte Konfrontation. So warfen sie z.B. bei der NPD-Kundgebung am 1. Mai 1998 in Leipzig Steine und Flaschen auf NPD-Anhänger und Polizeibeamte. Sie verletzten dabei 30 Polizisten. Typische Aktionen sind außerdem Überfälle auf Angehörige von DVU, REP und NPD mit Baseballschlägern, Steinen und Tränengas. Mit Farbschmierereien und Scheibeneinwürfen traktierten Gruppen wie die „Autonomen AntifaschistInnen" Parteibüros rechter

Parteien und Wohnungen von tatsächlichen oder vermeintlichen Rechtsextremisten. In Ausnahmefällen reicht die autonome Gewalt gegen Personen bis zum Mord. So töteten Autonome im April 1992 mit einem Messer den Neonationalsozialisten Gerhard Kaindl. In der Szenezeitschrift „radikal" erläuterte ein militanter Autonomer unter dem Pseudonym „Scatman" seine Position: „Wenn sie dazu dient, eine Gesellschaft herbeizuführen, in der *alle* die Bedingungen für ein menschenwürdiges Legen haben, kann die Tötung von Einzelnen, die dieses Ziel zu verhindern suchen, ein legitimes Mittel sein." (radikal 1995, Heft 11: S. 41.) Eine bedeutsame Minderheit in der autonomen Szene propagiert das Motto: „Wenn RassistInnen angreifen, sorg dafür, dass sie es *nie wieder tun!*" (radikal 1994, Heft 7: S. 39). Die Berliner Gruppe „Autonome Miliz" verkündete im Mai 2000: „Für uns ist ganz klar, dieser Staat ist faschistisch. Deshalb auch unsere Meinung, in bestimmten Fällen Körperverletzung oder das Töten von einem faschistischen Funktionsträger des Staates als legitim anzusehen (INTERIM vom 4. Mai 2000).

Tabelle 19: Gewalttaten von Linksextremisten 1980-2002

Jahr	1980	1981	1982	1983	1984	1985	1986	1987
Zahl	1.299	2.370	1.597	1.540	1.269	1.604	1.902	1.497
Jahr	**1988**	**1989**	**1990**	**1991**	**1992**	**1993**	**1994**	**1995**
Zahl	790	837	587	797	980 (439)	1.120 (445)	656 (361)	572 (348)
Jahr	**1996**	**1997**	**1998**	**1999**	**2000**	**2001**	**2002**	**2003**
Zahl	654 (398)	1.923 (833)	1.949 (783)	1.957 (711)	2,119 (827)	1.421 (750)	795 (385	993 (483)

Quelle: Verfassungsschutzberichte des Bundes. Ab 1997 sind Sachbeschädigungen im Verfassungsschutzbericht nicht mehr in der Zahl linksextremistischer Gewalttaten enthalten. Für die Jahre 1980 bis 2003 sind in der Tabelle die Gewalttaten inklusive Sachbeschädigungen aufgeführt, in Klammern für die Jahre ab 1990 die Zahl der Delikte ohne Sachbeschädigungen.

Mögliche Opfer der Gewalt von Autonomen sind mithin auch als „faschistisch" angesehene Funktionsträger des Staates. Ziel von Anschlägen sind besonders Personen und Behörden, die in den Augen der Autonomen Verantwortlichen für die als „rassistisch" gebrandmarkte deutsche Asylpolitik. In diese Kategorie fallen auch Anschläge gegen Handelsketten, denen vorgeworfen wurde, „Nutznießer rassistischer Politik" (INTERIM vom 30. Oktober 1997: S. 15) zu sein. Ins Visier gerät dabei immer wieder auch der „Abschiebe"-Flughafen in Frankfurt am Main. Im Februar 1995 und im Juli 1996 zerschnitten Autonome zahllose Glasfaserkabel im Umfeld des Flughafens. Die Szene feierte die Aktionen als vorbildlich.

Seit den 90er Jahren verschwimmen zunehmend die Grenzen zwischen dem autonomen und dem terroristischen Spektrum. So verübte die Berliner Vereinigung „Klasse gegen Klasse" mehr als 50 Brand- und sechs Sprengstoffanschläge. Die Gruppe „Das K.O.M.I.T.E.E" steckte 1994 das Kreiswehrersatzamt in Bad Freienwalde in Brand. Weiterhin versuchte sie sich nach dem Vorbild des RAF-Anschlags in Weiterstadt an einem Sprengstoffanschlag auf die Justizvollzugsanstalt Berlin-Grünau. Bereits im September 1995 gab „Das K.O.M.I.T.E.E" seine Auflösung bekannt. Dies dokumentiert die Kurzlebigkeit organisatorischer Strukturen in der autonomen Szene. Sie erschwert es der Polizei, Straftaten aufzuklären. Die Sympathie für terroristische Aktionsformen zeigte sich auch in den Reaktionen des militanten Teils der autonomen Szene auf die RAF-Auflösung 1998. So plädierte ein Autonomer in dem Göttinger Blatt „EinSatz" für eine Fortsetzung des Kampfes gegen die „kapitalistische Barbarei". Die Mittel in diesem „Kampf um Befreiung" werde sich die „radikale Linke nicht von ihren Gegnern diktieren lassen" (EinSatz vom 31. Juli 1998).

Tabelle 20: Gewaltbereite Linksextremisten 1992 - 2003

Jahr	1992	1993	1994	1995	1996	1997	1998	1999	2000	2001	2002	2003
Gewalt-bereite	6.800	6.700	6.700	7.000	7.000	7.000	7.000	7.000	7.000	7.000	5.500	5.400

Quelle: Verfassungsschutzberichte des Bundes. Vor 1992 wurde die Zahl der gewaltbereiten Linksextremisten in den Verfassungsschutzberichten nicht gesondert ausgewiesen.

Im Zuge des „antifaschistischen Kampfes" gewannen in der autonomen Szene Überlegungen an Gewicht, die für eine größere organisatorische Vernetzung plädierten. So entstand Mitte 1992 unter Federführung der Göttinger „Antifa (M)" die „Antifaschistische Aktion/Bundesweite Organisation". Bis Mitte der 90er Jahre schlossen sich 13 lokale Organisationen dem Bündnis an. Eine Vernetzung antifaschistischer Aktionen streben auch die „Antifaschistische Jugend/Bundesweiter Zusammenschluss" und die „Edelweißpiraten" an. Besonders die „Edelweißpiraten" fielen im Rahmen der Kampagne „Stoppt Nazi-Zeitungen" durch Gewalttaten auf. Ein großer Teil des autonomen Spektrums wehrt sich gegen die Vereinnahmung durch eine übergreifende Organisation.

Die Straßenschlachten gewaltbereiter Globalisierungsgegner gegen die Polizei bei dem Gipfeltreffen im November 1999 in Seattle waren eine Initialzündung für autonome Gruppen in den demokratischen Verfassungsstaaten. Der gemeinsame, wenn auch abstrakt anmutende Gegner „Globalisierung" löste eine zunehmende internationale Vernetzung gewaltbereiter Linksextremisten aus. Dem spezifisch deutschen, bis dahin in der Szene dominanten Slogan „Nie wieder Deutschland" trat nun die globalere Forderung nach einem Sturz der „kapitalistischen Weltordnung" an die Seite. Jedes Gipfeltreffen der Staats- und Regierungschefs seit 1999 wird von großen Demonstrationszügen in der Mehrzahl friedlicher, in der Minderzahl gewalttätiger Globalisierungsgegner begleitet.

Das Thema Globalisierung zieht zunehmend die Ängste vieler Menschen in den Industrieländern, von Demokraten wie Extremisten, auf sich. Heftige Kritik an „Globalisierung" und „Neoliberalismus" weist keineswegs automatisch auf eine extremistische Einstellung hin, an den politischen Rändern ist die „antikapitalistisch" ausgerichtete Globalisierungsgegnerschaft jedoch weiter verbreitet als in der politischen Mitte. Wie schon zuvor bei der Antiatomkraft- und der Friedensbewegung versuchen extreme Kräfte, Kontrolle über die soziale Bewegung zu gewinnen. Den ideologischen Minimalkonsens der heterogenen Schar der Globalisierungsgegner spiegelt der Demonstrationsaufruf zum G-8-Gipfel im Juni 2001: „Der so genannte Globalisierungsprozess wird weiterhin die Welt in Reich und Arm teilen, ganze Bevölkerungsschichten marginalisieren, alle Arten von Jobs gefährden und dort, wo diese bestand, jede Form sozialer Sicherheit eliminieren. All dies im Namen des Profits und der kapitalistischen Akkumulation ohne Normen oder Grenzen."

Autonome Gewalttäter verwüsten aus der Masse heraus die Innenstädte und greifen Polizisten an. So kam es 2001 bereits bei dem Gipfeltreffen der Staats- und Regierungschefs der EU in Göteborg zu schweren Ausschreitungen. Bei Angriffen auf Polizisten wurden drei Demonstranten angeschossen. Einen Monat später eskalierte die Gewalt bei einem G-8-Gipfel im italienischen Genua weiter. Die Sachschäden betrugen rund 50 Millionen Euro. Über 200 Demonstranten, unter ihnen 60 Deutsche, nahm die Polizei fest. In Erinnerung bleibt das Bild eines 23jährigen Demonstranten, der von einem Polizisten bei einem Angriff auf ein Polizeifahrzeug erschossen wurde.

6.5 Vergleichende Betrachtungen

Die verbreitete Erschütterung über das unbeschreibliche Ausmaß der Gewalt von Krieg und Völkermord dürfte nach dem Zweiten Weltkrieg dazu beigetragen haben, dass in den 50er und 60er Jahren selbst politische Extremisten nur vergleichsweise selten mit Gewalttaten auf sich aufmerksam machten. Der Wurzelgrund für das Aufkeimen der Gewalt von links ist die Studentenrevolte von 1968. Der gewaltsame Angriff auf die als „System" verfemte Demokratie wurde enttabuisiert. Allerdings suchte nur ein Bruchteil der damaligen Aktivisten ihr Heil in der politischen Gewalt. Linksterrorismus wie autonome Szene wurzeln in unterschiedlichen Strömungen der Studentenbewegung. Rechtsterroristen, Neonationalsozialisten und Skinheads haben natürlich keinerlei ideologische Verbindungslinien zu den 68ern. Neonationalsozialisten nahmen aber nicht zuletzt die gezielten politischen Provokationen als Vorbild für ihre Aktionen. Als Impuls für die Gewalt der Rechtsterroristen bedurfte es kaum der RAF als Vorbild, auch wenn etwa die Form der Geldbeschaffung durch Banküberfälle kopiert wurde. Die Szene der Skinheads war bereits gewalttätig, bevor ihre Mehrheit rechtsextreme Einstellungen pflegte. Das politische Weltbild rechtsextremer Skinheads ist unausgegoren und bildet keine in sich geschlossene Ideologie. Viele rechtsextreme Skinheads sind nicht in das rechtsextreme Geflecht eingebunden, wenn auch die Zahl der in Parteien und Bewegungen organisierten Skins in den 90er Jahren deutlich zugenommen hat. Den von der NPD propagierten „Kampf um die Straße" führen vor allem sie.

In gewisser Weise stellen die Autonomen das linksextreme Pendant zu den Skinheads dar. Angehörigen beider Szenen fällt es leichter zu sagen, wogegen sie sind, als wofür. Bildet bei den Autonomen der Antifaschismus einen Schwerpunkt, so ist der Antikommunismus für die Skinheads von untergeordneter Bedeutung. Im Kern teilen sie mit den Autonomen sogar den Antikapitalismus. Vorrangiges Feindbild der Skins sind jedoch vor allem Ausländer. Auch Obdachlose und Behinderte sind häufig unter den Opfern rechtsextremer Gewalttäter zu finden. Die rechtsextreme Gewalt wirkt abstoßender als jene aus dem autonomen Reihen. Das gilt keineswegs wegen der unterschiedlichen Zielsetzung. Der Grund ist vielmehr die vorrangige Auswahl der Opfer unter den Schwächsten der Gesellschaft und die Kombination von dumpfer Aggressivität mit Feigheit. So verüben rechtsextreme Gewalttäter Brandanschläge im Dunkel der Nacht und quälen ihre Opfer aus der Überzahl der Gruppe heraus.

Die Szenen der Autonomen und Skinheads bestehen fast ausschließlich aus Jugendlichen. Die Gewaltbereitschaft wie die Lust an der Provokation ist unter (männlichen) Jugendlichen bekanntlich generell höher als unter Erwachsenen. Der Staat und die Gesellschaft werden als „spießig" verachtet. Mit zunehmendem Alter, vor allem durch Familiengründung, wachsen die Jugendlichen aus der gewalttätigen Szene heraus und fügen sich wieder in die Gesellschaft ein. Jugendliche aus der heranwachsenden Generation füllen nun die gewaltbereiten Gruppen. Wie für alle Jugendlichen spielt Musik im Leben von Skinheads und Autonomen eine wesentliche Rolle. Für Außenstehende klingt – von den Texten abgesehen – die Skinmusik den von Autonomen bevorzugten Punk-Rhythmen ähnlich.

Beide Szenen weisen im Unterschied zum Links- und Rechtsterrorismus einen ausgesprochen niedrigen Organisationsgrad auf. Die Neigung der Autonomen, sich in ideologisch nahe stehenden Parteien zu organisieren, fällt dabei noch geringer aus als die der Skinheads. Die Gewalttaten von Autonomen wie Skins erfolgen relativ spontan. Die Taten von Links- und Rechtsterroristen benötigten demgegenüber einen weit größeren Planungsaufwand.

Gegenüber der Situation der Weimarer Republik, als linksextreme Gewalttäter eher aus der Arbeiterschaft, rechtsextreme eher aus dem Kleinbürgertum stammten, hat sich die Lage umgekehrt. Skinheads stammen vorwiegend aus dem Arbeitermilieu, die Autonomen sind dagegen häufig Gymnasiasten oder Studenten. Auch die Linksterroristen – mit einigen Ausnahmen wie Andreas Baader – waren an den Universitäten ausgebildet. Die Rechtsterroristen und Neonationalsozialisten weisen durchschnittlich ein geringeres Bildungsniveau auf als linksextreme politische Gewalttäter, aber ein höheres als Skinheads. Zu der Terrorgruppe um Manfred Roeder zählte beispielsweise ein Hals-Nasen-Ohren-Arzt.

Ideologisch weisen Rechts- und Linksterroristen neben der grundlegend unterschiedlichen politischen Zielsetzung nicht zuletzt in der Auswahl ihrer Opfer Gemeinsamkeiten auf. Potentielle Opfer des Terrorismus von links und rechts sind wegen deren gleichermaßen antidemokratischer Grundhaltung führende Politiker auf Bundes- und Landesebene. Wirtschaftliche Führungskräfte stehen demgegenüber nur im Visier der „antikapitalistischen" Linksterroristen. Gemeinsam ist beiden Varianten des Terrorismus wiederum ein fanatischer, vor Morden nicht zurückschreckender „Antiamerikanismus". So griffen Terroristen von rechts wie links amerikanische Militärs und Militäreinrichtungen in Deutschland an.

Die höhere ideologische Versiertheit der Terroristen gegenüber den links- und rechtsextremen Subkulturen wurzelt auch im höheren Durchschnittsalter der Akteure. Sind die Szeneangehörigen zwischen 16 und 25, liegt das Durchschnittsalter der Terroristen von rechts und links über 30. Das Geschlechterverhältnis von rechts- und linksextremen Gewalttätern unterscheidet sich grundlegend. Gewalttätige Skinheads wie Rechtsterroristen sind fast durchweg männlich, unter den Autonomen wie den Skinheads gibt es demgegenüber einen beträchtlichen Anteil weiblicher Aktivisten.

Bis 1990 übertraf die Zahl der linksextremistischen Gewalttaten jene der rechtsextremistischen bei weitem. Ab Mitte der 80er Jahre gab es auf der rechten Seite einen stetigen Anstieg. Der Grund ist einfach: Während die linksextreme Nachkriegsszene stets Jugendliche anzog, besonders ab den 60er Jahren, hatte die rechtsextreme Szene bis in die 80er Jahre hinein große Nachwuchssorgen. Politisch motivierte Gewalttaten gehen aber – wie Gewaltdelikte generell – weit überproportional von Jugendlichen aus. Schon das Ausmaß des Rechtsterrorismus blieb in Deutschland deutlich geringer als das des Linksterrorismus. Erst das Aufkommen der Skinheadbewegung und deren Politisierung schufen eine zwar nicht genuin, aber zunehmend rechtsextrem dominierte Subkultur, die ein hohes Maß an Gewaltbereitschaft an den Tag legte. Die Zahl der rechtsextremen Gewalttaten gegen Menschen ist seit 1990 weit höher als jene der linksextremistischen. Allerdings ist bei den Skinheads wegen der allgemein hohen Gewaltbereitschaft der Szene nicht immer klar, ob ein Gewaltdelikt politisch motiviert war.

7. Politischer Extremismus in anderen westlichen Demokratien

7.1 Frankreich

Der 1920 gegründete „Parti Communiste Français" (PCF) ist die älteste der französischen Parteien. Wie in den meisten anderen Ländern entstand er aus der Spaltung der Arbeiterbewegung in einen revolutionären und einen reformistischen Flügel. Nach gewichtigen Anlaufschwierigkeiten brachten die Wahlen im April und Mai 1936 den Durchbruch für die kommunistische Partei. Die Streiks und Demonstrationen ab Juni 1936 gaben den Kommunisten, die nun zu einer starken Partei geworden waren, noch weiteren Auftrieb. Der PCF hat im Parteiensystem Frankreichs eine bedeutende Position inne. Den kommunistischen Anteil an der französischen Widerstandsbewegung gegen den Nationalsozialismus und am Wiederaufbau Frankreichs nach dem Zweiten Weltkrieg werteten große Teilen der Bevölkerung positiv. Über Jahrzehnte hinweg konnte er bei den Wahlen zur Nationalversammlung zwischen einem Fünftel und mehr als einem Viertel aller Wähler für sich begeistern (1946: 26,2 Prozent; 1951: 25,9 Prozent; 1956: 25,6 Prozent; 1958: 18,9 Prozent; 1962: 21,9 Prozent; 1967; 22,5 Prozent; 1968: 20,0 Prozent; 1973: 21,3 Prozent; 1978: 20,6 Prozent). In der Vierten Republik (1945-1958) war der PCF zunächst die mit Abstand stärkste Parlamentspartei. Zogen die Sozialisten 1946 mit 91 Abgeordneten ins Parlament ein, so verfügten die Kommunisten über 165 Sitze. Bei den letzten Wahlen der Vierten Republik waren es 146. Der Wechsel zur semipräsidentiellen Fünften Republik und vor allem die zunehmende Isolation im französischen Parteiensystem bei den Wahlen 1958 brachte einen Verlust von deutlich mehr als einem Viertel der Stimmanteile. Weit dramatischer war jedoch der Einbruch von 146 auf zehn Sitze. Die Partei erholte sich aber wieder und trotz des französischen absoluten Mehrheitswahlsystems gelang es ihr seither wegen zahlreicher lokaler Hochburgen stets, mit einer stattlichen Zahl von Abgeordneten ins Parlament einzuziehen. Bis Mitte der 60er Jahre war der PCF die stärkste linke Kraft in Frankreich. Die sozialistische Partei konnte erst in den 70er

Jahren aus ihrem Schatten heraustreten. Zudem übte der PCF über die größte Gewerkschaft Frankreichs, die „Conféderation Gênérale du Travail", erheblichen Einfluss auf die Gesellschaft aus.

Die Partei lehnt bis in die Gegenwart die institutionellen Strukturen der französischen Demokratie ab, vor allem die Direktwahl und die starke Stellung des Präsidenten. Innerparteilich war die Partei nach den Prinzipien des demokratischen Zentralismus organisiert. Dies gibt kaum Raum zur Artikulation von der Parteiführung abweichender Meinungen (Bell 2000: S. 150). Schadete der Popularität der KPD in Deutschland ihre Moskautreue, so galt dies keineswegs für den PCF. Den Einmarsch der „Roten Armee" in Ungarn hieß der PCF 1956 ebenso gut wie jenen in die Tschechoslowakei 1968. Trotz der kommunistischen Linientreue des PCF war die Sozialistische Partei 1972 zu einem Wahlbündnis bereit. Das Bündnis scheiterte 1977 an den weitreichenden Verstaatlichungsplänen der Kommunisten. Auf dem Parteitag 1976 hatte sich die Partei zwar formal dem „Eurokommunismus" zugewandt und die Zielvorstellung einer „Diktatur des Proletariats" aufgegeben. Auch milde Kritik an der Sowjetunion wurde nun vorgetragen. Den Einmarsch sowjetischer Truppen in Afghanistan hieß der Generalsekretär der Partei, Georges Marchais, jedoch gut.

1981 entstand das zweite, vom Präsidenten François Mitterand geschmiedete Regierungsbündnis zwischen Kommunisten und Sozialisten, das bis 1984 Bestand hatte. In der Regierung um Pierre Mauroy besetzten die Kommunisten vier Ministerposten (Berufsbildung, Gesundheitswesen, Öffentlicher Dienst, Transportwesen). Der PCF ließ sich Zugeständnisse abringen, so die Forderung nach einem Abzug der Sowjettruppen aus Afghanistan. Die Regierungsbeteiligung trug zum Niedergang der Partei bei. Konnte die Partei bei den Parlamentswahlen 1981 noch 16,2 Prozent der Wählerstimmen auf sich vereinigen, so waren es 1986 nur noch 9,8, 1988 11,3 und 1993 9,2 Prozent. Einen Tiefpunkt markierte 1988 das Ergebnis von lediglich 6,8 Prozent der Stimmen für den kommunistischen Präsidentschaftskandidaten André Lajoinie. Als weitgehend moskautreue Partei war der PCF in den 90er Jahren zudem stark von den Veränderungen in der Sowjetunion betroffen. Um Charles Fiterman bildete sich eine innerparteiliche Opposition, die für eine Abkehr von den leninistischen Traditionen eintrat. Die Partei war gespalten. Der Niedergang des PCF spiegelte sich auch in den sinkenden Mitgliederzahlen. Von Ende der 70er Jahre bis zur Mitte der 80er Jahre fiel die Zahl von 450.000 auf rund 300.000.

Im Januar 1994 übernahm Robert Hue aus den Händen des greisen Marchais das Ruder der Partei. Stand Marchais für den orthodoxen Kommunismus Moskauer Prägung, so trat Hue für programmatische Reformen ein. Er stabilisierte mit diesem Kurs die Partei. Zwar konnten die Kommunisten 1997 mit 9,9 Prozent bei den Wahlen zur Nationalversammlung ihren Stimmanteil nur unwesentlich steigern, aufgrund von Wahlabsprachen mit den Sozialisten steigerten sie die Zahl ihrer Mandate jedoch von 25 auf 38. Den Achtungserfolg der Kommunisten krönte die Aufnahme von zwei Ministern (Jean-Claude Gayssot als Minister für Landesausbau, Wohnungs- und Transportwesen und Marie-Georges Buffet als Ministerin für Jugend und Sport) und einem Staatssekretär in die Regierungskoalition unter Premierminister Lionel Jospin (Courtois 1998: S. 75).

Vom Niedergang des PCF profitierte in Frankreich die trotzkistische Linke in Gestalt der „Communiste Révolutionnaire" unter Führung von A-lain Krivine und der „Union Communiste" mit der Frontfrau Arlette Laguiller. Der Aufstieg der Trotzkisten begann bei den Präsidentschaftswahlen 1995. Die beiden trotzkistischen Gruppierungen nominierten gemeinsam Arlette Languiller, die mit 5,4 Prozent der Stimmen einen Achtungserfolg errang. Dieser ist kaum erklärbar ohne zu berücksichtigen, dass Laguiller durch ihre unterhaltsamen Medienauftritte viele Anhänger gewann. Zwar erlebten die Trotzkisten bei den Parlamentswahlen 1997 mit 2,6 Prozent einen Rückschlag, konnten aber 1999, weil bei Europawahlen in Frankreich im Unterschied zu den nationalen Wahlen das Verhältniswahlsystem gilt, mit 5,2 Prozent ins Europaparlament einziehen. Dort kreuzten sich die Wege des PCF und der Trotzkisten. Gemeinsam mit der deutschen PDS und linksextremistischen Parteien anderer Länder schlossen sie sich zur Fraktion der „Vereinigten Europäischen Linken/Nordische Grüne" zusammen (Backes 1999: S. 220 f.).

War die kommunistische Linke nach dem Zweiten Weltkrieg ein weithin geachteter Teil der französischen Gesellschaft, so war die parteipolitisch organisierte extreme Rechte aufgrund der Kollaboration des rechtsextremen Vichy-Regimes mit den nationalsozialistischen Besatzern geächtet. Die große Zahl der rechtsextremen Kleinstgruppen und Kleinstparteien bis Mitte der 50er Jahre kann nicht über die Bedeutungslosigkeit des französischen Rechtsextremismus hinwegtäuschen. Das Hauptthema der extremen Rechten war in jenen Jahren der Einsatz für die Beendigung der épuration (Säuberungsaktionen) gegen Anhänger des Vichy-Regimes und der strafrechtlichen Verfolgung von Kriegsverbrechern. Diese Vergangenheitsfixierung teilten die französischen Rechtsextremisten mit den deutschen. Während sich bei einem bedeutenden Teil der deutschen Rechtsextremen die Konzentration auf die Vergangenheit nie löste, war dies in Frankreich verhältnismäßig rasch der Fall. Zwei Gründe dürften ausschlaggebend sein: 1. Die extreme Rechte in Frankreich war nicht gleichermaßen nachhaltig durch das Vichy-Regime diskreditiert wie der deutsche Rechtsextremismus durch die Verbrechen der NS-Diktatur. Es bestand daher eine geringere Notwendigkeit, Verbrechen von früheren Gesinnungsgenossen zu leugnen und zu bagatellisieren. 2. Dem rechtsextremistischen Spektrum Frankreichs fiel mit dem Verlust des größten Teils der asiatischen und afrikanischen Kolonien in den 50er Jahren ein neues Thema zu. Der Verlust der internationalen Bedeutung Frankreichs sorgte nämlich weit über die rechtsextremen Kreise hinaus für Unmut in der französischen Bevölkerung.

Bei den Parlamentswahlen 1956 konnte eine mittelständische Bewegung um Pierre Poujade, die „Union de Défense des Commerçants et Artisans" (UDCA, „Union zur Verteidigung der Kaufleute und Handwerker"), 11,6 Prozent der Stimmen erringen, löste sich jedoch bald darauf auf. Angriffsziele der Propaganda der UDCA waren die Großindustrie, die Banken, die Gewerkschaften und die linken Parteien. Zugleich verteidigte die Partei mit nationalistischen Parolen den französischen Kolonialismus. Unspezifisch für eine extrem rechte Partei war an der Parteiprogrammatik die Anknüpfung an bestimmte Ideen der französischen Revolution von 1789, konkret die Wiedereinführung der Generalstände, gegen die sich Rechtsextremisten ansonsten vehement wenden (Lipset 1984: S. 469 f). Vorherrschendes Motiv der Wähler war der Protest gegen die Regierungspolitik. Der charismatische Charles De Gaulle sog dieses Potential nach seiner Rückkehr in die Politik 1958 fast völlig auf (Greß 1990: S. 32). Die Zeit danach war von einer Zersplitterung der extremen Rechten gekennzeichnet, deren Geister sich nicht zuletzt am Terror der „Organisation de l'Armée Secrète" (OAS) schieden. Obgleich die Parole der Rechtsextremisten „Algerien ist französisch" populär war, konnte der rechtsextreme Präsidentschaftskandidat Sean-Louis Tixier-Vignancourt lediglich 5,2 Prozent der Stimmen erreichen. Die bedeutendste Organisation des rechtsextremistischen Spektrums jener Jahre war der „Ordre nouveau" („Neue Ordnung"), der sich am Vorbild des italienischen „Movimento Sociale Italiano" orientierte.

Die Parteigründung der „Front National" ging 1972 in erster Linie von Aktivisten des „Ordre nouveau" aus. Von Beginn an hatten jedoch die Anhänger Jean-Marie Le Pens, der bereits zu den Parlamentsabgeordneten der Poujadisten zählte und als „moderates" Aushängeschild der Partei dienen sollte, eine Mehrheit in der Partei. Nach der Auflösung des „Ordre nouveau" 1973 wegen der Verwicklung in Gewalttaten, spalteten sich deren Anhänger

1974 vom FN ab und gründeten die Parteikonkurrenz „Parti des forces nouvelles" (PFN, „Partei der neuen Kräfte").

Auch aufgrund der Rivalität von FN und PFN blieb beiden Parteien der Erfolg versagt. So musste sich der FN bei den Wahlen zur Nationalversammlung 1978 mit 0,3 und 1981 mit 0,4 Prozent der Wählerstimmen begnügen. Le Pen erreichte bei den Präsidentschaftswahlen 1974 nur 0,7 Prozent der Wähler. Erst nachdem sich der PFN 1981 aufgelöst hatte und ein bedeutender Teil der Ex-Mitglieder nun den FN verstärkte, errang dieser in der zweiten Hälfte der 80er Jahre beachtliche Anteile bei den Wahlen zur Nationalversammlung (1986: 9,8 Prozent; 1989: 11,7 Prozent). Weil 1986 in Frankreich einmalig nach den Grundsätzen der Verhältniswahl gewählt wurde, konnte die Partei mit 35 Abgeordneten in die Nationalversammlung einziehen. Nachdem auch wegen dieses Erfolgs des FN bei der Parlamentswahl 1989 wieder die absolute Mehrheitswahl genutzt wurde, konnten die Gefolgsleute Le Pens trotz der Steigerung des Stimmenanteils keine Abgeordnetensitze mehr erringen. Obwohl dies ein Rückschlag war, hatte sich die Partei mit ihrem Ergebnis auf nationaler Ebene etabliert und bewiesen, dass sie keine Eintagsfliege wie die UDCA war. Dies zeigte auch der Anstieg der Mitgliederzahl der FN von 30.000 (1986) auf 65.000 (1990). Den Aufschwungs des FN begünstigte nicht zuletzt die von einem Teil der Bevölkerung mit Befürchtungen beäugte Regierungsbeteiligung der Kommunisten und in der Anfangsphase der sozialistisch-kommunistischen Koalition die Verstaatlichungen von Banken und einigen großen Unternehmen (Backes 1990: S. 6; Stark 1989: S. 201-205).

Bei den Wahlen zur Nationalversammlung 1993 erreichte der FN 12,4 Prozent, bei den Europawahlen 1994 10,5 Prozent. Der Präsidentschaftskandidat Le Pen konnte 1988 im ersten Wahlgang 14,4 Prozent und 1995 gar 15 Prozent der Wählerstimmen erringen. 1995 gelang es der FN auch erstmals, die Bürgermeisterposten in drei mittelgroßen französischen Städten zu besetzen. Aufgrund der absoluten Mehrheitswahl und der Weigerung der bürgerlichen Parteien, Wahlabsprachen mit dem FN zu treffen, gelang es diesem aber nicht, einen Abgeordneten im Parlament zu platzieren. Programmatisch profilierte sich der FN mit polemischen Attacken auf Ausländer und das demokratische System Frankreichs. Der FN wetterte gegen die Gefahr einer „Überfremdung" und appellierte damit an Ängste französischer Bürger, die eine Verschlechterung ihrer sozialen Lage durch weitere Zuwanderung fürchten. Neben der Zuwanderung sind Arbeitslosigkeit und Kriminalität, die wiederum stets mit der Anwesenheit von Ausländern in Frankreich verknüpft werden, die Kernthemen des FN. Stets beschwor der FN dabei die ehemalige

Größe und Stärke Frankreichs. Eine ausgearbeitete rechtsextreme Ideologie besitzt die Partei aber nicht. Aufgrund der Form der innerparteilichen Führung durch Le Pen und der programmatischen Positionen lässt sich vermuten, dass eine Herrschaftsübernahme des FN zu einem Wandel des politischen Systems Frankreichs vom demokratischen Semipräsidentialismus zu einer semipräsidentiellen Semiautokratie – wie etwa in Russland – führen würde. Wahlen würde nicht abgeschafft, aber nach diesen würde der Präsident vorwiegend mit Dekreten am Parlament vorbei regieren. Zunächst kamen die Wähler des FN vor allem aus unzufriedenen Teilen der Mittelschicht wie Handwerkern und Händlern. Seit den 90er Jahren erhält die Partei aber immer mehr Zulauf aus der Arbeiterschaft. Inzwischen überflügelt der FN im Arbeitermilieu sowohl die Sozialisten als auch die Kommunisten deutlich (Decker 2000: S. 97).

1998 sorgte ein Machtkampf zwischen Le Pen und seinem ehemaligen politischen Ziehsohn, dem Generaldelegierten der Partei, Bruno Mégret, für eine Spaltung des FN. Der Konflikt wurzelte in einer gewachsenen persönlichen Antipathie, kaum in ideologischen Unterschieden. Unter dem Namen „Mouvement National" (MN, „Nationale Bewegung) gründete Mégret nach der Niederlage im schon lange währenden innerparteilichen Machtkampf, eine eigene Partei. Er zog einen bedeutenden Teil der Mitglieder und vor allem der Mandatsträger des FN mit sich. Bei den Europawahlen 1999 brachte dies einen Einbruch des FN. Zwar konnte die Partei mit 5,7 Prozent erneut ins Straßburger Parlament einziehen, aber gegenüber den vorherigen Europawahlen gingen ihr fast die Hälfte der Wähler verloren. Die MN errang 3,3 Prozent. Für eine neue Partei lässt sich dies durchaus als Achtungserfolg bezeichnen. Letztlich wurden aber ihre Hoffnungen enttäuscht, den größeren Teil der FN-Wählerschaft mit sich nehmen zu können und zugleich neue Wähler aus konservativen Gefilden hinzuzugewinnen.

Programmatisch gleichen sich FN und MN. Ihre Schlüsselthemen sind Einwanderung, Kriminalität und soziale Unsicherheit. Beide Parteien befürworten eine Verstärkung der Polizeikräfte und ein repressiveres Rechtssystem. Vor diesem Hintergrund fordern FN und MN auch die Wiedereinführung der Todesstrafe (Ivaldi 2003: S. 5). Der Konflikt zwischen Le Pen und Mégret liegt vielmehr auf dem Feld der Strategie. Mégret und seine Gefolgsleute strebten eine verstärkte Kooperation mit den rechtsdemokratischen Parteien bei Wahlen an, während Le Pen und seine Anhänger dies ablehnten. Mit der MN hat sich jener Parteiflügel um François Bachelot, Yvan Blot, Jean-Yves Le Gallou, und Mégret aus dem FN verabschiedet, der erst nach den ersten Wahlerfolgen 1985/86 aus den Kreisen der „Neuen Rechten" in die Partei geströmt war. Bis 1997 hatte dieser Flügel seine Machtposition stetig gestärkt, bis er zu einer ernsthaften Bedrohung für den Führungsanspruch Le Pens angewachsen war.

Langfristig schadete die Spaltung dem FN nicht. Seinen bislang größten Erfolg errang Le Pen bei den Präsidentschaftswahlen im April 2002, als er mit 16,9 Prozent der Stimmen den Kandidaten der Sozialisten, Lionel Jospin (16 Prozent), im ersten Wahlgang überraschend hinter sich ließ. Bei der Stichwahl zwischen Le Pen und dem konservativen Amtsinhaber Jacques Chirac riefen auch erschrockene Sozialisten wie Kommunisten zur Wahl Chiracs auf. Immerhin konnte Le Pen im zweiten Wahlgang seinen Stimmenanteil aber noch auf 17,8 Prozent steigern.

Abseits der Aktivitäten extremer Parteien blieb auch Frankreich nicht von politisch motivierten Gewalttaten verschont. Wie in Deutschland mündete auch in Frankreich ein kleiner Seitenarm des „68er"-Stroms in den Linksterrorismus – allerdings erst Ende der 70er Jahre. Die maoistisch inspirierte „Action Directe" kooperierte mit der RAF und den italienischen „Brigate Rosse" („Rote Brigaden"). In einem gemeinsamen Kommuniqué mit der RAF kündigte die Terrorgruppe im Januar 1985 eine „Einheitsfront zur Bekämpfung des NATO-Imperialismus" an. Für Aufmerksamkeit sorgte sie vor allem durch die Morde an Renault-Chef Georges Besse und dem General René Audran Mitte der 80er Jahre. Auf ihr Konto gingen weiterhin Bombenanschläge auf den Sitz der Westeuropäischen Union, das Industrie- und Verteidigungsministerium sowie gegen Rüstungsbetriebe. Durch die Inhaftierung der gefährlichsten Terroristen 1987 endeten die Aktivitäten der „Action Directe" in der zweiten Hälfte der 80er Jahre.

Während linke Terrorgruppen in Frankreich vor allem in den 70er und 80er Jahren aktiv waren, hatte der französische Rechtsterrorismus seine Hochphase in den 60er Jahren. Im Zuge des 1956 ausgebrochenen algerischen Unabhängigkeitskriegs gründete sich die terroristische Geheimorganisation „Organisation de l'Armée Secrète". Nahezu alle rechtsextremen Vereinigungen Frankreichs und große Teile der kämpfenden Truppe in Algerien sympathisierten mit der OAS. Einheit stiftete dabei das Motto „L'Algérie Française" („Algerien ist französisch). Im Mai 1958 stürmten die aus dem französischen Kernland stammenden Algerier den Sitz des Generalgouvernements in Algier. Französische Armee und Polizei schlugen sich auf die Seite der Aufständischen. In Paris hatten nur zwei Monate zuvor Polizisten das Parlament belagert, weil sie höhere Löhne verlangten. Die französische Regierung sah sich am Rande des Abgrunds, weil sie nun nicht mehr mit der Solidarität der bewaffneten Staatsorgane rechnen konnte. Nur eine grundlegende Neuordnung des französischen Staatswesens unter dem von der Armee hoch geachteten General Charles de Gaulle, dem Anführer des französischen Widerstands gegen die deutschen Besatzer, konnte einen Putsch abwenden. Doch auch nach dem Schritt von der IV. zur V. französischen Republik waren keineswegs alle Gemüter besänftigt. Die Ankündigung der Unabhängigkeit Algeriens am 18. März 1962 führte in den vorangehenden Monaten zu einer Terrorwelle der OAS. Den Höhepunkt bildete eine Serie von 22 Bombenanschlägen am 24. Januar 1962. Im August 1962 entging schließlich Staatspräsident Charles de Gaulle nur knapp einem Anschlag der OAS (Schönekäs 1990: S. 33 f).

In den folgenden Jahren verschwand der Rechtsterrorismus in Frankreich weitgehend von der Bildfläche. Erst seit den 80er Jahren gab es wieder vermehrt Anschläge. Sie richteten sich gegen Juden und gegen arabische Einwanderer sowie deren Einrichtungen. Aufgrund einer anderen Berechnungsweise bei der Zahl der Taten im Vergleich zu den Angaben des Verfassungsschutzes gebe ich in der folgenden Tabelle nur die Zahl der Opfer (Verletzte und Tote) rassistischer Gewalt wieder.

Tabelle 21: Rassistische Aktionen und Gewalt in Frankreich

Jahr	Verletzte	Tote	Jahr	Verletzte	Tote
1980	10	0	1991	14	0
1981	2	0	1992	17	0
1982	11	0	1993	33	0
1983	33	5	1994	28	2
1984	16	4	1995	2	6
1985	29	5	1996	4	0
1986	11	3	1997	2	1
1987	31	3	1998	4	0
1988	51	3	1999	7	0
1989	31	1	2000	4	0
1990	35	1			

Quelle: Berichte der Commission nationale des droits de l'homme

1980 wurde Frankreich durch einen Bombenanschlag auf eine Pariser Synagoge erschüttert (3 Tote). In einem anonymen Anruf bekannte sich die rechtsterroristische „Féderation National d'Action Européenne" zu der Tat. Die Ermittlungen der Polizei ergaben jedoch, dass für das Attentat arabische Terroristen verantwortlich waren. Ein großer rechtsterroristischer Anschlag blieb in Frankreich auch in den folgenden Jahrzehnten aus.

Der korsische Terrorismus war zum Teil durch die Ignoranz der französischen Zentralmacht gegenüber den Interessen der Inselbewohner verschuldet. Richteten sich die Forderungen zunächst nur auf eine Förderung der regionalen Identität, so bewirkte die sture Blockadehaltung von Paris gegen diese, eine Radikalisierung hin zur Autonomieforderung. Es ist kaum ein Zufall, dass sich der gewalttätige Teil der Autonomiebewegung 1976 schließlich den um ein C für Korsika ergänzten Namen der algerischen Unabhängigkeitsbewegung gab: „Front de libération nationale de la Corse" (FLNC). Ideologisch vermengten sich in der FLNC linke sozialrevolutionäre mit rechten nationalrevolutionären Motiven. Aufmerksamkeit erregte vor allem die Zerstörung einer Air-France-Maschine auf dem Flughafen von Ajaccio. Die Gewalt der Terroristen richtete sich dabei gegen das Flugzeug, nicht gegen die Passagiere, die sie freiließen. Während der größere Teil der FLNC Anfang der 90er Jahre auf den Weg der Gewaltlosigkeit einlenkte, beschritt die Abspaltung des „FLNC-canal historique" weiterhin den Weg des Terrors. So ermordete sie im Februar 1998 den Präfekt von Korsika, Claude Erignac.

Die Szene der Skinheads etablierte sich in Frankreich ab Ende der 70er Jahre. Wie bei der britischen und deutschen Szene nahmen auch in der französischen Szene rechtsextreme Tendenzen zu. Eine Führungsrolle nahm dabei der neonationalsozialistische Pariser Skinhead Serge Ayoub ein, der die „Jeunesse Nationaliste Revolutionnaires" (JNR, „Jugend Nationaler Revolutionäre") gründete. Auch die Jugendorganisation des FN und die neonationalsozialistische „Parti Nationaliste Française et Européenne" („Partei der Nationalisten Frankreichs und Europas") haben Zulauf von Skinheads. Die Stärke der Szene liegt zwischen 2.000 und 4.000 Skinheads. Wie in Deutschland und Großbritannien geht auch in Frankreich der Hauptteil der fremdenfeindlichen Gewalttaten von Skinheads aus. Der FN distanziert sich inzwischen zunehmend von den Skinheads.

Neben dem gewaltbereiten und dem parteipolitisch organisierten Rechtsextremismus sorgte in Frankreich die von Alain de Benoist angeführte „Neue Rechte" für Furore, die ideologisch an die „Konservative Revolution" der Weimarer Republik anknüpfte. Die „Groupement de recherche et d'études pour la civilisation europééne" (GRECE) wurde unter Führung Alain de Benoists 1968 in Nizza von rechtsextremen Intellektuellen gegründet, die ein Neoheidentum und der Glaube an die Notwendigkeit des Sprengens nationaler Grenzen zugunsten einer neuen Grenzziehung entlang der Ethnien einte (Duranton Crabol 1988). Zum ideologischen Kern gehörte außerdem ein ausgeprägter Antiliberalismus. Obgleich im Jahr 1968 gegründet, ist der Zusammenschluss keineswegs als direkte Antwort auf die „Neue Linke" zu interpretieren (Camus 1998: S. 150). 1974 trat der „Club de l'Horloge", der seine knapp 120 Mitglieder fast ausschließlich aus der Ministerialverwaltung und den Absolventen der Eliteuniversitäten rekrutierte, an die Seite der GRECE. Stärker als GRECE suchte der Club unter der Führung von Yvan Blot und Jean-Yves Le Gallou, Brücken zu Konservativen in den bürgerlichen Parteien Frankreichs (RPR, UDF) zu schlagen. Zum FN hielt der Club zunächst Distanz. 1978/79 erfolgte ein Bruch zwischen GRECE und dem Club, weil sich letzterer vom Antiliberalismus abwandte. Im Unterschied zu Deutschland waren rechtsextreme Intellektuelle zunächst keineswegs isoliert. Benoist konnte mit seinem zweibändigen Werk „Aus rechter Sicht. Eine kritische Anthologie zeitgenössischer Ideen" (1983/84) sogar den angesehenen „Grand Prix de l'Essai" der „Académie Française" gewinnen. Inzwischen ist es in Frankreich ruhiger um diese Gruppierung geworden. Die Führer des Clubs und zahlreiche weitere Mitglieder traten nach den ersten Wahlerfolgen 1985/86 dem FN bei. Sie bildeten in der Partei einen eigenen Flügel, der auf Kooperation mit den Konservativen drängte. 1999 verließen sie, angeführt von Bruno Mégret, den FN um eine eigene Partei zu gründen.

War die „Neue Rechte" in Frankreich vergleichsweise erfolgreich, so kam sie doch nie ansatzweise an den Erfolg der „Neuen Linken" heran. In keinem Land der Welt schlugen 1968 die Wogen der Studentenproteste höher als in Frankreich. Der Mai 1968 wurde zum Mythos einer ganzen Generation. Im Unterschied zu Deutschland kamen die Proteste 1968 ohne Vorlauf nahezu aus dem Nichts. Wochenlang spitzten sich im Frühjahr die Straßenschlachten zwischen Polizei und Studenten immer weiter zu. Am 11. Mai bevölkerten rund 30.000 Demonstranten die Pariser Straßen und verbarrikadierten sich im Quartier Latin. Ein Anführer war Daniel Cohn-Bendit, der den Reportern in jener Nacht das Geschehen als „Absage einer Jugend an eine bestimmte Gesellschaftsordnung" deutete. Mehr als 10.000 Polizisten stürmten Barrikade um Barrikade. Hunderte Studenten wurden verletzt und/oder festgenommen. Im Unterschied zu Deutschland solidarisierten sich die Gewerkschaften mit den protestierenden Studenten und es kam zu einem 24stündigen Generalstreik. Staatspräsident Charles de Gaulle drohte in einer Rede am 30. Mai den Streikenden mit dem Einsatz von Gewalt. Die De-

monstrationen wurden nun mit einer fulminanten Gegendemonstration be-
antwortet. Mehr als 400.000 Franzosen, überwiegend Anhänger der bürgerlichen Parteien, gingen in Paris auf die Straße, um ihre Gegnerschaft zu den
Parolen der Studenten zu bekunden. Das französische Volk schien unversöhnlich polarisiert. Langfristig konnte die „Neue Linke" in Frankreich nach
den Protesten nur wenig Einfluss auf die Politik Frankreichs nehmen.

7.2 Italien

„Partito Comunista Italiano" (PCI, „Kommunistische Partei Italiens"). wurde
am 20. Januar 1920 gegründet. Wegen seiner Bedeutung im Kampf gegen
den Faschismus fiel ihm nach dem Zweiten Weltkrieg eine wichtige politische Rolle zu. Er hatte Anteil an der Ausarbeitung der Verfassung und war
bis 1948 an der Regierung beteiligt. Im Zuge des „Kalten Krieges" grenzten
sich die demokratischen Parteien zunehmend von der PCI ab. Ein wesentlicher Teil der italienischen Bevölkerung konnte sich jedoch mit seinen antikapitalistischen Parolen identifizieren. Bei den nationalen Parlamentswahlen
erreichte die Partei beträchtliche Teile der Wählerschaft von 18,9 Prozent
1946 über 34,4 Prozent 1976 bis hin zu 26,6 Prozent 1987. Ideologisch
machte die Partei einen erheblichen Wandel durch. Bis 1956 orientierten sich
die italienischen Kommunisten eng am Vorbild der Sowjetunion, in der Folgezeit wurde demgegenüber ein italienischer Weg zum Sozialismus propagiert. Die Umorientierung beinhaltete eine Absage an das Ziel einer „Diktatur des Proletariats" als Herrschaftsform. 1968 verschärfte der sowjetische
Einmarsch in die Tschechoslowakei die Kluft zwischen Rom und Moskau.
Ab der zweiten Hälfte der 70er Jahre verzichtete der PCI auf finanzielle
Spritzen der KPdSU. Er galt nun als Vorreiter des „Eurokommunismus", der
einen dritten Weg zwischen der sowjetischen „Diktatur des Proletariats" und
dem demokratischen Verfassungsstaat einschlagen wollte.
    Die ideologische Lösung von Moskau brachte eine Annäherung an die
demokratischen Parteien Italiens. Auch wenn der PCI nie formell an der
Regierung beteiligt wurde, ließ sich die christdemokratische Minderheitsregierung Aldo Moros zwischen 1976 und 1979 von ihm tolerieren. Generalsekretär Enrico Berlinguer entfernte sich deutlich von der früheren moskautreuen Ausrichtung, als er nach dem Einmarsch in Afghanistan die sowjetische Außenpolitik scharf verurteilte und sich für die NATO-Zugehörigkeit
Italiens aussprach. Nur so seien die italienischen Reformkommunisten vor
dem Schicksal der tschechischen Kommunisten (Prag 1968) gefeit. Durch

die Tolerierung der Minderheitsregierung Moros erlangte der PCI zwar Einfluss auf die wesentlichen politischen Fragen, handelte sich aber großen innerparteilichen Zwist ein. Orthodoxe und Reformer standen sich unversöhnlich gegenüber. Der Zusammenbruch des Kommunismus in den Ostblockstaaten stellte für den PCI dennoch einen Einschnitt dar. Gegen den Widerstand hartnäckiger Marxisten-Leninisten in der Partei wandelte sie sich unter der Führung des Generalsekretärs Achille Occhetto von einer kommunistischen in eine sozialdemokratische Partei. Die logische Konsequenz war 1991 die Umbenennung in „Partito Democratico della Sinistra" (PDS, „Demokratische Partei der Linken") und der Abschied vom Parteisymbol Hammer und Sichel.

Nicht alle Parteimitglieder folgten der neuen Linie. Ein Teil gründete unter der Führung Fausto Bertinottis und Sergio Garavanis den „Partito di Rifondazione Comunista" (PRC). Mit 6,6 Prozent 1992, 6 Prozent 1994, 8,6 Prozent 1996 und 5 Prozent 2001 konnten die Kommunisten einen bedeutenden Teil aus dem Wählerkuchen ihrer Mutterpartei herausschneiden. Bereits zum Zeitpunkt der Gründung entschlossen sich acht Abgeordnete der Ersten Kammer und elf Senatoren, nach der Auflösung der PCI, nicht dem PDS, sondern dem PRC beizutreten. Rund 110.000 Ex-Mitglieder des PCI, das waren rund acht Prozent der Mitgliedschaft, landeten beim PRC (Baccetti 1998: S. 112). Dem PRC gelang es jedoch nicht, die verbliebenen Kommunisten Italiens zu bündeln. So spalteten sich von ihm die „Comunisti Italiani" („Kommunisten Italiens") ab, die bei den Abgeordnetenhauswahlen 2001 1,7 Prozent der Stimmen erreichten.

Der aus der antidemokratischen Partei PCI hervorgegangene PDS wurde zu einer Stütze der durch zahlreiche Affären gebeutelten italienischen Demokratie. Der PDS erreichte bei den Parlamentswahlen 1994 20,3 Prozent der Stimmen, 1996 21,1 Prozent. Obgleich der PDS nun vor der „Forza Italia" stärkste Partei wurde, war er ab April 1996 nur als Juniorpartner in der Mitte-Links-Regierung Romano Prodis vertreten. Prodi wollte auch den PRC ins Regierungsboot holen, der jedoch das Treiben lieber von den Oppositionsbänken her beobachten wollte. Diese Zeit nutzte Massimo d'Alema zur Förderung seines Ziels einer vereinigten sozialdemokratischen Partei unter Führung des PDS. Vorrangig soll dies durch die Integration der Nachfolgeparteien des „Partito Socialista Italiano" erreicht werden. Zu den programmatischen Vorbildern des PDS zählen inzwischen die britische „New Labour Party" unter Tony Blair und die US-amerikanischen Demokraten unter Bill Clinton. Es ist daher kaum verwunderlich, dass es kaum Schlagzeilen auslöste, als d'Alema als erster Chef einer ehemals kommunistischen Partei das Amt des Regierungschefs in einer westeuropäischen Demokratie übernahm. In der neuen Regierung vergab er allerdings auch zwei Ministerposten an die „Comunisti Italiani" des 72jährigen Alt-Stalinisten Armando Cossuta. Im Jahr 2001 musste sich der PDS mit 16,6 Prozent begnügen und auf den Oppositionsbänken Platz nehmen.

Die Geschichte der extremen Rechten verlief in Italien nach dem Zweiten Weltkrieg weniger erfolgreich als die der extremen Linken. Der italienische Rechtsextremismus stand im Schatten des – gescheiterten – Faschismus. Die 1946 gegründete neofaschistische Partei „Movimento Sociale Italiano" (MSI) sah sich nicht nur als Erbin der faschistischen Partei, sondern mehrheitlich zunächst auch der norditalienischen Republik von Saló an. Nach Saló war Benito Mussolini mit den radikalsten seiner Getreuen unter dem Schutz der Nationalsozialisten geflüchtet, nachdem ihn etwas gemäßigtere Faschisten gestürzt hatten, die sich mit den Alliierten aussöhnen wollten. Mit seinem revolutionären und totalitären Gedankengut konnte sich der MSI gegenüber der gemäßigteren Konkurrenz von „Uomo Qualange" und „Partito Nazionale" durchsetzen.

Der MSI gelangte bereits 1948 in die Abgeordnetenkammer. Sein Stimmenanteil blieb nach Anlaufschwierigkeiten 1948 (2,0 Prozent) bis 1987 über Jahrzehnte hinweg relativ gleich. Sieht man von dem Gipfel 1972 (8,7 Prozent) ab, lagen alle Ergebnisse zwischen 4,5 und 6,8 Prozent. Zwischen 25 und 50 Abgeordnete zogen ins Abgeordnetenhaus und zwischen zehn und 20 in den Senat ein. Besonders stark war der MSI dabei stets in den vergleichsweise schlecht entwickelten Teilen Italiens, in denen Armut, Arbeitslosigkeit und schlechte Wohnverhältnisse verbreitet sind. In die Gesellschaft hinein wirkte die Partei nicht nur über die Parlamente, sondern auch über Vorfeldorganisationen. So hatte die dem MSI nahe stehende Gewerkschaft „Confederazione Italiana Sindacati Nazionali Lavaratori" (CISNAL) rund 2,5 Millionen Mitglieder (Backes 1990: S. 8).

Die Partei stand zunächst mit ihrer faschistischen Ideologie klar außerhalb des italienischen Verfassungsbogens und keine demokratische Partei war zur Zusammenarbeit mit ihr bereit. In den 50er und 60er Jahren mäßigte die Führung des MSI die ideologische Schärfe des Programms, um sich den Christdemokraten als Koalitionspartner anzudienen. 1956 spaltete sich der ausgeprägt neofaschistische und antikapitalistische Flügel des MSI 1956 als „Ordine Nuovo" („Neue Ordnung") unter der Führung von Guiseppe (Pino) Rauti ab. Auch wenn der MSI in keine Regierung aufgenommen wurde, so stützten sich doch einige christdemokratische Regierungen auf seine Stimmen.

Dem schlechtesten Ergebnis 1968 (4,5 Prozent) folgte dann eine erneute Radikalisierung. Die ideologischen Hardliner um Rauti kehrten daher 1969 in die Partei zurück. Zugleich erklärte Anfang der 70er Jahre der Parteiführer Giorgio Almirante die grundsätzliche Akzeptanz der demokratischen Herrschaftsform Italiens. Vor dem Hintergrund einer relativ verbreiteten Angst in der italienischen Bevölkerung vor einer „kommunistischen Unterwanderung" der italienischen Gesellschaft erreichte die Partei mit ihrem radikalen Antikommunismus 1972 mit 8,7 Prozent ihr bestes Ergebnis. In jenem Jahr schlossen sich auch die Monarchisten dem MSI an und die Partei trug in der Folge den Namenszusatz „Destra Nazionale" („Nationale Rechte").

Die gemäßigteren Parlamentsabgeordneten des MSI und mit ihnen ein bedeutender Teil der Partei spalteten sich wiederum 1976 als „Democrazia nazionale" („Nationale Demokratie") ab. Die Radikalisierung des MSI verschärfte sich in der folgenden Zeit. Der ideologische Hauptfeind war nicht mehr der Kommunismus, sondern die als „System" verfemte italienische Demokratie und die so genannte „Staatspartei" der Christdemokraten. Antikapitalismus wie Antiamerikanismus schrieb der MSI nun wieder groß. Die revolutionäre Attitüde verprellte einen Teil der Mitglieder. In den 80er Jahren hatte der MSI einen Mitgliederschwund von 380.000 auf 120.000 zu beklagen (Ignazi 1989: S. 293). Die schon immer vorhandenen Flügelkämpfe um den Kurs der Partei verschärften sich.

1987 wurde Gianfranco Fini zum Parteivorsitzenden gewählt. Er versuchte, eine erneute Mäßigung des rechtsextremistischen Kurses des MSI in die Wege zu leiten. Dies stieß auf Widerstand bei den rechtsextremen Hardlinern um Rauti. 1990 löste Rauti Fini an der Parteispitze ab, trat allerdings bereits 1991 zurück. Der Vorgänger Fini wurde Nachfolger. Die Wahlen 1992 standen im Schatten einer tief greifenden Krise der italienischen Demokratie. Im Unterschied zu den demokratischen Parteien der „Ersten Republik" Italiens kam der MSI mit 5,4 Prozent der Wählerstimmen vergleichsweise ungeschoren davon, nicht zuletzt, weil er in die Korruptionsaffären kaum verwickelt war. Er konnte allerdings auch keinen Honig aus der Entwicklung saugen und Stimmen zulegen. Bei den Kommunalwahlen 1993 machte die Partei einen erstaunlichen, ohne die Demokratiekrise nicht erklärbaren Sprung auf durchschnittlich 18 Prozent. Im zweiten Wahlgang erreichte der Parteiführer Fini in Rom 46,9 Prozent der Stimmen und Benito Mussolinis Enkelin in Neapel 44,4 Prozent. Dieser Erfolg behinderte zunächst den ideologischen Wandel.

1994 beschloss der MSI auf dem Parteitag in Fiuggi seine Auflösung und gründete sich als das Wahlbündnis „Alleanza Nazionale" (AN, „Nationale Allianz") neu. Die damit einhergehende – noch etwas zaghafte – Mäßigung des Parteikurses dürfte auch damit zu tun haben, dass der Zusammenbruch der rechtsdemokratischen „Democrazia Christiana" eine historische Gelegenheit bot, deren Wähler zu gewinnen. Nicht alle ehemaligen Parteimitglieder wollten den neuen, deutlich gemäßigteren Kurs mitgehen. Neofaschisten um Pino Rauti gründeten den „Movimento Sociale Fiamma Tricolore". Von diesem spaltete sich 1999 wiederum der „Movimento Sociale Europeo" ab. Auf ihrem Parteitag in Verona setzte sich derweil die AN erstmals mit dem Faschismus auseinander und ihre Parteiführer verurteilten einige Facetten des faschistischen Regimes.

Errang der MSI bei den Wahlen zum Abgeordnetenhaus 1992 5,4 Prozent, so erreichte die AN 1994 13,5 Prozent. Nachdem an der Spitze der Regierung über Jahrzehnte fast immer ein Christdemokrat gestanden hatte (mit Ausnahme der Regierungen des Linksliberalen Giovanni Spadolini 1981/82 und der Sozialisten Bettino Craxi 1983-87 und Giuliano Amato 1992-93), gelang der vom Medienmogul Silvio Berlusconi angeführten „Forza Italia" 1994 erstmals zusammen mit „Lega Nord" und AN eine Regierungsbildung ohne die Christdemokraten. Der Preis für die Demokratie war hoch. Italien war das erste europäische Land, in dem nach 1945 eine rechte Flügelpartei Minister stellte. Unter den fünf von der AN besetzten Ressorts war das Außenministerium. Das Bündnis zerbrach allerdings schnell, nicht zuletzt aufgrund von Zwistigkeiten zwischen der zentralistischen AN und der regionalistischen „Lega Nord". Während die „Fiamma Tricolore" mit 0,9 Prozent vom Wähler eine Abfuhr bekam, erreichte die AN 15,7 Prozent. Sie hat sich vom traditionellen Faschismus abgewendet, bewegt sich aber noch in rechtsextremistischen Bahnen. Bereits 2001 fand das spannungsreiche rechte Bündnis – wiederum unter der Führung Berlusconis – eine Neuauflage.

Die „Lega Nord" gehört nicht zum rechtsextremen Spektrum (Merkel 1996: S. 408), auch wenn Studien zum Rechtspopulismus sie immer wieder in einem Atemzug mit rechtsextremen Parteien wie dem „Front National" nennen (Decker 2000; Pfahl-Traughber 1994a). Weder lehnt die Partei die demokratischen Grundwerte ab, noch positionieren sich die Wähler der Partei in Umfragen am rechten Rand des Spektrums. Der ideologische Dreh- und Angelpunkt der „Lega" ist ein aggressiver Regionalismus, der eine Abkopplung des reicheren Norditaliens vom ärmeren Süditalien propagiert.

Eine erste „Lega" entstand 1982 in der Lombardei. Die „Lega Nord" entstand aus dem Zusammenschluss der „Liga Veneta", der „Lega Lombardo" und der „Piemont Autonomista". Bis 1990 blieb sie politisch weitgehend bedeutungslos. Erst als die „Lega Nord" zu einem wesentlichen Motor des

Umbruchprozesses der italienischen Demokratie wurde, brachte ihr die zunehmende Verbreitung einer Protesthaltung gegen die Korruptionsaffären vor allem der Christdemokraten und Sozialisten breiteren Zulauf. Die „Lega" ist in ihrer heutigen Form Produkt wie Profiteur der italienischen Demokratiekrise (Bordon 1997). Ihr landesweiter Stimmenanteil liegt seit 1992 um die zehn Prozent. Die Stimmen kommen dabei aufgrund der programmatischen Ausrichtung fast ausschließlich aus Norditalien. Dort erreicht die „Lega Nord" bis zu ein Drittel aller Stimmen (Kommunal- und Provinzwahlen 1993). Der zentralistische Führungsstil des charismatischen Parteichefs Umberto Bossi steht dabei in einem Spannungsverhältnis zum regionalistischen Programmziel.

Im Unterschied zu den rechtsextremen Parteien Italiens ist die „Lega" klar antifaschistisch. Ihr Antifaschismus wurzelt im Regionalismus, der in einem unüberbrückbaren Gegensatz zum zentralistischen Nationalismus der Faschisten steht. Allerdings kommen aus den Reihen der „Lega Nord" aufgrund ihres Wohlstandschauvinismus mehr fremdenfeindliche Äußerungen als aus den Reihen der „Alleanza Nazionale". Die Propaganda gegen eine „Überfremdung" unterscheidet sich von der nationalistischer Parteien dadurch, dass sie sich keineswegs nur gegen die Zuwanderung von Nichteuropäern, sondern auch gegen den Zuzug von Süditalienern nach Norditalien richtet. Die Programmatik der „Lega" ist neoliberal, sie tritt für die Privatisierung von Staatsbetrieben und für Steuersenkungen ein.

War der MSI die bedeutendste rechtsextreme Kraft der italienischen Nachkriegsgeschichte, so gab es neben ihm eine Vielzahl unterschiedlicher, vielfach auch zerstrittener Organisationen. Die „Neue Rechte" um Marco Terchi, die Ende der 70er Jahre aus dem MSI heraus entstand, versuchte mit deutlich weniger Erfolg als in Frankreich, Einfluss auf die politischen Diskussionen zu nehmen. Das Ziel war wie in Frankreich die ideologische Erneuerung der extremen Rechten. Grundlage der Überlegungen waren, neben dem Ideengut der „Konservativen Revolution" der Weimarer Republik die Zivilisationskritik Julius Evolas und die Werke französischer Vordenker des Faschismus wie Pierre Drieu la Rochelle und Robert Brasilach. Durch die Berufung auf das Konzept der Notwendigkeit der Eroberung der „kulturellen Hegemonie leistete die italienische Rechte ihren bedeutendsten Beitrag zur Theoriedebatte intellektueller Rechtsextremisten in Europa. Die Aktivitäten der „Neuen Rechten" beschränkten sich im Kern auf die Publikation der Zeitschriften „Diorama" und „Trasgressioni", die nur über einen kleinen Leserkreis verfügen. Massenzulauf konnte sie nicht mobilisieren.

Die „Neue Linke" entfaltete mehr Breitenwirkung als die „Neue Rechte" und setzte sich Ende der 60er Jahre an die Spitze der Studentenbewegung. Sie war auch in Italien ein buntes Gemisch aus Anhängern der Ideen von Marx und Lenin, Mao, Trotzki und Herbert Marcuse. Die Sympathien flogen wie auch auf den Straßen von Berlin und Paris den kubanischen Revolutionsführern Fidel Castro und Che Guevara wie dem vietnamesischen Revolutionsführer Ho Chi Minh zu. Ein charakteristischer Unterschied zu anderen Ländern ist, dass es 1968 in Italien auch eine bedeutende Anzahl rechtsextremer, faschistischer Studenten gab, die sich Auseinandersetzungen mit den linksextremen Studenten lieferten. Die Aktionen der Studentenbewegung glichen jenen in Deutschland und Frankreich. Zahlreiche Universitäten wurden besetzt, Sit-Ins und Teach-Ins veranstaltet und vor allem stets und ständig demonstriert. Den Höhepunkt der Studentenunruhen in Italien bildeten im Februar 1968 Straßenschlachten mit der Polizei in Rom. Ab Mitte 1969 versandet die Studentenbewegung. Langfristige Wirkungen auf die Gestalt der italienischen Demokratie hatte die „Neuen Linke" nicht.

Die historischen „Brigate Rosse" („Roten Brigaden"), gegründet von den beiden Trienter Studenten Renato Curcio und seiner späteren Ehefrau Margherita Cagol, hatten weit mehr Mitglieder als die RAF. So wurden bis 1982 1.400 Mitglieder verhaftet. Ende der 70er Jahre erreichte die Zahl der aktiven Terroristen mit 400 bis 500 ihren Höchststand. Der Grund für die relative Breite der Bewegung ist, dass sie zunächst keine geheime und elitäre Organisation war, erst im Laufe ihrer Geschichte beging sie immer brutalere Anschläge. Die kommunistische Partei distanzierte sich stets vom Terror der „Roten Brigaden", nicht zuletzt weil er ihre Wahlchancen minderte. Umgekehrt wollten die Linksterroristen nichts mit den „reformistischen" Kommunisten zu tun haben, denen sie einen Verlust des revolutionären Eifers vorwarfen. Innerhalb ihrer Geschichte gingen mehr als 14.000 Anschläge, hauptsächlich in Rom und Norditalien, auf ihr Konto. Bis 1976 gehörten Morde nicht zum Konzept der „Roten Brigaden". Die Gruppe schüchterte vielmehr, ihnen politisch nicht genehme Wirtschaftsmanager, Professoren, Politiker und Journalisten, durch Schüsse in die Beine ein. Als die Gruppe 1974 bei einem Überfall auf eine neofaschistische Gruppe in Padua zwei Todesopfer zurückließ, sprach sie selbst von einem nicht gewollten „Zwischenfall". 1976 mordete die Gruppe erstmals gezielt. Das Opfer war der Generalstaatsanwalt von Genua. Ab 1977 nahm die Zahl der Todesopfer linksterroristischer Gewalt dann stark zu. Ende der 70er Jahre töten die Terroristen schließlich fast monatlich einen Polizisten oder Soldaten.

Verfügte die „Brigate Rosse" zunächst gerade unter linksradikalen Intellektuellen über zahlreiche Sympathisanten, so schockierte 1978 die Ermordung des weit über seine Partei hinaus beliebten christdemokratischen Regierungschefs Aldo Moro die italienische Öffentlichkeit. Die „Roten Brigaden" waren fortan isoliert. Der Aderlass durch die vielen Verhaftungen führte schließlich 1984 zur Spaltung und zum weitgehenden Versanden der Aktivitäten (Moretti 1996). Erst im Mai 1999 tauchte nach der Erschießung des Regierungsberaters Massimo D'Antona wieder ein Bekennerschreiben der „Roten Brigaden" auf. Die Echtheit war umstritten, bis im März 2000 die Ermordung Marco Biagis, des Beraters der Regierung Silvio Berlusconis in Arbeitsmarktfragen, folgte. In dem Bekennerschreiben der „Brigaden" hieß es, Biagi habe „neue Gesetze zur Ausbeutung der Arbeit unterstützt". Die Morde an Politikern aus der zweiten Reihe weisen daraufhin, dass die „Roten Brigaden" derzeit nicht das Potential haben, die geschützten Spitzenpolitiker anzugreifen (Benedetti 2002).

Hinterließ der Linksterrorismus äußerst blutige Spuren in der italienischen Nachkriegsgeschichte, so übertraf ihn der Rechtsterrorismus an menschenverachtender Brutalität. Allein einem Anschlag auf den Wartesaal des Bahnhofs in Bologna fielen im August 1980 mehr als 80 Menschen zum Opfer, rund 200 wurden verletzt. An dem Anschlag waren Terroristen der „Nuclei Armati Rivoluzionari" („Bewaffnete Revolutionäre Zellen") beteiligt. Wie ihr linksterroristisches Pendant hatte die Organisation eine relativ ausgeformte Ideologie, die sich an den faschistischen Theorien Julius Evolas orientierte. Weitere aktive rechtsterroristische Gruppen jener Tage waren „Construire l'Azione" und „Terza Posizione". Durch ihre Taten wollten sie den Staat destabilisieren, gerade aufgrund der Wahllosigkeit ihrer Opfer konnten sie dabei aber nie mit Sympathien der Bevölkerung rechnen. Der MSI distanzierte sich zunehmend von den Rechtsterroristen, wohl nicht nur um seine Wahlchancen zu wahren, sondern auch aus prinzipiellen Gründen. In den folgenden Jahrzehnten flaute der Rechtsterrorismus ab. Die größte Gefahr geht derzeit von der „Forza Nuova" („Neue Kraft") aus, die von den ehemaligen Mitgliedern der der „Militia Christi" und „Nuclei Armati Rivoluzionari" Roberto Fiore und Massimo Morsello angeführt wird. Im Dezember 2000 verübte ein Attentäter aus dem Umfeld der „Forza Nuova" einen Bombenanschlag auf die Redaktionsräume der linken Tageszeitung „Il Manifesto". Zwar distanzierte sich die Gruppe von der Tat, aber auch die Spuren anderer Anschläge der letzten Jahre, etwa im November 1999 auf das „Museum des Widerstands" und das Kino „Nuova Olimpia", das während des Anschlags den Film über den Eichmann-Prozess aufführte und den israelischen Botschafter zu Gast hatte, gaben Anhaltspunkte für eine Verwicklung dieser Gruppe. Die Anhängerschaft der „Forza Nuova", die über beste Kontakte zur deutschen NPD verfügt, beträgt mehrere tausend Personen, einige Hundert davon sind als gewaltbereit einzuschätzen.

Die Skinheadszene konnte nur in Norditalien, nicht aber in Süditalien Fuß fassen. Gerade wegen der vergleichsweise kleinen Szene in Italien ist ihr Organisationsgrad höher als etwa in Deutschland. So sind zahlreiche norditalienische Skinheads in der „Veneto Fronte Skinheads" und der „Azione Skinhead" organisiert. Auch in Italien geht der größte Teil der fremdenfeindlichen Straftaten seit den 90er Jahren auf das Konto rechtsextremer Skinheads.

Während es sich bei der Skinheadszene um einen Import handelt, so ist die in Italien entstandene autonome Bewegung ein Exportschlager. Die „Autonomia Operaia" („Arbeiterautonomie") kam Ende der 60er Jahre auf und spielte eine maßgebliche Rolle bei den Arbeitskämpfen 1968/69. Die autonome Bewegung grenzte sich stark von der kommunistischen Partei ab und neigte anarchistischem Gedankengut zu. In ihren Reihen fanden sich – meist nicht ausgebildete – Arbeiter und Studenten. Zum Umfeld der „Autonomia Operaia" gehörten die „Autonomi" („Autonome"), deren Mitglieder hauptsächlich aus Arbeitslosen und Obdachlosen waren. Von Anfang an war die Bewegung militant. Neben Gewalttaten aus den Reihen von Demonstranten heraus, begingen „Autonome" Sabotageakte in Fabriken, um ihre Forderungen durchzusetzen. Auch Häuserbesetzungen zählten zu ihrem Repertoire. Nachdem es zunächst in den 70er Jahren ruhiger um die Autonomen geworden war, erreichte die Bewegung mit den Revolten 1977/78 ihren Höhepunkt. Mit der militanten Grundhaltung ging nun verstärkt der Anspruch einher, ein von allen gesellschaftlichen Zwängen freies Leben führen zu können. Die autonome Szene blieb auch überdie Jahrzehnte in Italien stark, wie nicht zuletzt die Vielzahl autonomer Demonstranten beim G-8-Gipfel in Genua 2001 zeigte.

7.3 Großbritannien

Die „Communist Party of Great Britain" (CPB) hatte, wie auch die kommunistischen Parteien in den anderen angelsächsischen Demokratien, nie eine breite Mitgliederbasis. Politische Erfolge blieben aus. 1924 und 1935 gelang es der Partei mit der Unterstützung einiger Gewerkschaften, einen und 1945 zwei ihrer Mitglieder ins Parlament zu entsenden. Nach 1945 verkleinerte sich der ohnehin geringe politische Einfluss der Kommunisten weiter. Ihre Reihen zählten bis zu den 70er Jahren 30.000 Köpfe, Anfang der 80er Jahre waren es noch rund 18.000, bis Mitte der 80er Jahre lediglich 9.000. Weil der CPB der Weg in die Parlamente versperrt blieb, setzte sie auf die Beeinflussung der Gewerkschaften und des linken Flügels der Labour Party. Aufgrund des desolaten Zustands der Partei wurde in der Theoriezeitschrift „Marxism Today" die Abkehr vom Klassenkampf propagiert. Gegen den neuen Kurs gab es intern Widerstand von Anhängern des Sowjetkommunismus. 1991 wurde die Partei aufgelöst, an ihre Stelle trat die „Democratic Left". Sie übernahm das Geld, aber wenig von den Traditionen der Kommunisten.

Die erfolgreichste rechtsextreme Bewegung in Großbritannien gründete Oswald Mosley 1932 mit der „British Union of Fascist". Sie propagierte auch nach dem Zweiten Weltkrieg einen faschistischen „dritten Weg" zwischen Kapitalismus und Kommunismus. Die gewichtigste Partei war die 1967 gegründete militante „National Front" (NF). Sie entstand als Zusammenschluss der „British National Party" (BNP), der „League of Empire Loyalists" und der „Racial Preservation Loyalists". In ihrem Gründungsjahr hatte sie 4.000 Mitglieder. Bis 1974 stieg die Zahl auf 17.500, um dann in den 80er Jahren wieder auf 4.000 zurückzufallen. Ihre Programmatik zeigte Anlehnungen an den Nationalsozialismus. Dabei neigte sie stärker den Ideen der Gebrüder Straßer als jenen Hitlers zu. Ihr bestes Ergebnis auf nationaler Ebene errang sie 1979 mit 0,6 Prozent der Stimmen bei den Wahlen zum Unterhaus. Ihre besten Zeiten hatte die NF, als Edward Heath die konservative Partei in die Mitte lenkte, während ihr der Rechtskurs der Konservativen unter Margaret Thatcher die Wählerschaft vollends abgrub (Taylor 1982). Derzeit befindet sich die Partei allerdings wieder im Aufwind. 2001 sorgte die BNP für Aufmerksamkeit bei den britischen Regionalwahlen, weil sie in den 19 Bezirken, in denen sie Kandidaten aufstellte, durchschnittlich 18 Prozent errang. Drei Rechtsextremisten gelang der Sprung in regionale Parlamente.

Eine „Neue Linke" entwickelte sich in Großbritannien schon Mitte der 50er Jahre. Sie wandte sich vor allem gegen den Stalinismus, aber auch gegen den Marxismus-Leninismus an sich. Die Sympathien galten eher trotzkistischen und maoistischen Gedanken. Der Frühstart der britischen „Neuen Linken" machte sich nicht bezahlt, im Vergleich zur „Neuen Linken" auf dem europäischen Festland vermochte sie es Ende der 60er Jahre nicht, Massen von Studenten für ihre Ziele zu begeistern. Die Studentenunruhen auf der Insel waren nur ein schwaches Abbild der Straßenschlachten im übrigen Westeuropa.

Eine intellektuelle „Neue Rechte" konnte in Großbritannien noch weniger Fuß fassen, die Schriften der französischen Bewegung blieben in der rechtsextremen Szene weitgehend unbeachtet. Dies mag an der festen Bindung des angelsächsischen Rechtsextremismus an die Arbeiterklasse liegen.

Die Verbindungen zwischen US-amerikanischen und britischen Rechtsextremisten sind eng. Der Führer der NF in den 60er Jahren, John Tyndall, unterhielt regen Kontakt mit dem Führer der us-amerikanischen nationalsozialistischen „National Alliance", William Pierce. So stand an der Seite von Tyndall an der Spitze der NF David McCalden, der später nach Kalifornien auswanderte und zusammen mit dem amerikanischen Rechtsextremisten William Carto 1979 das „Institute for Historical Review" gründete. 1984 flog Garry Callo für ein Jahr aus den USA ein, um der NF beizubringen, wie man eine Untergrundorganisation führt. Nordirland wurde zum Hauptrekrutierungsfeld der NF. Immer häufiger kam es zu Gewalttaten aus ihren Reihen.

Besonders jugendliche Männer aus diesem Milieu fühlen sich von den martialischen Parolen angezogen. Früher als in der Bundesrepublik wurde von den Rechtsextremisten die soziale Karte gespielt. Der Niedergang ganzer Städte sowie die Jugendarbeitslosigkeit beherrschen seit langem die Themenpalette. An erster Stelle steht jedoch traditionell die „Rassenfrage". Vehement bekämpfen die Rechtsextremisten die Einwanderung von Farbigen. 1981 kam es vor allem in London und Liverpool zu Unruhen, bei denen sich – zum Teil rechtsextreme – Jugendliche Straßenkämpfe mit farbigen Briten und Einwanderern lieferten. Die Gründe für den Ausbruch der Gewalt waren allerdings weniger in einer rechtsextreme Ideologie der Straßenkämpfer als in deren Problemen mit Arbeitslosigkeit und Wohnungsnot zu suchen. Die Gewalttäter nutzten die farbigen Briten und Einwanderer als Sündenbock für ihre Probleme.

Die Skinheadszene hat ihren Ursprung in Großbritannien. Ian Stuart, Sänger der Szenekultband „Skrewdriver" band sich und einen großen Teil der Szene schnell an die NF. Nicht zuletzt aufgrund der gemeinsamen Sprache entstand rasch auch in den USA eine breite Skinheadbewegung. Die Zusammenarbeit der NF und der Skinheadszene brachte die von Ian Stuart angeführte Schlägertruppe „Instant Response Unit" hervor, die Jagd auf farbige Einwanderer und politische Gegner machte. In dieser Tradition steht auch „Combat 18", die paramilitärische Kampftruppe der von Stuart gegründeten „Blood & Honour"-Bewegung. 18 steht dabei gemäß der Stellung der Buchstaben A und H im Alphabet für Adolf Hitler. Die gewalttätige Gruppe von Neonationalsozialisten führt Paul David Sargent an. Anhänger von „Combat 18" sind für eine Reihe von Gewalttaten in Großbritannien verantwortlich, u.a. für einen Brandanschlag auf die kommunistische Zeitung „Morning Star".

Die Bibel gewaltbereiter britischer Rechtsextremisten sind die 1978 veröffentlichten fiktiven „Turner Diaries" von William Pierce. In dem Buch formulierte Pierce unter dem Pseudonym Andrew Macdonald das Glaubensbekenntnis der Szene: „Es gibt keinen Weg das System zu zerstören, ohne Tausende unschuldiger Menschen zu verletzen – keinen Weg." Schon auf den ersten Seiten seines Romans ist ein Bombenattentat der Gruppe „The Order" auf ein FBI-Gebäude beschrieben, das jenem von Tymothy McVeigh am 19. April 1995 in Oklahoma City (168 Tote) gleicht wie ein Ei dem anderen. Am Ende der ebenso größenwahnsinnigen wie abstoßenden Fiktion besteht die amerikanische Bevölkerung nur noch aus 50 Millionen „Ariern", Israel ist durch Nuklearbomben zerstört und die Juden weltweit ausgerottet. Der Roman hat bedeutenden Einfluss auf die Ausgestaltung des Rechtsextremismus in allen angelsächsischen Ländern. Bald nach seinem Erscheinen entstanden in den USA und Kanada rechtsextreme Gruppen, mit den Namen „The Order". Der Anführer der US-amerikanischen Gruppe, Robert Matthews, gilt in der angelsächsischen Rechtsextremismusszene als Märtyrer. Er kam in den Flammen seines Hauses um, das die Polizei in Brand geschossen hatte. Seine berüchtigten „14 Wörter" dienen unter rechtsextremen Skinheads weltweit als Grußformel. Sie lauten: „Wir müssen die Existenz unseres Volkes und eine Zukunft für weiße Kinder sichern."

In Großbritannien ging im Unterschied zu den USA jedoch aus dem rechtsextremen Milieu kein annähernd so großer Terroranschlag hervor. Erst 1999 wurde Großbritannien das erste Mal von einem größeren Terrorakt aus dem rechtsextremistischen, rassistischen Milieu heimgesucht. Die Explosion von drei Nagelbomben in London tötete drei Menschen und verletzte mehr als 150. Die Platzierung der drei Bomben in Brixton, Brick Lane und in einem vorwiegend von Homosexuellen besuchten Pub in Soho, deutete darauf hin, dass das Motiv Hass gegen Schwarze, Asiaten und Homosexuelle war (ICPC 2002: S. 4). Im Vergleich zu den kontinentaleuropäischen Ländern gab es kaum größere Anschläge aus dem linksterroristischen Bereich. Die einzige nennenswerte linksterroristische Gruppierung war die „Angry Brigade of England". Die Gruppe mit anarchistischer Ideologie hatte nie mehr als 50 Mitglieder, alle Studenten und Universitätsabsolventen. Zwischen 1968 und 1971 gingen Banküberfälle, Maschinengewehrattacken und 27 Bombenanschläge auf öffentliche Gebäude auf das Konto dieser Gruppe.

Auch wenn die Zahl der rechts- und linksterroristischen Anschläge in Großbritannien sehr gering war, so war die Zahl der politisch motivierten

Gewalttaten nach dem Zweiten Weltkrieg in keinem europäischen Land höher. Die erdrückende Mehrheit der Gewaltopfer geht dabei auf den Nordirlandkonflikt zurück. Er wurzelt in der unterschiedlichen religiösen Ausrichtung der zwei wesentlichen Bevölkerungsgruppen. Rund 900.000 Protestanten, die historisch ihre Wurzeln in Schottland haben, leben zusammen mit 600.000 katholischen Iren. Die gegenwärtig noch andauernde Etappe des Konflikts begann mit Straßenprotesten der Katholiken Mitte der 60er Jahre, auf die Polizei und Militär mit großer Härte reagierten. Bislang kostete der Konflikt bereits über 3.600 Menschen das Leben. Im ersten Halbjahr 1976 gab es bei einer damaligen Bevölkerung Nordirlands von 1,5 Millionen Menschen allein 175 Todesopfer und 388 Bombenanschläge (Wördemann 1979: S. 185). Um die Relationen zu verdeutlichen: Bezogen auf die gegenwärtige deutsche Bevölkerungsgröße von rund 80 Millionen würde dies bedeuten, dass Tag für Tag in Deutschland 51 politisch motivierte Morde und 114 Bombenanschläge zu beklagen wären. Rund zwei Drittel der Todesopfer in Nordirland gingen auf das Konto der „Irish Republican Army" (IRA) und ihrer Abspaltungen, ein Drittel auf das terroristischer Gruppen aus den Reihen der protestantischen Unionisten. Die IRA machte dabei immer wieder mit spektakulären Aktionen wie einen Raketenangriff auf den Sitz des britischen Regierungschefs, Downing Street 10, und den Londoner Flughafen Heathrow auf sich aufmerksam.

Politische Ideologien spielen in dem Konflikt eine untergeordnete Rolle. Das zeitweilige marxistische Konzept der „Official IRA" (OIRA), sich an die Spitze der katholischen und protestantischen Arbeiterklasse gegen die englischen „Besatzer" zu stellen, scheiterte und führte zu den Abspaltungen der nationalistisch ausgerichteten „Provisorischen IRA" (PIRA) und der ebenfalls marxistisch ausgerichteten „Irisch-nationalen Befreiungsarmee", die den Kurs der OIRA zu zahm fand. Die krude Mixtur aus rassistischen Parolen gegen protestantische Nordiren und gegen Engländer, einem sich an überkommene Traditionen klammernden Katholizismus und marxistischer Rhetorik macht eine Einordnung der IRA auf der Rechts-Links-Skala unmöglich. Die im Vergleich zur IRA nicht minder gewalttätige Organisation militanter Protestanten in Nordirland, die 1971 gegründete „Ulster Defence Association" ", lässt sich dagegen auf der Skala eindeutig rechts platzieren und das nicht nur, weil ihr Kontakte zu den Rechtsterroristen von „Combat 18" " nachgesagt werden.

Ab Anfang der 80er Jahre etablierte sich „Sinn Fein" als politischer Arm der IRA, die unter ihrem Vorsitzenden Gerry Adams zunehmend eine Strategie der Gespräche verfolgte. Wohl auch, weil sich die Lage für die IRA verschlechtert hatte, da Irland als Rückzugsraum für die Terroristen verloren ging. Verfahren bleibt die nordirische Situation dennoch, weil es immer wieder Abspaltungen wie die „Wirkliche IRA" gab, die sich nicht an ausgehandelte Waffenstillstände hielten.

7.4 Vergleichende Betrachtungen

Im Gegensatz zu Deutschland und Italien, aber auch in einem deutlichen Unterschied zu Frankreich, gelang es in der Zeit zwischen dem Ersten und dem Zweiten Weltkrieg keiner rechtsextremistischen Partei, zu einer ernsthaften Gefahr für die britische Demokratie zu werden. Auch die kommunistische Linke entfaltete nach 1917 in Großbritannien nur eine weit geringere Wirkung als in Deutschland, Frankreich oder Italien. Vor wie nach dem Zweiten Weltkrieg konnte in Großbritannien keine extremistische Partei in die Parlamente einziehen. Selbst im Zeichen der Weltwirtschaftskrise erreichten extremistische Ideologien von links und rechts kaum größeren Zulauf. Gründe dafür sind das relative Mehrheitswahlrecht, das für extremistische Parteien den Parlamentseinzug sehr schwer macht, aber auch die Grundstruktur der politischen Kultur, die einer Wahl extremistischer Parteien stärker als in den kontinentaleuropäischen Ländern entgegensteht (Kitschelt 1997: S. 244).

Im Unterschied zum relativen Mehrheitswahlrecht in Großbritannien konnte das absolute Mehrheitswahlrecht in Frankreich aus zwei Gründen die Wahlerfolge der kommunistischen Partei nicht verhindern: Erstens konnte der PCF wegen seiner Stärke in zahlreichen Wahlkreisen die absolute Mehrheit erringen, zweitens waren die linksdemokratischen Parteien stets zu Wahlabsprachen bereit. Dies bedeutete, dass beim zweiten Wahlgang in einem Wahlkreis ein Kandidat der Sozialisten zugunsten eines Kommunisten nicht mehr antrat, während es in einem anderen Wahlkreis umgekehrt gehandhabt wurde. Der FN hat demgegenüber weit schwerer an der Last des Wahlrechts zu tragen, vor allem deshalb, weil lange Zeit keine bürgerliche Partei zu Wahlabsprachen mit ihm bereit war. Auffällig ist weiterhin, dass das absolute Mehrheitswahlrecht im Unterschied zum relativen die Stimmstärke extremer Parteien nicht negativ beeinflusst. In Frankreich sind extreme Parteien auch im Vergleich zu Ländern mit Verhältniswahlsystemen wie Deutschland ausgesprochen stark.

Kommunistische Parteien erreichten in der Nachkriegszeit vor allem in den südeuropäischen Ländern äußerst gute Ergebnisse. Das galt neben

Frankreich und Italien auch für die Kleinstaaten San Marino und Zypern. Auch in Griechenland, Spanien und Portugal erreichten die kommunistischen Parteien nach der Wiedereinführung der Demokratie in den 70er Jahren des 20. Jahrhunderts bis 1990 regelmäßig über zehn Prozent der Wählerstimmen. Die einzigen nordeuropäischen Länder, in denen kommunistische Parteien nach dem Zweiten Weltkrieg mit durchschnittlich über 15 Prozent der Stimmen recht erfolgreich waren und zudem mehrfach an Regierungen beteiligt wurden, sind Finnland und Island.

Die große Mehrheit der Bürger Großbritanniens sah dagegen den Kommunismus als den eigenen politischen Traditionen wesensfremd an. In den angelsächsischen Ländern werden traditionell die Individualrechte hochgeschätzt, der kollektivistisch angelegte Kommunismus stößt somit auf unfruchtbaren Boden. In Deutschland, dem Vaterland des Marxismus, waren die Kommunisten in der Weimarer Republik im europäischen Vergleich stark. Nach dem Zweiten Weltkrieg konnte die KPD mit Ergebnissen um die 5 Prozent der Wählerstimmen durchaus beachtliche Ergebnisse vorweisen, die allerdings deutlich unter jenen ihrer Schwesterparteien in den romanischen Demokratien lagen. Der Antikommunismus war in der Bundesrepublik bei der Bevölkerungsmehrheit inzwischen aber kaum weniger ausgeprägt als in den angelsächsischen Demokratien. Anders als in Frankreich und mit Abstrichen Italien wurde die KPD keineswegs als „normale" Partei angesehen.

Von den Vergleichsländern ist die Bundesrepublik das einzige, in dem in der Nachkriegszeit eine kommunistische Partei verboten wurde. Nicht zuletzt wegen dieser vom Ausland argwöhnisch beäugten Sonderstellung wurde in den 60er Jahren den Kommunisten von staatlicher Seite grünes Licht für eine Neugründung gegeben. Das Niveau der Wahlergebnisse der DKP lag nun aber kaum höher als jenes der britischen Kommunisten. Ohne die finanziellen Infusionen aus der DDR hätte die DKP ihre aufwändigen, aber nur begrenzt erfolgreichen Versuche der Unterwanderung der neuen sozialen Bewegungen nicht unternehmen können. Nahm die deutsche KPD mit Blick auf die Höhe der Wahlergebnisse eine Mittelstellung zwischen den starken kommunistischen Parteien in Frankreich, Italien und den südeuropäischen Ländern einerseits, den äußerst schwachen kommunistischen Parteien in angelsächsischen Demokratien (Australien, Großbritannien, Neuseeland, USA etc.) ein, so gehört die DKP eindeutig in die Kategorie der schwachen kommunistischen Parteien. Aber auch in Ländern wie Belgien, Dänemark, Niederlande und Norwegen, in denen nach 1945 der kommunistische Stimmenanteil zunächst um die zehn Prozent betrug, liegt er inzwischen bei einem Prozentsatz um zwei Prozent oder sogar darunter.

Ideologisch bewegten sich die kommunistischen Parteien stets mehr oder weniger in den Spuren der Sowjetunion. Der gemeinsame zentrale Gegensatz ist jener zwischen Sozialismus und Kapitalismus. Im Kapitalismus wurzeln aus dieser Weltsicht heraus alle weiteren Übel wie Faschismus, Imperialismus und Rassismus. Die revolutionäre oder evolutionäre Überwindung des Kapitalismus ist aus dieser Sicht eine zwingende Notwendigkeit. Weil die westeuropäischen kommunistischen Parteien über die Jahre hinweg die Mängel und auch Verbrechen der sowjetkommunistischen Systeme nicht vollständig ignorieren konnten, wurde die Zielvorstellung zunehmend vager. Klar ist, dass mit einer Überwindung des Kapitalismus noch immer keineswegs nur die Überwindung eines bestimmten Wirtschaftssystems gemeint ist, sondern dass Kommunisten weiterhin die Strukturen des als „bürgerlich" verfemten demokratischen Verfassungsstaats ablehnen (Lazar: S. 591-599)

Die folgende Tabelle erfasst die Stimmanteile linker Parteien totalitärer, autoritärer und semidemokratischer Prägung zwischen 1945 und 2004. In Deutschland flossen in die Berechnung die Stimmanteile folgender Parteien ein: KPD, ADF, DFU, BdD, DKP und PDS. Bis 1997 beziehen sich die bei Frankreich verzeichneten Ergebnisse stets auf den PCF, 1997 kamen Stimmanteile für die trotzkistischen Vereinigungen „Union Communiste" und „Communiste Révolutionnaire" hinzu. In Großbritannien beziehen sich die mageren Wahlergebnisse auf die CPB. In Italien handelt es sich von 1945 bis 1991 stets um Stimmanteile des PCI. Nach der Auflösung des PCI erfüllt in Italien die Neugründung PDS die Kriterien einer demokratischen Partei. Die linksextremen Stimmanteile für die Zeit ab 1991 stammen vom PRC und den „Comunisti Italiani".

Tabelle 22: Wahlergebnisse linker Flügelparteien in Westeuropa 1945-2004

	45-49	50-54	55-59	60-64	65-69	70-74	75-79	80-84	85-89	90-94	95-99	00-04
D	5,7	2,2	-	1,9	1,0	0,3	0,3	0,2	0,0	3,4	5,1	4,0
F	27,0	26,7	22,6	21,8	21,3	21,4	20,6	16,1	10,6	9,2	12,5	7,3
GB	0,4	0,2	0,1	0,2	0,2	0,1	0,1	0,0	0,0	-	-	-
I	20,6	22,6	22,7	25,3	26,9	27,2	32,4	29,9	26,6	6,0	8,6	5,0

Alle Angaben in Prozent. Abkürzungen: D = Deutschland; F = Frankreich; GB = Großbritannien; I = Italien.
Quelle: Amtliche Wahlergebnisse.

Spätestens seit dem Zusammenbruch der kommunistischen Diktaturen befinden sich die kommunistischen und ehemals kommunistischen Parteien in einer Identitätskrise. Die Distanzierungen vom bisherigen Referenzmodell Sowjetunion fallen dabei sehr unterschiedlich aus. Der Bruch mit der kommunistischen Ideologie des PCI ist inhaltlich wie formal grundlegend. Schon vor der Auflösung und Neugründung als sozialdemokratische Partei führte der PCI zwar noch den Kommunismus im Namen, programmatisch war er aber bereits auf die Linie der sozialdemokratischen Parteien Nordeuropas eingeschwenkt. Beim Namensvetter, der deutschen PDS, fiel der Bruch mit der kommunistischen Tradition nicht gleichermaßen tief aus. Zum einen scheute die Parteispitze um Gysi und Bisky eine Auflösung der PDS und einen Neuanfang als demokratische Partei. Während der Bruch mit der kommunistischen Ideologie beim italienischen PDS als ein vollständiger Schritt Richtung Sozialdemokratie anzusehen ist, handelt es sich beim Wandel der PDS in Deutschland nur um einen halbherzigen. Bedeutende Teile der Partei, MF und KPF, hängen ohnehin noch immer den Ideen Lenins an. Der Reformflügel weist dagegen inzwischen mehr ideologische Gemeinsamkeiten mit dem linken Flügel der Sozialdemokratie als mit der KPF auf. Auch wenn in der deutschen PDS noch vage von „Systemüberwindung" die Rede ist, so geht von der deutschen wie der italienischen PDS kein revolutionärer Anspruch mehr aus. Bei der italienischen PRC und der deutschen DKP sieht dies anders aus. Die DKP ist allerdings völlig unbedeutend und der PRC konnte zumindest nur einen geringen Teil der Mitglieder und Wähler der PCI mit sich nehmen.

Weit weniger stark als der PDS Italiens und die PDS Deutschlands hat sich der französische PCF gewandelt. Er bewahrte im Kern die kommunistische Ideologie. Eine gewisse Öffnung des französischen PCF wie des italienischen PRC zeigt sich nur durch die Bereitschaft zur Einbindung als Juniorpartner in linke Wahlbündnisse („Gauche Plurielle" bzw. „Ulivo"). Beide Parteien gingen damit das Wagnis eines Spagats zwischen ideologischer „Systemopposition" und faktischer Bereitschaft zur konstruktiven Mitarbeit ein. Die Halbierung der Wählerschaft der griechischen Kommunisten nach ihrem Austritt 1991 aus der linken Wahlallianz „Syaspismos" zeigt, dass nach einem Abschied aus solchen Linksbündnissen für kommunistische Parteien ein bedeutender Fall droht.

Riss die Geschichte eines politisch bedeutsamen, parteilich organisierten Nationalsozialismus in Deutschland 1945 ab, so setzte sich jene des Faschismus in Italien, wenn auch mit geringerem Anhang, ideologisch zunächst keineswegs entschärft fort. Institutionell begründet lag dies schlicht daran, dass in Deutschland die Neugründung einer nationalsozialistischen Partei von den Besatzern untersagt wurde, während die Gründung einer Nachfolgeorganisation der faschistischen Partei in Italien toleriert wurde. In Deutschland zeigten sich in der Programmatik der nach ihren Wahlerfolgen 1951 bereits 1952 verbotenen SRP wesentliche Versatzstücke der NS-Ideologie. Der Unterschied zwischen Italien und Deutschland lag mithin nicht darin, dass in Deutschland eine sehr viel geringere Nachfrage nach einer faschistischen bzw. nationalsozialistischen Partei bestanden hätte, sondern in der staatlichen Beschneidung des politischen Angebots durch das Instrument des Parteiverbots. In Frankreich war der Rechtsextremismus im Unterschied zu Italien in der Nachkriegszeit wegen der Kollaboration rechtsextremer Kräfte mit den nationalsozialistischen Besatzern in der gesamten Bevölkerung diskreditiert. In Großbritannien war er vor wie nach dem Zweiten Weltkrieg nur ein politisches Randphänomen.

Vor allem die 50er und 60er Jahre, teilweise auch noch die 70er, zeichneten sich in allen vier Ländern durch eine nicht nur ideologische, sondern häufig auch personelle Kontinuität zur extremen Rechten der Zeit zwischen dem Ersten und Zweiten Weltkrieg aus. Bei der Betrachtung der gegenwärtigen rechtsextremen Parteien in Europa ist sich die Forschung (Betz 1994; Ignazi 1992; Kitschelt 1995; Minkenberg 1998; Taggart 1995) nicht einig, ob es sich um eine Parteienfamilie wie etwa die christdemokratische handelt oder vielmehr um zwei, nämlich eine alte extreme Rechte, die in den Schuhen der faschistischen und nationalsozialistischen Parteien steht, und eine neue extreme Rechte, die ideologisch ein neues Kapitel aufgeschlagen hat. Als ideologischer Unterschied kann gelten, dass die so genannte alte extreme Rechte nicht nur antikommunistisch, sondern auch antibürgerlich und antikapitalistisch eingestellt ist. Die neue extreme Rechte gibt sich dagegen bürgerlicher und ist eher prokapitalistisch. Der letzte bedeutende Vertreter der alten extremen Rechten war in den 90er Jahren des 20. Jahrhunderts der MSI. Aber selbst diese letzte Bastion der alten extremen Rechten wollte schließlich nicht mehr als neofaschistisch, sondern als postfaschistisch gelten. Gegen den Trend wandte sich nur die deutsche NPD, die seit den 90er Jahren immer deutlicher an das Gedankengut des Nationalsozialismus anknüpft. Obgleich Kommentatoren (Crement 2000) die potentielle Massenanziehungskraft der antikapitalistischen, nationalsozialistischen Parolen der NPD herausstellten, konnte diese damit nicht punkten.

Auch wenn angesichts der klaren Orientierung der gegenwärtigen NPD und ehemals des MSI an den rechtsextremistischen Diktaturen Deutschlands und Italiens eine Unterscheidung in einen alten und einen neuen Rechtsextremismus durchaus Sinn macht, sollte der ideologische Unterschied zwischen beiden Varianten nicht überschätzt werden. Als 1984 der FN erstmals ins Europaparlament einzog, bildete er ohne Zögern eine Fraktion mit dem MSI. Als 1989 FN, REP und „Vlaams Blok" ohne den MSI eine gemeinsame Fraktion im Europaparlament bildeten, ging dessen Nichtaufnahme vor allem auf die REP zurück. Zum einen befürchtete Franz Schönhuber im Falle einer Fraktionsgemeinschaft mit dem MSI eine für seine Partei zerstörerische Kampagne unter dem Motto „Seht nur: die Faschisten sind unter sich", zum anderen waren in der Südtirolfrage MSI (gegen Autonomie Südtirols) und REP (für Anschluss Südtirols an Österreich) tief zerstritten (Backes 1990: S. 5).

Im Bereich der neuen extremen Rechten wird dem französischen FN eine ideologische Vorreiterrolle zugesprochen, der auf das Aufsehen erregende Wahlergebnis (11,0 Prozent) bei den Europawahlen 1984 zurückzuführen ist. Nicht zuletzt die deutschen „Republikaner" unter Franz Schönhuber richteten sich deutlich an der Politik des FN aus. Obwohl es 1989 nach dem Einzug ins Europaparlament so aussah, als könnten die „Republikaner" ihrem Vorbild in der nationalen politischen Bedeutung gleichkommen, brachten die folgenden Jahre einen Einbruch für die „Republikaner".

Die Länderrangliste bei den Erfolgen rechtsextremer Parteien entspricht genau jener bei den kommunistischen Parteien. Im europäischen Vergleich über Jahrzehnte am erfolgreichsten war der italienische MSI. Ab Mitte der 80er Jahre nahm der französische FN die Spitzenposition ein. Die britische NF liegt am unteren Ende der Skala. Die Ergebnisse der rechtsextremen Parteien Deutschlands nehmen wiederum eine Mittelposition ein. Die folgende Tabelle erfasst die Stimmenanteile rechtsextremistischer Parteien autoritärer und totalitärer Prägung sowie semidemokratische Grenzfälle zwischen Rechtsextremismus und rechter Demokratie von 1945 bis 2004. In den Werten für Deutschland sind für 1949 neben den Stimmanteilen der DKP/DRP, die Prozentpunkte der semidemokratischen WAV einbezogen. Ansonsten wurden im Falle Deutschlands neben DRP, NPD, DVU und REP auch die Stimmen für die Splitterparteien AUD, DG und UAP eingerechnet. Im Falle Frankreichs sind der UDCA, der PFN, der FN und der MN berücksichtigt. Die Zeile Großbritanniens gibt die äußerst geringen Wahlanteile von NF und BNP wieder. Bei Italien flossen in die Berechnung die Parlamentswahlanteile des MSI ein. Die „Alleanza Nazionale" beziehe ich als semidemokratischen Grenzfall zwischen rechtsextremistischem und rechtsdemokratischem Spektrum mit ein, die regionalistische „Lega Nord" bleibt hingegen außen vor.

Tabelle 23: Wahlergebnisse rechter Flügelparteien in Westeuropa 1945-2004

	45-49	50-54	55-59	60-64	65-69	70-74	75-79	80-84	85-89	90-94	95-99	00-04
D	4,7	1,1	1,1	0,9	3,3	0,6	0,3	0,2	0,6	2,3	3,3	1,0
F	-	-	11,6	-	0,1	0,5	0,5	0,3	9,9	12,7	14,9	11,3
GB	-	-	-	-	-	0,2	0,6	0,1	0,6	0,9	-	0,2
I	1,0	5,8	4,8	5,1	4,4	8,7	5,7	6,8	5,9	9,5	15,7	12

Alle Angaben in Prozent. Abkürzungen: D = Deutschland; F = Frankreich; GB = Großbritannien; I = Italien.
Quelle: Amtliche Wahlergebnisse.

Auf der Mitgliederebene sieht es ähnlich wie auf der Wählerebene aus. 1989 war der MSI die mit Abstand mitgliederstärkste rechtsextremistische Partei (120.000 Mitglieder bei 46,8 Millionen Wahlberechtigten). Es folgte der FN mit 65.000 Mitgliedern bei 37,3 Millionen Wahlberechtigten (Backes 1990: S. 12). In Deutschland hatten 1989 DVU, REP und DVU zusammen 57.000 Mitglieder bei 45,8 Millionen Wahlberechtigten. Das Wähler- und Mitgliederpotential, aus dem die rechtsextremen Parteien schöpfen konnten, war in Deutschland nicht sehr viel kleiner als in Frankreich, aber es verteilte sich nahezu gleichgewichtig auf REP und DVU. Zehn Jahre später war die italienische „Alleanza Nazionale" mit ca. 200.000 Mitgliedern die stärkste Formation. Auf dem zweiten Platz lag wiederum der FN mit nun ca. 70.000 Anhängern. Verzeichneten in Italien und Frankreich rechtsextreme Parteien einen Mitgliederzuwachs, so schwand die Mitgliederzahl in Deutschland bis 1999 auf 37.000. Dabei ist zudem in Rechnung zu stellen, dass die Zahl der Wahlberechtigten, die dazu ins Verhältnis zu setzen ist, nach der Angliederung der DDR um rund ein Drittel stieg.

Als Konsens der Demokraten in Deutschland gilt, dass keine Regierungsbündnisse mit rechts- oder linksextremen Parteien eingegangen werden. Umstritten ist, ob dieser Konsens durch die Regierungsbeteiligungen der PDS in Mecklenburg-Vorpommern und Berlin gebrochen wurde. Auf Bundesebene gerieten bislang weder die SPD noch die Unionsparteien in die Verlegenheit, der Unterstützung einer linken oder rechten Flügelpartei zu bedürfen. Die beiden britischen Volksparteien mussten schon aufgrund des relativen Mehrheitswahlrechts nie befürchten, in eine solche Lage zu geraten. In Frankreich gab es nie einen demokratischen Konsens, der eine Regierungsbeteiligung der Kommunisten hätte verhindern können. Daher nahmen Kommunisten bislang zweimal auf der Regierungsbank Platz. Eine Regierungskoalition der bürgerlichen Parteien mit dem FN erscheint dagegen ausgeschlossen. In Italien war der MSI zwar stärker politisch isoliert als der PCI, aber zu einer Regierungsbeteiligung der Kommunisten kam es aufgrund der Vorherrschaft der Christdemokraten nicht. Die Regierungsbildung der postkommunistischen PDS und die Regierungsbeteiligung der postfaschistischen „Alleanza Nazionale" (AN) sind ohne die schweren Erschütterungen der italienischen Demokratie durch zahllose Korruptionsskandale kaum zu erklären. Bei PDS wie AN ist allerdings in Rechnung zu stellen, dass der PDS das extremistische Gedankengut des PCI ganz und der AN jenes des MSI zu einem bedeutenden Teil über Bord geworfen hat. Der PDS ist inzwischen als demokratisch und die AN als immerhin semidemokratisch anzusehen. Die Regierungsbeteiligung semidemokratischer (Italien) oder gar extremistischer Parteien (Frankreich) brachte in beiden Ländern keinen schleichenden Wandel hin zu einer Diktatur.

An der Spitze der Studentenbewegungen standen 1968 die Köpfe der „Neuen Linken". In keinem Land waren die Proteste intensiver und breiter als in Frankreich. Deutschland folgt vor Italien, während Großbritannien das Schlusslicht bildet. Wer auch die Folgen von 1968 und die weitere Entwicklung in den Blick nimmt, der muss zu dem Urteil kommen, dass kein anderes Land stärker durch 1968 geprägt wurde als die Bundesrepublik. Vor allem über die Entwicklung der „Grünen" nahmen ideologisch immer gemäßigter werdende „68er" wie Daniel Cohn-Bendit und Joschka Fischer Einfluss auf die Geschicke der Nation.

Die „Neue Rechte" entstand in Frankreich, wenn sie sich auch wiederum auf die „Konservative Revolution" der Weimarer Republik berief. War sie auch in Italien relativ stark, so konnte sie in Großbritannien keinen nennenswerten Einfluss auf die politischen Diskussionen entfalten. Die Bedeutung der deutschen „Neuen Rechten" liegt zwischen jener der rechtsextremen Intellektuellen in Großbritannien und den romanischen Demokratien. In allen Ländern blieb die Bedeutung der „Neuen Rechten" weit hinter der „Neuen Linken" zurück. Im Unterschied zu dieser gelang es der „Neuen Rechten" nie, eine breite Anhängerschaft zu gewinnen.

Die Skinheadbewegung entstand in Großbritannien, die Bewegung der „Autonomen" in Italien. Inzwischen sind beide extremen Jugendkulturen in allen demokratischen Verfassungsstaaten zu finden. Besonders stark sind beide Szenen in Deutschland vertreten. Über eine im Vergleich sehr starke Szene gewaltbereiter Rechtsextremisten, in erster Linie rechtsextremer Skinheads, verfügt neben Deutschland Großbritannien (Hill/Bell 1988; Menhorn 2001). Während vor allem in Deutschland, aber auch in Großbritannien Anfang der 90er Jahre die Zahl der rechtsextremen Gewalttaten stark anstieg, war eine derart große Veränderung des Gewaltniveaus in Frankreich und Italien nicht zu beobachten. Verantwortlich dafür waren in hohem Maße rechtsextreme Skinheads. Timo Virtanen (2001) kam aufgrund der Polizeistatistiken bei einem Vergleich der Todeszahlen von 1995 bis 1999 durch fremdenfeindliche Gewalt für diese vier Länder zu folgender Bilanz: Deutschland 18 Tote, Großbritannien 16 Tote, Frankreich zehn Tote und Italien keine Toten. Zu berücksichtigen ist, dass die Erfassungsform einer rassistischen Motivation bei Mord und Totschlag bei den Polizeien dieser Staaten sehr unterschiedlich ausfallen kann (Bjørgo 2002: S. 993). Einiges spricht für die Annahme, dass weniger gewalttätige Rechtsextremisten in Ländern zu finden sind, in denen eine rechtsextreme Partei bei Wahlen vergleichsweise erfolgreich ist. Dagegen ist ein höheres Maß an rechtsextremen Gewalttaten in Staaten zu erwarten, in denen keine bei Wahlen bedeutsame rechtsextreme Partei existiert (Großbritannien, USA) oder die Stimmen sich auf mehrere rechtsextreme Parteien verteilen (Deutschland).

Die Mehrzahl linksextremer Gewalttaten geht inzwischen in allen vier Demokratien auf autonome, antifaschistische Gruppen zurück. Die Autonomen orientierten sich an Themen, die breite Bevölkerungsschichten bewegten. So engagieren sie sich vor allem in der Antiatombewegung und in der Antiglobalisierungsbewegung. Während zu rechtsextremen Gewalttaten einige, wenn auch keineswegs umfassende Vergleichsdaten vorliegen, fehlen diese zum Bereich nichtterroristischer linksextremer Gewalttaten. Der militante Flügel der extremen Linken fällt in den letzten Jahrzehnten eher durch Gewalt gegen Sachen als durch Gewalt gegen Personen auf. Ab und an kommt es aber auch aus diesem Milieu zu Mordanschlägen. So gehen ein Amoklauf in Nanterre und das Attentat auf den niederländischen Rechtspopulisten Pim Fortuyn auf das Konto von linksextremistischen Einzeltätern. Linksterroristische Aktivitäten gingen seit den 90er Jahren deutlich zurück, auch wenn sich keineswegs alle Organisationen wie die deutsche RAF auflösten. Zu den letzten aktiven Terrorgruppen gehört die griechische „Revolutionäre Organisation 17. November", die bevorzugt amerikanisches und britisches Botschafts- und NATO-Personal angreifen. Von 1975 bis 2002 gingen 22 Todesopfer auf ihr Konto. Ihre in Bekennerschreiben präsentierte Ideologie ist ein Gebilde aus kommunistischen und nationalistischen Bausteinen (Laqueur 2003: S. 293 f).

Kein Land Europas wurde nach dem Zweiten Weltkrieg stärker von Rechtsterroristen heimgesucht als Italien. Im Unterschied zu den Rechtsterroristen anderer Demokratien zeigten sich bei ihnen durchschnittlich eine relativ hohe formale Bildung und eine ideologische Fundierung ihrer Taten. Nur in Italien übertraf das Ausmaß rechtsterroristischer Gewalt jenes des linken Pendants. In Frankreich und Deutschland blieb die Zahl rechtsterroristischer Anschläge weit hinter den linksterroristischen zurück. In Großbritannien war nach dem Zweiten Weltkrieg weder der Links- noch der Rechtsterrorismus für die sehr hohe Zahl politisch motivierter Gewalttaten verantwortlich, sondern die Anschläge katholischer und protestantischer Terrorgruppen in Nordirland. In Frankreich gehen seit vielen Jahren die meisten Anschläge auf das Konto separatistischer Korsen. In keinem der vier untersuchten demokratischen Verfassungsstaaten bestand je die Gefahr, dass die Demokratie durch terroristische Taten gestürzt wird.

8. Islamischer Fundamentalismus – eine religiöse Variante des politischen Extremismus

Der Ausdruck „Fundamentalismus" trat erstmals im Zusammenhang mit einer von protestantischen Christen zwischen 1910 und 1915 in den USA herausgegebenen Schriftenreihe auf. Eine unverrückbare „Grundwahrheit" (englisch: fundamental) dieser Bewegung war die Überzeugung, dass die moderne Trennung von Kirche und Staat immer dann zugunsten einer religiösen Bestimmung des Politischen aufgehoben werden muss, wenn politische Regelungen mit fundamentalen religiösen Überzeugungen kollidieren. In dieser Tradition sollten solche Bewegungen als fundamentalistisch bezeichnet werden, die ihre – antidemokratischen – religiösen Überzeugungen zu Leitlinien des Staatshandelns machen wollen. Von orthodoxen Strömungen in den Weltreligionen unterscheiden sich fundamentalistische erstens durch ihre aggressiv kämpferische Ausrichtung und zweitens dadurch, dass sie zwar auf der Ebene der Werte einen „Aufstand gegen die Moderne" (Meyer 1989) ausfechten, aber keinerlei Berührungsängste mit modernen Technologien haben. Fundamentalistische Strömungen gibt es in allen Weltreligionen (Kienzler 1996; Marty/Appleby 1996). So treten die protestantischen Fundamentalisten in den USA immer wieder mit spektakulären Aktionen gegen Schwangerschaftsabbruch sowie Kampagnen gegen Homosexualität und schulische Sexualerziehung an die Öffentlichkeit. Zwei Kernsätze gilt es daher in Erinnerung zu behalten: 1. Keineswegs jeder der fast eine Milliarde Anhänger des Islam ist ein Fundamentalist. 2. Nicht jeder Fundamentalist ist ein Anhänger des Islam.

Allerdings erregt spätestens seit der Revolution im Iran 1979 unter der geistlich-politischen Führung des schiitischen Religionsführers Ayatollah Khomeini vor allem der islamische Fundamentalismus mit seiner kämpferisch antiwestlichen Einstellung Aufmerksamkeit. Das Herrschaftsziel aller Islamisten ist eine Theokratie, eine Diktatur, in der die Machthaber die Herrschaftsstrukturen und alle Gesetze religiös begründen. Die Wunschvorstellung ist eine religiöse Homogenität. Andersgläubige müssten mit Unterdrückung rechnen. Der überwältigenden Mehrheit aller Islamisten ist die Forderung nach der Einführung der shari'a (Weg) gemeinsam. Sie meinen damit eine die Regelung aller Lebensbereiche beanspruchende Rechts- und Werteordnung, die unmittelbar aus den Offenbarungstexten des Islam (Koran und Sunna) abgeleitet wird. In Staaten, in denen Islamisten beanspruchten, ihre Herrschaft auf der Grundlage der shari'a auszuüben, war diese wie in Afghanistan, Iran und Sudan teilweise nur der fromme Mantel, den die Herrschenden über ihre Willkürakte warfen (Tibi 1993: S. 160). Vorbilder für die islamistische Herrschaftsordnung sind die Epoche der mythologisierten „Gemeinde von Medina" sowie die „gerechte Kalifatsherrschaft" der ersten vier direkten Nachfolger des Propheten Mohammed vor rund 1400 Jahren. Wesentliche Bedeutung in der Vorstellungswelt der Islamisten hat auch die Rede von der Gottesherrschaft (hakimiyat Allah). Die Ideen der Islamisten zur Ausgestaltung eines solchen politischen Systems sind vage. Als Hauptorgan einer islamistischen Herrschaftsform gilt die shura. Diese ist ein Gremium, das die Kalifen beriet. Wer Islamisten als Extremisten bezeichnet, muss wissen, dass sich diese häufig wie Rechts- und Linksextremisten die Demokratie auf ihre Fahnen schreiben. Einige Islamisten wie Mustafa Abu-Zaid Faid bezeichnen das Kalifat gar wegen der Existenz einer shura als erste demokratische Herrschaftsform der Welt. Was dieses Beratungsorgans eines Alleinherrschers mit demokratischen Strukturen gemeinsam haben sollen, bleibt für Nichtislamisten allerdings schleierhaft.

Die Ideologie des Islamismus wurzelt im Koran. Wer kritisiert, dass der Koran undemokratische Aussagen enthält, gerät aber auf eine schiefe Ebene. Die Grundlagenwerke aller Weltreligionen enthalten höchst intolerante, dogmatische und auch recht kämpferische Passagen. Die Weltreligionen entstanden in einer Zeit, bevor die Demokratien die historische Bühne betraten. Es ist falsch, sie mit der extremismustheoretischen Elle zu messen. Zudem dominieren die intoleranten Elemente nicht in den Kerntexten der Weltreligionen. So sind ihnen die Aufforderung zu Tugenden wie Barmherzigkeit und Gerechtigkeit gemeinsam, sowie ein Verbot, Menschen zu töten. Nur die kleine Minderheit der militanten Islamisten zieht etwa aus einem Aufruf zur Tötung von Ungläubigen im 7. Jahrhundert den Schluss, dies sei eine religiöse Rechtfertigung, um heute „Ungläubige", vor allem Israelis und Amerikaner, zu ermorden.

Wie der gesamte Islam teilen sich auch die islamistischen Strömungen in solche sunnitischer (Afghanistan unter den „Taliban", Sudan) und solche schiitischer Prägung (Iran). Den islamischen Fundamentalismus prägen in starkem Maße Bruderschaften wie in Ägypten und Sudan sowie islamistische Parteien, Bewegungen und Gruppen wie in Algerien und Palästina. Die fundamentalistische Ausprägung des Islam, der Islamismus, erfüllt alle Kriterien des Extremismus. Die Islamisten teilen die Welt in Gut, islamisch, und Böse, nichtislamisch, ein. Islamisten streben mithin eine religiös homogene Gemeinschaft an. Viele islamistische Gruppen hängen der Verschwörungstheorie an, dass jüdische und christliche „Kreuzritter" auf die Vernichtung des Islam zielen. Gefährlich sind dabei vor allem jene Islamisten, die sich selbst als „religiöse Gotteskrieger" ansehen. Sie befinden sich aus ihrer eigenen Perspektive in einem so genannten „heiligem Kampf", einem jihad, mit den westlichen Demokratien. Weil für Muslime die Ausrufung einer mit Gewalt verbundenen Form des jihad nur im Verteidigungsfall erlaubt ist, stellen militante Islamisten die Weltsituation dabei stets so dar, dass von den USA und ihren Verbündeten die Gefahr einer Vernichtung des Islam ausgehe.

Erste islamistische Gruppierungen entstanden in den 20er Jahren des 20. Jahrhunderts. Die Pioniere des Islamismus sind Hasan Al-Banna, der 1928 die ägyptische Muslimbruderschaft gründete und Abu l'A'la Mawdudi, der ab 1948 an der Spitze der zunächst indischen, später pakistanischen Vereinigung „Jamaat-e Islami" stand. Beide hatten keine theologische Ausbildung. Ihre Organisationen strebten eine Gesellschaftsveränderung auf der Grundlage der shari'a an. Das Ziel sollte dabei durch Reformen, nicht durch eine Revolution erreicht werden. Gerade nach Aussagen muslimischer Sozialwissenschaftler stammen viele von Al-Bannas Ideen eher aus dem Reservoir des zeitgenössischen Faschismus als aus der islamischen Tradition. Die Glorifizierung des Heldentods vor allem durch die extreme Rechte in der Zeit zwischen dem Ersten und Zweiten Weltkrieg hat unter Islamisten überlebt. Mawdudi knüpfte im Unterschied zu Al-Banna stärker an die marxistische Terminologie an (Boroumand/Boroumand 2002: S. 7 f). Die muslimischen Autoritäten lehnten die aufkommenden islamistischen Bewegungen ab.

Die ägyptische Muslimbruderschaft radikalisierte sich zunehmend während der Verfolgung durch die ägyptische Militärdiktatur ab 1954, besonders aber nach der Hinrichtung des islamistischen Vordenkers Sayyid Qutb. Sein im Gefängnis entstandenes Buch „Wegzeichen, das zum bewaffneten Kampf gegen den ägyptischen Staat aufruft, ist eine der einflussreichsten islamistischen Schriften (Mitchel 1969; Steinberg 2002). In diesem Werk wurzelt die spezifisch fundamentalistische Umdeutung des Begriffs jihad als gewaltsamen Angriff gegen alle Nichtmuslime. Religionslose sollen dabei durch Todesandrohung zum Islam „bekehrt" werden. Bei Juden und Christen soll neben der Überzeugungskraft des Korans eine sehr viel höhere Besteuerung als Druckmittel genügen. Jenen, die zur angestrebten homogenen Gemeinschaft gehören sollten, verspricht Qutb eine klassenlose Gemeinschaft, die den als „westlich" gebrandmarkten Individualismus überwinden soll. Die utopische Theorie soll dabei durch die Diktatur einer islamistischen Partei verwirklicht werden. Mit einigem Recht lässt sich von einem „Leninismus im islamischen Gewand" (Boroumand/Boroumand 2002: S. 8) sprechen.

Ebenso wie die Wiege des Islamismus überhaupt steht auch die des islamistischen Terrorismus in Ägypten. 1954 versuchten militante Mitglieder der Muslimbruderschaft, den ägyptischen Diktator Gamel Abdel Nasser zu ermorden. Als Qutb 1965 auf direkte Initiative des ägyptischen Präsidenten Nasser als Hauptinitiator einer Verschwörung der Muslimbruderschaft hingerichtet wurde, räumte dieser damit einen gefährlichen Rebellen aus dem Weg. Aber langfristig blieb sein Gedankengut auch deshalb eine Bestandsgefahr für den ägyptischen Staat, weil Qutb in den Augen zahlreicher arabischer Muslime als Märtyrer gestorben war (Hunziker 1995: S. 254).

Zu weiteren Anschlägen kam es erst wieder Anfang der 70er Jahre durch eine unter dem Namen „at-Takfir wa'l-Higra" („Exkommunikation und Auszug") bekannte Terrorgruppe, die sich selbst aber „Jama'at al Muslimin" („Gemeinschaft der Muslime") nannte. Die von Mustafa Schukri geführte Gruppe war weithin isoliert. Nach ihrer Ansicht war die Gesellschaft nicht mehr reformierbar, sondern konnte nur noch zerstört werden. Zu den Opfern der Terrorgruppe zählte der ehemalige Minister für die religiösen Stiftungen, Muhammad adh-Dhahabi (Laqueur 2003: S. 51). In den 80er und 90er Jahren begannen „Jihad al-Islami" („Heiliger Kampf des Islam") und die „Jamaa al-Islamyiya" („Islamische Gemeinschaft") ihren „heiligen Krieg". Zu ihrem Vordenker erkoren die Gruppen den blinden Scheich Omar Ab dar-Rahman. Er verfasste ein Buch über den jihad, in dem die USA als Hauptfeind gebrandmarkt wurden, der für alle Übel in der muslimischen Welt verantwortlich gemacht wurde (McCarthy 1997). Zwischen 1979 und 1981 kam es in Ägypten, Saudi-Arabien und Syrien zu erfolglosen Umsturzversuchen von (sunnitischen) Islamisten (Steinberg 2002: S. 45 f).

Einer Gemeinschaftsaktion der Gruppen „Jamaa al-Islamiya" und „al-Jihad" unter der Führung Khalid Al-Islambulisal- fiel der ägyptische Präsident Anwaral-Sadat 1981 zum Opfer. Dem Mord folgte aufgrund einer Überschätzung der eigenen Anhängerschaft ein missglückter Revolutionsversuch. So stürmten die Islamisten eine Polizeistation in Assuat und ermordeten die Polizisten. Dabei gab es 87 Tote. Nach dem Mord an Sadat formulierte die Tätergruppe ausführlich ihre Motive. Der Text „al-Farida al-gha'iba" („Die vernachlässigte Glaubenspflicht") stammt von dem Ideologen der Terrorgruppen, Mohammed Abd al-Salam Faraij (Laqueur 2003: S. 54). Die Vertreter des ägyptischen Staats galten als tötenswert, weil sie vom Islam abgefallen seien und sich mit den „Kreuzfahrern" (verächtlicher Ausdruck für die westlichen Demokratien), Kommunisten und Zionisten verbündet hätten (Heine 2001: S. 125). Als Ende der 80er Jahre der Druck auf die ägyptischen Terrorgruppen immer stärker wurde, floh ihr Vordenker ar-Rahman ausgerechnet in die USA und bekam dort Asyl gewährt. Trotz der Schwächung durch die Verhaftung von rund 20.000 Mitgliedern und Sympathisanten gingen in den 90er Jahren noch mehr als 1.000 Todesopfer auf das Konto der ägyptischen Terrorgruppen (Laqueur 2003: S. 58). Weltweites Entsetzen löste vor allem der Mord an 58 westlichen Touristen im ägyptischen Luxor 1997 aus. Dieser wird der „Jamaa al-Islamiya" zugeschrieben, die ein Jahr später zu Bin Ladens und Zawahiris Netzwerk stieß. Nach dem Attentat von Luxor, das selbst unter Sympathisanten der Terrorgruppen weithin auf Unverständnis stieß, traten in Ägypten inhaftierte islamistische Terroristen verstärkt für einen Waffenstillstand ein. Al-Zawahiri, inzwischen zu Bin Laden nach Afghanistan abgewandert, wollte davon aber nichts wissen. Der Hauptgrund für die Abwendung vieler ägyptischer Islamisten von der Gewaltbefürwortung war, dass die Muslimbruderschaften – von der Regierung nunmehr geduldet – immer größeren Einfluss auf die ägyptische Gesellschaft gewannen. Fundamentalisten hatten inzwischen wesentlichen Einfluss auf die Justiz und die wichtigsten Berufsverbände (Tibi 2002: S. 35). Weitere Terrorakte konnten aber dazu führen, dass auch gegen die Muslimbruderschaften vorgegangen würde. Zahlreiche militante Islamisten Ägyptens hatten bereits während des Feldzugs der Sowjetunion in Afghanistan auf Seiten der Afghanen gekämpft. Nun förderte die ägyptische Regierung die Ausreise von Islamisten, vor allem nach Afghanistan, wo sie die Reihen des „Taliban"-Regimes und von „Al Qaida" stärkten. Auch in Amerika und Westeuropa siedelten sich nicht wenige an.

Steht am Beginn der Geschichte des Islamismus die fundamentalistische Variante des sunnitischen Flügels des Islam, so hatte 1979 der erste islamistische Staat eine schiitische Prägung. Khomeini war dabei stark beeinflusst von den Ideen Qutbs. Sein späterer Nachfolger, Ali Chamenei, übersetzte die Schriften Qutbs ins Persische. Khomeini, der sich erst spät in seinem Leben vom Traditionalisten zum Islamisten wandelte, verfügte durch Studium und Position über eine ungleich größere religiöse Autorität unter den Schiiten des Iran als der islamistische Pionier Qutb.

Die iranische Staatsform basierte nach 1979 auf Khomeinis Ideen einer Herrschaft der Rechtsgelehrten. Im Innern ermordeten die Mullahs und ihre Anhänger fast alle Oppositionsführer. Zeitungshäuser, die kritische Töne wagten, wurden in Brand gesetzt. Islamisten entstellten mit Rasierklingen oder Säure Frauen, die unverschleiert auf die Straße gingen (Taheri 1993: S. 126). Khomeinis Ideologie hatte dabei eine über den Umsturz im Iran hinaus zielende, stark aggressive Komponente. Die islam(ist)ische Revolution sollte nämlich in andere Länder, vor allem in den Libanon und in die schiitischen Gebiete des Irak exportiert werden. Zweige der Staatspartei der islamistischen Republik Iran „Hizb Allah" (Partei Gottes") existieren im Libanon, in den Golfstaaten, aber auch in Indien, Pakistan, Westeuropa und den USA.

Auch Afghanistan und die islamischen Gebiete der Sowjetunion standen auf der Liste der Kandidaten für den „Revolutionsexport" (Tibi 1999). Der Afghanistanfeldzug der Sowjetunion war mithin nicht eine Frucht der Expansionsgelüste einer kommunistischen Diktatur, sondern ein – problematischer – Präventivkrieg gegen die islamistische Herausforderung. Die westlichen Demokratien, allen voran die USA, reagierten nicht sehr viel besser auf die neue Herausforderung und leisteten dem später verfemten irakischen Diktator Saddam Hussein finanzielle Schützenhilfe bei seinem militärischen Überfall auf den Iran.

Den stärksten Einfluss entfaltete das islamistische Regime des Iran im Libanon. Die 1982 gegründete Zweigstelle der „Hizb Allah" trat an, um den Libanon politisch in die Richtung einer „Islamischen Republik" nach dem Vorbild des Iran zu bomben. Die Gruppierung ist für viele Bombenanschläge auf westliche Einrichtungen im Libanon und anderen Ländern des Nahen Ostens sowie für Flugzeugentführungen verantwortlich. So wurden etwa im Oktober 1982 bei einem vom Iran finanzierten Selbstmordattentat in der libanesischen Hauptstadt Beirut 241 Menschen, hauptsächlich US-Marines, getötet. Ziel war es, den Rückzug der US-Amerikaner aus dem Libanon zu erzwingen. Auch ein Anschlag auf die israelische Botschaft in der argentinischen Hauptstadt Buenos Aires am 17. Mai 1992 mit 20 Toten wird der „Hizb Allah" und der iranischen Regierung zugeschrieben. Aus seiner Unterstützung islamistischer Terrorgruppen machte der Iran nie einen Hehl. So sprach sich etwa der Präsident des iranischen Parlaments, Ali-Akbar Hashemi Rafsanjani, 1989 für Anschläge gegen US-Amerikaner, Engländer und Franzosen als Rache für getötete Palästinenser aus (Boroumand/Boroumand 2002: S. 13). Inzwischen hat sich die libanesische „Hizb Allah" etwas gemäßigt. Sie ist seit 1992 die Dachorganisation einer Partei, die im Parlament vertreten ist, einiger Wohlfahrtsorganisationen sowie der Terrorgruppe „Al Moqawama Al Islamiya" („Islamischer Widerstand").

Islamistische Bewegungen erstarken in Staaten mit islamischer Bevölkerungsmehrheit vor allem dann, wenn sich die Lebensbedingungen bedeutend verschlechtern. Das ist vor allem in den von Israel besetzten und von Palästinensern bewohnten Gebieten, in Afghanistan, in Algerien ab Ende der 80er Jahre, im Irak nach dem zweiten Golfkrieg, in Pakistan und Sudan der Fall. Unter den Palästinensern bekennen sich – nicht zuletzt wegen des brutalen Vorgehens der israelischen Regierung im Zeichen des Antiterrorkampfes – inzwischen fast ein Drittel der Bevölkerung zur terroristischen „Harak al-Muquawama al-Islamiya" (Hamas, „Islamische Widerstandsbewegung"). Massenanziehungskraft entfaltet die Hamas dabei auch durch die Vermengung religiöser und nationalistischer Motive. Gegründet wurde sie, zunächst noch unter anderem Namen, als eine Organisation, deren Themen nicht Terror, sondern Moscheenbau, Religionsunterricht und Sozialarbeit waren. Erst ab 1987 radikalisierte sich diese Bewegung zunehmend und sprach sich für einen „heiligen Kampf" gegen Juden und Christen aus. Ein wesentlicher Grund für diese Radikalisierung waren die äußerst schlechten sozialen Bedingungen im Gazastreifen, der Hochburg der Gruppe. Raum für Verhandlungen und damit eine friedliche Lösung des Palästinakonflikts sieht die Gruppe nicht. Die in den Art. 13 und 35 der Charta der Hamas von 1988 ausgegebenen Parolen lauten: „Keine Lösung der Palästinafrage außer durch den jihad" und „Der jihad für die Befreiung Palästinas ist die Pflicht jedes Muslim" (zit. nach Meier 1995: S. 130). Länder wie Ägypten, die keinen „heiligen Kampf" führen, sind aus Sicht der Hamas Verräter. Das Anwachsen der Anhängerschaft von Hamas ist nicht zuletzt darauf zurückzuführen, dass die PLO ab Mitte der 80er Jahre vom Maximalziel einer Gewinnung ganz Palästinas und damit einer Tilgung Israels von der Landkarte abrückte und begann, auf eine politische Lösung des Nahostkonflikts zu setzen.

Schnell entwickelte sich die Hamas zu einer ernsthaften Konkurrenz der PLO, zumal sie ungleich stärker als diese mit Geldern aus Saudi-Arabien und den Golfstaaten unterstützt wurde. Von 1989 an terrorisierte der militärische Arm der Hamas Israel. In der ersten Phase töteten die Terroristen ihre Opfer meist mit dem Messer. Ab 1993 änderte sich dies. Die Gruppe hatte sich inzwischen das Wissen zum Bombenbau angeeignet und rekrutierte nun Selbstmordattentäter. Nach dem ersten Selbstmordanschlag im Oktober 1993 wird Israel stetig von Bombenanschlägen erschüttert, die überwiegend von Hamas-Mitgliedern ausgehen. Die Anschlagswelle von 1995/96 führte zu einer Jagd des israelischen Staates auf Hamas-Terroristen, von denen viele getötet oder verhaftet wurden. 1997 gab es nur noch zwei Selbstmordanschläge, 1998 und 1999 keine. Im Jahr 2000 begann eine neue Offensive der Hamas, die inzwischen neues terroristisches Personal rekrutiert hatte (Laqueur 2003: S. 157-164).

Das ideologische Leitbild einer homogenen islami(sti)schen Religions-
gemeinschaft entfaltet unter armen Bevölkerungsschichten nicht zuletzt
durch die soziale Komponente Anziehungskraft. So haben islamistische
Gruppierungen anstelle des (nicht-islamistischen) Staates in zahlreichen
Ländern (u.a. Ägypten, Algerien, Pakistan) bedeutsame Teile der medizini-
schen und sozialen Grundversorgung der ärmeren Bevölkerungsschichten
und deren Bildung in Koranschulen übernommen. So ist etwa in Algerien der
schnelle Aufstieg der „Front Islamique du Salut" (FIS, „Islamischen Heilsfront") nicht zuletzt darauf zurückzuführen, dass die Islamisten die äußerst
schlechte wirtschaftliche Situation durch ihr Engagement zu lindern suchten.
So bekämpften sie die zeitweilig bei 63 Prozent liegende Jugendarbeitslosigkeit mit Beschäftigungsprogrammen, die dann Hand in Hand mit einer islamistischen Neuausrichtung der Jugendlichen einherging (Brost 1994: S. 24).
   Der wichtigste Finanzier des Islamismus war seit den 70er Jahren des
20. Jahrhunderts das sehr finanzkräftige Saudi-Arabien, paradoxerweise einer der Hauptverbündeten der USA in der Region. Zu den begünstigten Organisationen zähl(t)en die afghanische „Taliban", die algerische „Islamische
Heilsfront" und die palästinensische Hamas. In Pakistan hätten die von der
islamistischen Gruppierung „Jamaat-i-Islami" angezettelten Unruhen in dieser Form ohne die finanzielle Unterstützung durch Saudi-Arabien nicht stattgefunden. Der Grund für die Förderung des Islamismus war, dass Saudi-
Arabien eine Führungsrolle im islamischen Raum anstrebte. Ein weiterer
Grund dürfte darin liegen, dass der saudische König sich selbst mit dem Titel
„Hüter der Moscheen von Mekka und Medina" islamisch legitimiert (Tibi
1999: S. 89). Erst in jüngster Zeit bemerkt das Regime zunehmend, dass es
sich mit seinem höchst zwiespältigen Verhalten, Förderung des Islamismus
und Bündnis mit den USA, das eigene Grab zu schaufeln droht.
   Zu einer Radikalisierung eines Teils der bis dahin nicht gewalttätigen
Islamisten hat der Putsch in Algerien 1991/92 zur Verhinderung des sich
anbahnenden Wahlsiegs der FIS geführt. Breiteren Strömungen des Islamismus als zuvor schien nun die Erreichung der politischen Macht durch Wahlteilnahme unmöglich und Gewalt als einziger Weg zur Umsetzung der eigenen politischen Vorstellungen. Der Terror militanter Islamisten der „Groupe
Islamique Armée" und der „Groupe salafite pour la predication et le combat"
wurde in Algerien dabei immer willkürlicher und brutaler. Auf häufig besti-
alische Weise töteten die Islamisten zahlreiche Opfer schlicht wegen ihrer
Zugehörigkeit zur Gruppe der Intellektuellen. Die Tausende zählende Opfer-
liste reicht vom Direktor des staatlichen Fernsehens, Mustafa Abada, bis zu
Ärzten und Lehrern in ganz Algerien. Der Grund für die Morde war, dass die

militanten Islamisten bedeutende Teile der frankophonen, als verwestlicht angesehenen Elite Algeriens vernichten wollten. Vor allem angesichts der massenhaften Vergewaltigungen von Frauen, die in diesem Ausmaß in anderen arabischen Ländern noch nicht stattfand, stellt sich die Frage, wie das Handeln mit dem islamischen Moralkodex vereinbar ist. Generell ist zu sagen, dass die Mujahedin glauben, dass Gott wegen ihres Einsatzes für das islamistische Ziel über kleinere Verfehlungen wie Alkoholkonsum hinwegschaut. Gerade die „Gotteskämpfer" leben also keineswegs besonders asketisch. Der „Trick" in Algerien war, dass die Frauen als abtrünnige Ungläubige behandelt wurden, die nach Ansicht der Islamisten den Tod verdient hatten und keinerlei Achtung verdienten. Die Vorgaben der shari'a erfüllten die Vergewaltiger formal, in dem sie für die Zeit der Vergewaltigungen mit ihren Opfern eine Ehe eingingen (Laqueur 2003: S. 67). Wie in Ägypten schürte auch in Algerien ein Staat, der die Islamisten erbarmungslos verfolgte, eine immer weitergehende Radikalisierung. Wer sich darüber wundert, dass nicht wenige militante Islamisten in westlichen Demokratien politisches Asyl erhielten, der muss sich vergegenwärtigen, mit welcher Rücksichtslosigkeit einige Staaten gegen Islamisten vorgingen. So legte die syrische Armee im Februar 1982 die Stadt Hama, Hochburg der syrischen Muslimbruderschaft, in Schutt und Asche. Die Zahl der Todesopfer lag zwischen 5.000 und 25.000 (Ebd.: S. 70). Das Beispiel Ägypten zeigt, dass eine solche Gewaltspirale durchbrochen werden kann, allerdings um den Preis erheblichen politischen Einflusses der Islamisten.

Sah es lange so aus, als ginge die größte Gefahr vom staatlich organisierten Fundamentalismus des Iran aus, so wird in den letzten zehn Jahren die von Fundamentalisten ausgeübte Gewalt vor allem mit fanatischen Selbstmordattentätern in Verbindung gebracht. Die Gefährlichkeit dieser Variante des politischen Extremismus offenbarte der 11. September 2001. Selbstmordattentäter, die zu Osama Bin Ladens Terrornetzwerk „Al Qaida" („Die Basis") gehörten, entführten vier Passagiermaschinen. Zwei Flugzeuge flogen in die beiden Türme des New Yorker World Trade Centers, dem Symbol der wirtschaftlichen Macht der USA. Ein weiteres stürzte in das Pentagon in Washington, das Symbol der militärischen Macht der USA. Ein viertes Flugzeug stürzte ab, bevor es seine Mission erfüllen konnte. Anscheinend war das Ziel das Kapitol, neben dem Weißen Haus das Symbol der politischen Macht der USA. Schon immer war es das Streben terroristischer Gruppen, Ziele mit Symbolwert anzugreifen (Reinares 2002: S. 390). Keiner anderen Terrorgruppe gelang es aber, die Welt mit einem Schlag derart zu erschüttern wie „Al Qaida". Rund 3.000 Tote forderte dieser mit Abstand größte Terroranschlag aller Zeiten. Von den 19 Terroristen stammten die meisten wie Bin Laden aus Saudi-Arabien. „Kommandanten" der vier Flugzeugentführergruppen waren der Ägypter Muhammed Atta, der Libanese Ziad Jarrah, Hani Hanjour aus Saudi-Arabien und Marwan Al-Shehhi aus den Vereinigten Arabischen Emiraten.

Eine kurz nach den Terroranschlägen von „Al Qaida" vertriebene Broschüre enthält zwar kein unumwundenes Tatbekenntnis, aber eine umfangreiche Rechtfertigung. Der Tenor lautet: Wenn die Aktionen des „gesegneten Dienstag" (11. September 2001) das Werk von Muslimen seien, dann seien „sie gerecht, denn es waren Aktionen gegen einen feindlichen Staat, dessen Bewohner allesamt Feinde sind". Sie seien eine „Strafe Allahs" für all das Unrecht, das Amerika den Völkern auf der ganzen Welt und ganz besonders den Muslimen angetan habe (zit. nach Fielding/Fouda 2003: S. 242, 244).

Osama Bin Laden, Sohn eines äußerst erfolgreichen saudi-arabischen Bauunternehmers, gründete „Al Qaida" 1989. Ihr Hauptziel ist die Errichtung islamistischer Regime im arabischen Raum. Bin Laden und mit ihm „Al Qaida" sind inspiriert von den Schriften Sayid Qutbs. Die westlichen Demokratien, vor allem aber die USA, gelten als bekämpfenswerte Feinde des Islam. Ein Motiv für den Terror gegen die USA ist, dass diese als Hauptstütze der autoritären Regime von Ägypten bis Saudi-Arabien angesehen werden. Die Anschläge dienen der Logik der Gruppe zufolge primär dazu, dass sich die US-Amerikaner aus dem arabischen Raum zurückziehen und damit ein Sturz der Regime durch Islamisten wesentlich leichter wird.

Die Wurzeln der Terrorgruppe liegen im Widerstand der Mujahedin in Afghanistan gegen den Einmarsch der Sowjetunion. Islamisten überwiegend arabischer Herkunft solidarisierten sich mit den afghanischen Kämpfern, leisteten ihnen finanzielle und logistische Hilfe oder kämpften an ihrer Seite. Einer der Hauptakteure als Organisator war Bin Laden. Es dürfte dagegen ein Mythos sein, dass er sich an vorderster Front als Kommandeur von Truppen hervorgetan hat. Schätzungsweise 10.000 Mann rekrutierte die von ihm zusammen mit dem Führer der palästinensischen Muslimbruderschaft, Abdallah Azzam (1989 ermordet), betriebene Agentur „Maktab al-Khidamat" („Servicebüro") für den Kampf in Afghanistan. Fast die Hälfte der Kämpfer stammte aus Bin Ladens Heimat Saudi-Arabien. In die Tausende ging auch die Zahl der Mujahedin aus Ägypten und Algerien.

Wegen der Stoßrichtung des Kampfes der Mujahedin gegen die Sowjetunion beteiligte sich damals auch die USA an der Unterstützung der „Gotteskrieger". 500 Millionen Dollar sollen über den CIA pro Jahr an afghanische Guerillas geflossen sein. Es ist eine Paradoxie der Weltgeschichte, dass ausgerechnet das bedenkliche Zusammenspiel der demokratischen Weltmacht USA mit Islamisten wesentlich zum Ausbluten der kommunistischen Sowjetunion beitrug.

Ende der 80er Jahre trennten sich die Wege von Bin Laden und des wenig später – vermutlich von konkurrierenden afghanischen Kriegsherren – ermordeten Azzam. Die neue Organisation „Al Qaida" hatte von 1989 bis 1991 ihre Hauptstützpunkte in Afghanistan und Peshawar, Pakistan. Nach dem Ende des Afghanistankriegs kehrte Bin Laden zunächst nach Saudi-Arabien zurück, wo ihn viele wie einen Helden empfingen. Seine Abneigung gegen die herrschende Monarchie wuchs trotz deren fundamentalistischer Züge und der Anwendung der shari'a in jenen Jahren. Ein wesentliches Motiv war die proamerikanische Haltung des Regimes. Weil er einer in Saudi-Arabien äußerst einflussreichen Familie angehört und im Volk von vielen als Idol gefeiert wird, glaubte Bin Laden anscheinend, er sei immun gegen eine Verhaftung und tatsächlich ließ sich das Königshaus seine Angriffe eine Weile gefallen (Jaquard 2001: S. 42 f). 1994 hatte die Geduld ein Ende und Bin Laden wurde des Landes verwiesen.

1994 verbrüderte sich Bin Ladens „Al Qaida" mit der von Hasan Al-Turabi geführten sudanesischen „Nationalen Islamischen Front". Unter dem Einfluss der Ideen Turabis errichtete der General Omar Hassan Ahmad Al-Bashir nach einem Putsch 1989 im Sudan nach dem Iran das zweite islamistische Regime und das erste der sunnitischen Variante des Islamismus. Die shari'a wurde eingeführt und das Parlament ersetzt durch ein „Revolutionary Command Council" (Affendi 1991).

Als Bin Laden und mit ihm die Zentrale des internationalen Terrornetzwerks 1994 in den Sudan pilgerten, gingen „Al Qaida" und der Sudan eine Symbiose ein. Dabei spielte die islamistische Färbung des Regimes eine bedeutende Rolle, aber auch der Wunsch des Sudan, durch den finanzkräftigen Unterstützer einen Schritt aus der Verarmung machen zu können, die im Zuge des Bürgerkriegs dramatische Formen angenommen hatte. Tatsächlich investierte Bin Laden, dessen Vermögen auf rund 300 Millionen Dollar geschätzt wurde, große Summen in den Ausbau der sudanischen Infrastruktur und betrieb u.a. eine Bank, eine Baufirma und einige Fabriken. Aufgrund des permanenten internationalen Drucks auf den Sudan mussten Bin Laden und seine Gefolgsleute 1996 das Land verlassen.

In Afghanistan hatte just im September 1996 eine islamistische Miliz sunnitischer Prägung, die „Taliban" („Koranschüler"), Kabul erobert und wenige Monate später ein „Islamisches Emirat Afghanistan" ausgerufen. Unter die Kontrolle des islamistischen Regimes gerieten dabei zwischen 80 und 90 Prozent des durch den langen Krieg verwüsteten afghanischen Staatsgebiets. Die Kämpfer der „Taliban" stammten in erster Linie aus den Reihen der Paschtunen (größte Volksgruppe Afghanistans), deren Familien während des Krieges nach Pakistan geflüchtet waren und die in den dortigen Koranschulen einen islamistischen Stempel aufgedrückt bekommen hatten. Obwohl die „Taliban" wegen ihrer sunnitischen Ausrichtung gegen das iranische Regime eingestellt waren, ähnelte ihre Herrschaft jener der Mullahs im Iran stark. Sie führten eine äußerst strikte Anwendung der shari'a mit zahleichen brutalen körperlichen Strafen ein. Zu den fundamentalistischen Regelungen gehörte weiterhin die Einführung des Zwangs zum Tragen eines Ganzkörperschleiers für Frauen (burka) und ein absolutes Berufsverbot für Frauen. Ist der weibliche Teil der Bevölkerung in vielen islamisch geprägten Staaten wie Saudi-Arabien stark benachteiligt, so zeigte die Herabwürdigung bislang nie so extreme Züge wie in Afghanistan unter den „Taliban".

Diese Herrschaftsordnung war ganz nach dem Geschmack Bin Ladens Er kehrte nach Afghanistan zurück und war durch finanzielle, materielle (Waffen) und personelle Hilfe eine wesentliche Stütze für den Machterhalt des „Taliban"-Regimes im Kampf gegen die Truppen der „Nordallianz". Im Gegenzug erlaubte das islamistische Regime die Einreise von „Gotteskriegern" aus aller Welt und deren Schulung in eigenen Lagern. Von dort aus zogen die Kämpfer u.a. in die Kriegsgebiete Bosniens, Kaschmirs und Tschetscheniens. Ein wesentlicher Teil des Geldes von „Al Qaida" und dem Regime der „Taliban" stammte von 1996 an aus dem afghanischen Drogenhandel. Die Einbindung anderer Terrorgruppen erfolgte bei „Al Qaida" über das Shura (Beratung) genannte Führungsorgan, in dem Bin Laden Erster unter Gleichen war. Zu den Angehörigen dieses Organs zählt etwa Bin Ladens Stellvertreter, Ayman Zawahiri, seit Anfang der 90er Jahre Führer der ägyptischen Terrorgruppe „Jihad al-Islami". Die Führungsebene und die Gefolgsleuten in Afrika, Asien, Europa und Nordamerika halten Kontakt mittels Faxen, Anrufen über Satellitentelefon und e-mails. Die 3000-5000 Mitglieder verteilen sich auf Terrorzellen in rund 50 Ländern.

Weil „Al Qaida" keine konkreten Anschläge ankündigt und auch nach den Taten keine klaren Bekenntnisse ablegt, ist die Zuordnung mancher Taten unklar. So lässt sich nicht mit Sicherheit sagen, ob die somalischen Kämpfer, die 1993 in Mogadischu 18 US-Soldaten töteten, von „Al Qaida" geschult waren. 1993 scheint die Organisation auch an dem ersten Anschlag auf das New Yorker World Trade Center beteiligt gewesen zu sein. Als damaliger Drahtzieher im Hintergrund gilt jedoch nicht Bin Laden, sondern der blinde Scheich Omar Ab dar-Rahman, ein Führer von „Jamaa al-Islamyiya".

Die Terroristen, die 1995 (Riad) und 1996 (Dahran) US-Militäreinrichtungen in Saudi-Arabien angegriffen haben, sollen ebenfalls in Verbindung mit „Al Qaida" gestanden haben. Auch in den missglückten Anschlag auf den ägyptischen Präsidenten Hosni Mubarak im Juni 1995 in der äthiopischen Hauptstadt Addis Abeba soll „Al Qaida" verwickelt sein. Bis Mitte der 90er Jahre ließ sich aber schon wegen des Fehlens von Bekennerschreiben keine Tat eindeutig Bin Ladens Netzwerk zuordnen.

Im August 1996 veröffentlichte Bin Laden erstmals eine Art Kriegserklärung an die USA. Der Terror „Al Qaidas" verschärfte sich, nachdem Bin Laden, Zawahiri, Abu Yasir Rifa'i Ahmad Taha von der ägyptischen Terrorgruppe „Jamaa al-Islamiya", Mir Hamza, Chef der pakistanischen „Jam'iyat ul-Ulama" sowie Fazlan Rahman, der Führer des „Jihad" in Pakistan im Februar 1998 gemeinsam einen Aufruf unter dem Etikett „Islamische Weltfront für den Kampf gegen Juden und Kreuzzügler" veröffentlicht hatten. Bin Laden, seine Verbündeten und Anhänger wollten die Schrift als Fatwa (islamisches Rechtsgutachten) verstanden wissen. Aus Sicht der großen Mehrheit der Muslime in aller Welt handelt es sich dagegen natürlich keineswegs um eine Fatwa, weil keiner der Unterzeichner über die dafür notwendige religiöse Autorität und die theologische Qualifikation verfügt. Inhaltlich steht das Papier ohnehin Grundprinzipien des Islam fundamental entgegen. So erklären es die Terroristen in ihrer Kampfschrift zur Pflicht aller Muslime, Amerikaner und ihre Verbündeten überall auf der Welt zu töten, wann immer sich eine Gelegenheit biete. Erst wenn die Amerikaner sich aus allen islamischen Ländern zurückzögen, erlösche diese Pflicht. Internationales Entsetzen erregten wenige Monate später die Anschläge in Ostafrika auf die US-Botschaften in Nairobi (Kenia) und Daressalam (Tansania), bei denen 220 Menschen starben und rund 5.000 verletzt wurden. Bei diesen Anschlägen konnten durch die Verhaftung Mohammed Sadiq Odehs am 15. August erstmals stichhaltige Beweise für die Täterschaft „Al Qaidas" vorgelegt werden. Nur fünf Tage nach der Festnahme Odehs bombardierte die USA sechs Trainingscamps von „Al Qaida" im Sudan und eine Fabrik von der – irrtümlich – angenommen wurde, sie stelle Komponenten für chemische Waffen her.

Im Jahr 2000 griffen Mitglieder der Terrorgruppe das US-Kriegsschiff „Cole" im Hafen von Aden im Jemen an. Bei der Entwicklung hin zu einer Internationalisierung des Terrors durch „Al Qaida" wird häufig die Rolle Bin Ladens über-, jene Zawahiris unterschätzt. Muhammed Atta, der anscheinend der führende Kopf der Attentäter vom 11. September war, stammte aus den Reihen des „jihad".

Der Sturz des von Mullah Omar geführten „Taliban"-Regimes in Afghanistan, die weitestgehende Zerstörung ihrer afghanischen Lager im Oktober 2001 und der Tod und die Verhaftung zahlreicher Terroristen schwächte „Al Qaida". Zuletzt verhaftete die Polizei im Jahr 2003 in Pakistan den Koordinator der Anschläge vom 11. September 2001, Khalid Scheich Mohammed. Von den 29 Angehörigen der Führungsebene sind inzwischen 14 tot oder im Gefängnis. Der Kopf der Gruppe, Ossama Bin Laden, ist allerdings noch immer nicht gefunden und das Netzwerk weiterhin funktionsfähig. Eine bedeutende Basis ist durch die sehr guten Kontakte zur „Hizb Allah" der Süden des Libanons, in dem sich rund 200 Anhänger Bin Landes versteckt halten sollen (Welt vom 1. März 2003). Weltweit verstehen sich nach den Anschlägen auf das World Trade Center und das Pentagon 2001 immer mehr militante islamistische Gruppen als Teil des Netzwerks „Al Qaida". Für diese Gruppen hat die lose Zugehörigkeit zu „Al Qaida" den Vorteil, dass ihre Taten durch die Verbindung mit diesem Namen in der Weltöffentlichkeit weit stärker als zuvor wahrgenommen werden.

Ein Anschlag vom Kaliber des 11. Septembers ist von „Al Qaida" auf absehbare Zeit nicht mehr zu befürchten, dafür hat die Häufigkeit der Anschläge zugenommen. So tötete ein Aktivist der Gruppe am 11. April 2002 in der Ghriba-Synagoge auf der tunesischen Insel Djerba Touristen. Am 6. Oktober griffen die Terroristen einen französischen Tanker an. Am 12. Oktober folgte auf der indonesischen Ferieninsel Bali ein opferreicher Anschlag auf eine Diskothek und nahezu zeitgleich ein Anschlag auf das amerikanische Honorarkonsulat. Am 28. November attackierten in Kenia Angehörige von „Al Qaida" ein israelisches Hotel und beschossen nahezu zeitgleich ein israelisches Flugzeug mit Raketen. Bei einer Serie von Selbstmordanschlägen auf drei Wohnblocks in der saudi-arabischen Hauptstadt Riad wurden am 12. Mai 2003 35 Menschen getötet und zahlreiche weitere verletzt. Vier Tage später sprengten sich bei fünf zeitlich koordinierten Anschlägen auf jüdische und ausländische Einrichtungen im marrokanischen Cassablanca zwölf Attentäter in die Luft. 32 Menschen starben mit ihnen. Am 7. Juni tötete ein Selbstmordanschlag in Afghanistan vier deutsche Soldaten. Während des Prozesses gegen die Attentäter von Bali detonierte am 5. August eine gewaltige Autobombe vor einem Hotel in der indonesischen Hauptstadt Jakarta (12 Tote). Bei erneuten Anschlägen auf eine Wohnanlage in Riad kamen am 9. November achtzehn Menschen ums Leben. In den folgenden Wochen rückte die Bedrohung näher an Europa heran. Am 15. November explodieren vor den Istanbuler Synagogen „Beit Israel" und „Newe Schalom" Autobomben (25 Tote, rund 300 Verletzte). Nur fünf Tage später richteten sich zwei Anschläge in Istanbul gegen das britische Konsulat und eine britische Bank (32 Tote, rund 450 Verletzte). Am 11. März 2004 kam der Terror Al Qaidas im Herzen Europas an. In vier Pendlerzügen explodierten in Madrid fast zeitgleich zehn Bomben. Sie rissen über 200 Menschen in den Tod und verletzten mehr als 1200. Wenn es bei all diesen Attentaten Verbindungen zu „Al Qaida" gibt, so bedeutet dies nicht, dass sie ohne die Existenz des Terrornetzwerks nicht stattgefunden hätten. Die Planungen für die Anschläge nach dem 11. September 2001 gehen nicht auf eine zentrale Führungsebene von „Al Qaida" zurück, sondern auf nationale islamistische Gruppen. Das Netzwerk griff den Attentätern mit Geld und logistischer Beratung zur Umsetzung ihrer Pläne unter die Arme.

Auch wenn die Zentren des Islamismus im Nahen und Mittleren Osten liegen, ist er in allen Teilen der Welt mit bedeutenden islamischen Bevölkerungsteilen verbreitet. Seit Jahren finden sich in Deutschland die meisten der ausländischen Extremisten nicht in rechts- oder linksextremistischen, sondern in fundamentalistischen Gruppierungen.

Tabelle 24:   Mitglieder islamistischer Gruppierungen in Deutschland 1990 - 2003

Jahr	Mitglieder	Jahr	Mitglieder	Jahr	Mitglieder
1990	18.720	1995	31.800	2000	31.450
1991	19.150	1996	30.900	2001	31.950
1992	19.900	1997	30.800	2002	30.600
1993	21.200	1998	31.290	2003	30.950
1994	26.380	1999	31.350		

Quelle: Verfassungsschutzberichte des Bundes

Unter den muslimischen Zuwanderern der 60er und 70er Jahre nach Deutschland gab es nahezu keine Islamisten. In den 80er Jahren schossen in den Ländern Westeuropas Moscheen und islamische Kulturzentren aus dem Boden. In diesen neuen Zentren predigten, häufig bezahlt von saudi-arabischen Spendern, Islamisten, dass die Demokratie ein mit dem Islam unvereinbares Übel sei. Nicht selten drangen seither aus dem Umfeld bestimmter Moscheen hasserfüllte Aufrufe zur Gewalt.

Inzwischen sind von rund 3,2 Millionen Muslimen in Deutschland rund 31.000 aktiv in islamistischen Organisationen. Das ist weniger als 1 Prozent.

Unter diesen vertreten rund 28.000 einen „legalistischen" Kurs, d.h. aus diesem Personenkreis sind keine Gewalttaten zu erwarten. Rund 3.000 Islamisten sind dagegen militant (Pfahl-Traughber 2001: S. 45). Dabei ist zu berücksichtigen, dass nicht alle Befürworter der militanten Durchsetzung islamistischer Ziele auch früher oder später Gewalttaten begehen.

Die mit großem Abstand mitgliederstärkste Organisation in Deutschland ist die 1985 unter dem Namen „Avrupa Milli Görüş Teşkilatlari" (AMGT, „Vereinigung der religiösen Sicht in Europa" gegründete türkische „Islamische Gemeinschaft Mili Görüş e.V." (IGMG) mit rund 26.500 Mitgliedern in Deutschland (Stand 2002). Die Vereinigung „Milli Görüş" ist nicht nur in Deutschland, sondern auch in zahlreichen europäischen Ländern wie in Australien und den USA verbreitet.

Die ideologische Führungsfigur ist Necmetin Erbakan, der an der Spitze der in der Türkei im Juni 2001 verbotenen islamistischen Partei „Fazilet" („Tugend") stand und seither mit einem politischen Betätigungsverbot belegt ist. Direkte Nachfolgeorganisation von „Fazilet" ist die islamistische Partei „Saadet" („Glückseligkeit"). Auch wenn Erbakan formal nicht an der Spitze steht, bestimmt er den Parteikurs. Von April 2001 bis Oktober 2002 war sein Neffe Mehmet Sabri Erbakan Vorsitzender der IGMG. Die Verflechtung der Vereinigung und der islamistischen Parteien Erbakans in der Türkei ist äußerst eng. So kandidierten etwa 1995 33 Mitglieder von „Milli Görüş" auf der Liste der später verbotenen „Wohlfahrtspartei" Erbakans in der Türkei. Drei von ihnen zogen ins türkische Parlament ein, darunter Osman Yumakoğullar, der bis 1995 Vorsitzender von „Milli Görüş" war (Seufert 1999: S. 296).

Der Name der Vereinigung „Milli Görüş" geht auf ein programmatisches Buch Erbakans aus dem Jahre 1973 zurück. Die Benennung ist nicht ganz einfach ins Deutsche zu übersetzen. Im heutigen Türkisch bedeutet „milli" national, aber Erbakan meint wohl mit „milli" die frühere türkische Wortbedeutung konfessionell, religiös. Ein weiterer Schlüsselbegriff der Ideologie Erbakans ist „adil düzen" („gerechte Ordnung"). In der „gerechten" religiösen Ordnung im Sinne Erbakans und seiner Anhänger soll die shari'a herrschen. Wie dieses Ziel erreicht werden soll, darüber schweigt Erbakan. Der Gesellschaftsentwurf Erbakans widerspricht fundamental Prinzipien wie Parteienpluralismus und Religionsfreiheit. Die Gruppierung hat eine islamististische Ideologie, aber sie distanziert sich scharf und glaubwürdig von terroristischen Gruppen des Islamismus. Erbakan propagiert die Vorstellung einer Verschwörung von Freimaurern, Juden, Kommunisten und Liberalen gegen den Islam (Erbakan 1991). Bis Mitte der 90er Jahre verbreitete die Vereinigung diese Verschwörungstheorie Erbakans in der Zeitung „Milli Gazete" (vgl. u.a. Ausgaben vom 31. Januar 1994 und 13. August 1996). Seither hat sich die Vereinigung vor allem als Reaktion auf die Aufnahme in den deutschen Verfassungsschutzbericht verbal gemäßigt. Zentrale Aussagen in Veranstaltungen der IGMG aus dem Mund der türkischen Schriftstellerin Emine Senlikoğlu sind: „Der Islam ist eine Politik", „Die westlichen Werte und der Koran sind unvereinbar", „Wünsche dir im Namen des Islam zu sterben", „In einem Land, in dem der Islam nicht herrscht, kann es keine Ruhe (Frieden) geben" (zit. nach BMI 2002: S. 220). Künftig sind ein starker Bedeutungsverlust und Mitgliederrückgang zu erwarten. Der ehemalige Reformflügel der Erbakan-Partei „Fazilet" löste sich nach dem Verbot von Erbakan und gründete eine eigene Partei: „Adalet ve Kalkinma Partisi" („Gerechtigkeits- und Entwicklungspartei").

Im Dezember 2001 wurde die bis dahin zweitstärkste islamistische Gruppierung in Deutschland, der „Kalifatstaat" „Hilafet Devleti") mit rund 1.100 Mitgliedern verboten. Das Zahlenverhältnis zeigt dabei die wesentlich geringere Bedeutung im Vergleich zur IGMG. Nach dem Verbot ist die Anhängerschaft bis auf rund 350 Anhänger geschrumpft (Verfassungsschutzbericht Nordrhein-Westfalen 2003: S. 204). Cemaleddin Kaplan gründete die Gruppierung 1984 als „Verband der islamischen Vereine und Gemeinden e.V. Köln". Kaplan, bis dahin ein bedeutender Funktionär der IGMG, gründete eine eigene Organisation, weil er im Unterschied zu den meisten anderen IGMG-Funktionären für eine islamistische Revolution nach dem Vorbild des Iran in der Türkei eintrat. Die Ideologie Kaplans und seiner Anhänger hat totalitäre Züge. Die in Kaplans Verfassungsentwurf von 1983 propagierte Staatsordnung ist ein Kalifat, dessen Rechtsordnung auf der shari'a fußt. Alle Nichtmuslime sollen in dem angestrebten Staat nur eingeschränkte politische und bürgerliche Rechte besitzen. Als Nahziel propagiert die Gruppe den Sturz der weltlich ausgerichteten (Semi-)Demokratie in der Türkei. Das Fernziel ist eine Weltherrschaft des Islam. Die demokratische Herrschaftsform gilt der Gruppe als unvereinbar mit dem Islam. Unfreiwillig komisch wirkt der Anspruch der Bewegung, bis zu einer „Befreiung" Istanbuls Köln als Sitz eines exterritorialen „Kalifatstaats" anzusehen.

Zunächst konnte Kaplan mit seinen Vorstellungen einen bedeutenden Teil der Mitglieder der IGMG in die neue Organisation mitnehmen. So hatte Kaplans Organisation 1985 noch rund 10.000 Mitglieder in Deutschland (Pfahl-Traughber 2001: S. 48). Gelang es der Vereinigung anfangs, größere Demonstrationen zu organisieren, isolierte sie sich vor allem aufgrund ständiger innerer Streitigkeiten im Laufe der Zeit immer mehr. Der Niedergang der Organisation ging einher mit einer zunehmenden Neigung zu Allmachtsphantasien. 1994 krönte sich Kaplan selbst zum Kalifen, dem weltlichen Oberhaupt der Muslime. Nach dem Tod Cemaleddins Kaplans führte dessen Sohn Metin Kaplan die Organisation und übernahm auch den überheblichen Titel des „Kalifen". Als die Anhänger von Halil Ibrahim Sofu diesen 1996 zum „Gegenkalifen" ausriefen, kam es zur Spaltung der Vereinigung. Das Gewaltpotenzial der Kaplan-Gruppe zeigte sich in der Ermordung Sofus im Jahr 1997. Metin Kaplan wanderte daraufhin wegen der mehrfachen öffentlichen Aufforderung zur Ermordung Sofus hinter Gitter. Unter der Führung von Metin Kaplans Nachfolger Harun Aydin änderte sich nichts am islamistischen Kurs der Organisation. Im Dezember 2001 verbot Bundesinnenminister Schily schließlich den „Kalifatstaat", nachdem das Religionsprivileg aus dem Vereinsgesetz gestrichen worden war. Wenige Monate nachdem Kaplan im März 2003 seine Haftstrafe verbüßt hatte, erkannte ihm im August das Kölner Verwaltungsgericht das Asylrecht ab. In letzter Instanz bestätigte im Dezember 2003 das Oberverwaltungsgericht Nordrhein-Westfalen den Beschluss. Wegen der Möglichkeit, dass ihm in der Türkei die Todesstrafe droht, konnte er aber nicht in sein Heimatland abgeschoben werden. Die Türkei beharrte auf der Auslieferung, weil Kaplan u.a. für die Planung eines Terroranschlags zum 75. Jahrestag der Gründung der Türkei verantwortlich gemacht wird. Nachdem die deutsche Polizei bereits im Juli 2003 die bekannten Treffpunkte der Anhänger des verbotenen „Kalifatstaats" durchsucht hatte, nahm sie am 12. Dezember 2003 in einer der umfangreichsten Aktionen der bundesdeutschen Polizeigeschichte 1.150 Wohnungen von Anhängern der Gruppierung unter die Lupe. Die nach dem Verbot illegalen Strukturen dieser Organisation dürften damit großen Schaden erlitten haben.

Neben den türkischen islamistischen Organisationen hat mit rund 700 Mitgliedern die libanesische „Hizb Allah" noch eine nennenswerte Größe. Die in Deutschland innerlich zerstrittene Vereinigung organisiert Treffen, Diskussionen und die Teilnahme an Demonstrationen. Obgleich es sich im Kern um die Filiale einer terroristischen Vereinigung handelt, ist sie hier bislang nicht durch Gewaltbereitschaft aufgefallen. Eine Mitwirkung der Organisation bei Planung und Ausführung eines Attentats von Anhängern der Vereinigung auf vier iranisch-kurdische Oppositionelle in Berlin lässt sich nur vermuten. Das Urteil des Berliner Kammergerichts sprach im April 1997 der iranischen Staatsführung, nicht aber dem deutschen Ableger, die Verantwortung für das Attentat zu (BfV 1999: S. 31). Der deutsche Spendensammler der Hamas war bis zu ihrem Verbot durch Bundesinnenminister Schily am 5. August 2002 die 1991 ins Leben gerufene „Al Aqsa e.V.". Bis zu diesem Tag konnten Spenden an diese Organisation, die mit sehr hoher Wahrscheinlichkeit auch in terroristische Aktivitäten flossen, aufgrund der Anerkennung der Gemeinnützigkeit des Vereins steuerlich abgesetzt werden (Ulfkotte 2003: S. 96). In der Begründung für das Vereinsverbot wurde vor allem die Finanzierung der Familien von Selbstmordattentätern nach deren Anschlägen aufs Korn genommen. Diese diente nach Ansicht Udo Ulfkottes dazu, den Attentätern die Sorgen um die Zukunft ihrer Familien zu nehmen (Ebd.: S. 102).

Aufgrund der Zusammensetzung der muslimischen Einwohnerschaft Deutschlands ist die Problematik des Islamismus weniger brisant als etwa in Frankreich und Großbritannien. Der Hauptteil der deutschen Muslime stammt aus der säkular geprägten Türkei. Die größte Gruppe unter den Muslimen Frankreichs stammen dagegen aus Algerien, jene Großbritanniens aus Pakistan, also aus Ländern, in denen die gewaltbereiten Islamisten eine besonders große Anhängerschaft haben.

Deutschland dient aber in den letzten Jahren zunehmend als Rückzugsraum militanter Islamisten. So ergaben die Fahndungen nach den Terroranschlägen des 11. September, dass drei der 19 Kommandomitglieder in Hamburg studiert hatten. Sie blieben nicht zuletzt deswegen unbehelligt, weil sie sich nicht in den vom Verfassungsschutz beobachteten islamistischen Organisationen betätigten. Im Jahr 2000 siedelten sie in die USA über und bereiteten sich mit einer Pilotenausbildung auf die Attentate vor. Einige Personen aus dem Umfeld der Attentäter, die allem Anschein nach Kenntnis von den Anschlagsvorbereitungen hatten und möglicherweise in diese eingebunden waren, wurden inzwischen festgenommen. Die Aktivität des Terrornetzwerks „Al Qaida" auf deutschem Boden belegten auch Festnahmen im Dezember 2000. Bei Hausdurchsuchungen fand die Frankfurter Polizei Maschinenpistolen, Zünder und Grundstoffe zur Herstellung von Sprengstoff. Die so genannte „Meliani-Gruppe", die vermutlich zum Netzwerk von „Al Qaida" gehörte, plante einen Anschlag auf den Weihnachtsmarkt in Straßburg.

Vom Netzwerk „Al Qaida" sind in Deutschland Kleinstgruppen und einzelne Personen aktiv. Das Spezifische an „Al Qaida" ist, dass sie als Organisation selbst nicht in Erscheinung tritt und sich ihre Anhänger weitgehend unauffällig benehmen. Die Kontakte zwischen den Anhängern sowie zwischen Anhängern und Führern der Terrororganisation erfolgen häufig über verschlüsselte e-mails. Neue Anhänger werden bevorzugt unter muslimischen Studenten angeworben. Ihnen wird je nach den wechselnden Standorten der Terrorcamps eine terroristische Ausbildung in Afghanistan, Pakistan oder Sudan nahe gelegt. Weil inzwischen die meisten Stützpunkte „Al

Qaidas" stillgelegt oder zerstört sind, sind die Möglichkeiten der Organisation zur Ausbildung weiterer Terroristen stark geschrumpft. Die Gefahr durch „Al Qaida" und befreundete Organisationen hält wegen der großen Zahl der terroristisch geschulten Mujahedin aber mittelfristig weiter an.

9. Extremistische Einstellungen in der (deutschen) Bevölkerung

Den innersten Kreis des Extremismus bildet die „Elite", die Prominenz der rechts- und linksextremistischen Spielarten. Sie hat die Führungsfunktionen inne und ist somit verantwortlich für die Organisation, die Ideologie und die Strategie von größeren oder kleineren Teilen des links- oder rechtsextremistischen Spektrums. Die Leitungsfunktionen in Parteien wie DKP oder NPD üben meist hauptamtliche Mitarbeiter aus. Zum innersten Kreis gehören auch „Meinungsmacher", die – in der Regel (zumindest halbwegs) professionell – in extremistischen Medien wie Zeitungen, Zeitschriften und Internetseiten mitwirken. Um diesen innersten Kreis herum gruppieren sich die extremistischen Aktivisten, die zwar nicht zur „Elite" gehören, aber im Sinne ihrer extremistischen Anschauungen inner- oder außerhalb extremistischer Vereinigungen politisch aktiv sind. Zum diesem Kreis gehören auch organisatorisch ungebundene extremistische Gewalttäter der extremen Rechten (fremdenfeindliche Straftäter) wie der extremen Linken (Autonome), die nicht zur „Elite" der Szene gehören. Nur eine recht kleine Minderheit der Deutschen ist in extremistischen Organisationen aktiv.

Bis 1975 enthielten die Mitgliederzahlen der linksextremen Organisationen die Anhängerschaft der von Linksextremisten beeinflussten Organisation. Seit 1976 werden deren Mitglieder gesondert geführt. Bei den Zahlen für 1990/1991 sind nur die alten Bundesländer erfasst. Für die linksextremen Organisationen ab 1992 sind in Klammern die Zahlen der PDS-Anhänger angeführt, weil nicht die Gesamtheit der Mitglieder als linksextremistisch anzusehen ist. Enthalten in der Zahl der Linksextremisten sind allerdings die Mitglieder der KPF und anderer durchweg linksextremistischer Gruppen in der PDS. Bei den rechtsextremen Organisationen kommt der sprunghafte Anstieg von 1991 auf 1992 wesentlich durch die Einbeziehung der REP ab diesem Jahr zustande.

Nun wäre es ebenso falsch – und das gilt nicht nur für Deutschland – lediglich die Menschen als extremistisch anzusehen, die sich in einer entsprechenden Organisation engagieren, ebenso wenig betrachtet man schließlich nur die Meschen als demokratischen, die in Organisationen aktiv sind. Mit Blick auf das Feld der Sympathisanten extremistischer Ideen ist zu unterscheiden zwischen Unterstützern, die in ihrem Umfeld offen ihre extremistischen Anschauungen äußern und stillen Sympathisanten, die sich aus unterschiedlichen Gründen – von politischem Desinteresse bis zur Angst vor Repressalien – nicht außerhalb der eigenen vier Wände zu ihren extremistischen Anschauungen bekennen.

Tabelle 25: Mitglieder extremistischer Organisationen in Deutschland (nach Abzug von Mehrfachmitgliedschaften) in Tausend 1971-2002

Jahr	1971	1972	1973	1974	1975	1976	1977	1978
Rechtsextreme	27.9	24.7	21.7	21.4	20.4	18.3	17.8	17.6
Linksextreme	67	78	87	102	105	68	75	72

Jahr	1979	1980	1981	1982	1983	1984	1985	1986
Rechtsextreme	17	19	20.3	19	20	22	22	22.1
Linksextreme	67.7	63.7	62	60.15	61	61	61.3	63

Jahr	1987	1988	1989	1990	1991	1992	1993	1994
Rechtsextreme	25.2	28.3	35.9	32.2	39.8	61.9	64.5	56.6
Linksextreme gesondert PDS	62	56	41	29.5 285	26.5 172	33.5 147	33.8 131	33.7 124

Jahr	1995	1996	1997	1998	1999	2000	2001	2002
Rechtsextreme	46.1	45.3	48.4	53.6	51.4	50.9	49.7	45
Linksextreme gesondert PDS	35 121	35.2 110	34.1 105	34 96.5	34.2 94	33.5 88.6	32.9 84	31.1 78

Jahr	2003
Rechtsextreme	41
Linksextreme gesondert PDS	14,5 71

Quelle: Verfassungsschutzberichte des Bundes.

Der Wähleranteil extremer Parteien ist ein bedeutender Indikator zur Bestimmung des Extremismuspotentials, zumal nicht gewaltbereite Extremisten im Kern nur durch die Wahl entsprechender Parteien die Politik in ihrem Sinne beeinflussen können. Tatsächlich ist aber, wie sich in zahlreichen empirischen Untersuchungen zeigte, die Gruppe der Wähler extremistischer Parteien nicht deckungsgleich mit jener der Extremisten. Zum Teil wählen Demokraten aus Protest gegen bestimmte politische Entscheidungen extremistische Parteien, zum Teil wählen Extremisten demokratische Parteien, weil sie beispielsweise ihre Stimme nicht einer Partei geben wollen, die an der Fünf-Prozent-Hürde scheitert. Die folgende Grafik sucht die unterschiedlichen Formen des Aktivitätsgrads politischer Extremisten zu erfassen. Ebenso wie die Funktionseliten extremistischer Bewegungen fallen dabei auch organisationsunabhängige Extremisten, die als Ideologieproduzenten zur Deutungselite zählen, in die Kategorie der Aktivisten:

Grafik 3: Formen extremistischer Artikulation und Aktivierung –
Analyseebenen

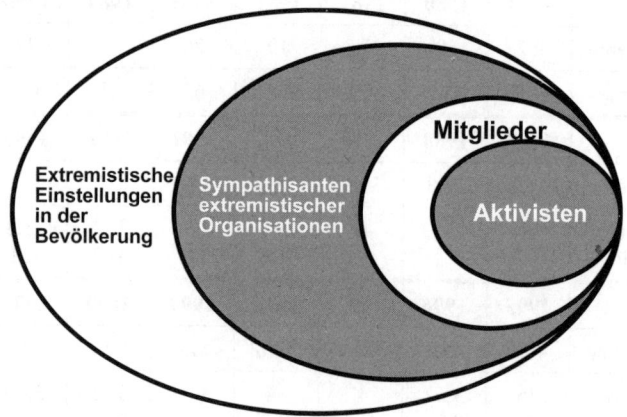

Quelle: Backes/Jesse 1987: S. 15.

Bei der Untersuchung des extremistischen Potentials sind folgende Punkte zu beachten: Die Fragen müssen die Sprache der Bevölkerung treffen. Weiterhin ist es wichtig anzuerkennen, dass die politischen Überzeugungen der Bürger keine geschlossenen Ideologien ergeben, sondern dass sie instabil und zum Teil widersprüchlich sind.

Die ersten Umfragen stammen aus der unmittelbaren Nachkriegszeit. Sie beziehen sich aber nur auf das rechtsextreme Potential in der deutschen Bevölkerung. Nach der Niederlage des Dritten Reiches waren rechtsextremistische Ideologiefragmente in der deutschen Gesellschaft noch verbreitet.

Für die westlichen Besatzungszonen und die Bundesrepublik ist dies durch zahlreiche Umfragen belegt, für die sowjetische Besatzungszone und die DDR wäre das Ergebnis wohl kaum anders ausgefallen. Im Rahmen einer Studie über „Nachwirkungen des Nationalsozialismus" durch das „Allensbacher Institut" 1948 wurde die Frage gestellt: „Halten Sie den Nationalsozialismus für eine gute Idee, die schlecht ausgeführt wurde?" Nur 28 Prozent wählten die Antwort „Nein, keine gute Idee", 57 Prozent gaben der Idee jedoch noch im Angesicht der enthüllten Verbrechen das Gütesiegel. Die Verbrechen wurden weithin verdrängt. Auf die Frage „Würden Sie sagen, es ist für Deutschland besser keine Juden im Land zu haben?" antworteten 1952 nur 20 Prozent mit Nein, 37 Prozent dagegen mit Ja, 43 Prozent mochten sich nicht für eine Antwort entscheiden (Allensbach 1949).

Hätte Hitler den Krieg überlebt und die Alliierten hätten ihn gewähren lassen, dann wäre die nationalsozialistische Partei wohl erneut zu einer starken Kraft aufgestiegen. 1952 fragte das Allensbacher Institut mit dem gleichen Instrument, mit dem bis heute die Popularität von Politkern gemessen wird, nach führenden nationalsozialistischen Politikern. Die Frage lautete: „Könnten Sie mir sagen, welche Ihnen dem Namen nach bekannt sind und wie ihre Meinung über sie ist?" Von Hitler hatten noch immer 24 Prozent eine „gute Meinung", von Speer 30 und von Göring 37 Prozent. Von Ludwig Erhard, dem Vater des deutschen „Wirtschaftswunders", hatten im gleichen Jahr dagegen nur 26 Prozent eine „gute Meinung". Noch im November 1953 hätten es laut Allensbach (1956) 13 Prozent der Deutschen begrüßt, wenn eine „neue Nationalsozialistische Partei versucht hätte, an die Macht zu kommen" (S. 134). Ein nicht viel kleinerer Prozentsatz wählte nicht lange zuvor in Niedersachsen die in den Fußstapfen der NSDAP wandelnde SRP.

1954 stellte EMNID folgende Frage: „Wenn es jetzt – wie 1933 – wieder eine Gelegenheit gäbe, in einer Wahl für oder gegen Hitler zu stimmen, wie würden Sie sich dann entscheiden?" (EMNID-Informationen zit. nach Scheuch 1972: S. 443). 15 Prozent hätten für Hitler gestimmt. In Kombination mit den Zahlen von Allensbach lässt sich von einer entsprechenden Prozentzahl nationalsozialistisch gesinnter Deutscher Mitte der 50er Jahre ausgehen. 1958 sank bei den EMNID-Umfragen der Anteil der Hitler-Anhänger auf zehn Prozent, 1965 auf 4 Prozent, um 1968 im Zuge der NPD-Erfolge wieder auf 6 Prozent anzusteigen. Der Soziologe Erwin K. Scheuch erklärte die hohe Wertschätzung, die der Nationalsozialismus in der unmittelbaren Nachkriegszeit unter der deutschen Bevölkerung noch genoss, damit, dass nicht die rechtstotalitäre Ideologie des Regimes Anziehungskraft entfaltet habe, „sondern dessen ,Friedensversion' als ein besonders entwickelter

Wohlfahrtsstaat" (Scheuch 1972: S. 442). Im Vergleich zum sozialen Elend der ersten Nachkriegsjahre sei die NS-Zeit somit in einem positiven Licht erschienen. Dieser Eindruck habe sich dann unter dem Eindruck des „Wirtschaftswunders" der 50er Jahre verflüchtigt.

Das Wählerpotential rechtsextremer Parteien veränderte sich zwischen 1951 und 1965 kaum, der Anteil entschiedener Gegner rechtsextremer Parteien verdoppelte sich demgegenüber:

Tabelle 26: Bevölkerungseinstellungen zu SRP (1951) und NPD (1965)

	Einstellung zur SRP 1951 (in Prozent)	Einstellung zur NPD 1965 (in Prozent)
Für Einfluss	10	9
Gegen Einfluss	35	72
Keine Meinung/ keine Antwort	55	9

Quelle: Scheuch 1991: S. 121.

Lange dauerte es bis zu den ersten Versuchen, nicht nur das rechtsextreme, sondern das gesamte extreme Potential in Deutschland zu messen. Die Datenbasis von Hans Dieter Klingemanns und Franz Urban Pappis (1972) Untersuchung bildete die für die hessische Wählerschaft repräsentative Stichprobe von 962 Befragten sowie eine Sonderstichprobe von 497 Jungwählern. Die Autoren konstruierten zwei Skalen, die zur Erfassung radikaler Einstellungen von links und rechts taugen sollten, die Grundrechte- und die Totalitarismus-Skala.

Die Grundrechteskala wirkt allerdings zu einem bedeutenden Teil wenig geeignet zur Erfassung des politischen Extremismus. So ist unklar, warum Extremisten folgende Aussage ablehnen sollten: „Dass ich mich politisch betätigen darf." Durch den Ich-Bezug ist es kaum überraschend, dass nur 0,3 Prozent der Befragten sich für eine starke Einschränkung des Rechts auf politische Betätigung aussprachen. Eine bessere Frageformulierung wäre demgegenüber: „Nicht jeder sollte das Recht haben, sich politisch zu betätigen." Das gleiche Problem gilt für die beiden anderen Aussagen mit Ich-Bezug: „Dass ich in meiner Freizeit machen kann, was ich will" und „Dass ich meinen Arbeitsplatz frei wählen kann". Bei dem einen Grundrecht sprach sich angesichts dieser Formulierung kein Befragter für eine starke Einschränkung aus, bei dem anderen 0,1 Prozent.

Weil einige Punkte nicht verwertbar waren, fielen andere stärker ins Gewicht, die geeignet waren, das rechtsextreme, nicht aber das linksextreme Potential zu erfassen. Das gilt vor allem für die Aussage „Dass jeder Ausländer ungehindert nach Deutschland reisen kann." 29,2 Prozent der Befragten wollten dieses Recht stark, 36,7 Prozent wollten es etwas einschränken.

Die Grundrechteskala versagte, weil im Vergleich zum Durchschnitt aller Wähler zwar das NPD-Potential überdurchschnittlich die Einschränkung von Grundrechten befürwortete, das DKP-Potential aber unterdurchschnittlich. Mithin erschien es paradoxerweise, als ob die DKP-Anhänger demokratischer eingestellt waren als der Durchschnitt der hessischen Wähler. Der Totalitarismusskala lagen die beiden folgenden Aussagen zugrunde: „In jeder demokratischen Gesellschaft gibt es bestimmte Konflikte, die mit Gewalt ausgetragen werden müssen." und „Es gibt Leute, die man wegen der Dinge, die sie vertreten, hassen muss." Der ersten Behauptung stimmten 18,3 Prozent der Befragten, der zweiten 30,2 Prozent zu. Im Unterschied zur Grundrechteskala waren bei der Totalitarismusskala unter den Zustimmenden NPD- wie DKP-Anhänger weit überdurchschnittlich vertreten. Das unerwartete Ergebnis, dass die Ergebnisse der Grundrechte- und Totalitarismusskala nicht gleichgerichtet waren, veranlasste Klingemann und Pappi, für eine Ausdifferenzierung des Radikalismuskonzepts einzutreten. Tatsächlich wäre es wohl besser gewesen, die Grundrechte-Skala als untaugliches Mittel zur Erfassung des politischen Extremismus zu verwerfen. Die Grundrechte-Skala erfasste in nachträglicher Interpretation die so genannte Wertedimension des Extremismus, die Totalitarismusskala demgegenüber die so genannte Mitteldimension des Radikalismus. Mit dem Begriff „Radikalismus" bezeichneten die Autoren dabei den Endpol auf der Totalitarismusskala, mit Extremismus jenen der Grundrechteskala. Die Totalitarismusskala sollte nun Radikalismusskala heißen, die Grundrechteskala wohl dementsprechend Extremismusskala. Die umgekehrte Benennung hätte begriffsgeschichtlich allerdings mehr Sinn gemacht. Radikaldemokratische Einstellungen würden dann nicht als linksextremistisch, sondern als linksradikal bezeichnet, totalitäre Einstellungen von links und rechts als extremistisch. Stillschweigend hat sich dieser von Klingemann und Pappi abweichende Begriffsgebrauch in der Forschung weitgehend durchgesetzt.

1979 gab das Bundeskanzleramt beim SINUS-Institut eine Studie (Sinus-Institut 1981) über das rechtsextremistische Einstellungspotential in der deutschen Bevölkerung in Auftrag. Um zu einem Fragekatalog für die Bevölkerungsumfrage zu kommen, werteten die Forscher rechtsextremistische Schriften aus und interviewten Rechtsextremisten. Aus diesem Material entnahmen sie für den Rechtsextremismus typische Aussagen und gruppierten sie zu verschiedenen Skalen, der „Protestpotentialskala Rechtsextremismus" zur Messung „latenter Gewaltbereitschaft", der Skala „Regressive Öko-Leitbilder" zur Bestimmung rechtsextremer Ideen in der Umweltbewegung und der „Autoritären Einstellungsskala", die den zwar nicht-extremistischen, aber für Extremismus anfälligen Personenkreis umreißen sollte. Die Fragen wurden dann einer repräsentativen Gruppe von 7.000 Deutschen vorgelegt.

Ein Problem der Skala liegt darin, dass ein Teil der Aussagen, zum Beispiel „Das Mitspracherecht in den Gewerkschaften sollte nicht ausgebaut werden", auch von Demokraten, ein anderer Teil der Aussagen, zum Beispiel „Dass bei uns heute alles drunter und drüber geht, verdanken wir den Amerikanern" und „Die Bundesregierung ist eine Marionettenregierung von Amerikas Gnaden", auch von Linksextremisten befürwortet werden konnte. Die Ergebnisse der Studie sind daher keineswegs unproblematisch. Die titelgebende Aussage „Wir sollten wieder einen Führer haben, der Deutschland zum Wohle aller mit starker Hand regiert" hielten vier Prozent der Befragten für „völlig richtig" und zehn Prozent für „teilweise richtig". Größere Zustimmung fanden die folgenden Statements: „Wir sollten wieder eine einzige starke Partei haben, die wirklich die Interessen aller Schichten unseres Volkes vertritt" (11 Prozent „völlig richtig"; 17 Prozent „teilweise richtig"); „Wir sollten streng darauf achten, dass wir das Deutschtum rein erhalten und Völkermischung unterbinden" (11 Prozent „völlig richtig"; 25 Prozent „teilweise richtig"); „Der Einfluss von Juden und Freimaurern auf unser Land ist auch heute noch groß (6 Prozent „völlig richtig"; 19 Prozent „teilweise richtig") (S. 107-109). Bei allen methodischen Schwächen der Untersuchung legt der Grad der Zustimmung zu diesen Aussagen nahe, dass die Zahl der Rechtsextremisten in Deutschland mit 13 Prozent für die damalige Zeit nicht viel zu hoch veranschlagt wurde. Allerdings erfasste ein bedeutender Teil der insgesamt 23 Aussagen nicht derart klar rechtsextremistische Einstellungen.

Das rechtsextreme Gewaltpotential erfasste die SINUS-Studie mit einer eigenen Skala, der sogenannten Protespotentialskala Rechtsextremismus. Ein „Ausräuchern linker Buchländen mit entschlossenen Kameraden" und „Gezielte Aktionen gegen Einrichtungen und Personal der alliierten Besatzungsmächte" befürworteten dabei z.B. jeweils ein Prozent der Befragten „voll und ganz" und vier Prozent „im Großen und Ganzen". Das öffentliche Verbrennen von pornografischem und bolschewistischem Schrifttum hießen fünf Prozent „voll und ganz" und zehn Prozent „im Großen und Ganzen" gut (Sinus 1981: S. 71). Es ist allerdings problematisch, den Anteil der Befürworter solcher Aktionen gleichzusetzen mit dem Anteil der potentiellen Gewalttäter. Wer solche Aktionen gutheißt, kann nämlich – etwa weil er straf-rechtliche Folgen fürchtet – dennoch vor ihnen zurückschrecken.

Ein gewichtiges Ergebnis der Untersuchung war, dass die Altersgruppen unter 40 Jahren überdurchschnittlich resistent gegenüber rechtsextremisti-scher Ideologie seien, ältere Menschen dagegen überdurchschnittlich emp-fänglich. Überdurchschnittlich repräsentiert waren rechtsextreme Einstellun-gen auch bei Landwirten, Personen ohne Berufsausbildung und Selbstständi-gen. Rund 80 Prozent der Personen mit einem rechtsextremen Weltbild wählten demokratische Parteien.

Bei der Infratest-Studie (1980) wurde die sozialwissenschaftliche Ex-tremismusforschung ausgewertet und Einzel- und Gruppeninterviews mit politischen Protestlern geführt, um zu einem Fragenkatalog zu gelangen. Die Forscher konstruierten eine Skala der politischen Mittelwahl, die von der „Beteiligung an einer Unterschriftensammlung" bis zur „Anwendung von Gewalt gegen Personen" reichte.

Ein Nachteil der Studie ist, dass der Fragenkatalog eher geeignet ist, lin-kes als rechtes Protestpotential zu erfassen. Auch die Ergebnisse dieser Stu-die sind daher mit Vorsicht zu genießen. Mit Blick nach rechts sprachen die Forscher für die Jahre 1975/76 von einem Protestpotential von 1,5 Prozent der Bevölkerung, mit Blick nach links von 4,4 Prozent. Das linke Protestpo-tential rekrutierte sich zum wesentlichen Teil aus Studenten, jungen Ar-beitslosen mit und ohne Abitur sowie Lehrenden an Schulen und Universi-täten (14 Prozent). Als besonders anfällig galten die Studenten der Fachbe-reiche Sozialwissenschaften, Politische Wissenschaften, Philosophie und Philologie.

Im Unterschied zu den anderen Studien zielte diese Untersuchung auf die Ebene der Mittel (legal versus illegal), nicht auf die Ebene der Ideen (demokratisch versus extremistisch). Die ausschließliche Orientierung der Studie an politischen Verhaltensweisen brachte den Nachteil mit sich, dass auch Personen, die demokratische Werte teilen, dem Protestpotential zuge-rechnet werden. Protest- und Extremismuspotential sind aber nicht de-ckungsgleich. Einerseits ist nicht jeder Protestler ein Extremist, andererseits protestiert nicht jeder Extremist. Der Anteil der politisch apathischen Extre-misten sollte nicht unterschätzt werden.

Im Unterschied zu den Studien von SINUS und Infratest ging die Unter-suchung des Allensbacher Instituts für Demoskopie, „Das Extremismus-Po-tential unter jungen Leuten in der Bundesrepublik Deutschland 1984" (Noelle-Neumann/Ring 1984), relativ gleichgewichtig auf links- und rechtsextremisti-sche Einstellungen ein. Sie beschränkte sich aber auf den Bereich der Jugendlichen. Allensbach trug seinen Interviewern auf, Personen zu ermitteln, von denen sie glaubten, sie seien Extremisten und solche, die sicher nicht extremistisch seien. Jene Aussagen, die sich in beiden Gruppen fanden, eigneten sich nach Ansicht des Instituts nicht zur Erfassung des Extremismuspotentials. Aus den übrigen Aussagen wurden je 20 Fragen für eine Rechtsextremismus- und eine Linksextremismusskala zusammengestellt. Elisabeth Noelle-Neumann, die grande dame der deutschen Umfrageforschung, und Erp Ring bezifferten für 1984 die Zahl der Extremisten in der Altersgruppe der 16-25jährigen auf 18,6 Prozent. Als rechtsextremistisch galten gemäß der Studie 6,2 Prozent – davon 3,7 Prozent aktiv, 2,5 passiv –, als linksextremistisch stufte Allensbach 12,4 Prozent ein – davon 9,4 Prozent als aktiv und 3,0 als passiv. Als linke Demokraten wurden 21,9 Prozent der Bevölkerung, als demokratische Mitte 36,4 und als rechte Demokraten 23,1 klassifiziert.

Bei der Zuordnung ergaben sich Probleme. So wurde unzureichend erläutert, warum gerade jemand, der fünf Aussagen bejaht, ein Extremist ist. Warum reichten vier nicht aus oder warum mussten es umgekehrt nicht sechs sein? Die Einschätzung des linksextremistischen Potentials wirkt noch aus anderem Grund übertrieben. Manche Punkte waren kaum geeignet, linke Demokraten von Linksextremisten zu unterscheiden. So rückte man beispielsweise schon durch die Zustimmung zu den Sätzen „Wir brauchen eine Partei im Bundestag, die links von der SPD steht" und „Die entscheidenden Schlüsselzweige der Wirtschaft müssen verstaatlicht werden" in die Nähe des Linksextremismus. Sicher ist es ein Problem, dass mancher Extremist sich bei Umfragen bei der Zustimmung zu eindeutig extremistischen Aussagen zurückhält. Dies darf aber die Sozialforschung nicht dazu verführen, umstrittene, demokratische Aussagen als Gradmesser für den Extremismus zu nutzen.

Tabelle 27: Extremistische Einstellungen in der deutschen Bevölkerung

	Infratest (1975/76)	Sinus (1979/80)	Allensbach (1982 bis 84)
rechtsextremistische Einstellungen	-	13	6,2
davon gewaltbereit	1,5	6	3,7
linksextremistische Einstellungen	-	-	12,4
davon gewaltbereit	4,4	-	9,4

Alle Angaben in Prozent

Zum Vergleich fasse ich die zentralen Ergebnisse der drei großen Untersuchungen von Allensbach, Infratest und Sinus in Tabelle 27 zusammen. Bei der Betrachtung muss der Leser beachten, dass die Institute mit unterschiedlichen Einordnungskriterien arbeiteten:

Neben den wenigen Studien zum extremistischen Potential in der Bevölkerung gibt es zahlreiche Studien zum Wählerpotential (rechts-)extremistischer Parteien. Basierend auf der Auswertung einer Umfrage des Emnid-Instituts im Februar 1994 entwickelten die Politikwissenschaftler Jürgen Falter und Markus Klein (1994) eine Rechtsextremismusskala", die folgende Aussagen umfasste: „Ich bin stolz ein Deutscher zu sein", „Wir sollten endlich wieder Mut zu einem starken Nationalgefühl haben", „Gruppen- und Verbandsinteressen sollten sich bedingungslos dem Allgemeinwohl unterordnen", „Unter Umständen ist eine Diktatur die bessere Staatsform", „Der Nationalsozialismus hatte auch seine guten Seiten", „Ohne Judenvernichtung würde man Hitler heute als großen Staatsmann ansehen", „Die Bundesrepublik ist durch die vielen Ausländer in einem gefährlichen Maße überfremdet", „Ausländer sollten grundsätzlich ihre Ehepartner unter ihren eigenen Landsleuten wählen", „Der Einfluss der Juden ist zu groß", „Die Juden sind andersartig". Im Rahmen des DFG-Projekts „Politische Einstellungen, politische Partizipation und Wählerverhalten im vereinigten Deutschland 1994 und 1998" entstand ein Nachfolgedatensatz, der erstmals auf der Grundlage der Anwendung der gleichen Rechtsextremismusskala einen Vergleich der rechtsextremen Einstellungen zu zwei verschiedenen Zeitpunkten in der Geschichte Deutschlands erlaubte. Unabhängig davon, ob die Rechtsextremismusskala" in dem einen oder anderen Punkt verbesserungswürdig erscheint, sollte sie der Mainzer Empiriker aus Gründen der Ermöglichung von Zeitreihenvergleichen bei künftigen Erhebungen weiter verwendet werden. Leider bietet der spezifisch deutsche Zuschnitt dieser Rechtsextremismusskala" keine Grundlage für eine internationale Vergleichsstudie rechtsextremer Einstellungen.

Falter und Klein stellten bei der Darlegung ihrer Ergebnisse zu den Wählern und Anhängern rechtsextremistischer Parteien 1994 zunächst klar: „Wieviel Prozent der Deutschen bzw. der Republikaner aufgrund der von uns ermittelten Skalenwerte als rechtsextrem einzustufen sind, hängt auch davon ab, von welchen Punkt an man von einem geschlossenen rechtsextremistischen Weltbild sprechen will." Gilt als rechtsextrem, wer mindestens sieben Aussagen voll oder eher zustimmte, dann ergibt sich ein anderes Bild als wenn eine Zustimmung zu sechs Aussagen als ausreichend für diese Einordnung angesehen wird.

Tabelle 28: Rechtsextreme Einstellungen 1994 und 1998 nach Jürgen Falter

	Westen	**Osten**
1994 (mehr als 7 von 10 Aussagen)	8 %	5 %
1998 (mehr als 7 von 10 Aussagen)	4 %	6 %
1994 (mehr als 6 von 10 Aussagen)	13 %	10 %
1998 (mehr als 6 von 10 Aussagen)	10 %	12 %

Quelle: Falter 2000: S. 408.

Nach den Beobachtungen von Falter und seinen Mitarbeitern sind rechtsextreme Einstellungen eine notwendige, aber keine hinreichende Bedingung für die Wahl einer rechtsextremen Partei. Wer im Sinne der Skala" rechtsextrem (Befürwortung von mehr als sieben von zehn Aussagen) und trotzdem im Großen und Ganzen politisch zufrieden ist, wählen deutlich eher die Unionsparteien oder auch die SPD als eine rechtsextreme Partei (Falter 1994: 147 f; Falter 2000: S. 411). Die Volksparteien leisten somit einen wesentlichen Beitrag zur Integration rechtsextrem eingestellter Bürger in die Demokratie, ohne – und dies ist von zentraler Bedeutung – diesen programmatisch nachzugeben. Gelingt diese Integration nicht und es trifft politische Unzufriedenheit (mit den demokratischen Parteien) mit einer rechtsextremen Grundeinstellung zusammen, dann wird die Wahl einer rechtsextremen Partei höchst wahrscheinlich (Arzheimer/Schoen/Falter 2001: S. 238). Als ein wesentliches Merkmal der Wähler rechtsextremer Parteien stellte sich mit 86 Prozent (gegenüber 44 Prozent bei allen Wählern) die Befürwortung der Aussage „Die Bundesrepublik ist durch die vielen Ausländer in einem gefährlichen Maße überfremdet" heraus (Falter 2000: S. 416). Diese Aussage ist wiederum die Kernparole der modernen rechtsextremen Parteien.

Oskar Niedermeyer und Richard Stöss (1998) kamen auf der Basis einer repräsentativen Befragung von 3.764 Personen zu deutlich höheren Ergebnissen als Falter und Klein. Zu den Elementen ihrer Rechtsextremismusskala" zählen Antisemitismus, Autoritarismus, Fremdenfeindlichkeit und Beschönigung des Nationalsozialismus. Abgefragt wurde die Einstellung zu Aussagen wie den folgenden: „Unter bestimmten Umständen ist eine Diktatur die bessere Staatsform", „Es muss Ziel der deutschen Politik sein, die verlorenen Gebiete jenseits von Oder und Neiße wiederzugewinnen", „Ausländer sollten so schnell wie möglich Deutschland verlassen", „Die Verbrechen des Nationalsozialismus sind in der Geschichtsschreibung weit übertrieben worden", „Ohne Judenvernichtung würde man Hitler heute als großen Staatsmann ansehen" , „Die Juden haben einfach etwas Besonderes und Eigentümliches an sich und passen nicht so recht zu uns". Das Ergebnis lautete: „13 Prozent der Bevölkerung (ab 14 Jahre) verfügen über ein rechtsextremes Weltbild. Im Westen sind es 12, im Osten 17 Prozent.".

Ein grundlegendes Problem empirischer Untersuchungen ist, dass sie durch die Nennung von Prozentzahlen eine Genauigkeit vorspiegeln, die sie bei näherer Betrachtung nicht einlösen. Durch eine geringe Abweichung in der Fragestellung oder der Formulierung von Aussagen können sich die Ergebnisse bereits deutlich verändern. Selbst bei gleicher Formulierung können wiederum zwei Forscher zu unterschiedlichen Ergebnissen gelangen. So kann es etwa sein, dass bei einer Liste von zehn identischen Aussagen der Forscher A eine Person bei einer Zustimmung zu sechs als Rechtsextremisten ansieht, während Forscher B sie nur bei einer Zustimmung zu allen Aussagen als Rechtsextremisten betrachtet.

Es gibt relativ viele Versuche der Konstruktion von Einstellungsskalen zur Messung des rechtsextremen Potentials in der deutschen Bevölkerung, aber nur sehr wenige zur Erfassung des linksextremen Potentials. Dies lag sicher auch daran, dass von 1953 bis zum Auftreten der PDS keine linke Flügelpartei mehr Parlamentssitze auf nationaler Ebene erringen konnte. Den zahlreichen Untersuchungsergebnissen im Bereich der Rechtsextremismusforschung mangelt es wiederum an Vergleichbarkeit. Vielfach besteht noch immer eine gewisse Neigung, dass jeder Forscher sein eigenes Süppchen kocht. Notwendig wäre es demgegenüber, dass sich die internationale Extremismusforschung auf gemeinsame Standards zur Erfassung extremistischer Einstellungen einigt. Erst dann ließen sich die Ergebnisse der Umfragen über Zeit und Raum hinaus vergleichen.

10. Erklärung extremistischer Einstellungen und Verhaltensweisen

10.1 Sozioökonomische Faktoren

Der französische Soziologe Emile Durkheim, Emile (1858-1917) legte den Grundstein vieler aktueller Ansätze zur Erklärung extremistischer Einstellungen: Die moderne Industriegesellschaft führt demnach wegen des ihr zugrunde liegenden wirtschaftlichen Prinzips der Arbeitsteilung zu einer „Anomie", einer sozialen Desintegration. Diese gesellschaftlichen Verhältnisse erschwerten enge Beziehungen zwischen den Gemeinschaftsmitgliedern und damit auch die Einigung auf ein für alle geltendes Wertesystem. Im Kern beschrieb Durkheim bereits damals, was Ulrich Beck fast 100 Jahre später die „Risikogesellschaft" (1986) nennen sollte.

Obgleich sich Durkheim nicht direkt mit dem politischen Extremismus beschäftigte, hat er die Extremismusforschung mit seinem Ansatz geprägt. So war für Talcott Parsons der Aufstieg der NSDAP eine Folge einer sozialen Entwurzelung ihrer Anhänger (Parsons 1942: S. 138-147). Erwin Scheuchs und Hans Dieter Klingemanns (1967) Formel, dass der politische Extremismus eine „normale Pathologie" der freiheitlichen Industriegesellschaft sei, geht zurück auf Emile Durkheims, Emile Beschreibung des Verbrechens als eine „normale Erscheinung" und sogar einen „integrale[n] Bestandteil jeder gesunden Gesellschaft" (Durkheim 1984: S. 157).

Den Fußstapfen Durkheims folgend, wurzelte für Scheuch und Klingemann der Extremismus in dem hohen Maß an sozialer Mobilität, das massenhaften sozialen Auf- und Abstieg von Menschen, sprich „Statusinkonsistenzen", mit sich brächte. Der stetige Wandel der Lebensbedingungen bringe auch eine fortwährende Notwendigkeit des Wandels eigener Einstellungen mit sich (Scheuch/Klingemann 1967: S. 11-29). Das hohe Maß an Flexibilität, das eine Marktwirtschaft von den Menschen erwartet, gilt aus dieser Perspektive als unvermeidlicher Nährboden extremistischer Einstellungen bei einem Teil der Bevölkerung. Diese Menschen wenden sich extremistischen Ideen zu, weil sie einfache (Schein-)Lösungen auf die immer komplexeren Probleme moderner Industriegesellschaften anbieten.

Der Sozialwissenschaftler Wilhelm Heitmeyer, Wilhelm (1993) machte Folgeerscheinungen des „Spätkapitalismus" für rechtsextremistische Bestrebungen verantwortlich: Namentlich nannte er den Konkurrenzkampf am Arbeitsplatz, die Verstädterung, die Zerstörung traditioneller Milieus, steigende Mobilität mit der Folge einer sozialen Vereinzelung und des Schwunds von Gemeinschaftsgefühl und Solidarität. Die problematische Bezeichnung „Spätkapitalismus" ist bei Heitmeyer ein Synonym für die moderne Industriegesellschaft. Jugendliche seien besonders empfänglich für rechtsextremistische Parolen, wenn sie ihren Status bedroht sehen. In höherem Maße als ältere Menschen neigen sie in solchen Situationen dazu, ihrer Frustration mit Gewalt gegen vermeintlich „Schuldige" Luft zu machen.

In den empirischen Untersuchungen von Heitmeyer, Wilhelm zeigte sich allerdings kein systematischer Zusammenhang zwischen der Stellung als „Modernisierungsopfer" und rechtsextremistischen Einstellungen (Pfahl-Traughber 1998: S. 80). Eine Studie Oskar Niedermeyers (1990) widerlegten bei einem Vierländervergleich sogar die These, dass die Anhängerschaft rechtsextremer Parteien vorwiegend aus „Modernisierungsopfern" besteht. Kritisiert wurde an Heitmeyers Ansatz auch, dass er sich auf die Auseinandersetzung Jugendlicher mit der sozialen und wirtschaftlichen Situation konzentriere und die familiären Sozialisationsprozesse ausblende (König 1998: S. 208). Wegen dieses Mangels kann Heitmeyers, Wilhelm Ansatz ohne die Kombination mit anderen Ansätzen nicht erklären, warum unter den gleichen „spätkapitalistischen" Verhältnissen „Modernisierungsopfer" keineswegs durchweg Rechtsextremisten werden.

Nach der deutschen Einheit zogen Sozialwissenschaftler den so genannten „Modernisierungsopfer"-Ansatz schnell zur Erklärung rechtsextremistischer Einstellungen in Ostdeutschland heran. Bereits 1991, als laut Meinungsumfragen rechtsextremistische Einstellungen im Osten Deutschlands nicht verbreiteter waren als im Westen, galten Heitmeyer die Umwälzungen infolge der deutschen Einheit als spezifische Ursachen rechtsextremistischer Einstellungen Ostdeutscher. Die Zerstörung sozialer Lebenszusammenhänge, wie die Auflösung von familiären und beruflichen Strukturen, habe zu Verunsicherungen und Ohnmachterfahrungen geführt, die das Bedürfnis nach einem klaren „Freund-Feind-Bild" verstärkten. Dieses biete der Nationalismus, der suggeriere, eine nationale Gemeinschaft fange den Einzelnen auf, wenn er aus seinen Bindungen falle (Heitmeyer, Wilhelm 1991).

Das Konzept zog Zustimmung wie Kritik auf sich. So wandte der Sozialwissenschaftler Roland Eckert, Roland ein, dass es keineswegs einer gesellschaftlichen Desintegration als Voraussetzung rechtsextremistischer Gewalt bedürfe: „Gerade traditionelle, hochintegrierte Gesellschaften [...] weisen häufig (insbesondere in ökonomischen Krisen) ein hohes Maß an fremdenfeindlicher Gewalt bis hin zu Pogromen auf." (Eckert 1993: S. 358). Ein Forscherteam um Helmut Willems kam bei seiner detaillierten Betrachtung der Lebensläufe fremdenfeindlicher Gewalttäter zu dem Ergebnis, dass nur bei einem kleinen Teil der fremdenfeindlichen Gewalttäter persönliche Desintegrationserfahrungen wie Schulabbruch, Arbeitslosigkeit, defizitäre Familienstrukturen, Beziehungslosigkeit festzustellen waren. Es gab auch keine Hinweise darauf, dass sie überwiegend aus sich auflösenden Milieus stammen, die früher durch Gewerkschaften und Kirchen stabilisiert waren." (Willems u.a. 1993: S. 250).

Wichtig ist die Unterscheidung zwischen dem tatsächlichen Zustand der sozialen und ökonomischen Verhältnisse einerseits, deren Wahrnehmung andererseits. Die gleiche Wirtschaftslage kann der eine als rosig, der andere als dornig wahrnehmen. In dieser Hinsicht vertreten Nonna Mayer und Annick Percheron (1989) die These, dass eine Verbindung zwischen Pessimismus und Extremismus bestehe. Die Wähler extremistischer Parteien nehmen die Lage weit schlechter wahr als die Wähler demokratischer Parteien und haben folglich größere Angst vor Problemen wie Arbeitslosigkeit und Kriminalität.

Das einflussreiche Konzept der „relativen Deprivation" entwickelte der Sozialwissenschaftler Ted Gurr 1970 mit Blick auf die Ursachen politisch motivierter Gewalt. Mit Deprivation ist dabei ein Gefühl der Entbehrung gemeint. Relativ wird es genannt, weil es keineswegs mit einem absoluten Mangel an einem bestimmten Gut einhergehen muss. Wer seine Ansprüche in den Himmel schraubt, wird wohl immer ein gewisses Gefühl der Unzufriedenheit in sich tragen. Das Gefühl „relativer Deprivation" findet sich also bei Menschen, die ihre individuellen Bedürfnisse als unbefriedigt ansehen. Ted Gurr definierte den Begriff folgendermaßen: „Relative Deprivation wird als die von Handelnden wahrgenommene Diskrepanz zwischen ihren Werterwartungen und ihren Wertansprüchen definiert. Werterwartungen sind die Güter und Lebensumstände, von denen die Menschen annehmen, dass sie ihnen rechtmäßig zustehen. Wertansprüche sind die Güter und Bedingungen, von denen sie glauben, dass sie sie erreichen und behalten können" (Gurr 1970: S. 33).

Bei seiner Untersuchung kam Gurr zu folgendem Ergebnis: Je verbreiteter und intensiver Unzufriedenheit in der Bevölkerung ist, desto mehr Gewalttaten gehen aus ihrer Mitte hervor. Gemäß dem Konzept Gurrs kann sich das Gefühl der Entbehrung ebenso auf materielle Werte wie Geld, Auto oder Haus wie auf immaterielle „Machtwerte" beziehen. Diese umschreiben das Ausmaß, in dem eine Person „die Handlungen anderer beeinflussen und unerwünschte Einmischungen anderer in ihre eigenen Angelegenheiten vermeiden" (S. 34) kann. Scheuchs und Klingemanns Konzept der „Statusinkonsistenz" ist eine Variante des Konzepts der „relativen Deprivation". Das Gefühl der Entbehrung wurzelt in diesem Fall darin, dass ein Mensch in der Gesellschaft eine Stellung einnimmt, die ihm aufgrund seiner bisherigen Position und/oder seiner Ausbildung als zu niedrig erscheint.

Ob ein Mensch mit seiner Situation zufrieden oder unzufrieden ist, hängt nicht zuletzt von seinem Maßstab ab. Ein politisch-kultureller Wertewandel beeinflusst die Ausrichtung des Maßstabs wesentlich. Werte sind nämlich jener Maßstab, an dem sich das Denken und Handeln orientiert. Ist finanzielle Sicherheit für eine Person der höchste Wert, fühlt sie sich nur mit einem dicken Geldpolster auf der Bank wohl. Unzufriedenheit kann in einer gleich bleibenden Situation dann entstehen, wenn sich die Rangfolge der Werte wandelt. Ein Beispiel: Eine Person hat durch harte Arbeit sein finanzielles Ziel erreicht. Vor der Tür steht ein teures Auto und das eigene Haus ist fast abbezahlt. Plötzlich kommt der Person in den Sinn, dass der Beruf kaum Freiraum für ein erfülltes Familienleben gibt. Ohne Veränderung erscheint die Situation nun in anderem Licht. Gemäß dem Sozialwissenschaftler Ronald Inglehart (1977; 1989) ist in Europa seit den 60er Jahren eine „stille Revolution" am Werke, ein Wertewandel von den materiellen hin zu postmateriellen Werten. Materielle Werte wie Wohlstand und Sicherheit werden demnach mehr und mehr durch postmaterielle Werte wie dem Wunsch nach größerer politischer Teilhabe verdrängt.

Inwiefern der Wertewandel zum Postmaterialismus die Verbreitung extremistischer Neigungen beeinflusst hat, ist von der Forschung bislang nicht untersucht worden. Gemeinhin wird der Wertewandel als eine wichtige Voraussetzung für das Aufkommen der „Neuen Linken" angesehen. Es erscheint allerdings keineswegs zwingend, die Verbreitung von Moralismus und Utopismus in den Reihen der „Neuen Linken" mit einem gesellschaftlichen Wertewandel in Verbindung zu bringen. So entfaltete der sich zum Teil hypermoralisch gebärdende Sowjetkommunismus seine Anziehungskraft, lange bevor der Wertewandel einsetzte. Die Veränderung der politischen Mentalität dürfte also nur in einem geringen Zusammenhang mit der Belebung von

Ideologien wie Anarchismus, Maoismus und Trotzkismus stehen. Sehr wohl gibt es aber einen deutlichen Zusammenhang zum Entstehen der neuen sozialen Bewegungen. Vergröbernd gesprochen: Ein Teil der Protestanlässe größerer Gruppen verlagerte sich von materiellen Interessen („mehr Lohn") hin zu postmateriellen Interessen wie Frieden und Umwelt.

Die Organisation der Interessen der Anhänger postmaterieller Werte führte zum Aufstieg der grünen Parteien in den westlichen Demokratien. Schon am Anfang dieser Entwicklung sah Scott Flanagan 1979 eine neue Konfliktlinie in den Parteisystemen aufbrechen. Dabei verlagerte er den Akzent gegenüber Inglehart leicht und nannte die Anhänger der neuen sozialen Bewegungen „libertär". Diesen stünden einerseits die Gefolgsleute materialistischer, andererseits jene autoritärer Werte gegenüber (Flanagan 1979). Diese These hat sich inzwischen in der Parteiensystemforschung weitgehend durchgesetzt. Es wird somit von einem zweidimensionalen Parteienwettbewerb mit den Konfliktlinien „sozialistisch vs. kapitalistisch" und „libertär vs. autoritär" ausgegangen (Kitschelt 1994; Niedermeyer 2003: S. 268 f.). Der Grund für den Aufbruch der neuen Konfliktlinie lag für Flanagan – und dies schlägt einen Bogen zu den Überlegungen von Scheuch/Klingemann (1972) – in einem sozio-ökonomischen Strukturwandel von der klassischen Industriegesellschaft zu einer globalisierten postindustriellen Gesellschaft, die eine Zunahme von Möglichkeiten und Gefahren mit sich bringe. Die Öffnung hin zu libertären Werten gilt dabei ebenso als Reaktion auf die moderne „Risikogesellschaft" (Beck 1986) wie die Schutzsuche bei autoritären Werten. Die rechtspopulistischen Parteien setzten den Selbstentfaltungswerten der „postmateriellen" grünen Parteien traditionelle Tugenden wie Pflicht, Gehorsam, Autorität, Disziplin und Ordnung entgegen. Ihr Entstehen wurzelt für den italienischen Politikwissenschaftler Piero Ignazi (1992) darin, dass die etablierten linken Parteien durch die Konkurrenz von Parteien der „Neuen Linken" eine Kursänderung in Richtung Postmaterialismus vollzogen hätten. Aufgrund der anhaltenden Nachfrage nach materialistischer Politik sei nun eine Lücke im Parteiensystem entstanden, die von den rechtspopulistischen Parteien gefüllt worden sei. Ignazi spricht dabei in Anspielung auf die Formel von Ingleharts von einer „stillen Konterrevolution". Aus dieser Perspektive spiegelt sich für Forscher wie Konrad Schacht (1993) in rechtsextremen Wahlerfolgen der 80er und 90er Jahre auch ein „materialistischer Protest der Unterschichten, die durch dieses Wahlverhalten Benachteiligungsgefühle zum Ausdruck bringen wollen, die von den etablierten Parteien nicht [mehr] zureichend berücksichtigt wurden" (S. 129). Zugleich handelt es sich auch um einen autoritären Protest gegen libertäre Forderungen wie Toleranz gegenüber ethnischen Minderheiten und nichtkonformistischen Lebensweisen. Fremden und Nichtkonformisten soll aus dieser Sicht nicht tolerant und libertär, sondern intolerant und autoritär entgegengetreten werden. Für Claus Leggewie sehen sich in Abgrenzung zu Wilhelm Heitmeyer, Wilhelm die Vertreter rechtsextremer Überzeugungen weniger als soziale, denn als kulturelle Verlierer der gesellschaftlichen Modernisierung. Sie verträten dabei eine „rechte Variante postmaterialistischer Überzeugungen" (Leggewie 1994: S. 336).

10.2 Politische Faktoren

Ein wichtiger Erklärungsfaktor für den Erfolg extremistischer Parteien ist die Unzufriedenheit mit dem politischen System des demokratischen Verfassungsstaats und mit dem Verhalten demokratischer Parteien. Bei den auf die gesellschaftliche Ebene gerichteten Ausführungen Gurrs blieb noch im Dunkeln, unter welchen Umständen ein Individuum den Schritt von der Unzufriedenheit zur Gewalt macht.

Aus den Überlegungen des Politikwissenschaftlers Max Kaase (1976) ergibt sich, dass ein Umschlag der Unzufriedenheit in politischen Protest nur dann zu erwarten ist, wenn: 1. ein nennenswerter Teil der Bevölkerung unzufrieden ist, 2. dem Staat die Verantwortung für die Unzufriedenheit zugeschrieben wird und 3. die Leistungen in einem Bereich als unbefriedigend bewertet werden, der für den Einzelnen große Bedeutung hat (S. 182).

Politisch Unzufriedene machen den Staat für die Nichterfüllung ihrer Erwartungen verantwortlich. Dabei ist zunächst unwichtig, ob die Unzufriedenheit auf tatsächlich mangelhafte Leistungen etwa im Bereich der inneren und äußeren Sicherheit oder der Wirtschaftsentwicklung zurückgeht. Auch politische Skandale können politische Unzufriedenheit hervorrufen. Eine verbreitete Politikverdrossenheit führt aber nur dann zum Aufschwung bestimmter extremistischer Parteien, wenn es diesen gelingt, den Strom des Missbehagens über die Politik demokratischer Parteien auf ihre Mühlen zu leiten. Auf der Wählerseite setzt dies voraus, dass zur Politikverdrossenheit eine ideologische Zuneigung zu den Zielen einer extremistischen Partei tritt. Mit Blick auf die Wähler rechtsextremistischer Parteien kamen Jürgen W. Falter und Markus Klein zu folgendem Ergebnis: „Die Wähler der Republikaner und der DVU sind zwar ganz überwiegend Protestwähler; zugleich aber sind sie nach unserer Definition in ihrer großen Mehrheit Menschen mit einem relativ geschlossenen Weltbild" (Falter 1994: S. 156).

Das Urteil gilt im Kern auch für die Wähler linksextremer Parteien. Für den Parteienforscher Richard Stöss (1998) nehmen die rechtsextremen Parteien und die PDS „ähnliche Funktionen im Parteiensystem wahr". Sie bilden ein „Auffangbecken für Personen, die mit der Demokratie in der Bundesrepublik unzufrieden sind und keinen Ansprechpartner bei den etablierten Parteien finden." (S. 16).

Zugleich wiesen Stöss und andere Wissenschaftler stets darauf hin, dass sich die Weltanschauung und die soziale Basis von PDS und Rechtsextremisten deutlich unterscheiden. Ist die PDS am linken Rand des politischen Spektrums angesiedelt und repräsentiert eher gebildete und wohlhabende Schichten, so bilden die Rechtsextremisten den rechten Rand des politischen Spektrums und repräsentieren eher gering qualifizierte und einkommensschwache Schichten. Im Vergleich zur Weimarer Republik ergibt sich damit ein paradox anmutender Wandel: Arbeiter wählen überdurchschnittlich rechtsextremistische Parteien, während die PDS besonders stark im ostdeutschen Kleinbürgertum vertreten ist. Mit Blick auf die Motivation der Wähler der PDS und rechtsextremistischer Parteien kommt Stöss zu dem Ergebnis, die PDS verdanke ihre Existenz hauptsächlich den „Wendegeschädigten" im Osten, während es sich bei den Rechtsextremisten vornehmlich um „Modernisierungsverlierer" in beiden Teilen Deutschlands handele. Allerdings sind mit Blick auf den Osten Deutschlands die Kategorien „Wendegeschädigte" und „Modernisierungsverlierer" nicht trennscharf, gingen im Osten doch „Wende" und Modernisierungsschub Hand in Hand. Der Unterschied in der Motivation links- und rechtsextremer Wählergruppen dürfte zum Teil schlicht auf ideologischen Differenzen beruhen. Nur der kleine Teil der Wähler, bei dem die politische Protesthaltung stark im Vordergrund steht und die ideologische Neigung eine geringe Rolle spielt, dürfte gleichermaßen empfänglich sein für die Parolen links- und rechtsextremer Parteien.

Auch tatsächliche oder vermeintliche programmatische Defizite demokratischer Parteien in unterschiedlichen Politikfeldern können die Annahme begünstigen, dass bestimmte extremistische Parteien bessere Lösungen parat haben. So trugen tatsächliche oder vermeintliche Mängel in der Asylpolitik zum Erfolg rechtsextremistischer Parteien in den 80er Jahren bei, während tatsächliche oder vermeintliche Mängel in der Arbeits- und Sozialpolitik Anteil am Erfolg der PDS haben. Auch mit Blick auf rechtsextremistische Gewalttaten der 90er Jahre kamen die Sozialwissenschaftler Roland Eckert, Roland, Helmut Willems und Stefanie Würtz (1996) zu folgendem Ergebnis: „Eine singuläre Situation, nämlich die Überforderung der Kommunen durch zwei sich überlappende Einwanderungswellen (Aussiedler und Asylbewerber), hat zu Konflikten geführt, die nun in einer zweiten Phase die Konstitution einer fremdenfeindlichen Bewegung in Deutschland möglich machen." (S. 165).

Hat das Phänomen der Unzufriedenheit mit dem demokratischen Verfassungsstaat eine gehörige Bedeutung für die Erklärung extremistischer Einstellungen, so spielt bei Personen, die in Diktaturen lebten, auch der Grad der (rückblickenden) Zufriedenheit mit den extremistischen Machthabern eine gewichtige Rolle. So dürfte für die Erklärung rechtsextremistischer Einstellungen nach dem Zweiten Weltkrieg zunächst die bleibende Zufriedenheit eines Teils der Bevölkerung mit der nationalsozialistischen Diktatur verantwortlich gewesen sein. Unter den Bedingungen einer rechtsextremen Diktatur beginnen mehr Menschen, rechtsextremistisch zu denken als unter den Bedingungen eines demokratischen Verfassungsstaates. Das gleiche gilt für linksextremistische Diktaturen. Es mag banal erscheinen und wird möglicherweise auch deshalb in der Forschung kaum erwähnt: Die Ausgestaltung der Staatsstrukturen (extremistisch oder demokratisch) ist von grundlegender Bedeutung für das Ausmaß der Verbreitung extremistischer Einstellungen und Handlungen. Das Sein beeinflusst das Bewusstsein wesentlich.

Die extremistischen Einstellungen zu Diktaturzeiten haben zudem ein Nachleben. Gegenwärtig kursiert in der Rechtsextremismusforschung die These, ein im Vergleich zu Westdeutschland überdurchschnittlich verbreitetes fremdenfeindliches und/oder rechtsextremistisches Denken und Handeln in Ostdeutschland wurzele in den autoritären Gesellschaftsstrukturen der DDR und vor allem in ihrem Erziehungssystem. So behauptet Harry Waibel in seiner Studie zum Rechtsextremismus in der DDR: „Die autoritäre Struktur der DDR, besonders wirksam gegenüber der Jugend, war nachgerade eine ihrer spezifischen Voraussetzungen, damit Jugendliche fremdenfeindliche bzw. profaschistische Einstellungen übernehmen konnten" (1996: S. 196). Der ostdeutsche Erziehungswissenschaftler Wilfried Schubarth (1993) sieht u.a. folgende Bedingungen in der DDR als „extremismusfördernd" an: einen ausgeprägten Dualismus und Absolutheitsanspruch in der Ideologie, die Schädigung der Diskursfähigkeit der Bürger durch das Unterdrücken einer angstfreien Meinungsbildung, die Tolerierung und Förderung gewisser Tendenzen nationaler Überheblichkeit, zum Beispiel gegenüber den Polen.

Vertreter der politischen Kulturforschung, u.a. Martin und Sylvia Greiffenhagen (1993), stellten eine Bewahrung einer obrigkeitsstaatlichen politischen Kultur in der DDR bis zu ihrem Ende fest. Die Bundesrepublik hatte sich im Unterschied dazu in den 60er Jahren zu einer liberalen „civic culture" (Zivilkultur) gewandelt. Die These des Einflusses der politischen Strukturen auf die Einstellungen der Bürger ist triftig. Aber schwenkt der Blick nicht in die falsche Ecke? Das Ausmaß rechtsextremistischer Einstellungen unterscheidet sich zwischen Ost- und Westdeutschland nicht grundlegend. Weit unterschiedlicher ist die Verbreitung linksextremistischer Einstellungen. Es ist wahrscheinlich, dass dies teilweise auf eine rückblickende Zufriedenheit eines Teils der ostdeutschen Bevölkerung mit den politischen Strukturen der DDR zurückzuführen ist. Die DDR zielte schließlich auch nicht auf die Verankerung rechts-, sondern linksextremistischer Einstellungen. Bei der Mehrheit der PDS-Mitglieder und bei vielen Wählern herrscht ein DDR-Bild vor, das weit mehr positive als negative Züge hat. Während Westdeutsche die PDS überwiegend als linksextremistisch wahrnehmen, sehen Ostdeutsche sie als „normale" Partei an.

10.3 Psychologische Faktoren

Die unter Leitung von Theodor Adorno und Max Horkheimer entstandenen „Studien zum autoritären Charakter" (1982) basierten auf der Hypothese, dass „die politischen, wirtschaftlichen und gesellschaftlichen Überzeugungen eines Individuums häufig ein umfassendes und kohärentes, gleichsam durch eine ‚Mentalität' oder einen Geist zusammengehaltenes Denkmuster bilden, und dass dieses Denkmuster Ausdruck verborgener Züge der individuellen Charakterstruktur ist" (S. 1). Ziel der Untersuchung war es, zu erklären, wie antidemokratisches Denken zustande kommt. Die Wurzeln des Ansatzes liegen im Marxismus und in der Psychoanalyse. Ein Vorläufer der Arbeiten der Frankfurter Schule ist Wilhelm Reichs „Massenpsychologie des Faschismus". Er war der Ansicht, im Kleinbürgertum und in beträchtlichen Teilen des „Proletariats" werde die freie Sexualität des Kindes durch autoritäre Erziehung unterdrückt. Dies bereite den Boden für den Faschismus, der ein ideologisches Aufbäumen einer sexuell wie wirtschaftlich todkranken Gesellschaft gegen die Befreiung von Sexualität und Wirtschaft sei. Die Vertreter der Frankfurter Schule argumentierten demgegenüber differenzierter und sahen den Bolschewismus keineswegs mehr wie Reich als positives Gegenbild des Faschismus.

Laut der so genannten Faschismus-Skala" der Berkeley-Gruppe um A-dorno und Horkheimer hat eine autoritäre Persönlichkeit folgende Eigenschaften: „a) Konventionalismus. Starre Bindung an die Werte des Mittelstands. b) Autoritäre Unterwürfigkeit. Unkritische Unterwerfung unter Autoritäten der Eigengruppe. c) Autoritäre Aggression. Tendenz, nach Menschen Ausschau zu halten, die konventionelle Werte missachten, um sie verurteilen, ablehnen und bestrafen zu können. d) Anti-Intrazeption. Abwehr des Subjektiven, des Phantasievollen, Sensiblen. e) Aberglaube und Stereotypie. Glaube an die mystische Bestimmung des eigenen Schicksals; die Disposition in rigiden Kategorien zu denken. f) Machtdenken und 'Kraftmeierei'. Denken in Dimensionen wie Herrschaft – Unterwerfung [...] g) Destruktivität und Zynismus. Allgemeine Feindseligkeit, Diffamierung des Menschlichen. h) Projektivität. Disposition, an wüste und gefährliche Vorgänge in der Welt zu glauben; die Projektion unbewußter Triebimpulse auf die Außenwelt. h) Sexualität. Übertriebene Beschäftigung mit sexuellen 'Vorgängen'" (Adorno 1973: S. 45).

In die Umgangssprache lässt sich der Begriff „autoritäre Persönlichkeit" mit „Radfahrer" übersetzen: Er buckelt nach oben und tritt nach unten. Um der Vorliebe für das „Radfahren" auf die Schliche zu kommen, entwickelte die Berkeley-Gruppe umfangreiche Fragenkataloge. Wer etwa die Aussage „Muße ist zwar eine feine Sache, aber gute harte Arbeit macht das Leben erst interessant und der Mühe wert" unterstützte, verbuchte Punkte auf dem „Konto" für „Konventionalismus" und „Anti-Intrazeption". Nach Ansicht der Gruppe um Adorno und Horkheimer neigten die am stärksten Angepassten zu den meisten Vorurteilen. Wer folgende Behauptung unterstützte, bewegte sich in Richtung „Destruktivität und Zynismus": „Es wird immer Kriege geben, die Menschen sind nun einmal so." Als problematisch galten derartige Äußerungen, weil nach Ansicht der Forscher Personen, die glaubten, Aggressionen lägen in der Natur des Menschen, diese Aggressionen höchst ungezwungen an den Tag lägen würden. Kurz: Wer denkt, die Welt ist gewalttätig, der ist (potentiell) gewalttätig. Unklar bleibt auch, warum eine aus Sicht der Forscher übertriebene Beschäftigung mit sexuellen Vorgängen ein autoritärer Charakterzug sein soll. Die Studie wimmelt von Klischees, die keineswegs als gesichertes Faktenwissen gelten können. Unabhängig von der teilweise problematischen Umsetzung des Forschungsvorhabens der Berkeley-Gruppe um Adorno hat der Ansatz die Extremismusforschung wesentlich befruchtet.

Hans Jürgen Eysenck (1954) und Milton Rokeach, Milton (1960) befanden, dass der Grad des „Autoritarismus" oder „Dogmatismus" einer Person unabhängig ist von ihrer Verortung auf der Links-Rechts-Skala. Adorno stellte in seinem Aufsatz 1959 im Gegensatz zu bereits damals kursierenden Fehlinterpretationen des Ansatzes umgekehrt klar, dass autoritäre Charaktere anfällig für die linke wie die rechte Form des Totalitarismus, für Faschismus wie Kommunismus, seien. Die Schwankungen der „Millionen von Wählern von 1933 zwischen der nationalsozialistischen und kommunistischen Partei" seien „sozialpsychologisch kein Zufall" (Adorno 1971: S. 132). Der Politikwissenschaftler Siegfried Schumann (1986) kam zu dem Ergebnis, dass Links- und Rechtsextremisten eine Ängstlichkeit angesichts gesellschaftlicher Umbruchprozesse gemeinsam sei. Linksextreme verarbeiteten diese aber eher intellektuell, Rechtsextreme setzten auf Vermeidungsstrategien.

Ein autoritärer Charakter lässt sich als extremistischer Charakter bezeichnen. Mithin wird in den „Studien zum autoritären Charakter" nicht die Ansicht vertreten, die autoritäre Charakterstruktur sei eine Ursache des Faschismus oder Rechtsextremismus. Diese Behauptung wäre nämlich tautologisch. Als verantwortlich gelten vielmehr jene Bedingungen, die zur Ausbildung autoritärer Charaktere führen. Nach der Ansicht Adornos und seiner Mitstreiter hängt die „Entfaltung des Charakters" entscheidend vom „Verlauf der Erziehung und von seiner häuslichen Umwelt" ab, die wiederum zutiefst „von ökonomischen und sozialen Faktoren geprägt sind" (Adorno 1973: S. 7). Als Ursachen für die Herausbildung autoritärer Charaktere gilt Adorno und Horkheimer konkret eine autoritäre, von der „kapitalistischen" Gesellschaftsstruktur geprägte familiäre Erziehung.

Eine gewisse Gegenposition zu Adorno vertritt der Politikwissenschaftler Claus Leggewie in seinem „Plädoyer eines Antiautoritären für Autorität" (Zeit vom 5. März 1993). Nach einigen Missverständnissen erläuterte er seine Position dahingehend, dass er weder eine antiautoritäre Erziehung im Sinne der 68er noch eine autoritäre für problematisch hält, sondern vielmehr die Nicht-Erziehung, die Vernachlässigung des Nachwuchses. Die rechtsextremen Gewalttäter seien „Erziehungswaisen", denen niemand die erforderlichen Leitlinien ihres Lebens vorgezeichnet habe. Zur Zurückdrängung rechtsextremistischer Einstellungen ist demnach die erzieherische Vermittlung sozialer Tugenden notwendig (Leggewie 1993: S. 64-67).

Vielfach wurde Leggewies Deutungsmuster in einen Gegensatz zu der These einer höheren Verbreitung rechtsextremistischer Einstellungen in Ostdeutschland als Folge einer autoritären Erziehung gesetzt. So erklärte Roland Merten: „Wenn aus dem Umstand, dass Rechtsextremismus aus fehlender Autorität (West) und vorhandener Autorität (Ost) in der Erziehung gleichermaßen resultieren, dann ist dieser Satz logisch widersprüchlich, mithin falsch" (Merten 1993: S. 140).

Leggewies viel kritisierte These steht aber durchaus im Einklang mit der neueren Autoritarismusforschung. So vertritt auch Christel Hopf die Ansicht, dass vor allem diejenigen zur Herausbildung autoritärer und rechtsextremistischer Einstellungen neigen, die in der frühen Kindheit zu keiner Bezugsperson eine stabile Bindung aufbauen konnten (Hopf 1993; Hopf 1995). Es sollte zudem nicht übersehen werden, dass sich das Argument mit Blick auf den Westen auf die Ebene der Familie, mit Blick auf den Osten auf die Ebene des Staates bezieht. Die beiden Thesen lassen sich daher auch als einander ergänzend auffassen. Vernachlässigung von Kindern durch ihre Familie gab es nämlich in der DDR ebenso wie in der Bundesrepublik. Gerade bei diesen familiären „Erziehungswaisen" könnte wiederum die Vermittlung autoritärer Werte durch den Staat besonders gut gegriffen haben.

Die Forschungstradition, die den frühkindlichen Prägungen entscheidende Bedeutung beimisst, widmet sich keineswegs nur dem rechtsextremen Denken. So betonte Christa Meves mit Blick auf den Linksterrorismus der 70er Jahre die Bedeutung von „Kernneurosen", die bis zum fünften Lebensjahr entständen. Nach ihrer Auffassung hat die mangelnde Befriedigung „biologische[r] Grundbedürfnisse nach Nahrung, Bindung, Geborgenheit, Sexualität und Selbstbehauptung" (Meves 1978: S. 70) in der Nachkriegszeit die terroristische Entwicklung hervorgebracht. Die Psychoanalytikerin hat allerdings nicht versucht, ihre Thesen empirisch anhand der Untersuchung terroristischer Biographien zu überprüfen.

10.4 Fazit

Extremismusforschung kann sich nicht mit einem einzelnen Forschungsansatz zur Erklärung extremistischer Einstellungen begnügen. In der Wirklichkeit vermengen sich soziale, ökonomische, politische und persönlichkeitsorientierte Gründe. So kann wirtschaftlicher Abschwung zum Aufschwung des politischen Extremismus führen. Auch ein Übermaß an politischen Skandalen demokratischer Parteien wie in der Weimarer Republik dürfte zu einer verstärkten Hinwendung zum Extremismus führen. Nicht jedes Individuum ist aber gleichermaßen anfällig für extremistische Einstellungen. Persönliche Misserfolge im Leben können ebenso wie Erziehungsdefizite zu einer Verstärkung der Neigung hin zu den Extremen führen. Eine genaue Gewichtung der verschiedenen Faktoren und ihr Verhältnis zueinander sind auf der Grundlage des Forschungsstandes kaum vorzunehmen. Ein Grundproblem der Extremismusforschung ist, dass viele erklärende Thesen aufgestellt werden, bislang aber keine umfassenden Studien existieren, die empirisch die Bedeutung der verschiedenen Erklärungsfaktoren geprüft hätte. Vielfach werden gängige Interpretationsmuster auch kaum noch kritisch in Frage gestellt. So spricht etwa empirisch gegen die verbreitete These, dass die zunehmende Auflösung sozialer Bindungen die Verbreitung des Rechtsextremismus fördere, dass dieser in der Weimarer Republik in Deutschland weit stärker war als gegenwärtig. Zu jener Zeit waren die traditionellen Bindungen aber noch sehr stark (Winkler 1996: S. 42).

Fraglich ist, ob es angesichts der Komplexität des politischen Extremismus einen Erklärungsansatz für alle Phänomene geben kann. So ist etwa zu ergründen, ob die bisherigen, überwiegend mit Blick auf den Rechtsextremismus entwickelten Erklärungsansätze, geeignet sind auch zur Erklärung des Linksextremismus und des Islamismus beizutragen. Es dürfte sich bei näherem Hinsehen herausstellen, dass es übergreifende Teile einer Erklärung extremistischen Handelns gibt. Weil es jedoch kaum stets nur Zufall ist, dass die Person A Linksextremist wird, die Person B dagegen Rechtsextremist, muss es Elemente geben, die nur zur Erklärung von Rechts- oder Linksextremismus taugen.

Zunächst sollte bei den Versuchen der Errichtung einer Theorie des politischen Extremismus zwischen zwei Ebenen unterschieden werden, zwischen der Ebene der Einstellungen von Personen als Nachfrageseite und der Angebotsseite der extremistischen Bewegungen, die durch den Gewinn von Parlamentssitzen oder auch den Einsatz von Gewalt, die bestehenden Verhältnisse verändern wollen. Ob die Nachfrager das extremistische Angebot annehmen, hängt dabei auch davon ab, ob die extremistische Bewegung über ein für die Wählerschaft attraktives Führungspersonal verfügt und glaubwürdig versichern kann, die angestrebten politischen Ziele auch zu erreichen oder ihnen zumindest näher zu kommen. Extremistische Einstellungen führen also nicht zwingend zur Wahl extremistischer Parteien und die Wahl geht wiederum eher selten einher mit dem Begehen extremistisch motivierter Straftaten. Neben dem Ideengut einer Person kommt es demnach auf der Nachfrageseite darauf an, welche Mittel zur Veränderung der politischen Situation sie für legitim hält. Die Einstellung zur Legitimität gewaltsamer Mittel dürfte vom Grad der politischen Unzufriedenheit einer Person abhängen. Je unzufriedener die Person, desto größer dürfte die Neigung sein, auch den Einsatz von illegalen Mitteln zur Veränderung der Situation zu befürworten. Ob eine Person diese wiederum selbst einsetzt, dürfte nicht zuletzt davon abhängen, ob sie alt oder jung, weiblich oder männlich ist.

Auch in der Gruppe der jungen Männer ist die Neigung zum Einsatz von Gewalt bei gleichen politischen Einstellungen und Rahmenbedingungen unterschiedlich ausgeprägt. Die fremdenfeindlichen Gewalttäter haben überwiegend bereits früh in ihrem Leben eine Gewaltneigung gezeigt. Sie haben häufig eine gestörte Gefühlswelt, die von einem grundlegenden Misstrauen gegenüber allem Fremden bestimmt ist (Wahl 2003: S. 93 f, S. 266 f). Politische Parolen dienen diesen Tätern auch dazu, dass eigene gewalttätige Verhalten zu kanalisieren und gegenüber dem sozialen Umfeld zu rechtfertigen. Bei Rechts- und Linksterroristen gründet dagegen in der Regel die Gewaltbereitschaft im bedingungslosen Glauben an deren Notwendigkeit zur Veränderung der politischen Situation im Sinne der eigenen Einstellungen. Das Gewaltverhalten von fremdenfeindlichen Tätern ist impulsiv, dass von Terroristen dagegen instrumentell.

Die Kluft zwischen Einstellungs- und Wählerpotential extremistischer Parteien liegt wesentlich begründet in der Integrationskraft demokratischer Parteien und dem Effekt der Stigmatisierung extremistischer Parteien. Einer extremistischen Partei dürfte es um so eher gelingen, möglichst viele Bürger mit entsprechenden Einstellungen an sich zu binden, je besser es ihr gelingt, das Stigma abzulegen. Die Wahlerfolge der PDS im Osten Deutschlands sind nicht zuletzt darauf zurückzuführen, dass sie dort eben nicht als extremistische, sondern als demokratische Partei wahrgenommen wird.

11. Streitbarer Demokratieschutz

11.1 Theorie

Zur Bezeichnung des bundesdeutschen Demokratieschutzkonzepts hat sich die Wendung „streitbare Demokratie" durchgesetzt. Sie findet sich erstmals in der Begründung des KPD-Verbots 1956. Das Konzept verkörpert den „Versuch einer Synthese zwischen dem Prinzip der Toleranz gegenüber allen politischen Auffassungen und dem Bekenntnis zu gewissen unantastbaren Grundwerten der Staatsordnung" (Bundesverfassungsgericht, Bd. 5: S. 139). Das Schutzobjekt der streitbaren Demokratie ist die freiheitlich-demokratische Grundordnung der Bundesrepublik. Diese wurde erstmals 1952 im Prozess des Verbots der SRP durch das Bundesverfassungsgericht definiert: „Achtung vor den im Grundgesetz konkretisierten Menschenrechten, vor allem vor dem Recht der Persönlichkeit auf Leben und freie Entfaltung; die Volkssouveränität; die Verantwortung der Regierung gegenüber der Volksvertretung; die Gesetzmäßigkeit der Verwaltung; die Unabhängigkeit der Gerichte; das Mehrparteienprinzip; die Chancengleichheit für alle politischen Parteien mit dem Recht auf verfassungsmäßige Bildung und Ausbildung einer Opposition" (Bundesverfassungsgericht, Bd. 2: S. 12 f).

Ohne das Scheitern der werterelativistischen Weimarer Demokratie ist der streitbare Charakter der zweiten deutschen Demokratie nicht erklärbar. Der berühmte Verfassungsrechtler Karl Loewenstein diktierte: „Die Demokratie war von Anfang an zum Scheitern verurteilt, weil sie pazifistisch statt militant war" (Loewenstein 1935: S. 580). Alle Artikel der Weimarer Verfassung konnte das Parlament mit Zweidrittelmehrheit ändern. Führende Verfassungsrechtler der Weimarer Republik wie Hans Kelsen und Gustav Radbruch vertraten die Ansicht, die Demokratie setze den Werterelativismus voraus. Jedermanns politische Meinung habe die gleiche Achtung verdient.

Schon unter dem drohenden Schatten des Untergangs der Weimarer Republik brachte Hans Kelsen 1932 diese Ansicht in typischer Weise zum Ausdruck: „Bleibt [die Demokratie] sich selbst treu, muss sie auch eine auf Vernichtung der Demokratie gerichtete Bewegung dulden, muss ihr wie jeder anderen politischen Überzeugung die gleiche Entwicklungsmöglichkeit gewähren" (Kelsen 1967).

Extremistische Gegner der Weimarer Republik wie Joseph Goebbels höhnten über diese Haltung: „Wir werden Reichstagsabgeordnete, um die Weimarer Gesinnung mit ihrer eigenen Unterstützung lahm zu legen. Wenn die Demokratie so dumm ist, uns für diesen Bärendienst Freifahrkarten und Diäten zu geben, so ist das ihre eigene Sache" (zit. nach Tormin 1973: S. 204). Kommunisten vertreten die gleiche Haltung zum Parlamentarismus. So verkündete Wladimir Lenin, die Beteiligung an „bürgerlich-demokratischen Parlamenten" erleichtere es, „den rückständigen Massen zu beweisen, weshalb solche Parlamente auseinandergejagt zu werden, verdienen" (1954: S. 706).

Entgegen verbreiteter Ansicht war die Weimarer Republik gegen solche Bestrebungen nicht ganz wehrlos. So konnten nicht nur politisch motivierte Gewalttaten bestraft werden, sondern es bestand die Möglichkeit des Verbots von republikfeindlichen Publikationen, Vereinigungen und Versammlungen (Gusy 1991). Das Problem der Weimarer Republik dürfte weniger das Fehlen staatlicher Demokratieschutzvorrichtungen gewesen sein als vielmehr das Fehlen einer demokratischen Bevölkerungsmehrheit.

Nicht nur in Deutschland, sondern auch in anderen Demokratien existieren Mechanismen, um die Demokratie gegen ihre Feinde zu schützen. Vergleicht man den Staatsschutz von Diktaturen mit jenem der demokratischen Verfassungsstaaten, zeigt sich, wie bedächtig Demokratien mit Regimegegnern umgehen. Allerdings existiert ein spezifisch „demokratisches Dilemma": Bekämpft der demokratische Verfassungsstaat aggressiv politische Extremisten, zerstört er die Freiheit; lässt er sie ohne jede Einschränkung gewähren, zerstören sie die Freiheit.

Das Modell der streitbaren Demokratie ist eine besondere Form des Demokratieschutzes, nicht nur im Vergleich zu Weimar. Wie allen anderen Schutzkonzeptionen westlicher Demokratien sind ihr die Elemente der Wertgebundenheit und der Abwehrbereitschaft eigen. Die Wertgebundenheit zeigt sich am deutlichsten in der „Ewigkeitsklausel" in Art. 79 Abs. 3 des Grundgesetzes. Diese entzieht vor allem die in Art. 1 GG verankerten Menschenrechte sowie die in Art. 20 festgelegten obersten Verfassungsprinzipien – Demokratie, Rechtsstaatlichkeit, Föderalismus und Sozialstaatlichkeit – der politischen Veränderung. Der „Allgemeine Redaktionsausschuss des Parlamentarischen Rates" erklärte dazu: „Diese Bestimmung soll zum Ausdruck bringen, dass dieses Grundgesetz nicht die Hand bieten darf zu seiner eigenen Totalbeseitigung oder -vernichtung, insbesondere dazu, dass [gegebenenfalls] eine revolutionäre antidemokratische Bewegung mit demokratischen Mitteln auf scheinbar ‚legalem' Wege die hier normierte demokratisch-rechtstaatliche Grundordnung ins Gegenteil verkehrt" (Jahrbuch des Öffentlichen Rechts 1 1951: S. 586).

Gegen die „Ewigkeitsklausel" trugen Kritiker zwei Einwände vor: 1. Durch die Regelung wird die Volkssouveränität unzulässig beschränkt; 2. Gelangen Extremisten erst einmal an die Macht, scheuen sie sich wohl kaum vor einer Verletzung der papierenen „Ewigkeitsklausel". Beide Argumente überzeugen kaum. Der Sinn der Wertgebundenheit ist es gerade, ein Minimum an Werten zu schützen, ohne die ein demokratischer Verfassungsstaat undenkbar ist. Die Abschaffung der Prinzipien Demokratie und Rechtsstaatlichkeit hätte zwangsläufig die Aushöhlung der Volkssouveränität zur Folge. Gehen Extremisten trotz der Wertgebundenheit der Verfassung diesen Schritt, signalisieren sie damit offen, dass sie den demokratischen Verfassungsstaat beseitigen. Ab diesem Zeitpunkt haben Demokraten ein Recht auf Widerstand, weil es nun keine Möglichkeit mehr gibt, die extremistischen Machthaber friedlich abzulösen (Art. 20, Abs. 4 GG).

Die Besonderheit des deutschen Konzepts ist, dass sich die streitbare Demokratie ihren Gegnern nicht erst dann entgegenstellt, wenn sie Gesetze übertreten, sondern bereits wenn sie die fundamentale Ablehnung des demokratischen Verfassungsstaates und seiner grundlegenden Werte kundtun. So sind im Grundgesetz die Möglichkeit des Verbots gegen die Verfassung gerichteter Vereine (Art. 9, Abs. 2 GG) und von Parteien (Art. 21, Abs. 2 GG) sowie der Verwirkung der Grundrechte von Individuen (Art. 18 GG) verankert. Regierungen von Bund und Ländern können Vereinigungen verbieten, wenn sie Strafgesetze übertreten und/oder sich gegen die freiheitlich-demokratische Grundordnung richten. Personen, die ihre Grundrechte zum Kampf gegen den demokratischen Verfassungsstaat nutzen, laufen Gefahr, dass ein Teil ihrer Grundrechte (u.a. aktives und passives Wahlrecht, Freiheit der Meinungsäußerung, die Versammlungsfreiheit, das Briefgeheimnis) durch eine Entscheidung des Bundesverfassungsgerichts aufgehoben wird. Parteien können durch das Bundesverfassungsgericht verboten werden, wenn ihre ideologische Ausrichtung und/oder Aktionen ihrer Mitglieder sich gegen die freiheitlich-demokratische Grundordnung richten.

In dem Urteil zum KPD-Verbot erläuterten die Bundesverfassungsrichter, wann Parteienverbot geboten sei: „Eine Partei ist nicht schon dann verfassungswidrig, wenn sie die obersten Prinzipien einer freiheitlichen demokratischen Grundordnung nicht anerkennt; es muss vielmehr eine aktiv kämpferische, aggressive Haltung gegenüber der bestehenden Ordnung hinzukommen. „Es genüge dabei, wenn der politische Kurs der Partei auf die Bekämpfung der freiheitlichen demokratischen Grundordnung gerichtet ist" (Entscheidungen des Bundesverfassungsgerichts, Bd. 5: S. 375). Im Verfahren gegen die KPD stellte das Bundesverfassungsgericht auf der Grundlage der in den 50er Jahre vorherrschenden Interpretation der streitbaren Demokratie klar: „Eine Partei [...] kann auch dann verfassungswidrig sein, wenn nach menschlichem Ermessen keine Aussicht darauf besteht, dass sie ihre verfassungswidrige Absicht in absehbarer Zukunft werde verwirklichen können" (Entscheidungen des Bundesverfassungsgerichts, Bd. 5: S. 143).

Zu den Vorkehrungen der streitbaren Demokratie zählt auch der im Rahmen der Notstandsgesetzgebung eingeführte Art. 20 Abs. 4 des GG, der jedem Deutschen das Recht auf Widerstand bescheinigt gegen jeden Versuch, die demokratische Grundordnung zu beseitigen, sobald keine andere Möglichkeit mehr besteht, dies zu verhindern. Paradoxerweise berufen sich inzwischen ab und an Extremisten von links und rechts auf diesen Artikel, um ihr angebliches Widerstandsrecht gegen die aus ihrer Sicht undemokratische Bundesrepublik Deutschland auszuüben. Weiterhin sieht Art. 91 GG vor, dass zum Schutze der demokratischen Ordnung des Bundes oder eines Landes Polizeikräfte anderer Länder sowie Kräfte und Einrichtungen anderer Verwaltungen sowie des Bundesgrenzschutzes angefordert werden können.

Kritiker der streitbaren Demokratie ziehen in der Regel nicht gegen den Demokratieschutz an sich, sondern gegen dessen Vorverlagerung zu Felde (Jaschke 2001: S. 145). Für Claus Leggewie und Horst Meier (1995) soll sich der Demokratieschutz im Kern nur noch gegen jene Gruppen richten, die extreme, illegale Mittel zur Verwirklichung ihrer politischen Ziele nutzen, nicht mehr aber gegen extremistische Gruppen, die keine Strafgesetze verletzen. Diese Grenze befreie davon, „im freiheitlich demokratischen Nebel ‚verfassungswidriger', ‚verfassungsfeindlicher' Ziele und Gesinnungen herumzustochern" (S. 18). Die staatlich nicht gezügelte Konkurrenz politischer Ideen sei nämlich das „Lebenselixier der Demokratie" (S. 20). Die Positionen von Befürwortern und Gegnern des Konzepts der streitbaren Demokratie gehen weniger weit auseinander als es auf den ersten Blick den Anschein hat. Auch Befürworter einer Vorverlagerung des Demokratieschutzes wie die Extremismusforscher Uwe Backes und Eckhard Jesse (1996) mahnen zu einem sehr behutsamen Umgang mit den Demokratieschutzinstrumenten. Auf der anderen Seite soll die von Leggewie und Meier anvisierte „antinazistische Grundordnung" auch stets Nationalsozialisten in den Blick nehmen, ob diese Gewalt anwenden oder nicht. Das ist widersprüchlich. Auch zukünftig bleibt aber darüber zu streiten, ob die von Leggewie und Meier als „Problemfälle der Demokratie" benannten Parteien REP und PDS vom Verfassungsschutz beobachtet werden sollten. Ihr beachtenswertes Gegenargument lautet, dass im Falle der PDS dem „Gemisch aus sturen Nostalgikern, heimatlosen Fundis und blanken Opportunisten" nichts Besseres habe passieren können, als dass scheinbar „aus der Verfolger-Partei ein Haufen Verfolgter wird" (S. 125).

Die Verfassungsschutzbehörden des Bundes und der Länder leisten einen wesentlichen Beitrag zum Demokratieschutz. Ihre Tätigkeit wurzelt im Art. 73 GG. Sie haben keinerlei exekutive Befugnisse, das heißt, ein Verfassungsschutzbeamter darf keinen Extremisten festnehmen. Vielmehr sollen sie Informationen über extremistische Bestrebungen von links und rechts, aber auch über alle sonstigen sicherheitsgefährdenden oder geheimdienstlichen Tätigkeiten in Deutschland sammeln und auswerten. Der Verfassungsschutz ist weiterhin zuständig für die Sicherheitsüberprüfung von Personen, denen im öffentlichen Dienst geheimhaltungsbedürftige Informationen anvertraut werden sowie deren Lebenspartnern. Der Verfassungsschutz versteht sich selbst als ein „Frühwarnsystem" für Gefährdungen der inneren Sicherheit. Die Adressaten der Arbeit des Verfassungsschutzes sind zunächst die Innenministerien, bei dem Hinweis auf strafrechtliche Delikte die Polizei und mittels der Verfassungsschutzberichte und sonstiger Publikationen die Öffentlichkeit.

Die meisten Informationen gewinnen die Verfassungsschutzbehörden aus der Auswertung öffentlich zugänglicher Materialien wie der Schriften extremistischer Parteien und Bewegungen. Nur wenn Anhaltspunkte für Bestrebungen gegen die demokratische Grundordnung vorliegen und andere Wege zur Ermittlung von Kenntnissen keinen Erfolg versprechen, dürfen sich die Ämter nachrichtendienstlicher Mittel bedienen. Zu den Instrumenten gehören der Einsatz geheimer Informanten, (verdeckte) Beobachtungen, Bild- und Tonaufzeichnungen (außerhalb von Wohnungen) sowie die Überwachung des Brief-, Post- und Fernmeldeverkehrs. Eine grundsätzliche Problematik stellt der Einsatz von Vertrauensleuten des Verfassungsschutzes (V-Leute) in extremistischen Organisationen oder Bewegungen dar. Selten dürfte eine absolute Verlässlichkeit der Informanten gewährt sein, weil meist Zweifel bleiben, ob diese der extremistischen Organisation oder dem demokratischen Staat treu sind. Auch wenn die Zusammenarbeit zunächst reibungslos verläuft, birgt spätestens die Einleitung eines Verbots gegen die Organisation große Risiken. So führte Anfang 2002 die Enttarnung von Wolfgang Frenz, der über 30 Jahre Informationen über die NPD an den Bundesverfassungsschutz geliefert hatte, zu einer schweren Beeinträchtigung des

Verbotverfahrens. Frenz war vom Bundesverfassungsgericht als Zeuge geladen worden und niemand hatte den Richtern die Doppelfunktion des Zeugen enthüllt. Der Imageverlust für den Bundesinnenminister Otto Schily wie für die Verfassungsschutzbehörden war groß. Bald musste offenbart werden, dass noch weitere Aktivisten der NPD, u.a. Udo Holtmann, der NPD-Landeschef von Nordrhein-Westfalen, Dienste für den Verfassungsschutz leisteten. Brisant war dies nicht zuletzt, weil die Verbotsanträge auch Zitate von Frenz und Holtmann als Beleg für die Verfassungsfeindlichkeit der NPD anführten. Zunächst verschob das Bundesverfassungsgericht im Frühjahr 2001 die Eröffnung der Hauptverhandlung und stoppte schließlich im Frühjahr 2003 das Verfahren wegen des V-Mann-Skandals.

Neben dem verfassungsrechtlichen gibt es den strafrechtlichen Demokratieschutz. Nun gelten in einem Rechtsstaat selbstverständlich alle Delikte gleichermaßen für Demokraten wie Extremisten. Verboten sind laut Paragraph 84 und 85 des Strafgesetzbuches zudem die Fortführung verbotener Parteien und Vereine. Darüber hinaus gibt es so genannte „Propagandadelikte". Paragraph 86 verbietet die Verbreitung und Verwendung von Kennzeichen wie Schriften verfassungswidriger Organisationen. So sind das Hakenkreuz und etliche seiner Abwandlungen verboten. Auch Parolen wie „NSDAP-Verbot aufheben" stehen unter Strafe. So wurde etwa Michael Kühnen wegen der Verbreitung des Flugblatts „Initiative gegen NS-Verbot" verurteilt. Volksverhetzung wird gemäß Paragraph 130 des Strafgesetzbuches verfolgt. Darunter fällt das systematische Beschimpfen und Verleumden bestimmter Bevölkerungsgruppen. Obgleich auch die „Aufstachelung zum Rassenhass" eigentlich unter Volksverhetzung fällt, bekam dieses Delikt einen eigenen Paragraphen (131). Seit 1985 existiert als Delikt die Verleugnung oder Verharmlosung nationalsozialistischer Verbrechen (Paragraph 130, Abs. 3). Die Regierungsparteien (CDU/CSU, FDP) beschlossen das Gesetz gegen den mehrheitlichen Willen von SPD und Grünen. Die Opposition störte, dass auch die Leugnung der Vertreibungsverbrechen an Deutschen unter Strafe gestellt wurde. Das weithin unbekannte Delikt ahndeten deutsche Richter bezeichnenderweise im Unterschied zur Leugnung des Völkermords an den Juden bislang noch nie. Aber auch grundsätzlich war umstritten, ob es sinnvoll ist, die Leugnung einer Tatsache gesetzlich zu ahnden. Die Gegner argumentieren sinngemäß, es werde auch niemand bestraft, der behaupte, die Sonne drehe sich um die Erde. Unabhängig von seiner Bewertung diente das Gesetz seit seiner Einführung häufig als strafrechtliche Waffe gegen Rechtsextremisten. Wegen des Verstoßes gegen das „Auschwitz"-Gesetz wurde u.a. der ehemalige NPD-Chef Günter Deckert

verurteilt. Ein großer Prozentsatz der rechtsextremen Straftaten sind so genannte Propagandadelikte. Über den Einsatz des Mittels der (politischen)
Justiz zur Eindämmung des politischen Extremismus lässt sich trefflich
streiten, vor allem dann, wenn der Staat Sondergesetze gegen Extremisten
erlässt. Im Falle Deutschlands waren juristische Strafprozesse mit „die we-
sentlichsten Hemmfaktoren für die Entwicklung des Nachkriegsextremis-
mus" (Kalinowsky 1993: S. 516). Staatliche Repression von (gewaltbereiten)
Extremisten ist aber stets ein zweischneidiges Schwert. Maßnahmen wie
Versammlungs-, Vereinigungs- oder Parteienverbote können zu einer weiteren Radikalisierung von Extremisten beitragen. Ein Verbot verschließt für
eine Partei und ihre Mitglieder die Tür zur weiteren Teilnahme am politischen Wettbewerb. Auf diese Weise kann bei einem Teil der Mitglieder und
Anhänger der verbotenen Partei der Eindruck entstehen, er könne seine politischen Ziele nur durch eine Abwanderung in den Untergrund und den Einsatz von Gewalt erreichen (Zimmermann 1997: S. 274). In Deutschland waren solche Effekte allerdings weder nach dem Verbot der SRP noch nach
dem Verbot der KPD zu beobachten.

   Es ist fraglich, ob der Staat im Ernstfall die Demokratie gegen eine
Mehrheit der Bürger verteidigen könnte. Daher gilt in den Worten von Bundesinnenminister Otto Schily „die Bereitschaft der Bürgerinnen und Bürger,
sich für unser demokratisches System und für einen toleranten Umgang miteinander einzusetzen" als „der beste Verfassungsschutz" (Verfassungsschutzbericht 2000: S. 3). An der geistig-politischen Auseinandersetzung mit dem
politischen Extremismus beteiligen sich staatliche Institutionen mit den Verfassungsschutzberichten, einschlägigen Schriften und Seminaren der Bun-
deszentrale und der Landeszentralen für politische Bildung. Das von der
Bundesregierung im Mai 2000 initiierte „Bündnis für Demokratie und Toleranz – gegen Extremismus und Demokratie" korrespondiert mit gesellschaftlichen Initiativen, die sich mit dem politischen Extremismus auseinanderset-
zen. Die meisten Initiativen beschäftigen sich dabei mit dem Rechtsextremismus. Geraten die äußerst raren Initiativen gegen den Linksextremismus
nahezu automatisch in den Ruch des Rechtsextremismus, findet bei der Auseinandersetzung mit dem Rechtsextremismus manchmal eine problematische
„Erosion der Abgrenzung" (Rudzio 1988) zwischen demokratischen Anti-
rechtsextremisten und linksextremistischen „Antifa"-Aktivisten statt.

11.2 Praxis

Manches Instrument der streitbaren Demokratie erweist sich als „Papiertiger". Das gilt für die problematische Möglichkeit der Verwirkung von Grundrechten. Bisher stellte die Bundesregierung vier Anträge auf die Aberkennung von Grundrechten beim Bundesverfassungsgericht: 1952 gegen den Rechtsextremisten Otto Ernst Remer, 1969 gegen den Herausgeber der „Deutschen Nationalzeitung" und späteren DVU-Vorsitzenden Gerhard Frey, 1992 gegen die beiden Neonationalsozialisten Thomas Dienel, Vorsitzender der Splittervereinigung „Deutsch-Nationale Partei" und Heinz Reisz, hessischer Landesvorsitzender der „Gesinnungsgemeinschaft der Neuen Front". Keiner der Anträge hatte Erfolg. Das überholt anmutende Instrument der Grundrechtsverwirkung sollte aus dem Waffenschrank der streitbaren Demokratie entfernt werden. Es ist weder sonderlich demokratisch noch rechtsstaatlich, einem Bürger – sei er auch Extremist – Grundrechte aberkennen zu wollen.

Eine gewisse Bedeutung hatten in der politischen Praxis die Instrumente des Parteien- und Vereinigungsverbots. Beide Parteienverbote fallen ins erste Jahrzehnt der Geschichte der Bundesrepublik Deutschland. Die rechtsextremistische SRP wurde 1952, die linksextremistische KPD 1956 verboten. Während der Niedergang der KPD bereits vor dem Verbot einsetzte, traf die Maßnahme die SRP noch in der Phase des Aufschwungs. Die Anwendung des Instruments des Parteiverbots gegen die KPD stieß im antitotalitär geprägten Klima der 50er Jahre kaum auf Kritik, jenes gegen die SRP auf gar keine.

In den ersten 15 Jahren der Bundesrepublik bis zur Verabschiedung des Vereinsgesetzes 1964 wurde auf der Grundlage von Art. 9, Abs. 2 GG auch das demokratische „Schutzschild" des Vereinigungsverbots restriktiv eingesetzt. 328 Verbote sprach der Staat zwischen 1949 und 1964 aus. Die Maßnahmen trafen allerdings nur 40 links- und 24 rechtsextremistische Gruppierungen. Die weit höhere Gesamtzahl kommt dadurch zustande, dass eine Vereinigung, die in mehreren Ländern aktiv war, von allen betroffenen Ländern einzeln verboten wurde. Einige Verbote siedelten gar auf der Ebene der Regierungspräsidien. So vereinte beispielsweise allein die „Gesellschaft für deutsch-sowjetische Freundschaft" 19 Verbotsverfügungen auf sich. Das Ausmaß der staatlichen Restriktionen gegen extremistische Kleinstgruppen war kein Ruhmesblatt für die Bundesrepublik. Besonders der staatliche Umgang mit Kommunisten in der Hochphase des Kalten Krieges erscheint bedenklich (Brünneck 1978).

In den Anfangsjahren der Republik herrschte noch die Ansicht vor, sobald die Kriterien für ein Verbot erfüllt seien, müssten die Werkzeuge zum Schutz der Verfassung auch genutzt werden (Legalitätsprinzip). In den 60er Jahren gewann das Argument Oberwasser, bei einer Erfüllung der Kriterien müsse nicht zwangsläufig ein Verbot beantragt werden, sondern nur dann, wenn dies aufgrund der Gefährdung des demokratischen Verfassungsstaats notwendig erschien (Opportunitätsprinzip). In der Tat ist es kaum sinnvoll, mit Kanonen auf Spatzen zu schießen, zumal es dadurch Extremisten erleichtert wird, sich zu „Märtyrern" zu stilisieren.

Seit den 50er Jahren wurde keine Partei mehr verboten, wenn es auch mit Blick auf die NPD in den 60er und die REP in den 80er Jahren immer wieder Verbotsdiskussionen gab. Erst nach dem Mordanschlag von Mölln im November 1992 holte der Staat die Waffen der streitbaren Demokratie aus dem Schrank, um der Welle fremdenfeindlicher Gewalttaten Einhalt zu gebieten. Ende 1993 stellte die Bundesregierung einen Verbotsantrag gegen die neonationalsozialistische FAP mit ihrem Anführer Friedhelm Busse. Im gleichen Jahr reichte der Hamburger Senat einen Verbotsantrag gegen die ebenfalls neonationalsozialistische „Nationale Liste" (NL) Christian Worchs ein. Das Bundesverfassungsgericht erklärte sich im Februar 1995 für nicht zuständig, weil weder FAP noch NL Parteien im Sinne des Parteiengesetzes seien. Ihnen mangele es nämlich an Organisationsdichte wie an Resonanz in der Bevölkerung. Der Bundesinnenminister verbot FAP und NL nun als extremistische Vereinigungen.

Waren die Parteiverbote der 50er Jahre kaum umstritten, so erregte das Verbotverfahren gegen die NPD die Gemüter. Unter Demokraten herrschte Einigkeit darüber, dass es sich bei der NPD um eine antidemokratische Partei handelt; streiten ließ sich demgegenüber darüber, ob es notwendig und sinnvoll ist, sie zu verbieten. Heribert Prantl, Redakteur der „Süddeutschen Zeitung" vertrat folgende Auffassung: „Zum Schutz dieser Opfer [des Rechtsextremismus] vor Schlägern, nicht zum Schutz der Demokratie vor Spinnern, ist die NPD zu verbieten" (SZ vom 21. Oktober 2000). Robert Leicht, Redakteur der „Zeit", entgegnete auf diese Argumentation: „Ein Parteiverbot ist kein Instrument zur Bekämpfung gewöhnlicher Kriminalität und zur Verfolgung strafbarer Handlungen. Wenn eine Partei gegen das Gesetz verstößt (oder Gesetzesverstöße deckt und fördert) kommt der Staatsanwalt – und nicht der Verbotsantrag" (Zeit, Nr. 41/2000). Der Verbotsantrag erschien Leicht aus dieser Perspektive als das „falsche Mittel zum falschen Zweck". Die Hauptströmung der Diskussion konzentrierte sich auf die Frage der Zweckmäßigkeit des Verbots (Preuß 2002: S. 117). Einige sprachen von einem symbolischen Akt der Politik, der nur von den Ursachen des Rechts-extremismus ablenke (Narr 2002: S. 128). Nur wenige sahen, wie Jörg Lau in der „Zeit", durch ein Parteienverbot rechtsstaatliche Prinzipien in Frage ge-stellt. Seine Parole lautete: „Aber die Freiheit der Rede ist unteilbar" (Zeit, Nr. 36/2000).

Das Instrument des Vereinsverbots wurde in der Bundesrepublik zu-nächst häufig eingesetzt, später sparsam. In jüngster Zeit nutzte es Staat an-gesichts einer Welle fremdenfeindlicher Straftaten nach der Vereinigung verstärkt. Seit der Verabschiedung des Vereinsgesetzes von 1964 können länderübergreifend organisierte Vereine zentral vom Bundesinnenminister verboten werden. Von den elf verbotenen ausländischen Gruppen waren sechs links- und vier rechtsextremistisch. Die vier rechtsextremistischen Gruppen („Kroatischer Demokratischer Ausschuss", „Kroatische Revolutio-näre Bruderschaft", „Kroatischer Nationaler Widerstand", „Kroatischer Ver-ein Drina") wurden zwischen 1968 und 1976 verboten. Bei den sechs verbo-tenen linksextremistischen Gruppen handelt es sich um zwei palästinensische („Generalunion Palästinensischer Studenten", „Generalunion Palästinensi-scher Arbeiter") und vier türkische („Revolutionäre Linke", „Arbeiterpartei Kurdistans" (PKK), „Revolutionäre Volksbefreiungspartei Front", „Türki-sche Volksbefreiungspartei/Front Revolutionäre Linke"). Nach der Strei-chung des Religionsprivilegs im Vereinsgesetz 2001 wurde im Dezember des gleichen Jahres erstmals eine islamistische Organisation, der türkische „Kali-fatstaat", verboten. Außerhalb des Felds der streitbaren Demokratie liegt die Ausschaltung der kriminellen Vereinigung des „Hell's Angels Motor Club" 1983. Der größte Teil der Verbote traf neonationalsozialistische Gruppen: „Bund deutscher Nationalsozialisten" (1969), „Wehrsportgruppe Hoffmann" (1980), die „Volkssozialistische Bewegung/Partei der Arbeit" (1983) um Friedhelm Busse, die von Michael Kühnen geführte „Aktionsfront Nationaler Sozialisten/Nationale Aktivisten" (1983) sowie die „Nationale Sammlung" (1989). Besonders nach der Hochzeit fremdenfeindlicher Gewalttaten An-fang der 90er Jahre setzte eine staatliche Verbotswelle ein:

Tabelle 29: Verbote rechtsextremistischer Vereinigungen nach 1990

Organisation	Verbot (Ebene)	Organisation	Verbot (Ebene)
„Nationalistische Front"	November 1992 (Bund)	„Freiheitliche Deutsche Arbeiterpartei"	Februar 1995 (Bund)
„Deutsche Alternative"	Dezember 1992 (Bund)	„Direkte Aktion/ Mitteldeutschland"	Mai 1995 (Brandenburg)
„Deutscher Kameradschaftsbund Wilhelmshaven"	Dezember 1992 (Niedersachsen)	„Skinheads Allgäu"	Juli 1996 (Bayern)
„Nationale Offensive"	Dezember 1992 (Bund)	„Kameradschaft Oberhavel"	August 1997 (Brandenburg)
„Nationaler Block"	Juni 1993 (Bayern)	„Heide-Heim e.V."	Februar 1998 (Niedersachsen)
„Heimattreue Vereinigung Deutschlands"	Juli 1993 (Baden-Württemberg)	„Heideheim e.V." (Buchholz)	Februar 1998 (Niedersachsen)
„Freundeskreis Freiheit für Deutschland"	September 1993 (Nordrhein-Westfalen)	„Hamburger Sturm"	August 2000 (Hamburg)
„Wiking-Jugend e.V."	November 1994 (Bund)	„Blood & Honour" (und „White Youth")	September 2000 (Bund)
„Nationale Liste"	Februar 1995 (Hamburg)	„Skinheads Sächsische Schweiz"	April 2000 (Sachsen)

Quelle: Bundesamt für Verfassungsschutz.

Wurden vor 1964 mehr links- als rechtsextremistische Organisationen verboten, traf der staatliche Bannstrahl nach 1964 keine linksextremistischen Vereinigungen mehr. Die Zahl der verbotenen Organisationen war seither insgesamt stark rückläufig. Die Waffe des Vereinsverbots wurde in den 60er, 70er und 80er Jahren weit sparsamer eingesetzt als in den 50er Jahren. Dies ist grundsätzlich zu begrüßen. Die bundesdeutsche Demokratie war spätestens ab den 60er Jahren gefestigt und bedurfte nicht mehr des gleichen restriktiven Schutzes wie die labile Demokratie der ersten Nachkriegsjahre. Eine Vielzahl an Verboten von Vereinen und Parteien ließe sich leicht als autoritäre Neigung des Staates deuten. Auch aus der Anwendung des Opportunitätsprinzips ergeben sich aber Probleme. Wird die Liberalität durch den sparsamen Einsatz gestärkt, so leidet die rechtsstaatliche Transparenz darunter. Nicht immer ist klar, warum eine Vereinigung verboten wird, eine andere, politisch benachbarte, jedoch nicht. Warum verbot der Bundesinnenminister im Jahr 2000 etwa die neonationalsozialistische Skinheadgruppe „Blood & Honour", nicht aber die „Hammerskins"?

War der Grad der öffentlichen Erregung bei den Parteien- wie bei den Vereinigungsverboten gering, so sorgte der Streit um die Fernhaltung von Extremisten aus dem öffentlichen Dienst für einen Aufruhr der Emotionen. Eine Vereinbarung der Ministerpräsidenten der Länder vom 28. Januar 1972 bekräftigte die bereits zuvor geltende Regelung: „Nach dem Beamtengesetz in Bund und Ländern – darf in das Beamtenverhältnis nur berufen werden, wer die Gewähr dafür bietet, dass er jederzeit für die freiheitliche demokratische Grundordnung eintritt – sind Beamte verpflichtet, sich aktiv innerhalb und außerhalb des Dienstes für die Erhaltung dieser Grundordnung einzusetzen." (Ministerialblatt Nordrhein-Westfalen 1972: S. 324.)

Neu an dem „Extremistenbeschluss" war einzig die Reform der Überprüfung der Treue der Beamtenanwärter. Bei bevorstehenden Einstellungen in den öffentlichen Dienst wurde von nun an eine „Regelanfrage" nach justiziablen Erkenntnissen über den Bewerber an den Verfassungsschutz gerichtet. In den 70er Jahren sorgten die so genannten „Berufsverbote" für innenpolitischen Sprengstoff. Die Kritiker überschätzten die Auswirkungen der Regelung stark. In der Praxis wurden rund 1.000 Personen – deutlich mehr Links- als Rechtsextremisten – wegen Zweifeln an der Verfassungstreue nicht für den öffentlichen Dienst zugelassen.

Der Verfassungsschutz startete bei der „Regelanfrage" keine „Gesinnungsschnüffelei" gegen unbescholtene Bürger, sondern gab nur Erkenntnisse über Personen weiter, die durch die Mitgliedschaft in extremistischen Organisationen und/oder demokratiefeindliches Handeln aufgefallen waren. Lagen Ermittlungsergebnisse über den Bewerber vor, führte dies keineswegs zwangsläufig zu dessen Ablehnung. Gegenüber dem Bewerber wurde mit offenen Karten gespielt, das heißt, es wurden keine außerhalb der politischen Überzeugungen liegenden Vorwände für eine Ablehnung gesucht. In einem Anhörungsverfahren konnte der Bewerber Stellung zum Vorwurf der mangelnden Verfassungstreue nehmen. Neben den Regisseuren von Horrorszenarien, die den Orwellschen Überwachungsstaat aus „1984" am Werke sahen, gab es Skeptiker, die berechtigte Einwände gegen die Umsetzung des „Extremistenbeschlusses" vortrugen. Das gilt etwa für die Kritik daran, dass keinerlei Unterschied zwischen den zu besetzenden Posten gemacht wurde. So macht es einen Unterschied, ob ein Extremist Lehrer oder Briefträger werden wollte. Blockierte der deutsche Staat ersteres zu Recht verhindert, bleiben zumindest Zweifel, ob das Austragen der Post nur von Demokraten sorgfältig zu erledigen ist. Allerdings sind Szenarien vorstellbar, in denen auch Extremisten im Postdienst den Staat hätten gefährden können, von der Verletzung des Briefgeheimnisses bei der Post an wichtige staatliche Funktionsträger bis zum Einschmuggeln von Briefbomben. Das klingt weit her geholt, tatsächlich wurde aber ein Bewerber für den Postdienst abgelehnt, weil er nach den Erkenntnissen des Verfassungsschutzes einer illegal operierenden Militärorganisation der DKP angehört hatte.

Im Laufe der Jahre wurde die „Regelanfrage" von den Bundesländern wieder abgeschafft, zunächst von den SPD-geführten Regierungen, später auch von den CDU-geführten. Als letztes Bundesland nahm Bayern im Dezember 1991 den Beschluss zurück. Mit der Vereinigung Deutschlands erhielt die Frage der Verfassungstreue von Beamten neue Brisanz. Waren Personen, die bereits der Diktatur DDR die Treue geschworen hatten, für den öffentlichen Dienst der Bundesrepublik geeignet? Bei der Beurteilung der Frage galt es, die Wandlungsfähigkeit von Menschen zu berücksichtigen. Wer zum Umdenken bereit war, dem sollten keine Steine in den Weg gelegt werden. Durch die schnelle Konzentration der öffentlichen Diskussion auf das MfS war es bedingt, dass besonders dessen ehemalige offizielle und inoffizielle Mitarbeiter von der Weiterbeschäftigung ausgeschlossen blieben. Selbst die Funktionärstätigkeit in hervorgehobenen Parteiämtern der SED verhinderte dagegen nicht eine Übernahme in den öffentlichen Dienst des ehemaligen „Klassenfeindes". Bei heiklen Positionen wie dem Richteramt wurden allerdings etwas strengere Maßstäbe angelegt als in anderen Bereichen. Trotzdem konnten rund 50 Prozent der DDR-Richter ihre Tätigkeit fortsetzen.

Nach dem 11. September 2001 rückte zunehmend die Gefährdung der inneren Sicherheit der Bundesrepublik durch ausländische Extremisten in das Blickfeld staatlicher Behörden. Das Konzept des „Schläfers", das heißt einzelner Personen, die jahrelang einem normalen Berufsleben nachgehen und dann – vermeintlich plötzlich – terroristische Taten begehen, stellt die staatlichen Sicherheitsbehörden vor neue Herausforderungen. Dieser terroristische Ansatz, der keineswegs nur unter Islamisten verbreitet ist, gewinnt Bedeutung. Weil die Abschreckung durch Strafverfolgung bei Selbstmordattentätern nicht greifen kann, gibt es erhöhte Anforderungen an die Vorbeugung. Der rechtsstaatliche Grat der Erforschung des „Vorfelds" terroristischer Taten ist allerdings schmal. Der Staat kann und darf nicht in die Köpfe der Menschen blicken. Ohne begründeten Anfangsverdacht darf er nicht handeln. Je zurückhaltender ein potentieller Attentäter bei der Bekundung seiner Gesinnung ist, desto schwieriger ist es, ihn rechtzeitig zu erkennen.

Die wichtigste Frucht der Diskussion ist das am 1. Januar 2002 in Kraft getretene „Gesetz zur Bekämpfung des internationalen Terrorismus". Es bekräftigt die Notwendigkeit der Identifizierung und Beobachtung in- und ausländischer gewaltbereiter Organisationen durch die Nachrichtendienste (Bundesnachrichtendienst, Militärischer Abschirmdienst, Verfassungsschutz). Wieterhin soll auch das Vereinsleben ausländischer Mitbürger stärker als bislang überwacht werden. Die Visumsverfahren wurden verschärft, die Ausweisungsmöglichkeiten erweitert. Umstritten ist die Ausdehnung der Beobachtungstätigkeit des Verfassungsschutzes auf Organisationen, die gegen die Völkerverständigung oder das friedliche Zusammenleben der Völker gerichtet sind.

Der Jurist Erhard Denninger vertritt folgende Position: „Wenn man die Tätigkeit des Verfassungsschutzes so weit in das (inländische) „Vorfeld" krimineller, im Ausland auszuführender Aktionen ausdehnen will, dass weder die Straftatbestände des [Strafgesetzbuches], noch die „Vorbereitungshandlungen" der (konkreten) Gewaltanwendung im Sinne des Art. 73 Nr. 10 c des Grundgesetzes greifen, dann macht man ihn zu einem fast überall einsetzbaren präventiven Überwachungsinstrument" (Denninger 2002: S. 26).

Die Kompetenzen der Verfassungsschutzbehörden wurden auch insofern erweitert, als sie nun berechtigt sind, Informationen bei Banken und sonstigen Finanzunternehmen einzuholen, um Geldströme extremistischer Organisationen zu überwachen und Hintermänner zu enttarnen. Darüber hinaus erhielt der Verfassungsschutz das Recht, Auskünfte bei Luftverkehrsunternehmen, Post und Telekommunikationsdienstleistern einzuholen.

11.3 Fazit

Die Mittel der streitbaren Demokratie dienen keineswegs zur Einschüchterung der Bürger, wie mancher Kritiker behauptet. Die „Waffen" zielen mit Ausnahme des höchst problematischen Instruments der Grundrechtsverwirkung nicht gegen einzelne Bürger, also nach „unten", sondern gegen Parteien und Gruppierungen, auch dann, wenn sie „oben" die Schaltzentralen der Macht besetzen.

Instrumente wie Parteien- und Vereinigungsverbote können in einer Demokratie nur ein letztes Mittel sein, um die Freiheit gegen ihre Feinde zu verteidigen. Bei einem hart geführten Kampf läuft der demokratische Verfassungsstaat leicht Gefahr, die Prinzipien zu verletzen, die er eigentlich verteidigen will, so zum Beispiel das Prinzip der Toleranz.

Mit seinen Instrumentarien zum Demokratieschutz steht Deutschland in der Welt keineswegs einzigartig dar (Jesse 2003). Die Möglichkeit des Verbots von extremistischen Parteien hat in Demokratien allerdings Seltenheitswert. Wenn ein Verbot wie in Frankreich möglich ist, dann nur, wenn eine Partei oder Vereinigung gegen strafrechtliche Bestimmungen verstößt. Das Schutzinstrument richtet sich somit vorrangig gegen den Einsatz extremer Mittel im politischen Wettbewerb, nicht gegen die Durchsetzung extremistischer Ideen. Die Zahl der zwischen 1945 und 1995 verbotenen Parteien und Vereinigungen betrug in Frankreich allerdings immerhin 65 (Canu 1997: S. 148-150). In Italien war zwar, laut Verfassung, die Neugründung einer faschistischen Partei untersagt, faktisch wurde sie jedoch nicht unterbunden. In Großbritannien und Italien gibt es keine Möglichkeiten zum Verbot von Parteien und Vereinigungen (Boventer 1985: S. 192). Wenn Parteien und Vereinigungen in diesen Ländern Verbrechen begehen, werden sie aber selbstverständlich zur Rechenschaft gezogen. Insofern unterscheidet sich die Praxis nicht von jener Frankreichs. Das martialisch anmutende Arsenal der streitbaren Demokratie Deutschlands ist auf die traumatische Erfahrung mit der NSDAP zurückzuführen, die legal und nicht durch einen Putsch an die Macht gelangte. Sind in der Rechtstheorie alle westlichen Demokratien liberaler gegenüber extremistischen Bewegungen als Deutschland, so sind ähnliche Regelungen wie in Deutschland in einigen der postkommunistischen Demokratien Mittel- und Osteuropas zu finden. So findet sich etwa in den Verfassungen Polens (Art. 13) und Rumäniens (Art. 37) die Möglichkeit eines Parteienverbots. Ein gebranntes Kind scheut das Feuer stärker als eines das sich nie verbrannte. Mehr als fünfzig Jahre nach der Wiedereinführung der Demokratie in Deutschland lässt sich darüber streiten, ob noch immer Instrumentarien des Demokratieschutzes wie die Möglichkeit der Grundrechtsverwirkung benötigt werden, die über das in westlichen Demokratien übliche hinausgehen.

12. Schlussbetrachtung

Keine extremistische Organisation in Deutschland und den anderen westlichen Demokratien hatte nach dem Zweiten Weltkrieg den Hauch einer Chance, die demokratische Herrschaftsordnung umzustürzen oder nachhaltig auszuhöhlen. Darüber können im Falle Deutschlands die Wahlerfolge der KPD und der SRP in den Anfangsjahren der Republik, der NPD in den 60er Jahren, der REP und der DVU in den 80er und 90er Jahren sowie jene der PDS nach der Vereinigung nicht hinwegtäuschen. Die deutsche RAF konnte zwar eine Weile die Bürger und die Sicherheitsbehörden in Aufregung versetzen, aber schon aufgrund ihrer geringen Mitgliederstärke keine revolutionäre Situation schaffen.

Dieses Urteil erhärtet der Vergleich mit der Zeit zwischen dem Ersten und Zweiten Weltkrieg, als totalitäre Bewegungen mit Ausstrahlungskraft von links in Russland und von rechts in Deutschland und Italien über den Weg eines Umsturzes oder über Wahlerfolge an die Macht gelangten. Die Stärke extremistischer Parteien hat nach den erschreckenden Erfahrungen mit den kommunistischen und nationalsozialistischen sowie faschistischen Diktaturen deutlich abgenommen. In Deutschland war der langfristige Abschreckungseffekt durch die NS-Verbrechen besonders stark. Die Diktatur in Ostdeutschland verleidete der überwältigenden Mehrheit der Westdeutschen kommunistisches Gedankengut. Im Vergleich zu den romanischen Demokratien Italien und Frankreich blieb der Stimmanteil extremistischer Parteien in Deutschland daher relativ klein. Einen größeren Erfolg der in Parteien organisierten extremen Rechten verhinderte in Deutschland in den letzten Jahrzehnten auch die Zerstrittenheit zwischen DVU, REP und NPD. Nur in den Parteiensystemen der angelsächsischen Demokratien USA und Großbritannien spielen extremistische Parteien wegen des relativen Mehrheitswahlrechts, und einer größeren Blockadewirkung der politischen Kultur gegen extremistische Parteien, eine noch geringere Rolle als in Deutschland.

In der Geschichte der Bundesrepublik wurden extremistische Parteien zudem immer vorsichtiger bei der Verkündung verfassungswidriger Parteiziele, besonders nach den Verboten von SRP und KPD. Die Radikalisierung der NPD ab den 90er Jahren des 20. Jahrhunderts ist Ausnahme, nicht Regel. Wer die Programme extremistischer Parteien liest, stößt fast immer auf ein – formales – Bekenntnis zum Grundgesetz. Extreme Parteien, die ernsthaft anstreben, über Wahlen die Macht, eine Machtbeteiligung oder zumindest Parlamentssitze zu erringen, sind meist um eine strikte Legalitätstaktik bemüht. Nun ist diese Vorgehensweise nicht neu. So war das Programm der NSDAP derart schwammig formuliert, dass es schwer war, die weitreichenden Ziele der Partei klar zu erkennen. Hitler leistete, als Hindenburg ihn 1933 zum Reichskanzler ernannte, sogar den Eid auf die Weimarer Verfassung. Extreme Parteien von rechts und links stecken in den westeuropäischen Demokratien aber in einem gewissen Dilemma: Je radikaler die von ihnen angestrebten Veränderungen sind, desto unglaubwürdiger dürfte es im Zeitverlauf den potentiellen Wählern erscheinen, dass die jeweilige extreme Partei ihre Ziele auch erreichen kann. Ein Ausweg aus dieser Situation kann programmatische Mäßigung wie im Falle der österreichischen FPÖ oder der italienischen „Alleanza Nazionale" sein. Bleiben Wahlerfolge wie im Falle der NPD in den 70er und 80er Jahren aus, kann dagegen eine Radikalisierung in Richtung der Befürwortung eines revolutionären Umsturzes einsetzen.

Mit staatlichen Verboten oder der Einführung des relativen Mehrheitswahlrechts wären extremistische Parteien leicht auszuschalten, der demokratische Verfassungsstaat Bundesrepublik sollte diese Mittel jedoch ohne konkrete Gefahr für den Bestand der Demokratie nicht einsetzen. Die Existenz der Instrumente der streitbaren Demokratie reicht gewöhnlich für eine gewisse Mäßigung extremistischer Parteien in der Zielverkündung und vor allem in der Wahl ihrer Mittel aus. Der beste Demokratieschutz ist der Kampf gegen die Ursachen der Nachfrage nach extremistischen Angeboten. Wer die Symptome verbietet, heilt die Krankheit nicht. Zu diesem weit schwierigerem Weg des Demokratieschutzes gehört eine erfolgreiche Arbeitsmarkt- und Sozialpolitik.

Wenn inzwischen, nicht nur in Deutschland, bei Wahlen kaum noch extremistische Parteien Erfolg haben, die klar auf die Errichtung einer Diktatur zielen, sondern solche wie REP (autoritär-semidemokratisch) und PDS (semidemokratisch), dann trägt dies womöglich sogar dazu bei, „dass sich die Unzufriedenheit nicht bei noch extremeren Kräften sammelt oder gar auf gewaltsamen Wege Bahn bricht" (Decker 2000: S. 336). Das Wirken politischer Extremisten muss auch keineswegs stets den Bestand der Demokratie gefährden. Die Ziele der Führer der Studentenbewegung waren linksextrem und doch hatte ihr Wirken positive Folgen für die Ausgestaltung der deutschen Demokratie. Der deutsche Außenminister Joschka Fischer war ein

Linksextremist und ist heute eine Stütze der Demokratie. Menschen wandeln sich und der demokratische Verfassungsstaat kann und darf niemanden ein für allemal abstempeln. Die Demokratie muss versuchen, politische Extremisten für sich einzunehmen, auch wenn die Diskussionen zäh und keineswegs immer ergiebig sind.

Politische Gewalttäter stellen aufgrund mangelnden Rückhalts in der Bevölkerung in den westlichen Demokratien keine Gefahr für die demokratische Herrschaftsordnung dar, sie bedrohen jedoch das Leben der von ihnen als feindlich eingestuften Staatseinwohner, seien es alle als „fremd" Eingestuften (durch Rechtsextremisten) oder „Kapitalisten" (durch Linksextremisten) oder „Kreuzfahrer" (durch Fundamentalisten). Die Gefährdung durch die politische Zielsetzung tritt hier klar hinter jene durch den Einsatz von Gewalt zurück. Die Demokratien müssen dieser Gefahr mit allen rechtsstaatlich vertretbaren Mitteln begegnen.

In den Ländern Westeuropas existieren keine bedeutenden rechtsterroristischen Gruppierungen mehr und auch die Gefährdung durch linksterroristische Gruppierungen ist inzwischen sehr viel geringer als in den 70er Jahren. Dies hat wesentlich damit zu tun, dass die ideologisch motivierten Terrorgruppen erkennen mussten, dass über den Weg von Anschlägen keine Massenanhängerschaft zu gewinnen war. Weit größere Gefahren als von Links- und Rechtsterroristen gehen inzwischen, auch in den westlichen Demokratien, von den Anschlägen militanter islamischer Fundamentalisten aus. Allein die Opferzahl der Anschläge vom 11. September 2001 überstieg die Gesamtopferzahl aller rechts- und linksterroristischen Gruppen in den westlichen Demokratien nach dem Zweiten Weltkrieg. Der britische Innenminister David Blunt befürchtete nach dem Anschlag in Madrid am 11. März 2004, dass es in seinem Land keine Frage mehr sei, ob es einen Anschlag gäbe, sondern nur noch wann und wie (Spiegel vom 22. März 2004). Auch in vielen anderen westlichen Demokratien wie Deutschland, Italien und Frankreich besteht die hohe Gefahr, dass Anschläge durch Islamisten nur noch eine Frage der Zeit sind. Die Vorbeugung gegen Terrorakte wird wesentlich dadurch erschwert, dass Al Qaida inzwischen keine Organisation mehr mit festen Strukturen ist. Sie ist vielmehr nur noch der Name einer losen Bewegung, die aber vor allem nach den Anschlägen vom 11. September 2001 eine enorme Anziehungskraft auf die militanten Islamisten in aller Welt ausübt. Eine Bestandsgefährdung stellt der Islamismus für die westlichen Demokratien allerdings nicht dar.

13. Kommentierte Literaturauswahl

Backes, Uwe 1989, Politischer Extremismus in demokratischen Verfassungsstaaten. Elemente einer normativen Rahmentheorie, Opladen. – Die theoretisch anspruchsvolle Arbeit geht vom Verständnis des Extremismus als Gegenthese zum demokratischen Verfassungsstaat aus (negative Definition) und arbeitet auf dieser Grundlage strukturelle Gemeinsamkeiten von Links- und Rechtsextremismus heraus (positive Definition).

Backes, Uwe/Eckhard Jesse (Hrsg.) 1989 ff. Jahrbuch Extremismus & Demokratie, Bonn (1989-1994), Baden-Baden (1995 ff). – Das Jahrbuch ist das einzige Periodikum zur Thematik. Es informiert über die Entwicklung des extremistischen Spektrums in Deutschland, aber auch in anderen Ländern. Im umfangreichen Literaturteil stehen Studien zur Demokratie- und Extremismusforschung auf dem Prüfstand.

Backes, Uwe/Eckhard Jesse 1996, Politischer Extremismus in der Bundesrepublik Deutschland, Bonn. – Das Standardwerk zum politischen Extremismus in Deutschland bietet eine vergleichende Darstellung von links- und rechtsextremistischen Phänomenen, die Erörterung von Erklärungsansätzen und Wegen der Extremismusbekämpfung.

Bilstein, Helmut u.a. 1972, Organisierter Kommunismus in der Bundesrepublik Deutschland. DKP – SDAJ – MSB Spartakus, Opladen – Eine übersichtliche Darstellung marxistisch-leninistischer wie maoistischer Gruppierungen.

Boventer, Gregor Paul 1985, Grenzen politischer Freiheit im demokratischen Staat. Das Konzept der streitbaren Demokratie in einem internationalen Vergleich, Berlin. – Die Untersuchung beschreibt die ideengeschichtliche Grundlage und die Umsetzung des Demokratieschutzes in westlichen Demokratien.

BMI (Hrsg.) 1969 ff., Verfassungsschutzbericht, Bonn (1969-1997), Berlin (1997 ff)– Die Verfassungsschutzberichte sind für die Extremismusforschung eine wertvolle Quelle. Das gilt vor allem für die Daten zu den politisch motivierten Gewalttaten sowie die Mitgliederzahlen extremistischer Bewegungen und Parteien.

Dudek, Peter/Hans-Gerd Jaschke 1984, Entstehung und Entwicklung des Rechtsextremismus in der Bundesrepublik. Zur Tradition einer besonderen politischen Kultur, 2 Bände, Opladen. – Die Autoren untersuchen auf der Grundlage von Dokumenten und Interviews mit Rechtsextremisten die DRP, die NPD sowie drei rechtsextreme Jugendbünde. Der zweite Band beinhaltet viele aufschlussreiche Dokumente zum Rechtsextremismus.

Everts, Carmen 2000, Politischer Extremismus. Theorie und Analyse am Beispiel der Parteien REP und PDS, Berlin. – Die Studie leistet einen wichtigen Beitrag zur theoretischen Fundierung des Extremismusbegriffs. Everts testet dessen Tragfähigkeit anhand einer Untersuchung der Grenzfälle REP und PDS.

Falter, Jürgen W./Hans-Gerd Jaschke/Jürgen R. Winkler (Hrsg.) 1996, Rechtsextremismus. Ergebnisse und Perspektiven der Forschung, Opladen. – Die Aufsatzsammlung beschäftigt sich u.a. mit Ansätzen zur Erklärung des Rechtsextremismus, mit rechtsextremistischen Organisationen und Einstellungen wie mit dem organisierten Rechtsextremismus im internationalen Vergleich.

Greß, Franz/Hans-Gerd Jaschke/Klaus Schönekäs 1990, Neue Rechte und Rechtsextremismus in Europa. Bundesrepublik, Frankreich, Großbritannien, Opladen. – Die Verfasser porträtieren auf breiter Quellengrundlage die Organisationen und Aktionen der „Neuen Rechten" in der Bundesrepublik, Frankreich und Großbritannien.

Grumke, Thomas/Bernd Wagner (Hrsg.) 2002, Handbuch Rechtsradikalismus. Personen – Organisationen – Netzwerke vom Neonazismus bis in die Mitte der Gesellschaft, Opladen. Die 15 Aufsätze und zwei Nachschlagekomplexe zu rechtsextremen Aktivisten sowie zu ihrer Infrastruktur (Organisationen, Verlage und Vertriebe, Musikbands) informieren umfassend über den deutschen Rechtsextremismus.

Jesse, Eckhard 1991, Streitbare Demokratie. Theorie, Praxis und Herausforderungen in der Bundesrepublik Deutschland, 2. Aufl., Berlin. – Die Darstellung gibt einen guten Überblick über Theorie und Praxis des Demokratieschutzes in der Bundesrepublik Deutschland.

Kitschelt, Herbert (in Zusammenarbeit mit Anthony J. McGann) 1995, The Radical Right in Western Europe. A Comparative Analysis, Ann Arbor. – Im Unterschied zu anderen Mehr-Länder-Studien bietet diese Studie keine Aneinanderreihung von Einzelergebnissen zu den untersuchten Staaten, sondern einen – von der „American Political Science Association preisgekrönten – Vergleich, der in einen klaren theoretischen Bezugsrahmen eingebettet ist.

Klingemann, Hans Dieter/Franz Urban Pappi 1972, Politischer Radikalismus. Theoretische und methodische Probleme der Radikalismusforschung dargestellt am Beispiel einer Studie anlässlich der Landtagswahl 1970 in Hessen, München/Wien. – Die Autoren haben mit dieser Untersuchung Pionierarbeit auf dem Feld der empirischen Extremismusforschung geleistet. Sie propagierten erstmals eine zweidimensionale Erfassung des politischen Radikalismus auf der Werte- und der Mittelebene.

Langguth, Gerd 2001, Mythos '68. Die Gewaltphilosophie von Rudi Dutschke – Ursachen und Folgen der Studentenbewegung, München. – Die Studie beschreibt detailliert die Entwicklung der „Neuen Linken", zu der Langguth auch das gesamte Geflecht der K-Gruppen zählt.

Laqueur, Walter 2003, Krieg dem Westen. Terrorismus im 21. Jahrhundert, München. – Der wohl bekannteste Terrorismusforscher konzentriert sich in seinem neusten Werk hauptsächlich auf militante Islamisten, wirft aber auch Seitenblicke auch rechts- und linksterroristische Gefahren.

Leggewie, Claus/Horst Meier 1995, Republikschutz. Maßstäbe für die Verteidigung der Demokratie, Reinbek. – Aufbauend auf einer grundlegenden Kritik des Konzepts der streitbaren Demokratie plädieren sie für eine nicht juristisch geprägte Auseinandersetzung mit Systemkritikern.

Marty, Martin/R. Scott Appleby (Hrsg.) 1991-1995, The Fundamentalism Project, 5. Bde., Chicago. – *Das* Standardwerk zu diesem Thema. Die Bände bieten einen hervorragenden Überblick über die fundamentalistischen Strömungen in allen Weltreligionen.

Menhorn, Christian 2001, Skinheads: Portrait einer Subkultur, Baden-Baden. – Der Autor schildert die Geschichte der Skinheadszene von ihren unpolitischen Ursprüngen in den 60er Jahren über ihr mehrheitliches Abdriften in den Rechtsextremismus bis hin zur Gegenwart.

Moreau, Patrick/Jürgen Lang, Linksextremismus. Eine unterschätzte Gefahr, Bonn 1996. Die einzige Gesamtdarstellung zum Linksextremismus in der Bundesrepublik auf relativ neuem Stand ist zu mehr als der Hälfte der Analyse der PDS gewidmet. Außerdem behandeln die Verfasser die DKP, die K-Gruppen, den Linksterrorismus und die „Autonomem".

Moreau, Patrick/Marc Lazar/Gerhard Hirscher (Hrsg.) 1998, Der Kommunismus in Westeuropa. Niedergang oder Mutation?, Landsberg am Lech. – Die Autoren des Bandes untersuchen, wie die kommunistischen Parteien Westeuropas auf den Zusammenbruch des Ostblocks reagiert haben.

Noelle-Neumann, Elisabeth/Erp Ring 1984, Das Extremismus-Potential unter jungen Leuten in der Bundesrepublik Deutschland 1984, Bonn. – Die Studie des „Allensbacher Instituts für Demoskopie" schockte mit dem Ergebnis, 18,6 Prozent der 16- bis 25jährigen seien Extremisten. An der soliden empirischen Arbeit des Instituts sind keine Zweifel angebracht, wohl aber an der Interpretation der Daten.

Pfahl-Traughber, Armin 1999, Rechtsextremismus in der Bundesrepublik, München. – Der Band gibt einen Überblick über Geschichte und Gegenwart des parteipolitischen, intellektuellen und militanten Rechtsextremismus in der Bundesrepublik sowie Erklärungsansätze für rechtsextremistische Einstellungen und Verhaltensweisen vor.

Rabert, Bernhard 1995, Links- und Rechtsterrorismus in der Bundesrepublik Deutschland von 1970 bis heute, Bonn. – Auf breiter Materialgrundlage bietet Rabert eine umfassende Darstellung der ideologischen Motive wie des Vorgehens politisch motivierter Gewalttäter in der Bundesrepublik.

Schroeder, Klaus 2004, Rechtsextremismus und Jugendgewalt in Deutschland: Ein Ost-West-Vergleich, Paderborn u.a. 2004. – Der Band setzt sich zunächst mit den wichtigsten Erklärungsansätzen zum Rechtsextremismus auseinander. Der zweite Teil des Bandes präsentiert die Ergebnisse der empirischen Untersuchung von vier Kleinstädten.

Schubarth, Wilfried/Richard Stöss 2001, Rechtsextremismus in der Bundesrepublik Deutschland. Eine Bilanz, Opladen. – Der Band bietet einen Überblick über den Stand der deutschen Rechtsextremismusforschung. Einen Schwerpunkt bilden die Möglichkeiten der Auseinandersetzung von Gesellschaft und Politik mit dem Rechtsextremismus.

Tibi, Bassam 1993, Die fundamentalistische Herausforderung. Der Islam und die Weltpolitik, 2. Aufl., München. – Das Buch bietet eine fundierte Analyse der politischen Ideologie der Fundamentalisten.

14. Kommentierte Internetadressen

http://www.bath.ac.uk/esml/ecpr -Die Seiten der ECPR-Gruppe „Extremism & Democracy" bieten neben einer Kontaktbörse für Extremismusforscher aus aller Welt einen Newsletter mit Besprechungen und bibliographischen Hinweisen zum Bereich des politischen Extremismus.

http://cidsp.upmf-grenoble.fr/guest/ereps Das Angebot der politikwissenschaftlichen Gruppe „Extreme Right Electorates and Party Success" bietet neben Länderstudien zu extremistischen Parteien in westeuropäischen Ländern neueste Forschungsergebnisse zu rechtsextremistischen Parteien und ihrer Wählerschaft.

http://www.extremismus.com Die Netzseiten des Extremismusforschers Jürgen Lang enthalten zahlreiche Beiträge und Dokumente zu Rechts- und Linksextremismus wie zum islamischen Fundamentalismus.

http://www.idgr.de Der „Informationsdienst gegen Rechtsextremismus" bietet ein umfangreiches Lexikon und zahlreiche Beiträge in erster Linie zum deutschen Rechtsextremismus, aber auch zu rechtsextremen Bestrebungen in anderen Demokratien.

http://www.politik.uni-mainz.de/dvpw-politischer-extremismus Die Netzseite der Ad-hoc-Gruppe „Politischer Extremismus" bei der „Deutschen Vereinigung für Politische Wissenschaft" ist eine Plattform für Forscher, die sich mit den unterschiedlichen Aspekten und Strömungen des politischen Extremismus beschäftigen und informiert über die Veranstaltungen der Gruppe.

http://www.terrorism.com Die Netzseite des „Terrorism Research Center" widmet sich dem internationalen Terrorismus wie seiner Bekämpfung. Wer Basisinformationen über die Terrororganisationen der Welt sucht, wird hier fündig

15. Literaturverzeichnis

Abkürzungen von Periodika im Verzeichnis

APZG   Aus Politik und Zeitgeschichte
E & D   Jahrbuch Extremismus & Demokratie
PVS   Politische Vierteljahresschrift
EJPR   European Journal of Political Research
ZParl   Zeitschrift für Parlamentsfragen

Abdelwahab, El Affendi 1991, Turabi's Revolution. Islam and Power in Sudan, London.

Adorno, Theodor 1971, Eingriffe. Neun kritische Modelle, Frankfurt a.M.

Adorno, Theodor 1973, Studien zum autoritären Charakter, Frankfurt a.M.

Agnoli, Johannes 1968, Zur Fachismusdiskussion [II], in: Berliner Zeitschrift für Politologie, Nr. 4.

Agnoli, Johannes/Peter Brückner 1968, Die Transformation der Demokratie, Frankfurt a.M.

Almond, Gabriel A./R. Scott Appleby/Emmanuel Sivan 2002, Strong Religion: The Rise of Fundamentalisms around the World, Chicago.

Almond, Gabriel A./Sydney Verba 1963, The Civic Culture. Political Attitudes and Democracy in Five Nations, Princeton.

Alves, Márcio/Conrad Detrez/Carlos Marighella 1971, Zerschlagt die Wohlstandsinseln der Dritten Welt. Mit dem Handbuch des Guerilleros von Sao Paulo, Reinbek.

Apfel, Holger (Hrsg.) 1999, „Alles Große steht im Sturm". Tradition und Zukunft einer nationalen Partei, Stuttgart.

Arzheimer, Kai/Harald Schoen/Jürgen W. Falter 2001, Rechtsextreme Orientierungen und Wahlverhalten, in: Schubarth/Stöss 2001: S. 220-245.

Autonome Bewegung 1995, Stand der autonomen Bewegung. 18 Gespräche über linksradikale Politik, Berlin.

Baccetti, Carlo 1998, Die Transformationen des Kommunismus in Italien: Die Partei der Rifonadazione comunista, in: Moureau/Courtois/Hirscher 1998: S. 94-130.

Backes, Uwe (Hrsg.) 2003, Rechtsextreme Ideologien in Geschichte und Gegenwart, Köln/Weimar.

Backes, Uwe 1991, Bleierne Jahre. Baader-Meinhof und danach, Erlangen.

Backes, Uwe 1993a, Organisierter Rechtsextremismus im westlichen Europa. Eine vergleichende Betrachtung, in: Billing/Barz/Wienk-Borgert 1993: S. 45-64.

Backes, Uwe 1997, Links- und rechtsextreme Gewalt in Deutschland. Unterschiede und Gemeinsamkeiten, in: Jesse/Kailitz 1997: S. 169-192.

Backes, Uwe 1999, Länderporträt Frankreich, in: Ders./Jesse, E & D 11: S. 215-238.

Backes, Uwe 2003, Extremismus und politisch motivierte Gewalt, in: Jesse/Sturm 2003: S. 341-367.

Backes, Uwe/Eckhard Jesse 1987, Extremismusforschung – ein Stiefkind der Politikwissenschaft, in: Wolfgang Michalka (Hrsg.), Extremismus und streitbare Demokratie, Wiesbaden: S. 9-28.

Backes, Uwe/Eckhard Jesse 1991, Extremistische Gefahrenpotentiale im demokratischen Verfassungsstaat. Am Beispiel der ersten und der zweiten deutschen Demokratie, in: Dies., E & D 3: S. 7-32.

Backes, Uwe/Jesse, Eckhard 1989, Politischer Extremismus in europäischen Demokratien. Rechts- und Linksextremismus im Vergleich, in: APZG, B 41-42: S. 40-53.

Baumann, Bommi 1982, Wie alles anfing, München.

Beck, Ulrich 1986, Risikogesellschaft. Auf dem Weg in eine andere Moderne, Frankfurt a.M.

Beichelt, Timm/Michael Minkenberg 2002, Rechtsradikalismus in Transformationsgesellschaften. Entstehungsbedingungen und Erklärungsmodell, in: Osteuropa 52: S. 247-262.

Bell, David S. 2000, Parties and Democracy in France: Parties under Presidentialism, Adershot.

Benedetti, Amedeo 2002, Il linguaggio delle Nuove Brigatte Rosse. Frasario, scelte, stilistiche e analisi comparativa delle rivendicazioni dei delitti D'Antona e Biagi, Genua.

Benoist, Alain de 1986, Demokratie: Das Problem, Tübingen.

Benoist, Alain de 2001, Schöne vernetzte Welt. Eine Antwort auf die Globalisierung, Tübingen.

Benz, Wolfgang (Hrsg.) 1994, Rechtsextremismus in Deutschland. Voraussetzungen, Zusammenhänge, Wirkungen, Frankfurt a.M.

Bergmann, Uwe u.a. (Hrsg.) 1968, Rebellion der Studenten oder Die neue Opposition, Reinbek.

Bergmann, Werner/Rainer Erb (Hrsg.) 1994, Neonazismus und rechte Subkultur, Berlin.

Betz, Hans-Georg /Stefan Immerfall (Hrsg.) 1998, The New Politics of the Right. Neo-Populist Parties and Movements in Established Democracies. Houndmills, London.

Betz, Hans-Georg 1991, Radikal rechtspopulistische Parteien in Europa, in: APZG 41, B 44: S. 3-14.

Betz, Hans-Georg 1994, Radical Right-Wing Populism in Western Europe, London.

Betz, Hans-Georg 1996, Radikaler Rechtspopulismus in Westeuropa, in: Falter/Jaschke/Winkler: S. 363-375.

Betz, Hans-Georg 1998, Rechtspopulismus: Ein internationaler Trend?, in: APZG 48, B 9-10: S. 3-12.

Beyme, Klaus von (Hrsg.) 1988, Right-Wing Extremism in Western Europe, London.

Beyme, Klaus von 1988, Right-Wing Extremism in Post-War Europe, in: Ders. 1988: S. 1-18.

BfV (Hrsg.) 2000, Bundesamt für Verfassungsschutz. 50 Jahre im Dienst der inneren Sicherheit, Köln u.a.

BfV 1997a, Militante Autonome. Charakteristika, Strukturen, Aktionsfelder, Köln.

BfV 1997b, Rechtsextremismus in der Bundesrepublik Deutschland. Ein Lagebild, Köln.

BfV 1999, Extremistisch-islamische Bestrebungen in der Bundesrepublik Deutschland, Köln.

Billing, Werner/Andreas Barz/Stephan Wienk-Borgert (Hrsg.) 1993, Rechtsextremismus in der Bundesrepublik Deutschland, Baden-Baden.

Böckenförde, Ernst-Wolfgang/Christian Tomuschat/Dieter Umbach 1981, Extremisten und öffentlicher Dienst. Rechtslage und Praxis des Zugangs zum und der Entlassung aus dem öffentlichen Dienst in Westeuropa, USA, Jugoslawien und der EG, Baden-Baden.

Böhme-Kuby, Susanna 1991, Extremismus, Radikalismus, Terrorismus in Deutschland. Zur Geschichte der Begriffe, München.

Bölting, Franz-Josef 1997, Rechtsextremismus, Gewalt und Fremdenfeindlichkeit. Wahrnehmungen – Hintergründe – Entscheidungen, Paderborn.

Boroumand, Ladan/Roya Boroumand 2002, Terror, Islam, and Democracy, in: Journal of Democracy 13: S. 5-20.

Boventer, Gregor Paul 1985, Grenzen politischer Freiheit im demokratischen Staat. Das Konzept der streitbaren Demokratie in einem internationalen Vergleich, Berlin.

Brand, Karl-Werner (Hrsg.) 1985, Neue soziale Bewegungen in Westeuropa und den USA. Frankfurt a.M.

Brauner-Orthen, Alice 2001, Die Neue Rechte in Deutschland. Antidemokratische und rassistische Tendenzen, Opladen.

Breton, Albert u.a. (Hrsg.) 2002, Political Extremism and Rationality, Cambridge.

Brost, Christine 1995, Islamismus in den Mahgrebstaaten und Ägypten, in: Fachhochschule des Bundes für öffentliche Verwaltung (Hrsg.) 1995, Informationen zum Ausländerrecht und zum Ausländerextremismus, Köln/Heimerzheim: S. 4-29.

Brünneck, Alexander von 1978, Politische Justiz gegen Kommunisten in der Bundesrepublik Deutschland 1949-1968, Frankfurt a.M.

Bull, Martin/Paul Heywood (Hrsg.) 1994, West European Communist Parties after the Revolution of 1989, New York.

Büsch, Otto/Peter Furth 1957, Rechtsradikalismus im Nachkriegsdeutschland. Studien über die „Sozialistische Reichspartei" (SRP), Berlin/Frankfurt a.M.

Butterwegge, Christoph (in Zusammenarbeit mit Lüder Meier) 2002, Rechtsextremismus, Freiburg i.Brsg.

Caciagli, Mario 1988, The Movimento Sociale Italiano-Destra Nazionale and Neo-Fascism in Italy, in: Beyme 1988: S. 19-46.

Callaghan, John 1998, Die marxistische Linke Großbritanniens: Rückzug und Verfall, in: Moureau/Courtois/Hirscher 1998: S. 551-573.

Camus, Jean-Yves (Hrsg.) 1998, Extremism in Europe, Paris.

Canu, Isabelle 1997, Der Schutz der Demokratie in Deutschland und Frankreich. Ein Vergleich des Umgangs mit politischem Extremismus vor dem Hintergrund der europäischen Integration, Opladen.

Capoccia, Giovanni 2002, Anti-System Parties. A Conceptual Reassesment, in: Journal of Theoretical Politics 14: S. 9-35.

Carter, Elisabeth 2002, Proportional Representation and the Fortunes of Right-Wing Extremist Parties, in: West European Politics 25: S. 125-146.

Ché Guevara, Ernesto 1968, Guerilla – Theorie und Methode. Sämtliche Schriften zur Guerillamethode, zur revolutionären Strategie und zur Figur des Guerilleros, hrsg. von Horst Kurnitzky, Berlin.

Cheles, Luciano 1991, „Nostalgia dell'Avenire". The New Propaganda of the MSI between Tradition and Innovation, in: Cheles/Ferguson/Vaughan 1991: S. 43-65.

Cheles, Luciano/Ronnie Ferguson/Michalina Vaughan (Hrsg.) 1991, Neo-Fascism in Europe, Burnt Mill.

Chiarini, Roberto 1991, The „Movimento Sociale Italiano": A Historical Profile, in: Cheles/Ferguson/Vaughan 1991: S. 19-42.

Chrapa, Michael/Dietmar Wittich 2001, Die Mitgliedschaft, der große Lümmel..., Berlin.

Christians, Georg 1990: „Die Reihen fest geschlossen". Die FAP – Zu Anatomie und Umfeld einer rechtsextremistischen Partei in den 80er Jahren, Marburg.

Christophersen, Thies 1978, Die Auschwitz-Lüge. Ein Erlebnisbericht, 6. Aufl., Mohrkirchen.

Cohn-Bendit, Daniel/Gabriel Cohn-Bendit 1968, Linksradikalismus. Gewaltkur gegen die Alterskrankheit des Kommunismus, Reinbek.

Courtois, Stéphane 1998, Das letzte Jahrzehnt des französischen Kommunismus – Agonie oder Mutation?, in: Moureau/ders./Hirscher 1998: S. 23-93.

Courtois, Stéphane u.a. 1998, Das Schwarzbuch des Kommunismus. Unterdrückung, Verbrechen und Terror. Mit dem Kapitel „Die Aufarbeitung des Sozialismus in der DDR" von Joachim Gauck und Ehrhart Neubert, München.

Crement, Jean 2000, Eine „Partei neuen Typs"? Die NPD zwischen NS-Nostalgie und Nationalbolschewismus, in: Blätter für deutsche und internationale Politik 45: S. 1079-1086.

D[eutsche]-N[achrichten]-Verlagsgesellschaft 1966 ff, Politisches Lexikon, Hannover.

Decker, Frank 2000, Parteien unter Druck. Der neue Rechtspopulismus in den westlichen Demokratien, Opladen.

Decker, Frank 2003, Rechtspopulismus in der Bundesrepublik Deutschland. Die Schill-Partei, in: Werz 2003: S. 223-242.

Schmidt, Jochen 2003, Der Front national und Jean-Marie Le Pen, in: Werz 2003: S. 89-111.

della Porta, Donatella 1995, Social Movements, Political Violence, and the State: A Comparative Analysis of Italy and Germany, Cambridge.

della Porta, Donatella 2002, Gewalt und die Neue Linke, in: Heitmeyer/Hagan 2002: S. 479-500.

Delors, Jaques (Hrsg.) 2002, Europe and the Crisis of Demcracy. Elections in Europe: 1999-2002, Paris/Florenz.

Denninger Erhard 2002, Freiheit durch Sicherheit? Anmerkungen zum Terrorismusbekämpfungsgesetz, in: APZG, B 10-11.

Dingel, Frank 1983, Die Kommunistische Partei Saar, in: Stöss 1983a, Bd. 3: S. 1852-1879.

DKP 1978, Programm der DKP, Düsseldorf.

Doehring, Karl u.a. 1980, Verfassungstreue im öffentlichen Dienst europäischer Staaten, Berlin.

DRP 1958, Parteiprogramm der DRP, München.

Dudek, Peter 1985, Jugendliche Rechtsextremisten. Zwischen Hakenkreuz und Odalsrune 1945 bis heute, Köln.

Duranton Crabol, Anne-Marie 1988, Visages de la Nouvelle Droite: le GRECE et son histoire, Paris.

Durkheim, Emile 1984, Die Regeln der soziologischen Methode, Frankfurt a.M.

Dutschke, Rudi 1968a, Die Widersprüche des Spätkapitalismus, die antiautoritären Studenten und ihr Verhältnis zur Dritten Welt, in: Bergmann u.a. 1968: S. 33-93.

Dutschke, Rudi 1968b, Vorwort, in: Stefan Reisner (Hrsg.), Briefe an Rudi D, Frankfurt a.M.

DVU 1987, Programm der DVU-Liste D, in: Backes/Jesse 1989, Bd. 3: S. 95-97.

Eckert, Roland, Gesellschaft und Gewalt – ein Aufriss, in: Soziale Welt (1993), Heft 3: S. 358

Eckert, Roland/Helmut Willems/Stefanie Würtz 1996, Erklärungsmuster fremdenfeindlicher Gewalt im empirischen Test, in: Falter/Jaschke/Winkler 1996: S. 152-167.

Edition ID-Archiv (Hrsg.) 1993, Die Früchte des Zorns. Texte und Materialien zur Geschichte der Revolutionären Zellen und der Roten Zora, 2. Bde., Berlin.

Erbakan, Necmetin 1991, Gerechte Weltwirtschaftsordnung, Ankara.

Eysenck, Hans Jürgen 1954, The Psychology of Politics, London.

Falter, Jürgen W. (in Zusammenarbeit mit Markus Klein) 1994, Wer wählt rechts? Die Wähler und Anhänger rechtsextremistischer Parteien im vereinigten Deutschland, München.

Falter, Jürgen W. 2000, Politischer Extremismus, in: Ders./Oscar W. Gabriel/Hans Rattinger (Hrsg.), Wirklich ein Volk? Die Orientierungen von Ost- und Westdeutschen im Vergleich, Opladen: S. 403-433.

Falter, Jürgen W./Hans-Gerd Jaschke/Jürgen R. Winkler (Hrsg.) 1996, Rechtsextremismus. Ergebnisse und Perspektiven der Forschung, Opladen.

Farin, Klaus 1998: Urban Rebels. Die Geschichte der Skinheadbewegung, in: ders., Die Skins. Mythos und Realität, Berlin: S. 9-68.

Feldbauer, Gerhard 1996, Von Mussolini bis Fini. Die extreme Rechte in Italien, Berlin.

Flanagan, Scott 1979, Value Change and Partisan Change in Japan. The Silent Revolution Revisited, in: Comparative Politics 11: S. 253-278.

Flechtheim, Ossip K. (Hrsg.) 1963, Dokumente zur parteipolitischen Entwicklung in Deutschland seit 1945, Bd. 6., Berlin.

Flemming, Lars, Das gescheiterte NPD-Verbotsverfahren – Wie aus dem „Aufstand der Anständigen" der „Aufstand der Unfähigen" wurde, in: Backes/Jesse, E & D 9: S. 159-176.Frisch, Peter 1997, Militante Autonome, in: Backes/Jesse E & D 9: S. 188-201.

Fritzsche, K. Peter 1991, Vom Postkommunismus zum Postfaschismus? Das Beispiel des Movimento Sociale Italiano, in: Backes/Jesse, E & D 3: S. 52-69.

Fromm, Rainer 1998, Die „Wehrsportgruppe Hoffmann": Darstellung, Analyse und Einordnung. Ein Beitrag zur Geschichte des deutschen und europäischen Rechtsextremismus, Frankfurt a.M.

Fromm, Rainer/Kernbach, Barbara 1994, Europas braune Saat. Die internationale Verflechtung der rechtsradikalen Szene, München/Landsberg am Lech.

Fukuyama, Francis 1992, Das Ende der Geschichte. Wo stehen wir?, München.

Funke, Manfred (Hrsg.) 1978, Extremismus im demokratischen Rechtsstaat. Ausgewählte Texte und Materialien zur aktuellen Diskussion, Düsseldorf.

Funke, Manfred 1994, Rechtsextremismus in Deutschland. Historische Entwicklung und aktuelle Bedeutung, Melle.

Furet, François 1996, Das Ende der Illusion. Der Kommunismus im 20. Jahrhundert, München.

Furlong, Paul 1992, The Extreme Right in Italy: Old Orders and Dangerous Novelties, in: Parliamentary Affairs 3: S. 345-356.

Gable, Gerry 1991, The Far Right in Contemporary Britain, in: Cheles/Ferguson/Vaughan 1991: S. 244-263.

Gabriel, Oscar W. 1996, Rechtsextreme Einstellungen in Europa: Struktur, Entwicklung und Verhaltensimplikationen, in: Falter/Jaschke/Winkler 1996: S. 344-362.

Gallagher, Tom 2000, Exit from the Ghetto: The Italian Far Right in the 1990s, in: Hainsworth 2000: S. 64-86.

Gallego, Ferran 1999, The Extreme Right in Italy. From the Italian Social Movement to Post-Fascism, Barcelona.

Galtung, Johan 1975, Strukturelle Gewalt. Beiträge zur Friedens- und Konfliktforschung, Reinbek.

Gerth, Michael 2003, Die PDS und die ostdeutsche Gesellschaft im Transformationsprozess. Wahlerfolge und politisch-kulturelle Kontinuitäten, Hamburg.

Gessenharter, Wolfgang 1994, Kippt die Republik? Die Neue Rechte und ihre Unterstützung durch Politik und Medien, München.

Gilcher-Holtey, Ingrid, Die 68er Bewegung. Deutschland, Westeuropa, USA

Grebing, Helga 1971, Linksradikalismus gleich Rechtsradikalismus. Eine falsche Gleichung, Stuttgart.

Greiffenhagen, Martin/Sylvia Greiffenhagen 1993, Ein schwieriges Vaterland. Zur politischen Kultur im vereinigten Deutschland, München.

Greß, Franz 1994, Rechtsextremismus in Europa, in: Kowalsky/Schroeder 1994: S. 185-211.

Guevara, Ernesto Che 1978, Guerilla – Theorie und Methode, Berlin.

Gurr, Ted Robert 1970, Rebellion. Eine Motivationsanalyse von Aufruhr, Konspiration und innerem Krieg, Düsseldorf/Wien.

Gusy, Christoph 1991, Weimar – die wehrlose Republik? Verfassungsschutzrecht und Verfassungsschutz in der Weimarer Republik, Tübingen.

Gysi, Gregor (Hrsg.) 1990, Wir brauchen einen dritten Weg. Selbstverständnis und Programm der PDS, Hamburg.

Hainsworth, Paul (Hrsg.) 1992, The Extreme Right in Europe and the USA, London.

Hainsworth, Paul (Hrsg.) 2000, The Politics of the Extreme Right. From the Margins to the Mainstream, London.

Hartleb, Florian, Rechts- und Linkspopulismus – zwei Phänomene im deutschen Parteiensystem? Eine Analyse anhand der Fallbeispiele Schill-Partei und PDS, Wiesbaden 2004.

Heimann, Siegfried 1983, Deutsche Kommunistische Partei, in: Stöss 1983a, Bd. 2: S. 901-981.

Heine, Peter 2001, Terror in Allahs Namen. Extremistische Kräfte im Islam, Freiburg i.Brsg.

Heitmeyer, Wilhelm 1987, Rechtsextremistische Orientierungen bei Jugendlichen. Empirische Ergebnisse und Erklärungsmuster einer Untersuchung zur politischen Sozialisation, Weinheim/München.

Heitmeyer, Wilhelm 1993, Gesellschaftliche Desintegrationsprozesse als Ursache von fremdenfeindlicher Gewalt und politischer Paralysierung, in: APZG, B 2-3: S. 3-13

Heitmeyer, Wilhelm 2002, Rechtsextremistische Gewalt, in: Ders./Hagan 2002: S. 501-546.

Heitmeyer, Wilhelm u.a. 1992, Die Bielefelder Rechtsextremismus-Studie. Erste Langzeituntersuchung zur politischen Sozialisation männlicher Jugendlicher, Weinheim/München.

Heitmeyer, Wilhelm/John Hagan (Hrsg.) 2002, Internationales Handbuch der Gewaltforschung, Wiesbaden.

Hill, Ray/Andrew Bell 1988, The Other Face of Terror. Inside Europe's Neo-Nazi Network, London u.a.

Hockenos, Paul 1993, Free to Hate. The Rise of the Right in Post-Communist Eastern Europe, New York/London.

Hoffman, Bruce 1999, Terrorismus – der unerklärte Krieg. Neue Gefahren politischer Gewalt, Frankfurt a.M..

Hoffmann, Jürgen/Norbert Lepszy 1998, Die DVU in den Landesparlamenten: Inkompetent, zerstritten, politikunfähig. Eine Bilanz rechtsextremer Politik nach zehn Jahren, St. Augustin.

Hoffmann, Uwe 1999, Die NPD. Entwicklung, Ideologie und Struktur, Frankfurt a.M.

Hole, Günter 1995, Fanatismus. Der Drang zum Extremen und seine psychologischen Wurzeln, Freiburg i.Brsg.

Hopf, Christel 1993, Autoritäres Verhalten. Ansätze zur Interpretation rechtsextremer Tendenzen, in: Otto/Merten 1993: S. 157-165.

Hopf, Christel u.a. 1995, Familie und Rechtsextremismus. Familiale Sozialisation und rechtsextreme Orientierungen junger Männer, Weinheim/München.

Horchem, Hans Josef 1991, Die „Rote Armee Fraktion" zu Beginn der neunziger Jahre, in: Backes/Jesse, E & D 3: S. 159-165.

Hunziker, Ernst 1995, Das Weltliche im Islam. Die Macht des Fundamentalismus, Osnabrück.

Husbands, Christopher T. 1996, Die Anhängerschaft des Rechtsextremismus in Westeuropa. Eine Überprüfung der Wellenhypothese anhand von Umfrage-Zeitreihen in fünf Ländern, in: Falter/Jaschke/Winkler 1996: S. 313-329.

ICPC (International Centre for the Prevention of Crime) 2002, Preventing Hate Crimes: International Strategies and Practice.

Ignazi, Piero 1992, The Silent Counter-Revolution. Hypotheses on the emergence of extreme right parties in Europe, in: EJPR 22: S. 3-34.

Ignazi, Piero 2003, Extreme Right Parties in Western Europe, Oxford/New York.

Ignazi, Piero 1989, Il polo ecluso. Profilo del Movimento Sociale Italiano, Bologna.

Infratest-Studie 1980, Politischer Protest in der Bundesrepublik Deutschland. Beiträge zur sozialempirischen Untersuchung des Extremismus, Stuttgart u.a.

Inglehart, Ronald 1977, Die stille Revolution, Frankfurt a.M.

Inglehart, Ronald 1989, Kultureller Umbruch. Wertwandel in der westlichen Welt, Frankfurt a.M./Berlin.

Jaschke, Hans-Gerd 1991, Streitbare Demokratie und innere Sicherheit. Grundlagen, Praxis und Kritik, Opladen.

Jaschke, Hans-Gerd 1993, Die „Republikaner". Profile einer Rechtsaußen-Partei, 2. Aufl., Bonn.

Jaschke, Hans-Gerd 1994, Rechtsextremismus und Fremdenfeindlichkeit. Begriffe, Positionen, Praxisfelder, Opladen.

Jaschke, Hans-Gerd Jaschke 1990, Frankreich, in: Greß/Ders./Schönekäs 1990: S. 17-103.

Jesse, Eckhard (Hrsg.) 1993, Politischer Extremismus in Deutschland und Europa, München.

Jesse, Eckhard (Hrsg.) 1999, Totalitarismus im 20. Jahrhundert. Eine Bilanz der internationalen Forschung, Baden-Baden.

Jesse, Eckhard 1981, Streitbare Demokratie. Theorie, Praxis und Herausforderungen in der Bundesrepublik Deutschland, 2. Aufl., Berlin.

Jesse, Eckhard 1993a, Biographisches Porträt: Otto Ernst Remer, in: Backes/Jesse, E & D 5: S. 207-221.

Jesse, Eckhard 1993b, Der Schutz demokratischer Verfassungsstaaten vor extremistischen Bestrebungen. Die demokratische Abwehrbereitschaft auf dem Prüfstand, in: Ders. 1993: S.133-147.

Jesse, Eckhard 1997, Dokumentation 1996, in: Backes/Jesse, E & D 9: S. 143-155.

Jesse, Eckhard 2003, Demokratieschutz, in: Ders./Sturm: S. 449-474.

Jesse, Eckhard/Roland Sturm (Hrsg.) 2003, Demokratien des 21. Jahrhunderts im Vergleich. Historische Zugänge, Gegenwartspläne, Reformperspektiven, Opladen.

Jesse, Eckhard/Steffen Kailitz (Hrsg.) 1997, Prägekräfte des Jahrhunderts. Demokratie, Extremismus und Totalitarismus, Baden-Baden.

Johnson, Douglas 1991, The New Right in France, in: Cheles/Ferguson/Vaughan 1991: S. 234-243.

Jung, Edgar Julius 1932, Nachwort: Deutschland und die konservative Revolution, in: Ders. (Hrsg.), Deutsche über Deutschland, München.

Kaase, Max 1976, Bedingungen unkonventionellen politischen Verhaltens in der Bundesrepublik Deutschland, in: Peter Graf Kielmansegg (Hrsg.) 1976, Legitimationsprobleme politischer Systeme, Opladen.

Kahl, Werner 1988, Vorsicht Schusswaffen! Von kommunistischem Extremismus, Terror und revolutionärer Gewalt, 2. Aufl., München.

Kailitz, Steffen 1996, Die „89er" und die Renaissance des „Jungkonservatismus", in: Backes/Jesse, E & D: S. 161-180.

Kailitz, Steffen 1997, Der Streit um den Totalitarismusbegriff. Ein Spiegelbild der politischen Entwicklung?, in: Jesse/Kailitz: S. 219-250.

Kalinowsky, Harry 1993, Kampfplatz Justiz. Politische Justiz und Rechtsextremismus in der Bundesrepublik Deutschland 1949-1990, Pfaffenweiler.

Karapin, Roger 1998, Radical Right and Neo-Fascist Political Parties in Western Europe, in: Comparative Politics 30: S. 213-234.

Karapin, Roger 2002, Far-Right Parties and the Construction of Immigration Issues in Germany, in: Schain/Zolberg/Hossay 2002: S. 187-219.

Karl, Frank 1976, Die K-Gruppen. Entwicklung, Ideologie, Programme, Bonn.

Kellersohn, Helmut (Hrsg.) 1994, Das Plagiat. Der völkische Nationalismus der „Jungen Freiheit", Duisburg.

Kellmann, Klaus 1988, Die kommunistischen Parteien in Westeuropa. Entwicklung zur Sozialdemokratie oder Sekte?, Stuttgart.

Kelsen, Hans 1967, Verteidigung der Demokratie, in: Ders., Demokratie und Sozialismus. Ausgewählte Aufsätze, Wien.

Kernig, Claus D. (Hrsg.) 1969, Die kommunistischen Parteien der Welt, Freiburg i.Brsg.

Kienzler, Klaus 1996, Der religiöse Fundamentalismus. Christentum – Judentum – Islam, München.

Kimmel, Adolf (Hrsg.) 1977, Eurokommunismus. Die kommunistischen Parteien Frankreichs, Italiens, Spaniens und Portugals, Köln/Wien.

Klein, Markus/Jürgen Falter 1996, Die dritte Welle rechtsextremer Wahlerfolge in der Bundesrepublik Deutschland, in: Falter/Jaschke/Winkler 1996: S. 288-312.

Klocksin, Jens Ulrich 1994, Kommunisten im Parlament. Die KPD in Regierungen und Parlamenten der westdeutschen Besatzungszonen und der Bundesrepublik Deutschland, 1945-1956, 2. Aufl., Bonn.

Kluth, Hans 1959, Die KPD in der Bundesrepublik. Ihre politische Tätigkeit und Organisation 1945-1956. Köln/Opladen.

Knigge, Pia 1998, The Ecological Correlates of Right-Wing Extremism in Western Europe, in: EJPR 34: S. 249-279.

Koenen, Gerd 2001, Das rote Jahrzehnt. Unsere kleine Kulturrevolution 1967-1977, Köln.

König, Hans-Dieter 1998, Arbeitslosigkeit, Adoleszenzkrise und Rechtsextremismus. Eine Kritik an der Heitmeyerischen Sozialisationstheorie aufgrund einer tiefenhermeneutischen Sozialisationsanalyse, in: Ders. (Hrsg.), Sozialpsychologie des Rechtsextremismus, Frankfurt a.M.: S. 277-306.

Koopmans, Ruud/Dieter Rucht 1996, Rechtsradikalismus als soziale Bewegung?, in: Falter/Jaschke/Winkler 1996: S. 265-287.

Kowalsky, Wolfgang/Wolfgang Schroeder (Hrsg.) 1994, Rechtsextremismus. Einführung und Forschungsbilanz, Opladen.

KPD 1953, Wahlprogramm von 1953, in: Backes/Jesse 1989, Bd. 3: S. 121-124.

KPF (in der PDS) 1994 (Hrsg.), Wir stellen uns vor – warum sind KommunistInnen in der PDS?, Berlin.

Kraushaar, Wolfgang (Hrsg.) 1998, Frankfurter Schule und Studentenbewegung. Von der Flaschenpost zum Molotowcocktail, Bd. 2, Hamburg.

Kühnl, Reinhard 1967, Die NPD. Struktur, Programm und Ideologie einer neofaschistischen Partei, Berlin.

Lang, Jürgen 2003, Ist die PDS eine demokratische Partei? Eine extremismustheoretische Untersuchung, Baden-Baden.

Lang, Jürgen/Viola Neu 2002, Die PDS und ihr Verhältnis zum Grundgesetz, in: Die politische Meinung, Nr. 388: S. 51-58.

Langguth, Gerd Protestbewegung. Entwicklung – Niedergang – Renaissance. Die Neue Linke seit 1968, 2. Aufl. Köln 1984.

Lauth, Hans-Joachim 2002, Regimetypen: Totalitarismus – Autoritarismus – Demokratie, in: Ders. (Hrsg.), Vergleichende Regierungslehre. Eine Einführung, Wiesbaden: S. 105-130.

Lazar, Marc 1998, Die Neugestaltung der kommunistischen Ideologie in Westeuropa, in: Moureau/Courtois/Hirscher 1998: S. 591-599.

Leggewie, Claus 1990, Die Republikaner. Ein Phantom nimmt Gestalt an, Berlin.

Leggewie, Claus 1993, Druck von rechts. Wohin treibt die Republik?, München.

Leggewie, Claus 1994, Rechtsextremismus – eine soziale Bewegung, in: Kowalsky/Schroeder 1994: S. 325-338.

Leggewie, Claus/Horst Meier (Hrsg.) 2002, Verbot der NPD oder Mit Rechtsradikalen leben?, Frankfurt a.M.

Lenin, Wladimir 1920, Der „Radikalismus" die Kinderkrankheit des Kommunismus, Leipzig.

Lenin, Wladimir 1954, Ausgewählte Werke, Bd. 2, Berlin.

Lepszy, Norbert/Hans-Joachim Veen 1994, „Republikaner" und DVU in kommunalen und Landesparlamenten sowie im Europaparlament, St. Augustin.

Linz, Juan José 2000, Totalitäre und autoritäre Regime, Berlin.

Lipset, Seymour Martin 1959, Der „Faschismus", die Linke, die Rechte und die Mitte, in: Kölner Zeitschrift für Soziologie und Sozialpsycholgie 11: S. 401-444.

Lipset, Seymour Martin/Earl Raab 1978, The Politics of Unreason. Right-Wing Extremism in America 1790-1977, 2. Aufl., Chicago/London.

Lipstadt, Deborah E. 1996, Leugnen des Holocaust. Rechtsextremismus mit Methode, Reinbek.

Loch, Dietmar 1990, Der schnelle Aufstieg des Front National. Rechtsextremismus im Frankreich der 80er Jahre, München.

Loch, Dietmar/Wilhelm Heitmeyer 2001, Schattenseiten der Globalisierung. Rechtsradikalismus, Rechtspopulismus und seperatistischer Regionalismus, Frankfurt a.M.

Loewenstein, Karl 1935, Autocracy versus Democracy in Contemporary Europe, in: American Political Science Review 29: S. 571-592, 755-784.

Loewenstein, Karl 1937, Militant Democracy and Fundamental Rights, in: American Political Science Review 31: S. 417-432, 638-658.

Lorenz, Einhart 2003, Rechtspopulismus in Norwegen: Carl Ivar Hagen und die Fortschrittspartei, in: Werz 2003: S. 195-208.

Mahler, Horst 2001, Antrag auf Ablehnung des Verbotsantrags der Bundesregierung, Berlin.

Major, Patrick 1997, The Death of the KPD. Communism and Anti-Communism in West Germany. 1945-1956, Oxford.

Mantino, Susanne 1992, Die „Neue Rechte" in der „Grauzone" zwischen Rechtsextremismus und Neokonservativismus, Frankfurt a.M.

Mao Tse-Tung 1966, Theorie des Guerillakriegs oder Strategie der Dritten Welt, Reinbek.

Marty, Martin/R. Scott Appleby 1996, Herausforderung Fundamentalismus. Radikale Christen, Moslems und Juden im Kampf gegen die Moderne, Frankfurt a.m./New York.

Mayer, Nonna 1996, Rechtsextremismus in Frankreich: Die Wähler des Front National, in: Falter/Jaschke/Winkler 1996: S. 388-405.

Mayer, Nonna/Annick Percheron 1989, Extrémismes de gauche, extrémismes de droite dans les année quatre vingts, in: Cahiers du CEVIPOF 4: S. 111-144.

Mecklenburg, Jens (Hrsg.) 1996, Handbuch deutscher Rechtsextremismus, Berlin.

Meier, Andreas 1995, Politische Strömungen im modernen Islam, Bonn.

Merkel, Wolfgang 1996, Rechtsextremismus in Italien. Von der neofaschistischen Systemopposition zur postfaschistischen Regierungspartei: Der Aufstieg der Alleanza Nazionale, in: Falter/Jaschke/Winkler 1996: S. 406-422.

Merkel, Wolfgang 1999a, Defekte Demokratien, in: Ders./Andreas Busch (Hrsg.) 1999, Demokratie in Ost und West. Für Klaus von Beyme, Frankfurt a.M.: S. 361-381.

Merkel, Wolfgang 1999b, Systemtransformation. Eine Einführung in die Theorie und Empirie der Transformationsforschung, Opladen.

Merten, Roland 1993, Erziehung – Rechtsextremismus – Gewalt. Zur politischen Sozialisation Jugendlicher, in: Otto/Merten 1993: S. 126-146.

Meves, Christa 1978, Psychologische Voraussetzungen des Terrorismus, in: Hans-Dieter Schwind (Hrsg.), Ursachen des Terrorismus in der Bundesrepublik Deutschland, Berlin/New York.

Meyer, Thomas 1989, Fundamentalismus. Aufstand gegen die Moderne, Reinbek.

Minkenberg, Michael 1998, Die neue radikale Rechte im Vergleich. USA, Frankreich, Deutschland, Wiesbaden.

Mitchel, Richard 1969, The Society of the Muslim Brothers, Oxford.

Mletzko, Matthias 1999, Merkmale politisch motivierter Gewalttaten bei militanten autonomen Gruppen, in: Backes/Jesse, E & D 11: S. 180-199.

Moreau, Patrick 2002, Politische Positionierung der PDS – Wandel oder Kontinuität?, München.

Moretti, Mario 1996, Brigatte Rosse. Eine italienische Geschichte, Hamburg.

Mosley, Oswald 1950, Die europäische Revolution, London.

Mudde, Cas 1999, The Single-Issue Party Thesis: Extreme Right Parties and the Immigration Issue, in: West European Politics 22: S. 182-197.

Mudde, Cas 2000, The Ideology of the Extreme Right, Manchester/New York.

Mudde, Cas 2003, Liberal Democracies and the Extremist Challenge of the Early 21st Century, Mansukript, Antwerpen.

Narr, Wolf-Dieter 1992, Der Extremismus der Mitte, in: Vorgänge 31, Nr. 118: S. 4-7.

Narr, Wolf-Dieter 2002, Weshalb ich als radikaler NPD-Gegner fast ebenso radikal gegen ein Verbot derselben votiere, in: Leggewie/Meier 2002: S. 126-131.

Narr, Wolf-Dieter Narr 1993, Vom Extremismus der Mitte, in: PVS 34: S. 106-113.

Neubacher, Frank 1999, Fremdenfeindliche Brandanschläge. Eine kriminologisch-empirische Untersuchung von Tätern, Tathintergründen und gerichtlicher Verarbeitung in Jugendstrafverfahren, Mönchengladbach.

Neugebauer, Gero 2001, Die PDS im Reformschwung, unveröffentlichtes Manuskript, Berlin.

Neugebauer, Gero 2001, Extremismus – Rechtsextremismus – Linksextremismus: Einige Anmerkungen zu Begriffen, Forschungskonzepten, Forschungsfragen und Forschungsergebnissen, in: Schubarth/Stöss: S. 13-37.

Neureiter, Marcus 1996, Rechtsextremismus im vereinten Deutschland. Eine Untersuchung sozialwissenschaftlicher Deutungsmuster und Erklärungsansätze, Marburg.

Niedermeyer, Oskar 1990, Sozialstruktur, politische Orientierungen und die Unterstützung extrem rechter Parteien in Westeuropa, in: ZParl 21, S. 564-582.

Niedermeyer, Oskar/Richard Stöss 1998, Rechtsextremismus, politische Unzufriedenheit und das Wählerpotential rechtsextremer Parteien, unveröffentlichtes Manuskript, Berlin.

NPD 1973, Programm der NPD. Düsseldorfer Programm 1973, Stuttgart.

NPD 1974, Das Wollen der NPD. Grundsätze und Forderungen aus dem Programm der Nationaldemokratischen Partei Deutschlands, Stuttgart.

NPD 1987, Parteiprogramm, in: Backes/Jesse 1989, Bd. 3: S. 91-95.

NPD 1997, Parteiprogramm, Stuttgart.

NPD 1999, Das strategische Konzept der NPD, in: Apfel 1999: S. 356-360.

Oberndörfer, Dieter (Hrsg.) 1978a, Sozialistische und kommunistische Parteien in Westeuropa, Bd. 1: Südländer, Opladen.

Oberndörfer, Dieter (Hrsg.) 1978b, Sozialistische und kommunistische Parteien in Westeuropa, Bd. 2: Nordländer, Opladen.

Osterhoff, Andre 1997, Die Euro-Rechte. Zur Bedeutung des Europaparlaments bei der Vernetzung der extremen Rechten, Münster.

Otto, Hans-Uwe/Roland Merten (Hrsg.) 1993, Rechtsradikale Gewalt im vereinigten Deutschland. Jugend im gesellschaftlichen Umbruch, Opladen.

Parsons, Talcott 1942, Some Sociological Aspects of the Fascist Movement, in: Social Forces 20: S. 138-147.

Parteivorstand der DKP. Referat Bildungs- und Kulturpolitik (Hrsg.), Der Kampf für Demokratie und Sozialismus. Studienmaterial, o.O. o.J.

PDS 2003, Parteiprogramm, Chemnitz.

Pedahzur, Ami 2003, Struggling Challenges of Right-Wing Extremism and Terrorism with Democratic Boundaries: A Comparative Analysis, unveröffentlichtes Manuskript, Haifa.

Pfahl-Traughber, Armin 1992, Der Extremismusbegriff in der politikwissenschaftlichen Diskussion – Definitionen, Kritik, Alternativen, in: Backes/Jesse, E & D 4: S. 67-86.

Pfahl-Traughber, Armin 1994a, Volkes Stimme? Rechtspopulismus in Europa, Bonn.

Pfahl-Traughber, Armin 1994b, Brücken zwischen Rechtsextremismus und Konservatismus, in: Kowalsky/Schroeder 1994: S. 160-182.

Pfahl-Traughber, Armin 1995a, Rechtsextremismus. Eine kritische Bestandsaufnahme nach der Wiedervereinigung, 2. Aufl., Bonn.

Pfahl-Traughber, Armin 1995b, Extremismus als politische Variante des Fundamentalismus, in: Mut, Nr. 334: S. 58-65.

Pfahl-Traughber, Armin 1998, „Konservative Revolution" und „Neue Rechte". Rechtsextremistische Intellektuelle gegen den demokratischen Verfassungsstaat, Opladen.

Pfahl-Traughber, Armin 1999, Der „zweite Frühling" der NPD, in: Backes/Jesse, E & D 9: S. 146-166.

Pfahl-Traughber, Armin 2001, Islamismus in der Bundesrepublik Deutschland. Ursachen, Organisationen, Gefahrenpotenzial, in: APZG, B 51: S. 43-53.

Picker, Henry 1981, Hitlers Tischgespräche im Führerhauptquartier, 2. Aufl., Stuttgart.

Preuß, Ulrich K. 2002, Die empfindsame Demokratie, in: Leggewie/Meier 2002: S. 104-119.

Puschnerat, Tânia 2003, Theorie und Strategie des islamistischen Diskurses – drei Beispiele, in: Backes/Jesse, E & D 9: S. 69-91.

Rabehl, Bernd 1968, Von der antiautoritären Bewegung zur sozialistischen Opposition, in: Bergmann u.a. 1968: S. 151-178.

RAF 1971, Kollektiv RAF – Über den bewaffneten Kampf in Westeuropa, Berlin.

RAF 1997, Texte und Materialien zur Geschichte der RAF, Berlin.

Reinardes, Fernando 2002, Terrorismus, in: Heitmeyer/Hagan 2002: S. 390-405.

REP 1987, Programm der Republikaner, München.

REP 1996, Parteiprogramm der Republikaner 1993 mit den novellierten Kapiteln 7, 8 und 14. Verabschiedet auf dem Bundesparteitag am 6. Oktober 1996 in Hannover, Berlin.

REP 1998, Argumente zur Bundestagswahl 1998. Diskussionspapier des Bundespräsidiums, Berlin.

Roberts, Geoffrey 1993, Rechts- und Linksextremismus in der Bundesrepublik Deutschland nach der Wiedervereinigung, in: Jesse 1993: S. 97-109.

Rokeach, Milton 1960, The Open and Closed Mind, New York.

Rudzio, Wolfgang 1988, Die Erosion der Abgrenzung. Zum Verhältnis zwischen der demokratischen Linken und Kommunisten in der Bundesrepublik Deutschland, Opladen.

RZ 1981, Revolutionärer Zorn Nr. 6, in: Edition ID-Archiv 1993, Bd. 1: S. 259-311.

RZ 1983, Die Bewegung gegen die Startbahn West, in: Edition ID-Archiv 1993, Bd. 2: S. 337-449.

Sartori, Giovanni 1993, Parties and Party Systems: A Framework for Analysis, 2. Aufl., New York.

Sartori, Giovanni 1999, Totalitarismus, Modellmanie und Lernen aus Irrtümern, in: Jesse 1999: S. 572-589.

Schacht, Konrad 1993, Gesellschaftliche Modernisierung, Wertewandel und rechtsextremistische Orientierungen, in: Argumente gegen den Hass. Über Vorurteile, Fremdenfeindlichkeit und Rechtsextremismus. Band. II: Textsammlung, Bonn: S. 127-133.

Schain, Martin/Aristide Zolberg/Patrick Hossay (Hrsg.) 2002, Shadows Over Europe: The Development and Impact of the Extreme Right in Western Europe, New York.

Scheuch, Erwin 1974, Politischer Extremismus in der Bundesrepublik, in: Richard Löwenthal/Hans-Peter Schwarz (Hrsg.) 1974, Die zweite Republik. 25 Jahre Bundesrepublik Deutschland – eine Bilanz, Stuttgart: S. 433-469.

Scheuch, Erwin K./Hans Dieter Klingemann 1967, Theorie des Rechtsradikalismus in westlichen Industriegesellschaften, in: Hamburger Jahrbuch für Wirtschafts- und Gesellschaftspolitik 12: S. 11-29.

Scheuch, Erwin K./Ute Scheuch 1991, Wie deutsch sind die Deutschen? Eine Nation wandelt ihr Gesicht, Bergisch Gladbach.

Schmidt, Matthias 1997, Die Parlamentsarbeit rechtsextremer Parteien und mögliche Gegenstrategien. Eine Untersuchung am Beispiel der „Deutschen Volksunion" im Schleswig-Holsteinischen Landtag, Münster.

Schmidtke, Oliver 1994, Die Lega in Italien, in: Pfahl-Traughber 1994a: S. 83-100.

Schmitt, Carl 1928, Verfassungslehre, München/Leipzig.

Schmollinger, Horst 1983a, Die Deutsche Konservative Partei – Deutsche Rechtspartei, in: Stöss 1983a, Bd. 2: S. 982-1024.

Schmollinger, Horst 1983b, Die Deutsche Reichspartei, in: Stöss 1983a, Bd. 2: S. 1112-1191.

Schmollinger, Horst 1983c, Die Nationaldemokratische Partei Deutschlands, in: Stöss 1983a, Bd. 4: S. 1922-1994.

Schmollinger, Horst 1983d, Sozialistische Reichspartei, in: Stöss 1983a, Bd. 3: S. 2274-2336.

Schönhuber, Franz 1981, Ich war dabei, München/Wien.

Schröm, Oliver 2003, Al Qaida. Akteure, Strukturen, Attentate, Berlin.

Schubarth, Wilfried 1993, Sehnsucht nach Gewissheit. Rechtsextremismus als Verarbeitungsform des gesellschaftlichen Umbruchs, in: Otto/Merten 1993: S. 256-266.

Schumann, Siegfried 1986, Politische Einstellungen und Persönlichkeit. Ein Bericht über empirische Forschungsergebnisse, Frankfurt a.M. u.a.

Schumpeter, Joseph 1972, Kapitalismus, Sozialismus und Demokratie (1950), 3. Aufl., München.

Seufert, Günter 1999, Die Milli Görüş-Bewegung (AMGT/IGMG). Zwischen Integration und Isolation, in: Ders./Jaques Wardenburg (Hrsg.) 1999, Turkish Islam and Europe. Türkischer Islam und Europa, Stuttgart/Istanbul.

Sidoti, Franco 1992, The Extreme Right in Italy: Ideological Orphans and Countermobilization, in: Hainsworth 1992: S. 151-174.

Sinus-Institut 1981, 15 Millionen Deutsche: „Wir sollten wieder einen Führer haben..." Die Sinus-Studie über rechtsextremistische Einstellungen bei den Deutschen, Reinbek.

Sontheimer, Kurt u.a. 1970, Der Überdruss an der Demokratie. Neue Linke und alte Rechte – Unterschiede und Gemeinsamkeiten, Köln.

SRP 1949, Aktionsprogramm, in: Backes/Jesse 1989, Bd. 3: S. 87-90.

Staritz, Dietrich, Die Kommunistische Partei Deutschlands, in: Stöss 1983a, Bd. 2: S. 1663-1809.

Stark, Udo 1989, Die Konsolidierung des Front National, in: Zeitschrift für den deutsch-französischen Dialog 45: S. 201-205.

Steinberg, Guido 2002, Islamismus und islamistischer Terrorismus im Nahen und Mittleren Osten. Ursachen der Anschläge vom 11. September 2001, Sankt Augustin.

Stöss, Richard (Hrsg.), 1983a, Parteien-Handbuch. Die Parteien der Bundesrepublik Deutschland 1945-1980, 4. Bde., Opladen.

Stöss, Richard 1983b, Einleitung, in: Stöss 1983a, Bd. 1: S. 17-309.

Stöss, Richard 1994, Forschungs- und Erklärungsansätze, in: Kowalsky/Schroeder 1994: S. 23-66.

Stöss, Richard 1998, Unzufriedenheit mit der Demokratie in der Bundesrepublik. Wahlabsicht der Unzufriedenen und ihre Neigung zur Wahl rechtsextremer Parteien bzw. der PDS im Sommer 1998, unveröffentlichtes Manuskript, Berlin.

Stöss, Richard 2000a, Rechtsextremismus im vereinten Deutschland, Bonn.

Stöss, Richard 2000b, Zur Vernetzung der extremen Rechten in Europa, unveröffentlichtes Manuskript, Berlin.

Stöss, Richard 2001, Ideologie und Strategie des Rechtsextremismus, in: Schubarth/Stöss 2001: S. 101-130.

Stöss, Richard/Gero Neugebauer 1996, Die PDS. Geschichte, Organisation, Wähler, Konkurrenten, Opladen.

Straßer, Otto 1980, Aufruf vom 4. Juli 1930: „Die Sozialisten verlassen die NSDAP", in: Reinhard Kühnl (Hrsg.) 1980, Der deutsche Faschismus in Quellen und Dokumenten, 5. Aufl.: S. 122-129.

Straßner, Alexander 2003, Die dritte Generation der „Roten Armee Fraktion". Entstehung, Struktur, Funktionslogik und Zerfall einer terroristischen Organisation, Wiesbaden.

Svåsand, Lars 1998, Scandinavian Right Wing Radicalism, in: Betz/Immerfall 1998: S. 27-44.

Taggart, Paul 1995, New Populist Parties in Western Europe, in: West European Politics 18: S. 34-51.

Taheri, Amir 1993, Morden für Allah. Terrorismus im Auftrag der Mullahs, München.

Tauber, Kurt P. 1967, Beyond Eagle and Swastika. German Nationalism Since 1945, 2. Bde., Middletown.

Taylor, Stan 1982, The National Front in English Politics, London.

Tibi, Bassam 1999, Extremismus und Terrorismus als Mittel des Revolutionsexports – zwanzig Jahre iranische Revolution, in: Backes/Jesse, E & D 11: S. 79-96.

Tibi, Bassam 2000, Fundamentalismus und Islam. Eine Gefahr für den Weltfrieden?, Darmstadt.

Tormin, Walter 1973, Die Weimarer Republik, 7. Aufl., Hannover.

Treue, Wilhelm (Hrsg.) 1968, Deutsche Parteiprogramme seit 1861, 4. Aufl., Göttingen.

Uessler, Rolf 1994: Rechtsextremismus in Italien, in: Kowalsky/Schroeder 1994: S. 248-276.

Ulfkotte, Udo 2003, Der Krieg in unseren Städten. Wie radikale Islamisten Deutschland unterwandern, Frankfurt a.M.

Vaughan, Michalina 1991, The Extreme Right in France: „Lepénisme" or the Politics of Fear, in: Cheles/Ferguson/Vaughan 1991: S. 211-233.

Virtanen, Timo 2001, The European Statistical Atlas on Racial Violence 1995-2000, Wien.

Voigt, Udo 1999, Mit der NAPO auf dem Weg in das neue Jahrtausend, in: Apfel 1999: S. 469-475.

Wagner, Peter M. 1992, Die NPD nach der Spaltung, in: Backes/Jesse, E & D 4: S. 157-167.

Wahl, Klaus (Hrsg.) 2003, Skinheads, Neonazis, Mitläufer. Täterstudien und Prävention, Opladen.

Waibel, Harry 1996, Rechtsextremismus in der DDR bis 1989, Berlin.

Waldmann, Gert 1969, Von der Linken lernen. Respektlose Gedanken eines jungen Nationalisten, in: Nation Europa, Heft 8.

Weinberg, Leonard 1998, An Overview of Right-Wing Extremism in the Western World: A Study of Convergence, Linkage and Identity, in: Jeffrey Kaplan/Tore Bjørgo (Hrsg.) 1998, Nation and Race. The Developing Euro-American Racist Subculture, Boston: S. 3-33.

Werz, Nikolaus (Hrsg.) 2003, Populismus. Populisten in Übersee und Europa, Opladen.

Westle, Betina/Oskar Niedermeyer 1992, Contemporary Right-Wing Extremism in West-Germany. The Republicans and their Electorate, in: EJPR 22: S. 83-100.

Wilke, Manfred 1991, DKP und PDS nach dem Ende des deutschen Kommunismus, in: Backes/Jesse, E & D 3: S. 147-158.

Wilke, Manfred/Hans-Peter Müller/Marion Brabant 1990, Die Deutsche Kommunistische Partei (DKP). Geschichte, Organisation, Politik, Köln.

Willems, Helmut u.a. 1993, Fremdenfeindliche Gewalt. Eine Analyse von Täterstrukturen und Eskalationsprozessen, Opladen.

Winkler, Jürgen R. 1994, Die Wählerschaft rechtsextremer Parteien in der Bundesrepublik Deutschland, in: Kowalsky/Schroeder 1994: S. 69-88.

Winkler, Jürgen R. 1996, Bausteine einer allgemeinen Theorie des Rechtsextremismus. Zur Stellung und Integration von Persönlichkeits- und Umweltfaktoren, in: Falter/Jaschke/Winkler 1996: S. 489-500.

Winkler, Jürgen R. 2001, Rechtsextremismus. Gegenstand – Erklärungssätze – Grundprobleme, in: Schubarth/Stöss 2001: S. 38-68.

Woods, Roger 2001, Nation ohne Selbstbewusstsein. Von der Konservativen Revolution zur Neuen Rechten, Baden-Baden.

Wördemann, Frank 1979, Terrorismus. Motive, Täter, Strategien, Frankfurt a.M. u.a.

Wörterbuch der marxistisch-leninistischen Soziologie 1971, Opladen.

Zentralkomitee der KPD (Hrsg.) 1956, Dokumente der KPD 1945-1956, (Ost-)Berlin.

Zimmermann, Ekkart 1997, Vergleichende Krisen- und Konfliktforschung, in: Dirk Berg-Schlosser/Ferdinand Müller-Rommel (Hrsg.) 1997, Vergleichende Politikwissenschaft. Ein einführendes Studienhandbuch, Opladen: S. 267-286.

Register

Neu im Programm
Politikwissenschaft

Wolfgang Schroeder,
Bernhard Weßels (Hrsg.)

**Die Gewerkschaften
in Politik und Gesellschaft der
Bundesrepublik Deutschland**
Ein Handbuch
2003. 725 S. Br. EUR 42,90
ISBN 3-531-13587-2

In diesem Handbuch wird von führenden Gewerkschaftsforschern ein vollständiger Überblick zu den Gewerkschaften geboten: Zu Geschichte und Funktion, zu Organisation und Mitgliedschaft, zu den Politikfeldern und ihrer Gesamtrolle in der Gesellschaft usw. Auch die Neubildung der Gewerkschaftslandschaft, das Handeln im internationalen Umfeld und die Herausforderung durch die Europäische Union kommen in diesem Buch zur Sprache.

Hans-Joachim Lauth (Hrsg.)

Vergleichende Regierungslehre
Eine Einführung
2002. 468 S. Br. EUR 24,90
ISBN 3-531-13533-3

Der Band „Vergleichende Regierungslehre" gibt einen umfassenden Überblick über die methodischen und theoretischen Grundlagen der Subdisziplin und erläutert die zentralen

Begriffe und Konzepte. In 16 Beiträgen werden hierbei nicht nur die klassischen Ansätze behandelt, sondern gleichfalls neuere innovative Konzeptionen vorgestellt, die den aktuellen Forschungsstand repräsentieren. Darüber hinaus informiert der Band über gegenwärtige Diskussionen, Probleme und Kontroversen und skizziert Perspektiven der politikwissenschaftlichen Komparatistik.

Sebastian Heilmann

**Das politische System
der Volksrepublik China**
2., akt. Aufl. 2004. 316 S.
Br. EUR 21,90
ISBN 3-531-33572-3

In diesem Buch finden sich kompakt und übersichtlich präsentierte Informationen, systematische Analysen und abgewogene Beurteilungen zur jüngsten Entwicklung in China. Innenpolitische Kräfteverschiebungen werden im Zusammenhang mit tief greifenden wirtschaftlichen, gesellschaftlichen und außenpolitischen Veränderungen dargelegt. Die Hauptkapitel behandeln Fragen der politischen Führung, der politischen Institutionen, des Verhältnisses von Staat und Wirtschaft sowie von Staat und Gesellschaft.

Erhältlich im Buchhandel oder beim Verlag.
Änderungen vorbehalten. Stand: Juli 2004.

www.vs-verlag.de

VS VERLAG FÜR SOZIALWISSENSCHAFTEN

Abraham-Lincoln-Straße 46
65189 Wiesbaden
Tel. 0611.7878-722
Fax 0611.7878-400

Neu im Programm
Politikwissenschaft

Andreas Kost,
Hans-Georg Wehling (Hrsg.)

Kommunalpolitik in den deutschen Ländern

Eine Einführung
2003. 356 S. Br. EUR 29,90
ISBN 3-531-13651-8

Dieser Band behandelt systematisch die Kommunalpolitik und -verfassung in allen deutschen Bundesländern. Neben den Einzeldarstellungen zu den Ländern werden auch allgemeine Aspekte wie kommunale Finanzen in Deutschland, Formen direkter Demokratie und die Kommunalpolitik im politischen System der Bundesrepublik Deutschland behandelt. Damit ist der Band ein unentbehrliches Hilfsmittel für Studium, Beruf und politische Bildung.

Franz Walter

Abschied von der Toskana

Die SPD in der Ära Schröder
2004. 186 S. Br. EUR 19,90
ISBN 3-531-14268-2

Seit 1998 regiert die SPD. Aber einen kraftvollen oder gar stolzen Eindruck machen die Sozialdemokraten nicht. Die Partei wirkt vielmehr verwirrt, oft ratlos, auch ermattet und erschöpft.

Sie verliert massenhaft Wähler und Mitglieder. Vor allem die früheren Kernschichten wenden sich ab. Auch haben die überlieferten Leitbilder keine orientierende Funktion mehr. Führungsnachwuchs ist rar geworden. Was erleben wir also derzeit? Die ganz triviale Depression einer Partei in der Regierung? Oder vielleicht doch die erste Implosion einer Volkspartei in Deutschland? Das ist das Thema dieses Essaybandes.

Antonia Gohr,
Martin Seeleib-Kaiser (Hrsg.)

Sozial- und Wirtschaftspolitik unter Rot-Grün

2003. 361 S. Br. EUR 34,90
ISBN 3-531-14064-7

Dieser Sammelband legt eine empirische Bestandsaufnahme der Wirtschafts- und Sozialpolitik nach fünfjähriger rot-grüner Regierungszeit vor. Gefragt wird nach Kontinuität und Wandel in Programmatik und umgesetzten Maßnahmen in der Sozial- und Wirtschaftspolitik von Rot-Grün im Vergleich zur Regierung Kohl.

Erhältlich im Buchhandel oder beim Verlag.
Änderungen vorbehalten. Stand: Juli 2004.

www.vs-verlag.de

VS VERLAG FÜR SOZIALWISSENSCHAFTEN

Abraham-Lincoln-Straße 46
65189 Wiesbaden
Tel. 0611.7878-722
Fax 0611.7878-400